让 我 们 年画的火 一 起 追 寻

FIFTH SUN A NEW HISTORY OF THE AZTECS

第五太阳纪

CAMILLA TOWNSEND

〔美〕卡米拉·汤森 — 著 —— 冯璇 — 译

阿兹特克人
新史

社会科学文献出版社
SOCIAL SCIENCES ACADEMIC PRESS (CHINA)

本书获誉

荣获 2020 年坎迪尔历史奖

《外交》2019 年度好书

《卫报》2020 年度好书

《今日历史》2020 年度好书

汤森通过梳理殖民地时代初期由原住民历史学家撰写的精彩记录，描绘出一幅关于阿兹特克人及他们的后代如何顽强生存下去的复杂画卷。这本书生动地记述了阿兹特克人作家和编年史记录者如何看待自己的历史，如何看待那个因为持续不断的变化和失去而被严重破坏的世界……《第五太阳纪》是一本关于墨西哥复杂文化结构的极其重要的作品，它有助于避免一段深刻且复杂的历史陷入被人遗忘的境地。

——戴维·斯图尔特（David Stuart），《华尔街日报》

一部具有里程碑意义的杰作，因内容的精准和细致而格外有力，又因其苦难与荣耀交织的写法而极其巧妙。

——理查德·范伯格（Richard Feinberg），《外交》

这是迄今为止关于阿兹特克人的最好的著作，绝对是……《第五太阳纪》的价值在于它将阿兹特克人和纳瓦人从长达几个世纪的殖民主义夸张描述中拯救出来，并还原了他们作为普通人的一面——他们是完全的人，也有缺陷，也会做出残暴的行为，但也拥有深爱的能力。

——马修·雷斯塔尔（Matthew Restall），《今日历史》

革命性的历史著作……在这本书中，没有关于征服的玄秘，也没有鼓吹西班牙人胜利的隐蔽的优越感……全书立足于更长的时间线，并以原住民记录的内容为核心，被征服并不是阿兹特克人世界的终结，它只是一个关于适应和抗拒的更漫长故事中的一个章节而已。

——本·埃伦赖希（Ben Ehrenreich），《卫报》

引人入胜的故事……几个世纪以来，人们一直在通过西班牙人的视角了解阿兹特克帝国的终结，《第五太阳纪》使用墨西哥一手资料和观点的做法是对这一状况的必要纠正。它为一个太久以来都只有一面之词的故事填补了其缺失的空白。

——《前进书评》（星标评论）

卡米拉·汤森创作了一部非比寻常的作品。她主要依靠墨西加人（阿兹特克人）自己的资料，撰写了从他们的起源直至16世纪的编年史……卡米拉·汤森为学者和大众读者提供了一部关于墨西加人的精彩历史。通过仔细研究原住民文献，她避免了描述与外来文化接触之前墨西哥地区人口的书籍中通常会出现的那些转义词语。作品本身的语言也充满感情和想象力……任何对墨西哥感兴趣的人都应该读读这本书。

——约翰·F. 施瓦勒（John F. Schwaller），《拉丁美洲历史回顾》（*Hispanic American Historical Review*）期刊

卡米拉·汤森的《第五太阳纪》内容极其充实，令人受益匪浅，对专业历史学家、本科高年级学生或研究生，以及大众读者都能有所帮助。

——安德烈·马拉克（Andrae Marak），《互联世界史》
（*World History Connected*）电子期刊

这部角度新颖、可读性强的新作会促使你重新思考你以为自己知道的关于他们的一切。

——乔纳森·戈登（Jonathan Gordon），
All About History 网站

本书用墨西加人的亲身经历和记忆重现了 13~17 世纪墨西加人历史中的一些关键时刻。我们可以看到真实存在过的男男女女如何用他们的行动改变了历史的轨迹。我们还可以用墨西加人的眼睛看待这段历史——这段从传奇的起源到无畏的迁徙，从帝国的光辉到在西班牙殖民者统治下艰难生存的不曾间断的年月。在本书之前，阿兹特克人自己的史诗传奇从未被如此生动鲜活、引人入胜地展现给英语读者。

——路易丝·M. 伯克哈特（Louise M. Burkhart），著有
《舞台上的阿兹特克人：殖民地时期墨西哥的宗教戏剧》
（*Aztecs on Stage：Religious Theater in Colonial Mexico*）

《第五太阳纪》是用阿兹特克人的话叙述的从最初向南的迁徙到被征服后的第三代人之间的精彩历史。跃然纸上的是一整个鲜活、生动、复杂的世界，它比我们以为的更贴近我们的现实。汤森对于原住民编年史的理解力无人能及，她写的书也

像小说一样让人不忍释卷。

——卡泰丽娜·皮齐戈尼（Caterina Pizzigoni），著有《谷内的生活：墨西哥托卢卡山谷中的本地原住民社会（1650~1800 年）》（*The Life Within: Local Indigenous Society in Mexico's Toluca Valley, 1650-1800*）

阿兹特克人称自己为墨西加人。此前，从未有人如此声情并茂地描述过他们的政治历史。汤森对参与其中的人们的动机有一种敏锐的洞察力，无论他们是身经百战的勇士、被束缚的奴隶，还是工于心计的情妇。她引人入胜的叙述突出了阿兹特克人在被西班牙征服之前和之后的坚忍不拔，这无疑也会让读者为本书着迷。

——芭芭拉·芒迪（Barbara Mundy），著有《阿兹特克特诺奇蒂特兰的灭亡，墨西哥城的诞生》（*The Death of Aztec Tenochtitlan, the Life of Mexico City*）

卡米拉·汤森拥有对征服战争之前和殖民地时期的纳瓦人文化的无比深刻的理解。她还是一个同时拥有语言学知识、科研能力和写作技巧的罕见全才。虽然相关研究已经够多了，但这种专业知识和天赋的结合使她成了唯一能够为我们提供一本关于阿兹特克人的既新颖又必不可少的作品的人。

——马修·雷斯托尔（Matthew Restall），著有《当蒙特祖马遇见科尔特斯：关于一次改变历史的会面的真实故事》（*When Montezuma Met Cortés: The True Story of the Meeting That Changed History*）

历史学家卡米拉·汤森在这本精彩的《第五太阳纪：阿兹特克人新史》中继续了她在该领域中的开创性研究。这是一部从纳瓦人角度讲述历史的既跌宕起伏又轻松易读的作品。

——《书页》（BookPage）网站，星标推荐

生动鲜活的叙述。

——《图书馆杂志》（*Library Journal*）

目　录

致　谢

　　诚如阿兹特克人所言，没有人能够独自完成任何事情。我　
之所以能写出这本书，当然也要归功于在我一生中触动过我的
成百上千的人——那些养育我、爱护我、教育我的人，那些与
我一起学习、一起工作的人，那些和我分享他们关于早期拉丁
美洲知识的人。这样的人太多了，他们对我的影响各不相同，
以至于有时我会觉得自己被这些思绪淹没了。我恳请你们每个
人明白，我会抱着应有的感激之情，并像阿兹特克人一样，希
望通过我利用自己人生的方式和我代表后来人付出的努力，向
天地万物做出回报。

　　有两类人在本书研究的课题上给予我很大帮助，我必须
逐一列出他们的名字。第一类人是纳瓦语学者，正是他们的
工作使本书的出版成为可能。我把我出版的上一本书献给了
两位不久前去世的知识界巨匠——詹姆斯·洛克哈特（James
Lockhart）和路易斯·雷耶斯·加西亚（Luis Reyes García），他
们对纳瓦语文本的翻译构成了我大部分作品的根基。在那些作
品中，我还提到了对已故的英戈·克兰狄能（Inga Clendinnen）
和扎比内·麦科马克（Sabine MacCormack）的感谢。从那时起
我就想，我不应该等人们去世后才来表达我的感激之情。我衷
心感谢米歇尔·洛内（Michel Launey）和拉斐尔·特纳
（Rafael Tena），这两位谦谦君子的研究成果对于纳瓦语研究
来说是令人叹为观止的贡献。你们让我想起纳纳瓦特钦

（Nanahuatzin），不过我当然希望你们没有觉得自己的努力被当成了一种献祭。

第二类人是墨西哥知识分子，包括教师、教授、研究人员、作家、出版商和电影制作人。在过去几年中，他们欣然接受了我的学术贡献，同时也向我提供帮助，从而极大地丰富了本书的内容。在此我要恭敬地对以下人员表示感谢：塞尔希奥·卡萨斯·坎达拉韦（Sergio Casas Candarabe）、阿尔韦托·科尔特斯·卡尔德龙（Alberto Cortés Calderón）、玛加丽塔·弗洛雷斯（Margarita Flores）、勒内·加西亚·卡斯特罗（René García Castro）、利迪娅·戈麦斯·加西亚（Lidia Gómez García）、埃迪特·冈萨雷斯·克鲁斯（Edith González Cruz）、玛丽亚·特雷莎·哈尔克因·奥尔特加（María Teresa Jarquín Ortega）、马尔科·安东尼奥·兰达瓦佐（Marco Antonio Landavazo）、曼努埃尔·卢塞罗（Manuel Lucero）、埃克托尔·德·毛莱翁·罗德里格斯（Hector de Mauleón Rodríguez）、埃里卡·帕尼（Erika Pani）、埃特利亚·鲁伊斯·梅德拉诺（Ethelia Ruiz Medrano）、马塞洛·乌里韦（Marcelo Uribe）和埃内斯托·贝拉斯克斯·布里塞尼奥（Ernesto Velázquez Briseño）。你们对本民族文化遗产的自豪之情、对其他文化的开明态度和智慧层面的敏锐性，都给我带来了言辞难以描述的巨大启发。

我不应该只谈诗情画意，而不提日常温饱；阿兹特克人就从来不会如此天真。几年前，美国哲学学会（American Philosophical Society）授予我一笔资助，使我得以前往法国国家图书馆（Bibliothèque nationale de France）亲身见识堂胡安·布埃纳文图拉·萨帕塔-门多萨（don Juan Buenaventura Zapata y Mendoza）的作品。这激发了我对该主题的极大兴趣，并从此开始深入研究纳瓦语编年史。后来，约翰·西蒙·古根海姆纪念基金会（John Simon Guggenheim Memorial Foundation）提供的学术奖金和罗格斯大学（Rutgers University）批准的休假使我能够把这种体裁当作一个整体进行必要研究。国家人文基金会（National Endowment for the Humanities）颁发的公共学者奖金（Public Scholar award）使我能够从教学工作中抽出一年时间，终日投身于写作。

如果没有那些保护了这些编年史和其他重要文献的机构中的工作人员多年来的辛勤工作，我的研究也是不可能实现的。在过去几年里，墨西哥国家人类学与历史研究所图书馆和档案馆（Library and Archive of the Instituto Nacional de Antropología e Historia）、法国国家图书馆、大英图书馆（British Library）、瑞典乌普萨拉大学图书馆（Library of Uppsala University）、纽约公共图书馆（New York Public Library）和美国自然历史博物馆图书馆（Library of the American Museum of Natural History）的一些工作人员一直让我感觉宾至如归。

我也要感谢我的家人能够始终保持本色。我的妹妹辛西娅（Cynthia）和大姑子帕特里夏（Patricia）都是最勇敢的女人。你们的子女和孙辈在提到你们时会饱含爱意和钦佩。我的伴侣约翰，还有我的两个儿子洛伦（Loren）和西昂（Cian），他们都各自面对了生活的挑战，我为他们感到骄傲。多年来，你们仁和其他人——比如，我的学生、年迈的父母、曾经的寄养子女，以及那些活在我脑海中的历史人物——分享了我，但你们仁永远都是我最珍爱的人。

术语表

大部分术语来源于纳瓦语（N）或西班牙语（S）。

阿科尔瓦人（Acolhua，N）：14~15世纪居住在墨西哥中央谷地的大湖以东地区，使用纳瓦语（见下文）的部族。这个群体由几个各不相同的阿尔特佩特（见下文）组成，包括著名的特斯科科（Texcoco）和曾经坐落在特奥蒂瓦坎（Teotihuacan）的城镇。

阿尔特佩特（Altepetl，N）：这个纳瓦语单词可以用来指代任何规模的国家，但通常指的是当地的部族国家。英语中与之近似的概念是"城邦"（city-state）。

审问院（Audiencia，S）：新西班牙的高等法院，位于墨西哥城。总督不在时，审问院就是新西班牙的决策机构。

市民代表议会（Cabildo，S）：任何按照西班牙样式组建的城镇议会。曾经被用来指代管理本群体内部事务的原住民委员会。

卡西克（Cacique）：阿拉瓦克人（Arawak）或加勒比海地区原住民使用的一个词语，意为首领，常与特拉托阿尼（见下文）通用。这个词最终被用来描述任何拥有贵族血统且地位显赫的原住民。

卡利（Calli，N）：字面意思是"一栋房子"或"一个家庭"。通常被作为指代更大规模政治机构的重要比喻。同时也是年份的四个轮换名称之一。

卡尔普利（Calpolli，N）：字面意思是"大房子"，指组成城邦的重要部分。我们可以将之理解为一个政治区划和宗教教区的结合体。

查尔奇威特（Chalchihuitl，N）：一种宝贵的绿色石头，在英文中通常被译为"jade"（玉石）。纳瓦人非常珍视这种宝石，所以他们也用这个词来比喻深受喜爱的事物。

奇奇梅克人（Chichimec，N）：字面意思是"狗人"。在纳瓦语中指"未开化的"或游牧的，主要靠狩猎为生，不进行农耕的部族。墨西加人（见下文）为他们的奇奇梅克文化遗产感到骄傲。

奇南帕（Chinampa，N）：人为在浅水中建造的供集约耕作的小块土地。

奇瓦/奇瓦特（Cihua or cihuatl，N）：字面意思是"女人"，但还有很多内含的意义。"奇瓦皮利"（cihuapilli）指贵族妇女，甚至是王后。"奇瓦科阿特"（cihuacoatl，字面意思是"女人蛇"）是墨西加人对国王最高级别助手的称呼。

ix

教友会（Cofradía，S）：一种联谊会，或平信徒的宗教团体。在殖民地时代的拉丁美洲，教友会通常由原住民和非洲人组成，以在支付葬礼费用之类的事务上提供互助。

库尔瓦人（Culhua，N）：14世纪居住在墨西哥中央谷地中心的一个部族。

赤足修士（Discalced friars）：托钵修会成员，他们完全赤足或只穿凉鞋，以此作为自己发誓保持贫穷的象征。

信奉基督教的印第安人村庄（Doctrina，S）。这个西班牙语单词的意思是基督教教化，但在这里指由修士管理的原住民教区。

堂/堂娜（Don/doña，S）：用于名字之前的西班牙语称谓，相当于英语中的"先生"或"女士"。殖民地时代早期，纳瓦人只对拥有头衔的西班牙贵族和身份最高的本地纳瓦人贵族使用这样的称谓。

监护征赋制（Encomienda，S）：在征服战争之后授予的，一种可以让被授予者通过原住民城邦自身的既有机制，接受劳务和进贡的权力。除了少数几个特例，这种权力都是授予西班牙人的。

花朵战争（Flower Wars）：征服战争之前的一种包括模拟战斗的运动形式，这种运动有时会导致死亡。

修士（Fray，S）：对托钵修士的称谓，西班牙语是"*fraile*"。

省长（Gobernador，S）：地方统治者和市民代表议会领袖。起初，该职位由特拉托阿尼担任，但后来改为从所有贵族中选举。有时也被称为"法官"或"法官统治者"。

修道院长（Guardián，S）：各种修道院机构的负责人。

马塞瓦尔利（Macehualli，N）/**马塞瓦尔廷**（Macehualtin，复数）：原住民中的平民。原住民有时会用这个词来指代作为一个群体的所有原住民，以此对应作为一个群体的所有西班牙人。

侯爵（Marqués，S）：侯爵是一片边境地区的领主。有几位总督拥有这个头衔，但当纳瓦人不加特定姓名地使用该头衔时，他们指的是埃尔南多·科尔特斯（Hernando Cortés）或其婚生子。

梅斯蒂索人（Mestizo，S）：西班人和原住民的混血后裔。

墨西加人（Mexica，N，又译墨西卡人）：西班牙人到来时统治墨西哥中部的部族。如今他们通常被称为"阿兹特克人"

（Aztecs）。

纳瓦人（Nahua，N）：讲纳瓦语的人。墨西加人及墨西哥的其他数十个族群都是纳瓦人。

纳瓦语（Nahuatl，N，又译纳瓦特语）：西班牙人抵达时在政治上占支配地位的语言，已经成了墨西哥中部的通用语。

新西班牙（New Spain）：以墨西哥城为中心的大片接受殖民管辖的区域，包括今天墨西哥大部分地区。

奥托米人（Otomí）：一个分布在墨西哥中部各地的部族。被纳瓦人视为"野蛮人"，他们可能是原来占据这片土地的人。

皮尔利（Pilli，N）/**皮皮尔廷**（Pipiltin，复数）：原住民贵族。

皮诺梅人（Pinome）：又称波波卢卡人（Popoluca），讲皮诺特语（Pinotl），生活在中央谷地东部。他们被纳瓦人视为"次等人"，是更早宣称占有这片土地的人。

龙舌兰酒（Pulque，S）：一种含酒精的饮品，由龙舌兰的树液发酵而成。

库瓦皮利（Quauhpilli，N）：字面意思是"鹰贵族"。指凭借功绩或美德，而不是出身成为贵族的人。他们可能是在战斗中立下战功而被提升为贵族的平民，也可能是来自其他城邦的贵族。

塔库瓦（Tacuba）：西班牙语对特拉科潘（Tlacopan）这个特帕内克人（见下文）城邦的称呼。

特克潘（Tecpan，N）：字面意思是"首领所在的地方"。最初是指本地首领的宫殿。征服战争之后，被用来指代市民代表议会召开会议的社区中心。

特诺奇蒂特兰（Tenochtitlan，N）：最初是墨西加人在特斯科科湖（Lake Texcoco）中一个岛屿上建立的小村庄，最终成了一个大国的首都。征服战争之后，墨西哥城就是在这个地点上建造起来的。城中的人被称为特诺奇卡人（Tenochca）。

特帕内克人（Tepaneca，N）：一个居住在墨西哥中央谷地中的大湖以西地区，讲纳瓦语的部族。这个群体由几个各不相同的城邦组成，如著名的阿斯卡波察尔科（Azcapotzalco）和特拉科潘。

特乌克特利（Teuctli，N）/**特特库廷**（Teteuctin，复数）：首领，拥有自己的土地和追随者的王朝家族之主。

特拉托阿尼（Tlatoani，N）：字面意思是"说话之人"，隐含意思是代表一个群体发言的人。特拉托阿尼是一个城邦的王朝统治者，在本书中被翻译为"king"（国王）。有时它也被用来指代西班牙高级官员，如总督。

特拉斯卡拉（Tlaxcala，N）：墨西哥中央谷地之外一个没有被墨西加人及他们的盟友征服的大城邦。特拉斯卡拉人（Tlaxcalans or Tlaxcalteca）是最早与西班牙人结盟的族群之一。

托奇特利（Tochtli，N）：字面意思是"兔子"。通常用来暗指不幸。同时也是年份的四个轮换名称之一。

托兰（Tollan，N）：字面意思是"芦苇之地"，在英语中通常被拼为"Tula"（图拉）。墨西哥中部一个真实存在的城镇，但在古代故事中，这个词通常被用来指代一个存在于遥远过去的理想化群体。

托托纳克人（Totonacs）：一个生活在今天的韦拉克鲁斯（Veracruz）附近的部族。

三方联盟（Triple Alliance）：用于指代 15 世纪特诺奇蒂特兰、特斯科科和特拉科潘的统治家族之间的联盟。实际上，他们没有结为正式盟友或组成政治联盟，但各方之间的协定是切实存在的。

钦（-tzin，N）：纳瓦语中的后缀，最常被用来表示敬称，但有时也可以用来表达对挚爱之人或身份卑微之人的喜爱。

总督（Viceroy or Virrey，S）：西班牙君主在新大陆某一地区的代表。起初只有两个总督，即新西班牙总督和秘鲁总督。

督察员（Visitador，S）：西班牙王室遵循制衡体系，定期派遣至美洲调查当地政府的人。

太阳历（Xiuhpohualli，N）：字面意思是"纪年"或"年报"。指纳瓦人口头记录他们历史的传统体裁；征服战争后，大多被转录成书面文本。

关于术语、翻译和读音

使用一个民族本身能够理解和认可的术语来向外界传达这个民族的历史时会面对一些挑战。就本书而言，连确定这个民族的名字都是个难题，因为严格来说，根本不存在什么"阿兹特克人"。从来没有哪个民族这样称呼过自己。学者从 18 世纪才开始用这个词描述在西班牙人到来时统治墨西哥中部的部族。对这个词的使用常常令人困惑，因为有些人按照 18 ~ 19 世纪知识分子的定义那样使用这个术语，而其他人则不仅用它指代统治集团，还用它指代被这个团体统治的所有人，那意味着生活在遍及墨西哥中部绝大部分地区的村庄中，甚至是在向南延伸至萨尔瓦多（El Salvador）的更广范围内的一些村庄中的居民也被包含在内。在本书中，"阿兹特克人"一词用于指代在特诺奇蒂特兰这个城邦中控制整个地区的人，以及所有居住在中央盆地（谷地）[1] 中，并与前者形成紧密联盟的人。尽管本书书名和引言中都出现了"阿兹特克人"一词，但这是因为该词是个必不可少的交流工具，而在本书的其余部分里，我不会如此频繁地使用它。要指代那个掌权的族群时，我会使用他们自己使用的名字，即墨西加人（Mexica，Me-SHEE-ka）；要指代他们的亲密盟友时，我会使用那些部族各自的名字；要指代遍布墨西哥中部，与墨西加人使用相同的语言，拥有相同的文化观，且大部分（但不是全部）被其征服的人时，我也会使用那些人称呼自己时使用的名字，即纳瓦人（Nahuas，NA-was）。在引言之后的内容中，我仅在讨论后世对过去年代的理解时才会使用"阿兹特克人"；这样，读者就可以获得一种关于"阿兹特克人"被认为是什么样子或做过什么事情的概括认识。

提到远在其他人踏上北美洲和南美洲很早以前就生活在此的所有部族时，都存在一个类似的问题。那就是随着时间的流逝，人们会使用不同的词语来谈论他们，有些词语具有贬义，另一些则没有。如今，各个地区的后代群体对于自己应当被如何称呼通常有不同意见。在加拿大，这些人普遍喜欢被称为第一民族（First Nations）；在墨西哥，这些人则喜欢被称为原住民（indigenous）；在美国，有些人选择被称为美洲原住民（Native American），另一些人选择被称为美洲印第安人（American Indian）或者简称为印第安人。每个群体的偏爱背后都有各不相同的历史原因。我没有在这些称谓之间做选择，而是会替换着使用所有这些术语。

关于单词的翻译，也有无数的决定要做。例如，当墨西加人希望听他们说话的人明白，贵族家庭中的女人指的是来自将生下继承人的一脉的女性时，他们会称这个女人为"inhueltiuh"，直译成英语是"their Elder Sister"（他们的姐姐）。在英文中使用"their Elder Sister"这个称呼太烦琐，因此我使用了"princess"（公主）一词作为替代，尽管那些了解墨西加人的人都非常清楚，他们的语言里并没有一个符合"princess"确切含义的单词。另一个例子是，当人们在晚上一起聚会庆祝时，会有不同的表演者联合起来给人们讲述历史故事或唱歌。当写到这些既是历史学家又是艺术家的人时，我有时会称他们为"the bards"（吟游诗人），但其他人可能会选择称之为"历史讲述者和歌手"。对于这种翻译问题，根本没有完美的解决方案。寻

xii

求更具体解释的读者可以参考注释内容。

表述外语中的人名也很困难。"Chimalxochitl"这个词对于讲英语的人来说很难念，费力地纠结于这个单词可能会影响读者对整个句子含义的理解。但是，如果把这个女孩的名字直译为"Shield Flower"（盾花），听起来是不是既充满诗意又令人着迷？只要她不叫"伊丽莎白"或"玛丽亚"，我们是不是就会隐隐地觉得高她一等？本书试图通过轮换使用两个可能的名字来解决这一问题，但如果使用原名会让表述变得令人困惑，那么我就会使用翻译成英文的名字。

每个阿兹特克语或纳瓦语单词第一次出现时，我都会在括号中标注其大致的发音。以下三个规则将帮助读者相对容易地读出大多数纳瓦语单词。首先，辅音"tl"的发音柔和，在英语中与之最接近的发音是简单的"t"音。[1] 其次，当"h"后跟字母"u"时，这个组合发"w"音。[这两个规则在"Nahuatl"（纳瓦语）一词中均有体现。]最后，英语中的"sh"音由字母"x"表示。由于"sh"音在纳瓦语中很常见，因此记住这一准则很有必要。例如，经常被称为"阿兹特克人"的那些人自称"墨西加人"，这个词的发音为"Me-SHEE-ka"，"xochitl"意为"花"，其发音为"SHO-cheet"。对于希望更深入地了解这门美丽语言的人，也有一些优秀的著作可供使用。[2]

---

① 本书中的音译遵循作者提倡的这种发音规则，将"tl"译为"特"而非"特尔"，故个别译名与已有译名略有出入。——译者注

特诺奇卡人王室家族

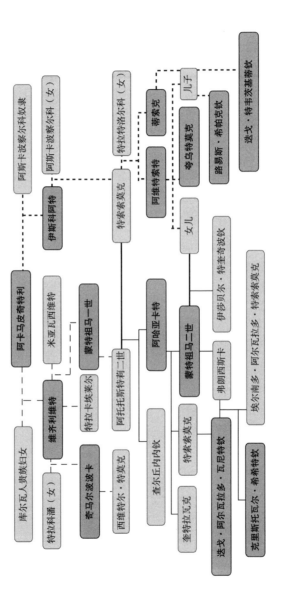

- 阿卡马皮奇特利
- 库尔瓦人贵族妇女（女）
- 特拉科潘
- 维齐利维特
- 查马尔波波
- 西维特尔·特莫克
- 伊斯科阿特
- 米亚瓦西维特
- 特拉卡埃莱尔
- 阿斯卡波察尔科奴隶
- 阿斯卡波察尔科（女）
- 特拉特洛尔科（女）
- 蒙特祖马一世
- 阿托托斯特莉二世
- 特索蒂莫克
- 蒂索克
- 阿维特索特
- 奎特拉瓦克
- 查尔丘内钦
- 特索索莫克
- 阿哈亚卡特
- 弗朗西斯卡
- 蒙特祖马二世
- 奎乌特莫克
- 路易斯·希帕克钦
- 迭戈·特韦茨基蒂钦
- 儿子
- 女儿
- 伊莎贝尔·特奇奇波钦
- 埃尔南多·阿尔瓦拉多·特索索莫克
- 迭戈·阿尔瓦拉多·瓦尼特钦
- 克里斯托瓦尔·希希特钦

引　言

穿戴上全副战斗装备的墨西加人政府官员

羽毛笔在纸上写字时发出轻微的刮擦声，在被突然调转角度以画掉某个词时，又发出一声几乎是尖锐的短促噪音。墨水在纸上洇开，于是写字之人停下笔，低头看着放在木桌上的已经褪色的对开本。他需要思考，因为那个词不能表达他想表达的意思。这位作家是一个美洲原住民，他的祖先从北方的沙漠之地南迁到这里，但他自己的生活已经与祖先的截然不同。此时是1612年，从带格栅的窗户向外看，墨西哥城的街道沐浴在阳光下，彩色瓷砖、金属门环和光滑的土坯

1

墙都被照得熠熠生辉。路过的人们行色匆匆，有的在谈笑，有的在叫卖，还有的在催促自己的孩子快点走，这些人中一部分在讲西班牙语，另一部分在讲"墨西加语"（Mexican），西班牙人称之为印第安人的语言。待在自己的昏暗房间中的堂多明戈（don Domingo）感到很平静。他有时称呼自己为奇马尔帕因（Chimalpahin），这个名字取自他的高祖父。他此刻很忙，自西班牙人来到这里已经快一百年了，但他脑海中的那些人物则生活在三百年前。他在自己的想象中听到了他们的声音。一位被击败的首领在恳求击败自己的人："求求你，对我女儿仁慈一些吧。"（*Xicmotlaocollili yn nochpochtzin.*）这个首领说的是阿兹特克人的语言，堂多明戈也用同样的语言写下了这些内容。他确信这个被击败的首领是真实存在过的，就像他自己正实实在在地活着一样。他深爱的祖母才去世没几年，在西班牙人刚征服这里时，她还是个小女孩；她的童年中充满了曾生活在另一些时代的长者，所以，堂多明戈身上的每一个细胞都确信，那些时代不是什么神话传说。他转身去看自己的资料，那是一堆已经破损的纸质文件，有人在其中描述了很多年前发生的事。他试图从这些深奥难懂的文字中找到准确的信息。因为疲倦，他考虑今天到此为止，结果却又埋头研究起来。他的目标就是要把本族人的历史作为世界遗产的一部分保留下来，而且他还有好几百页的内容要写。

从墨西哥金字塔高得令人眩晕的顶端向下走的游客，几乎料定自己能感受到一位阿兹特克公主的精神存在。一个不太愿意去旅行的人也可以寄希望于在参观博物馆时，获得某种对古代美洲原住民生活的顿悟。比如，在透过玻璃凝视一把令人震惊的燧石刀时，会觉得那上面嵌着的绿松石眼睛图案仿佛是有生命的；又或者在欣赏一只微小的金蛙时，会觉得它仿佛是在即将跃起的一刻被艺术家抓了个正着。然而，没有人会期望从图书馆中的一摞摞资料里听到一位阿兹特克公主嘲弄地向她的敌人喊话，但那恰恰是大约十五年前的一天发生在我身上的事。

　　人们通常认为图书馆是非常安静的地方，无论那里是保存着一摞又一摞稀有的皮革封面图书，还是摆放着一排又一排计算机。然而，图书馆还可以被想象成另一副样子，那就是一个属于被封存的声音的世界。这些声音是靠"书写"这个人类发展史上最强大的工具之一捕捉到的，因而才能被永久地展现出来。从这个角度来看，图书馆突然变成了一个非常嘈杂的地方。理论上，它包含了世界上发生过的所有对话的片段。实际上，有些对话却几乎不可能被听到。例如，即使是一个拼命想要辨别出一位阿兹特克公主在喊什么的人，往往也会遇到很多困难。她出现在金字塔顶端，面临被残忍献祭的命运，但她通常是沉默的。覆盖在这个场景之上的是一个西班牙人的声音，他会确信地对我们说，那个女孩一定是怎么想的怎么看的云云。结果就是我们没有听到她的声音，而是听到了那些修士和征服者的声音，因为摆满图书馆书架的只有他们的作品。

　　世世代代以来，那些想要了解古代美洲原住民生活的人已经研究了考古发掘中发现的物品，也研究了欧洲人写下的记录，那些欧洲人几乎是从自己刚一遇到印第安人时就开始撰写关于他们的内容了。学者于是主要依靠这些资料得出了自认为有理有据的结论。但这样的做法是一种危险的尝试，其不可避免的结果就是歪曲事实。就好比说，一个人仅仅研究了一些考古发现和一百份英语著作，却没看过任何法语或拉丁语的内容，就宣称自己了解中世纪法国，那么这个人永远不可能得到别人的认可。然而，在关于印第安人的问题上，人们却适用了不同的标准。

3　　既有的对阿兹特克人的描述令人毛骨悚然。嵌着眼睛图案的燧石刀、献祭的切割石和放头骨的架子都成了人们想象中不可磨灭的画面。我们这些现代人看着这些东西，然后自行创造出了伴随它们出现的场景——他们说的话、奏响的音乐，还有事情的来龙去脉。我们设想出了疯狂的暴力，就像电影《启示》（*Apocalypto*）中描绘的那样。教科书呈现的也是类似的景象，它们还教导青年说，高尚一些的原住民渴望被从这种残酷的政权下解救出来。16 世纪西班牙人写的书同样鼓励读者相信，那些被征服者击败的人都是极端野蛮和残暴的，终结他们的文明是上帝的意愿，因为他们的文明包含了人性中所有错误的东西。即便是那些更富有同情心的观察者——那些在原住民群体中生活并学习了其语言的西班牙人——也依然会认为自己比这些原住民优越得多，他们写下了许多关于这些自己并不十分理解的人的内容，并按照欧洲人的预期来解释每件事，因此对他们来说，印第安人做出的选择就算不是不可理喻的，也至少是古怪离奇的。

　　阿兹特克人永远不可能从我们创作的书籍和电影作品中认出他们世界的样子。他们眼中的自己是谦卑之人，是在最糟糕的处境中也尽力而为，并因为展现勇气而获得回报的人。他们相信宇宙曾发生四次内爆，后来多亏一个普通人展现的非凡勇气，他们才得以在第五个太阳的照耀下生活。祖辈会给孙辈讲述这个故事："当一切都在黑暗中，当太阳的光亮还没有投向这里，当黎明还没有到来时，众神曾聚集在一起讨论。"这些神明要求在黑暗中悄声移动的少数人和动物自愿献身。他们需要有人将自己献祭，这样才能带来新的曙光。一个骄傲自大的人走上前说他愿意。众神又问："还有谁？"回答他们的是一片寂静。"没有人，没有其他人勇于挺身而出。"于是众神召唤了一个坐在那里静听的温顺之人。他的名字叫纳纳瓦特钦（Nanahuatzin，Na-na-WA-tzeen）。他不认为自己是个英雄，但他因为神明过去对他一直很好而心甘情愿地接受了任务。为这两个人进行献祭准备时，骄傲的英雄收到了美丽、贵重的服装，而纳纳瓦特钦得到的只有纸制饰品、芦苇和松针。当献祭时刻最终来临，英雄走上前去。"火焰猛烈地燃烧着，把他吓坏了。英雄因为恐惧而停下脚步，转过身，走了回去……他又试了一次……但无论如何不敢付诸行动。"众神转向纳纳瓦特钦，深深地凝视着他。"他坚定了自己的决心，决绝地闭上眼睛，没有临阵退缩。"纳纳瓦特钦跳了下去。"他被烧得皮开肉绽、嘶嘶作响。"众神坐在那里等待。"然后周围的天空就开始变红。"太阳从东方升起，作为生命之源的光芒穿透了各处。纳纳瓦特钦不吹牛不炫耀，却做了拯救世上生命所必需的事。[1]

　　阿兹特克人是讲故事的大师。16 世纪，在被征服后的那几十年里，他们写下了许多自己的故事。西班牙修士教会年轻的阿兹特克人如何用罗马字母将声音转化成文字，于是他们就用这个新工具记录下了许多古老的口头表演。这有违西班牙人的初衷。那些积极热心的修士教男孩们字母表是为了让他们学习《圣经》，然后帮助自己传播基督教信条。但是，阿兹特克人学生并不认为自己学到的东西只能用在一件事上。他们并没有对书写的原理感到震惊，因为他们的族人已经有使用标准化象形符号的传统，而且长期以来一直在使用这种象形符号制作精美的折叠书，有的供祭祀预言之用，有的供官员记录进贡物品和土地边界之用。这些东西全都没能逃过征服之火的焚烧，但它们曾经存在的这个事实被证明是非常重要的：阿兹特克人立刻意识到这种新的语音系统能带来多么宝贵的价值。他们可以用它来记录自己想要记录的任何内容，而且不仅是用西班牙语，他们还可以通过表音的方式把本民族的纳瓦语单词和句子也转化成文字。

在西班牙人看不到的地方，在他们自己的家中，这些讲纳瓦语的人写得最多的就是历史。在被征服之前，他们有一种叫作太阳历（xiuhpohualli, shoo-po-WA-lee）的传统，字面意思是"纪年"或"年报"，但西方历史学家将这些资料都简称为"编年史"。古时候，训练有素的历史学家会在举行于宫殿和神庙之间的院子里的公共聚会上向人们讲述本民族的历史。他们按照一年一年的顺序仔细讲述；在讲到充满戏剧性的事件时，会有不同的演讲者站出来讲述关于同一个时期的内容，直到方方面面的观点都被提及，足够让人们获得关于一系列事件的完整理解为止。这种方式模拟了他们生活中所有轮换的、互惠的安排：在他们的世界中，任务是由大家共同分担或轮换承担的，这样就不会让同一群人一直做令人讨厌的事或一直掌握无限的权力。此类演讲的内容通常是大部分人会感兴趣的故事，比如，首领的崛起以及他们后来的死亡（无论是寿终正寝的还是英年早逝的）、他们进行的战争及战争爆发的原因、惊人的自然现象，以及重大的庆祝活动或可怕的处决。尽管某些主题会受到

人们偏爱，但关于这些主题的内容绝不是千篇一律的：不同的
群体和不同的个人会涉及不同的细节。不同思想流派领袖之间
的精彩对话能够阐明各种政治分歧。当讲述者转述这些领袖说
过的话语时，他们有时甚至会改用现在时，就好像他们正在扮
演一出戏剧中的人物。还有时候，他们会大声提出一些问题，
并期待热情的观众能够回答。[2]

　　征服战争之后，学会使用罗马字母的年轻人开始记录长辈
们所说的内容。他们将长辈的话仔细抄写到纸上，再将这些对
开纸存放在特殊的架子上或锁在盒子里。带锁的盒子也是西班
牙人带来的广受欢迎的创新之一。随着殖民地时代的持续，再
加上能记起往昔的人越来越少，这种体裁就变得越来越简洁，
成了仅记录一些重大事件的简化编年史。尽管如此，作者们还
是顽强地坚持着逐年推进的传统形式，他们通常会加入一个古
代政权的大事记，有时是从页面顶部向底部的长长一条，也有
时是从左向右的。这种形式与人们脑中关于美洲印第安人原住
民必须以循环性方式思考的刻板印象不符，因为这些记录始终
是线性的，它解释了事件的因果关系，能帮助读者或听众了解
事情是如何发展到眼下这一步的，还能向他们传授他们需要了
解的关于过去的一切，这样他们才能迈向未来。有些编年史作
者是阿兹特克人征服者的后代，也有一些是阿兹特克人征服者
的朋友和盟友的后代，还有一些是阿兹特克人征服者的敌人的
后代。来自被征服的查尔科（Chalco）的堂多明戈·奇马尔帕
因是这些原住民历史学家中最多产的，他以清晰的笔迹写出了
长达数百页的内容，他参考的资料是其他人在更接近征服时期
的日子里写下的书面内容，或是在他面前进行的、供他转录文
字的口述表演。白天，他在一座西班牙人的教堂里为西班牙人

工作；到了晚上，他的时间则属于他自己。

在很长一段时间里，关于太阳历，也就是阿兹特克人的编年史的研究少之又少。这些作品是用很少有人能读懂的语言写成的，而且它们处理历史的方法与西方人的完全不同，所以可能很难被理解。鉴于此，其他的资料来源就变得更可取了，并且也确实有人根据其他资料创作了一些不错的图书。[3]尽管如此，阿兹特克人的历史故事还是值得被仔细研究。有耐心就会有收获，这正是阿兹特克人的惯常做法。

从这些编年史中，我们可以听到阿兹特克人说的话。他们歌唱、欢笑、大喊大叫。事实证明，就算在某些特定时刻确实存在病态或残暴的情况，他们生活于其中的那个世界也并不能被自然地认定为病态或残暴的。阿兹特克人在政治和贸易方面都建立了非常高效的复杂体系，但他们也能意识到自己犯过的错误。他们对自己的神明抱着感激之情，但有时也为众神的不仁而哀叹抱怨。他们养育自己的孩子，教导他们善待自己的同胞，并为自私自利而感到羞耻，不过一些个人有时还是会表现出这种特征。他们深信要享受生活：要愉快地舞蹈，要吟唱诗歌，要喜欢开玩笑。不过，他们的生活中既有轻松、幽默和讽刺的时刻，也有悲痛或庄严的场合。他们无法忍受肮脏的地板，那似乎暗示了一种更深刻的混乱。最重要的是，他们能够灵活应变。当周遭环境发生变化时，阿兹特克人一次又一次地证明了自己的适应能力。他们在如何生存下去这一点上都是行家。

* * *

有一天在图书馆里，我突然理解了奇马尔帕因一部作品中的某些纳瓦语单词，我听到一位阿兹特克公主在朝她的敌人大喊。他们抓住了她，而她则要求敌人把自己当作祭品献祭。她说的话与我通过一直以来接受的教育来预计她会说的话大相径庭。作为一个受到残酷对待的受害者，她既没有威胁自己的敌人，也没有向他们屈服，更没有假装高尚或认命地承诺要为安抚众神和保持宇宙完好无损而献出生命。她在怒斥的其实是一种特定的政治局面，我在读了很多东西之后才终于能够理解这一点；与此同时，她也是在展现自己的勇气。在那一刻我意识到，我通过他们自己的语言逐渐了解的这些人，远比长久以来被强加在他们身上的那些观念复杂得多——那些观念都是根据旧有资料得出的，包括不会说话的考古遗迹和西班牙人留下的证言。随着环境的变化，他们的信念和实践也会发生变化。只有听他们自己谈论他们经历的事件，我才能真正了解他们。我不能带着关于他们是什么样的人和他们有什么样的信念的先入为主的观点去研究他们，然后把那种想象作为解释他们所说和所做的一切的关键。只有通过探索由他们讲述的关于自己的历史，并密切关注他们自己说出的一切，我才能理解他们关于自己的不断演变的信念和持续转变的领悟。

本书以纳瓦语编年史为根基，揭示了关于阿兹特克人的五个问题。第一，尽管人们假定阿兹特克人的政治生活是围绕着出于宗教目的认为有必要牺牲人类祭品才能取悦众神的信念来进行的，但编年史内容表明，这种信念对他们来说从不是至关重要的。人们传统上认定阿兹特克人坚信自己必须征服他人，以此获得必要数量的被献祭者；还有一些愤世嫉俗的人断言，阿兹特克人只是声称自己必须出于这个原因而这样做，好以此来为他们天生的控制欲辩护。但阿兹特克人自己的历史作品表明，他们很清楚政治生活并不以神明或关于神明的主张为中心，

7

而是取决于不断变化的权力失衡的现实。在一个部落首领可以有许多妻子的世界里，一位首领真的可以生下几十个儿子，根据男孩的母亲是谁则会形成不同派系。一个城邦中实力较弱的派系最终可能会与另一个城邦中失势的兄弟团体结盟，从而突然联手推翻家族中原本占主导地位的一支，并由此改变一个地区的政治版图。编年史作者就用这种基于性别的现实政治常规习俗来解释他们的几乎所有战争。面临被献祭命运的战争俘虏通常只是这些真实斗争中的附带损害。唯有在趋近阿兹特克人历史终结的最后时刻，也就是当他们的势力已经极度壮大时，才开始出现一种为传达令人恐惧的公开声明而定期残忍杀死数十名受害者的做法。

第二，认为阿兹特克人世界中的一些人邪恶而另一些人善良的这种倾向是有问题的。要是不这么想，还有什么可以解释残暴的勇士与温顺的墨西加玉米种植者比邻而居，或奴隶主生活于一片美丽的诗歌之乡之类的事呢？但同一个人，也可以在这个季节务农，却在另一个季节走上战场。能在黄昏时分吹响海螺壳并吟诵深刻诗篇的男人，也可能会在同一天晚些时候，去玩弄某个担惊受怕的奴隶女孩。与其他主流文化一样，阿兹特克人也将主要的暴力用在国家的边界地区，这种做法使得富足成为一种可能，这样的富足才能支撑一座美丽城市的发展和繁荣——这样的城市中住满了有闲暇时间和精力写作诗歌、制造芳香的巧克力饮品，甚至是偶尔讨论道德问题的居民。

第三，已经有许多描述欧洲人如何推翻这个王国的内容存在，但每一代学者都忽略了阿兹特克人在自己的著作中明确意识到的现实的某些方面。直到 20 世纪晚期，历史学家还一直在谴责阿兹特克人是宿命论者和非理性的人，并习惯性地压制证明阿兹特克人精明谋略的丰富证据。再后来，历史学家又认为是对阿兹特克人的普遍仇恨导致其他部族与西班牙人结盟，从而击败了他们。但阿兹特克王室几乎与该地区的每个统治家族都有亲缘关系。有些人憎恶他们，另一些人则渴望成为他们。在编年史中，随处可见人们对于自己与刚到来的西班牙人之间存在的技术力量严重失衡的清晰认识，这一点足以让他们迅速对形势做出估量。有些人认为，眼下的危机也许就是能终结所有战争的战争；也有许多人希望在进入新的政治时代时，自己能站在胜利者的一边。

　　第四，那些经历了与西班牙人的战争，并在第一次欧洲疾病的大流行后幸存下来的人惊讶地发现，太阳照常升起落下，他们也仍然必须面对自己的余生。人们几乎没有时间可怜自己。幸存下来的孩子抱着自己的期待长大成人；出生在那场大灾难之后的人，则对于给长辈们留下创伤的那些事件没有任何记忆。令人吃惊的是，这些编年史揭示出，不是只有年轻人才乐于尝试接受那些漂洋过海之人带来的新的食物、技术、动物和神明。比如说，一些在外来者到来时已经成年的人，就在诸如证明使用表音字母的重要性，或学习如何建造比之前任何独木舟都大的船只，或建造矩形而不是金字塔形的建筑等方面发挥了带动作用。不是每个人都具有这种非凡的好奇心和实用主义，但大多数人确实如此。而且，就算采纳了西班牙人生活中那些更有用的元素，这里的人依然被证明是很善于保护自己世界观的。

　　第五，在随后两代人生活的年代里，越来越多的人要被迫应对西班牙人引入的榨取式经济政策的严重恶果，还有更多人遭受了种族歧视。即便如此，这里的人也没有被彻底摧毁，而是维持住了内心的平稳。就像在其他时间和其他地方的许多人一样，他们必须学会接受新的现实，这样才不会发疯。在孙辈这一代中，出现了像历史学家奇马尔帕因这样致力于把他们还记得的有关本民族历史的一切都写下来，好让这些内容不被彻底遗忘的人。尽管西班牙人不认可他们，但这些人确实成了真正的学者。多亏他们的努力，他们的族人曾经思考的内容才得以在今天被重现。简而言之，阿兹特克人是被征服过，但他们也拯救了自己。

* * *

曾经在星光灿烂的夜晚进行表演的阿兹特克历史讲述者最先提醒我们，真实的历史除了能让人从中吸取教训以外，更是激动人心、精彩纷呈的。关于人类的戏剧性事件本身就是一个好故事，阿兹特克人的过去也不例外。他们的任何一段历史都必定要探索一个曾经强大的民族在面对无法言喻的灾难时尽力生存下去的历程。尽管被西班牙人征服是其中非常重要的一页，但它既不是一个起源故事，也不是什么明确的结局。在那之前，阿兹特克人已经存在了几个世纪，在那之后，他们也一直继续生活于我们中间。如今约有 150 万人使用他们的语言，还有更多人认为自己是阿兹特克人的传人。过去，有关阿兹特克人的书籍要么只涉及征服战争前的时期，然后在最后一章中将征服战争作为故事的高潮；要么就是在序言中以介绍前哥伦布时期和欧洲人的到来为开头，然后专注于研究征服战争之后的墨西哥。本书既是关于征服造成的创伤，也是关于生存和延续的——这样一个看似矛盾的说法反映了亲历任何毁灭性战争的体验的本质。在本书中，西班牙人的征服既不是序曲，也不是高潮，而是一个关键节点。

故事开始于遥远的过去。在古代，更广大的美索亚美利加①世界中的贸易体系一直覆盖到今天的美国犹他州境内。例如，我们通常称之为玉石的装饰用矿石，就是沿着这些贸易路线被从墨西哥中央盆地运送到今天美国新墨西哥州查科峡谷（Chaco Canyon）深处的圣所之中；绿松石也是沿着同样的路线被从北方运往南方。当墨西哥中部的一些种植玉米的大国覆灭时，此类消息通过人们的口口相传，传到了生活在今天美国西南部的游牧部族那里。由于那时人们正遭遇干旱和胁迫，所以大批人听信传言并开始向南迁移，希望通过占领肥沃土地来开启新的生活。这些人没有马，但是他们学会了轻装上路，以惊人的速度进发，并采用了具有摧毁性的战术。一拨又一拨的人陆续抵达，最终占领了中央盆地，他们的首领和给予他们建议的众神的名字都被载入传奇。一系列伟大的文明由此出现，它们是古老的玉米种植者的实践与勇敢创新的新来者的理念的融合。最后一批从北方到来的移民是一个被称作墨西加人的群体。他们的迟到可能就是让他们成了中央盆地中最好斗之人的原因，因为在他们所讲述的故事中，他们不仅以自己曾经处于劣势为荣，而且发誓要后来居上。

当中央盆地中各民族为权力和资源明争暗斗时，各种政治联盟也随之建立和瓦解。一个与敌人结婚以保护联盟关系的女人，可能会突然发现联盟关系发生了变化，自己则沦落成他人的小妾。但她的儿子们也许不肯接受这种改变，而是会选择为权力而战。伊斯科阿特（Itzcoatl，Eetz-CO-wat）就是一名墨西加统治者和女奴生的儿子，但他巧妙地利用了整个地区中存在

① Mesoamerica，又译"美索美洲"，指中部美洲，历史上涵盖墨西哥、危地马拉、萨尔瓦多、洪都拉斯和伯利兹等现代国家所在的区域。——译者注

的分歧，从而让自己的血脉上升到显赫地位。这不是一个只有一成不变的信仰的稳定世界，而是一个与早期欧洲很相似的、不断更迭和变化的世界。人们的宗教信仰既暴力又唯美。他们为自己拥有的一切而感谢神明，有时还会做出最终极的献祭：献出人的生命。但大多数时候，他们并不执着于死亡，而是致力于保护本族人的生命，并为他们的未来而努力。

10　　到 15 世纪晚期，一个湖中岛屿上的墨西加人村庄已经发展成世界一流的城市。该岛屿通过三条堤道与陆地相连，岛上有涂了颜色的宏伟金字塔耸立在城市四面八方，金字塔周围还环绕着美得惊人的花园。统治者的藏书室里藏有数百本书，在宫殿里表演的音乐和舞蹈也让这座城市声名远播。然而，使所有这些美景和高雅文化成为可能的，正是墨西加统治者采取的越来越严酷的各项措施、涉及生活各个领域的不断强化的官僚化安排和管控、经常在观众面前实施的仪式化暴力，以及他们从不惧怕在边境地区发动的战争。谷地中的生活是稳定的，有些人成了真正伟大的艺术家。但与世界历史上处于与他们类似位置的其他许多人一样，墨西加人选择不去多想在他们创造的世界中饱受战乱之苦的边缘地区人们的命运。

　　西班牙人于 1518 年首次加入战局，并在 1519 年对这个地区有了更认真的打算。本书的大事记也会从这个时间点开始变得紧凑：第一章至第三章讨论了好几十年的事，第六章至第八章也一样，最核心的第四章和第五章则详细论述了 1518 ~ 1522 年西班牙人到来时的情况。在某种程度上，这也许是给了狂妄自大的征服者太多篇幅，但这段时间对墨西加人来说确实至关重要，所以值得我们认真思考。尽管关于埃尔南多·科尔特斯到来的故事已经被讲过很多次，但本书的讲述方式不尽相同，这里讲述的是一个关于军事失败，而不是印第安人的精神失败的故事。墨西加人不相信羽蛇神（Quetzalcoatl）就存在于他们身边，也不会为关于圣母玛利亚或某位圣徒的异象所打动。他们的国王蒙特祖马（Moctezuma）只是发现自己拥有的军事力量不敌新来者，并且承认这一点而已。部分故事的走向是由被墨西加人视为敌人的那些人决定的，他们之中有一个被西班牙人称作玛林切（Malinche）的女孩。西班牙人到来之前，玛林切的族人遭受着蒙特祖马的深重压迫，而她则为新来者做翻译。

　　与西班牙人的交战是一个恐怖时期，包括玛林切及蒙特祖马被俘虏的女儿在内的形形色色的人物都只是在竭尽所能地活下去。除战争造成的破坏之外，西班牙人带来的天花导致的死亡足以使一些本地人相信他们会就此灭绝……但他们没有。那些最了解新来者的人开始给中央盆地的人们提供建议，也就是劝导墨西加人和那些仍然忠于他们的群体与西班牙人讲和，这样才能保住自己的性命。西班牙人成为首要统治者将带来一个好处：他们甚至比墨西加人更强大，这就意味着他们不仅可以击败墨西加人，还可以坚持要求在其控制区域内的所有村庄都停止交战。许多人就是选择了这种可能性，才宁愿让新来者获得胜利的。

　　在西班牙人胜利后的最初几十年里，人们既发现自己在许多方面面临无法抗拒的变化，也发现在其他一些方面，生活依然照常进行。各地的情况差异很大。例如，在墨西加人的大城市中，蒙特祖马的女儿和玛林切就在竭尽全力地抵御绝望，同时还要与傲慢而强大的新来者并肩解决生活中的困难。然而，在东部的一个至此尚未受到什么影响的小镇上，一个从修士那里学会了罗马字母的年轻男孩却可以平静地教会父亲如何使用这些字母。他们还一起用纳瓦语写下了第一本真正可以被永久

11

清晰阅读的书。在那个充满变化的时代中，矛盾比比皆是。

在美洲，当欧洲人在任何地区第一次稳固安顿下来之后的二三十年里，原住民几乎总是会发起持续的抵抗。在这一点上，阿兹特克人也和其他地方的人一样。就墨西哥的情况来说，1560 年代是一个反复爆发危机的时期。在中央盆地，墨西加人第一次被告知，他们也必须像其他被征服的部族一样缴税或进贡。很多男男女女进行了抗议，最终不少人被监禁并被卖为契约奴隶。他们写下的与西班牙人争论的记录雄辩地表达了他们的愤怒和痛苦。他们的生活也影响了那些同样在考虑叛乱的被孤立的西班牙人。埃尔南多·科尔特斯和玛林切两人的儿子最终在中世纪的法庭上遭到残酷折磨，这种模拟即将淹死的感觉的酷刑类似于今天的水刑，而且这种程序在中世纪的法庭上完全合法。到 1560 年代末，印第安人已经向西班牙人表明了自己能容忍的苦难的限度，但西班牙人也向印第安人表明了他们能享受的自由的限度。

到 1600 年前后，还记得欧洲人到来之前的日子的最后一批人也都已经与世长辞或时日无多，于是他们的孙辈纷纷开始记录祖先所知的过去世界。这些历史学家中有一位就是堂多明戈·奇马尔帕因，他是一个来自查尔科的印第安人，在城市南门的圣安东尼奥院长教堂（church of San António Abad）工作；另一位是蒙特祖马的外孙堂埃尔南多·德·阿尔瓦拉多·特索索莫克（don Hernando de Alvarado Tezozomoc）。他们写的一些内容构成了对于他们生活于其中的那个殖民地时代的令人既着迷又震惊的描述。不过，他们的手稿不仅是对自己经历的动荡时代的记录，还至少提供了一些关于原住民如何思考发生在他们身上的事情，以及如何设想自己未来的简单介绍。在随后的很多年里，他们成了最后一批撰写分析性内容的原住民知识分子。自他们以后，贫穷和压迫在原住民群体中一直占主导地位，直到 20 世纪，常年积攒在记忆中的愤怒才在革命和起义中重新浮出水面，关于古老传统的新前景也最终被揭开。

阿兹特克人的故事是一个宏大而深远的全景图，但其中也充满了真实的人物，他们是亲身经历了这段历史的个体。不可否认，站在我们的立场上，有时很难理解这些个体。为了更容易地探究他们的世界——如今对我们来说已经变得非常陌生——每章开头都有一段根据各种资料拼凑而出的，关于某个曾经真实存在的个人的简短描述。这是一种想象行为，出现在历史著作中也许是危险的。然而，在脑海中构建关于任何早已去世之人的世界都是一种想象行为，哪怕被想象的对象是我们自以为很了解的国王或总统也一样。不过，我们一直在惯例性地实践着这个行为。如果我们在尝试涉足更久远的时间和更陌生的领域之前，能够非常谨慎地了解尽可能多的知识，那么我相信这种想象行为是可以被接受的。通过仔细地重建奇马尔帕因及其祖母那一代所属的世界，我们或许可以更清楚地听到他们要说的话——不仅能听到话中的内容，还能领会说话者的语气。奇马尔帕因和他的同辈人希望后代能听到他们的声音——他们在自己的著作中清晰地表明了这一点。所以我们应该为他们而倾听。然而，我们也应该为自己而倾听。因为，如果我们可以跨越时空和差异的鸿沟，从而成功地与他们交流，谁能断言，我们和他们之间，谁才是受益更多的人。毕竟，每当我们了解那些曾经被忽视的人的观点时，我们自己不也会变得更加明智和强大吗？

第一章
始于七洞穴的路(1299 年之前)

两位纳瓦人首领在对话

资料来源：The Bodleian Libraries, the University of Oxford, Codex Mendoza, MS. Arch. Selden. A. 1, folio 60r.

　　女孩在脑海中听到了那些爱她之人的声音。他们充满爱意地抚摸着她，唱歌给她听，称她是他们的挚爱，是闪耀的宝石，是他们的光亮，是柔顺的羽毛。此时她明白自己再也听不到那些声音了。他们曾警告她可能会发生这样的事，说她有一天可能会被卷入战争，并失去一切，还说每朵花都是脆弱易折的。如今最糟糕的情况确实发生了。恐惧让她的脑海一度空白。但在睡了几个小时之后，她又想起了母亲和祖母教给她的必须要做的事。

1299 年，盾花（Shield Flower）在直面自己的死亡时，找到了符合一位王室女性身份的尊贵而有风度地结束尘世生活的勇气。至少世世代代的族人在她去世以后，一直是这么讲述她的故事的。[1]有时，他们不称呼她为奇马尔索奇特（Chi-mal-SHO-cheet，即盾花），而是使用听起来更充满勇气的奇马雷索奇特（Chimalexochitl，Chi-mal-eh-SHO-cheet），后一个名字的意思是"持盾者花"。她之前的六代人，甚至更早的祖先，都属于最后一批离开北美洲西南部饱受干旱和战乱之苦的地区的人，他们穿越了广阔的沙漠，只为寻找传说中的南部土地。经历了大约二百年的时间，他们的后代终于来到墨西哥中央盆地。关于肥沃土地的传说都被证明是真实的，宝贵的玉米作物在这里很容易种植。然而这些后代发现，最好的土地已经被来自北方的其他勇士群体占据，那些人与盾花的祖父及他的战士们一样擅长使用弓箭。在没有更好选择的情况下，盾花的亲属决定受雇于人，成为为他人战斗的雇佣兵，以此换取自己的营地不受侵扰，以及猎杀几头鹿并种一点玉米的权利。

但是，她的族人在 1299 年遭遇不幸。他们当时的运气实在太糟，以致后来有一个讲故事的人坚称，一切并非如所有人说的那样都发生在"二芦苇"（Two Reed）之年，而是发生在"一兔子"（One Rabbit）之年。一兔子之年总是被和灾难联系在一起，甚至有一句古老的谚语叫"我们真的被一兔子了"，意思就是"我们遇到大麻烦了"。[2]当时，盾花的父亲断定自己的族人无论如何已经强大到不必再生活于恐惧之中，于是他宣布自己为"特拉托阿尼"（tla-to-WAN-ee），即一个独立自主的国王或首领，"特拉托阿尼"这个词的意思是"说话之人"，暗示了他能够代表这个群体发言。这种宣告还意味着他将不再向他人进贡或成为他人的雇佣兵。他还嘲弄了本地区内最强大的首领，以确保别人都明白他的立场。有人说，他甚至做出了请求这个重要首领将自己的女儿许配给他，却在新娘到达之后将她当成祭品献祭这样的事。[3]不过鉴于他不是疯子，所以他嘲弄这个强大首领的方式更有可能是攻击他的盟友之一，或是拒绝服从他的直接命令（而不是杀了他的女儿）。无论他的自负举动是什么，事实都证明这是一次重大的判断失误。

库尔瓦人（CUL-wa）国王库什库什（Coxcox，COSH-cosh）亲自带队消灭了这些傲慢自大的突然发迹者。这支队伍是由来自六个部族的勇士组成的。他们杀人时毫不留情，只留下几名敌方勇士作为俘虏被带到各个战胜者的城镇中。还有些年轻女孩被分成几批，由不同的人带走，从此只能沦为他人的小妾。盾花和父亲维齐利维特（Huitzilihuitl，Wee-tzil-EEweet，意为"蜂鸟羽毛"）被带到最重要的库尔瓦人城镇库尔瓦坎（Culhuacan）。维齐利维特为女儿感到伤心，因为她的衣服都撕破了，被所有人看到她裸露的身体让她羞愧难当。维齐利维特恳求库什库什可怜这个女孩，给她一些衣服穿。库什库什转身看着她，然后大笑起来。人们一直记得他对此的回答："不，就让她这样吧。"

盾花于是被捆住手脚，在敌人的看守下等待发落。日子一
15 天天过去，无非是加长了她的煎熬。库尔瓦人此时正在周围的沼泽里寻找战斗中逃脱的幸存者。他们指望饥饿最终会让这些人中的大部分主动现身，结果也确实如此。这些人最终也都慢慢走向了库尔瓦坎，其中有些是为保住性命而自愿成为奴隶的，还有些是被抓捕者抓住后硬拖去的。此时的盾花依然是一个蒙受耻辱的俘虏。如果没有族人看到她，她还能够忍受，但如今

她再也坚持不下去了。她要求一个族人给她拿些白垩和木炭来。囚禁她的人并没有阻拦，也许是因为他们觉得这很有趣。被捆住的女孩费力地按照古老方式，把这些白色和黑色的物质涂抹在自己身上，然后她就站起身，开始尖叫："你们为什么不用我献祭?!"她准备好了，众神也准备好了；库尔瓦人再拖延下去就是丢自己的脸了，那会让他们看上去像不敢这样做似的。后来的一些吟游诗人会说，库尔瓦人为她的话感到羞愧，想让她安静下来，于是他们就点燃了火葬柴堆。另一些人则说，是她的族人把她的荣誉看得比自己的生命更重要，所以他们挺身而出，按照她的命令自行点燃了柴堆。随着火苗越蹿越高，盾花昂首挺胸地站在那里：此时她已经不再有任何顾虑。泪水顺着她的脸颊流下，她朝自己的敌人大喊："库尔瓦坎的人们，我要到我的神明居住的地方去了。你们看着吧，我族人的后代都会成为伟大的勇士!"在她死后，库尔瓦人洗净了她留下的血迹和骨灰，却无法抹除她的话语给他们带来的恐惧。

很多年后，当她的族人掌握了巨大的权势，结果又因为基督徒的到来再次失去一切时，有些人会认为盾花这个人也许从未真的存在过。毕竟，在某些故事中，她的名字是阿兹卡尔索奇特（Azcalxochitl，某种花朵的名字，我们可以姑且称她为"百合花"）。在另一些故事中，她不是首领的女儿，而是姐姐。在某些群体中，这个身份意味着她是注定要生下下一位首领的人。如果吟游诗人在这种最基本的情节要素上都不能达成统一，他们讲的故事还值得相信吗？

我们没有必要认为自己可以听到 1299 年那场对话的确切内容，并根据它来确定基本要素是否真实。考古学和语言学证据，以及多个墨西哥城镇的书面编年史都表明，如今被称为阿兹特克人的这个群体的祖先，是在长达数个世纪的过程中，逐渐从北方南下到此的，最后来的那些人发现自己找不到耕地可用，所以不得不在土壤肥沃的墨西哥中央谷地里想方设法争权夺势。[4]我们了解他们如何发动战争，我们也认识到了最重要的女儿或姐妹被培养为下一代首领之母的象征意义。我们甚至知道，谷地中的人会把他们的贵族女孩教育成在面对胁迫时几乎像其兄弟一样坚韧淡定的人。"盾花"和"百合花"都是常见的原住民贵族之女的名字。简而言之，盾花的故事可能本就是发生在多位年轻女孩身上的。

所有这些年轻女孩，以及她们身为勇士的兄弟们，都要通过整晚围坐在火堆旁听历史讲述者讲故事来了解自己族群的历史。他们由此得知自己的族人来自遥远的北方，是翻过了山脉、穿越了沙漠来为自己创造一种新生活的，这些人的领袖还把包裹着本族人信奉的神明的神圣包裹带到这个新家园。每个故事之间略有出入，但都存在一定的共性。我们可以通过将考古学和语言分布图证据添加到这些混合说法中的办法，来形成一个关于实际发生的事情的连贯设想。这段叙述中拥有一场史诗大戏所需的一切要素。

故事的起源可以追溯到盾花一无所知的时代，即东北亚处于末次冰期的时代，以及美洲大陆上开始出现居民的时代。那个时代对她来说，可能只存在于某种神话或梦境中。那时，人类已经出现在非洲，并开始分散到更广泛的区域，旧大陆的所有地方几乎都已经有人类生活。后来，无论是斯堪的纳维亚半岛被冰雪覆盖的峡湾，还是印度德干的干旱岬角，在每个地方生活的人都学会了热爱那片被自己称为家乡的地方的独特之处。然而，在两万年或更久之前，陆地上的各处并没有那么大区别，很多地方都还被覆盖在逐渐消退的冰川之下，而所谓的"家乡"的范围也并没有被多明确地划定出来。小规模的人类群体会追随着大型猎物东奔西走，勇敢的猎人只能靠相对容易损坏的标枪来捕获目标。大多数学者认为，在约一万三千年前，一些生活在东北亚的人穿越白令海峡，经过艰苦跋涉抵达阿拉斯加。当时的海峡被冰层覆盖着，所以陆桥宽达数英里。饱受战乱或资源短缺之苦的人们至少在三个不同时期里被迫横渡了该海峡。这些人，或他们的子孙后代，继续追捕乳齿象、驯鹿和其他任何可以食用的动物，并逐渐在南北美洲两块大陆上繁衍生息。在这个新半球上，他们有时会在这里或那里发现一些先于自己出现在此的群体，后者显然是驾驶独木舟沿海岸航行至此的。大约一万四千年前，当陆桥还没有宽到使大规模移民成为可能之前，已经有人最远到达过智利南部。在一个如今被称为蒙特沃德（Monte Verde）的地方，曾经有一个孩子一脚踏进了篝火旁的淤泥，从而为无数世代之后的考古学家们留下一枚清晰的足印。[5]

　　然后，大约在一万一千年前，大冰期结束。冰层融化使海平面上升并覆盖了陆桥，从而将旧大陆和新大陆分隔开来。一些比较大型的猎物逐渐灭绝。气候开始变暖，更多植物得以茁壮生长。在地球上的每个地方，好奇且饥饿的人类开始尝试更多地食用植物的花朵、果实、根、茎和种子。不管他们是住在气候温暖还是寒冷的地方，也不管他们是住在森林密布、昏暗无光还是炎热干燥的地方，所有人都在做同样的事。尽管他们的行为中存在共性，但从此时开始出现的一些区别将被证明是对人类之后一千年的历史具有决定性作用的。当欧亚大陆的人遇到美洲人时，正是很久之前这两个地区的人针对农耕做出的

17

不同判断决定了各自后代的命运，也可以说是决定了双方之间的相对实力。要理解阿兹特克人的崛起和衰落，就一定要先听听这个故事。

在大多数地方，男人会负责打猎，女人会负责采集果实。人们总是处于挣扎求生的状态，以至于这些女人有必要留心观察自然界中的一切：她们看到植物是由种子生长而来的，于是就在潮湿的土地上播种自己最喜欢的植物的种子，等到来年，当猎物将她们引领到这个老地方的时候，她们就可以收获自己的劳动果实了。女人们逐渐还了解到一些知识，比如，如果仅从能长出最多浆果的灌木丛中收集种子，那么下一代植物就能结出更多浆果。女人把自己的推理告诉男人，那些看重求生之术的男人会听取女人的建议。几乎所有地方的人都变成了会花一部分时间务农的人。不过，狩猎和捕鱼仍然是最主要的事，因为人类要依赖从肉类中获取的蛋白质维持生存。[6]

到了某个时候，在某些地区，全职务农成了合理的选择。也就是说，人们开始一心一意地种地，而不再是只有猎物变少时才这样做。他们的生活环境中还出现了各种可以满足人类生存需要的富含蛋白质的植物。[7] 这种情况最早于大约一万年前发生在新月沃土（Fertile Crescent），也就是底格里斯河和幼发拉底河之间的一小片（位于今天伊拉克境内的）土地上。当这里的鹿因为被过度猎捕而开始消失时，种植能够在这里生长的小麦和豌豆就成了一种意料之中的替代选择。其他地方也是如此，例如，新几内亚的人们发现香蕉和甘蔗是最可口的作物，于是他们就热切地尝试种植了这些有甜味的美食，但他们仍然要依靠猎捕野猪和其他野生动物为生。土生土长于中东的小麦和豌豆在新几内亚并不存在，而这里的人也没有愚蠢到把全部时间都花在种植只能做甜点的东西上。从长远来看，这原本可能无关紧要，然而专职务农的影响太巨大也太重要了。那些作为全职农民生活的人必须放弃游牧的生活方式。接着，他们开始建造大型建筑和大件物品，尝试锻造金属，制作陶器，以及用织布机织布。他们还可以储存剩余粮食，从而实现人口增长。他们也必须设计共享水资源以进行灌溉的方式，并开发出各种新工具。给人们划分任务，以及许可某些人专注钻研某个特定领域的做法开始变得合情合理，于是发明创造就大大增多了。简而言之，全职农学家的定居生活方式最终催生了更强大的文明。

这并不是说农民就一定比靠狩猎采集为生的人更幸福、更聪明或更讲道德。他们也不总能按照相同的顺序发明出相同的东西，或是发明出我们认为他们应该能发明的东西。例如，古代安第斯山脉的农民就从没像旧大陆上的人们那样想到用筛网将植物纤维拉紧以制成纸张，然后在上面书写。他们替代"书写"的方式是在彩色的绳子上打结或编穗带，然后将这些绳子绑在一起，以记录祈祷内容和税收数额。欧洲人后来因他们的战争而闻名，但他们并不是最先创造出爆炸物的人，发明火药的反而是被认定为宁静平和、与世无争的中国人。我要说的是，务农的人总是能发展出更强大的文明，因为他们能够打败那些尚未开发出可与他们拥有的相匹敌的武器和物品，也没有繁衍出同样多人口的群体。

新月沃土的人们最先发生了这种转变，但其他人没过多久也加入了这种新的生活方式。小麦和豌豆迅速传播到了附近的埃及、南欧和亚洲，那里的人们变得远比他们的先驱者更加专注于农耕。埃及的农民还将本地的无花果等植物也纳入种植范

18

围。在欧洲，人们增加了燕麦和其他农作物。在中国，人们尝试种植更多的水稻和谷子。此时，大量人口可以生活在固定的城镇中，这对于靠打猎和采集为生的人来说是无法想象的。城镇之间的贸易路线也很快促成了城际交流，所以整个欧亚大陆上的人都能够定期接触到他人喜欢的适合家庭种植的作物和最新发明。

最终，是否进行农业生产不再能够解释欧亚大陆内部产生的实力差异，也不能说明具有哪些能力的人才能在那里赢得一场战争了。农民与邻居之间的差距只维持了几个世纪，他们很快发现，自己最聪明的发明和最好的武器也可以被围绕着他们的游牧民族购买、借用或盗走。而一旦游牧民族获得了这些东西，他们就会和农耕民族一样，甚至比农耕民族更强大。日耳曼部落用罗马人的方式来对付曾经征服自己的人。亚洲北部平原上的蒙古人从汉人手中获得了马匹和金属武器。后来，成吉思汗和部下骑马从北方一路南下时，也难怪那里的农民会感到胆战心惊。

19　　与此同时，在大洋彼岸的美洲，盾花的祖先继续依靠狩猎和采集为生，只是偶尔才进行农耕，到农业已经在旧大陆上强势出现至少五千年后，他们也依然如此。这里根本不存在类似于小麦和豌豆的植物。后来，美洲原住民会因为其对玉米、豆类和南瓜的依赖而闻名。但古时候的玉米是一种被称作"类蜀黍"（teosinte）的只能结出一簇极小玉米粒的野草，其果实比今天的玉米笋还小。古时的小麦和今天的小麦几乎毫无差别，但那时的类蜀黍完全不像今天的玉米一般有营养。墨西哥妇女经过数千年的努力，才最终让这些小簇果实演变成如今被我们称为玉米穗的东西。她们偶尔会把最大簇的类蜀黍上的玉米粒种到土里，就像她们对其他植物进行的实验一样。同时，她们也会跟着男人一起追逐鹿和其他猎物。即使在玉米穗开始长到足够大的尺寸后，只靠把玉米粒刮下来吃掉仍然不足以让一个人饱腹。最终，妇女们开始注意到，如果在吃玉米的同时吃豆子，他们就可以获得更多营养。[8]与欧洲的情况相比，这里的农业发展是一个更漫长且断断续续的过程。不过，这种转变最终还是发生了：在公元前 3500 年的墨西哥，已经有一些群体开始认真地种植玉米了。到公元前 1800 年，这样做的人更多了。[9]但与旧大陆相比，这已经晚了数千年，如盾花的后代将发现的那样，这一事实会在未来产生重大影响。

在美索亚美利加的沿海地区和河流附近，有些人在不拥有相当数量富含蛋白质作物的情况下也组建起了长期定居的村庄，因为他们在每个季节都能捕捞到各种海鲜。这些已经形成定居传统的人可能比其他人更关心耕种的好处。早在公元前 1500 年，在墨西哥湾南岸附近被称作墨西哥地峡（Mexico's isthmus）的地方，奥尔梅克人（the Olmecs）开始聚集在令人惊叹的城镇中生活，他们赖以生存的主要食物就是自己种植的玉米和豆类。[10]这些人建造了坚固的大型建筑以储存多余的食物，所以他们的人口增长速度也高于其他群体的。他们还对必要的劳动进行了分工，这种区别使人口中的某一部分人变得比其他人更有权力。奥尔梅克人制定了历法，一些才华横溢的艺术家逐渐掌握了雕塑技巧。他们的作品被用来向神明，或首领，或神明一样的首领致敬——我们已经无法知道究竟是哪个。致敬的方式就是制作致敬对象头部的巨型雕塑。在奥尔梅克人后代的历史进程中，其他有天赋的个人创造了一种书写形式，即通过在石碑上刻符号来代表字词，如金星神的名字"十天空"（Ten

20   Sky）。这些人显然为自己的一切成就感到骄傲，并且会向神明
表示感激。他们的雕塑和铭文都突出了这一点。

玉米加豆类文化集丛会从地峡向东西传播可能并不令人意
外，奥尔梅克人的影响力不断扩大，其文化中那些宏伟壮观的
元素也激发了其他人的想象力。[11]在东部，巨大的石砌金字塔很
快就在丛林树木的遮盖中拔地而起。建造它们的玛雅工匠还在
建筑上涂了用石灰或植物颜料制造的涂料；其他人则学会把一
束束缠绕的野生棉花编织成美丽的布料，不久之后就有五彩缤
纷的三角旗开始在微风中飘扬。人们把自己的文字刻在放置于
金字塔前的大石板上，供全世界观看，内容是纪念他们的各位
国王取得的胜利，并公开宣扬本族的伟大之处。有时，他们也
会在礼仪器皿和盘子上用颜料涂写各种小得多的字符。这些内
容就成了名副其实的诗歌。例如，大约在公元 800 年的某一天，
一位手艺精湛的工匠制作了一个用来喝热巧克力的杯子，并把
它作为礼物送给年轻的王子。工匠把世俗的世界与神明的世界
联系在一起，同时向这位强大的王子和创世之神致敬："创造
了空间的人，创造了美洲豹夜晚的人，是黑脸大人，是星脸
大人。"①[12]

然而，人们从来不会过度沉迷于自己的哲学思考。当玛雅
人的人口数量超出其土地可供养的数量，或者当他们需要某种
特定的资源时，他们就会向较弱的邻居发动残酷的战争。确实
有几个王国因此而变得非常强大，但它们一个个兴起，又一个

---

① 本书中一些关于象形文字的翻译就是单纯的名词罗列，比如，"美洲豹夜
晚"就是一个表示美洲豹的象形文字加一个表示夜晚的象形文字，至于其
具体含义，也许尚未被破解，也许只是因为这并非本书中需要深入探讨的
问题。——译者注

个衰败下去。没有任何一个玛雅人国家能够永久地统治其他国家。在学者们所谓的"古典时期"①，也就是一直持续到公元800～900 年某个时间点的这一时期中，王族某支血脉获得的决定性胜利常常会促使人们建造一座能够经受时间考验的纪念性建筑。在"后古典时期"，大多数玛雅人王国的规模一直相对较小，但还是有不少城市确实令人惊叹，位于尤卡坦半岛（Yucatán peninsula）中部的奇琴伊察（Chichen Itza）就是这样的例子之一。

与此同时，西部其他受奥尔梅克人影响的文化也开始生根发芽并蓬勃发展起来。例如，在今天的瓦哈卡（Oaxaca）附近的阿尔班山文明（civilization of Monte Alban）就统治了一个大山谷，中央政府会从众多村民代表委员会中召集代表。在墨西哥中部的中央盆地里，一个叫作奎奎尔科（Cuicuilco）的城邦从公元前 200 年前后开始兴旺起来，其实力已经远远超过了自己的邻居，直到公元 1 世纪的某个时候，附近的锡特山（Mount Xitle）喷发，熔岩把整个城镇都覆盖了（由于覆盖得太彻底了，所以即便墨西哥考古学家被迫使用了炸药，依然只能发现该城镇的一部分）。奎奎尔科的消失造成了权力真空，但这种情况不会持续多久。当时墨西哥中部的所有人几乎都已经成了玉米种植者，且其中不少人拥有令人惊叹的艺术和手工艺水平。 21
这些城邦的人口规模也很可观，它们之中的某一个必然会崛起成大国，并取代奎奎尔科的位置。[13]

---

① 指玛雅帝国的黄金时代，始于公元 250 年前后，古典玛雅文明发展出大约四十个城市，每个城市的人口介于五千人至五万人之间。——译者注

* * *

这一次，完成这个使命的城邦是特奥蒂瓦坎（Tay-oh-tee-WA-kahn）。这个城邦抓住机会，发展成了一股极强大的势力，哪怕是在它覆灭几个世纪后，盾花及其族人依然知道城邦遗迹的存在。她的祖先从北方南下途中，在翻过环绕着位于该地区中心的中央谷地的山脉时，曾驻足俯瞰眼前的全景。所有从这条路来到这里的人都会这么做。对于那些没经历过什么大事的人来说，这幅景象绝对会令他们心生敬畏。所谓的谷地实际上是一个没有排水出口的盆地。经常被淋透的平原地区的湿润土壤非常适合耕种，周围环绕的群山则实际上构成了与外界隔绝的屏障。这里似乎就是地球的中心，它被创造成了一个让人心醉神迷的世外桃源。在黎明前的黑暗中也可以分辨出各个散落的村庄，因为妇女们已经起床生火，昏暗中的点点火光就像黑夜中的星群一样闪亮。

也许就是在同一个月，或稍晚一些时候，漂泊到此的这些人前去查看了躺在谷地北半边的那片巨大废墟，当时所有人都听说过这片从数英里之外就能看到的遗迹。盾花可能没有亲眼见到该遗迹，因为在战争时期，女孩们无法经常外出，但在麻烦开始前的日子里，也就是他们这个群体中的男人还把时间花在充当成群结队、四处游走的雇佣兵上时，盾花的父亲或祖父肯定都看到过那片废墟。那里是一处圣地。最早从北方来到这里的人们用自己的语言将那个地方命名为特奥蒂瓦坎，此后这里就以这个名字为人所知。这个名字把这个地方与神性联系在了一起，因为它的意思可能是"人变成神的地方"，也可能是"那些拥有伟大神明的人的地方"，就看你怎么理解了。[14]

后来，这些新来者的后代将特奥蒂瓦坎想象成了他们世界的发源地。他们说那里就是传说中的英雄纳纳瓦特钦勇敢地做出自我牺牲的地方。有时他们会非常详细地讲述这个故事，说曾经存在四个不完美的世界，每个世界都有自己的太阳和生物，但这四个世界都被摧毁了，大地也陷入黑暗。于是众神都来到特奥蒂瓦坎。"神明聚集在这里进行商讨。他们询问彼此：'谁能承担这个重担？谁能独自承担起确保有一个太阳和一个黎明的责任？'"[15] 一个名叫特库西斯特卡特（Tecuciztecatl，tekw-seez-TEKat）的人自告奋勇。众神对他充满信心，还送给他各种礼物和一个用分叉的苍鹭羽毛装饰的头饰，以此来向他将做出的牺牲致敬；众神选择纳纳瓦特钦完全是因为他的平凡无奇。当午夜降临，关键的时刻也到来了，特库西斯特卡特却发现自己无法完成任务。反而是平凡无奇的纳纳瓦特钦闭上眼睛，投身于火焰之中，"好让黎明降临"。他忍受着痛苦，凭借自己的勇气变成了太阳。众神都向他致敬。他的脸变得如此明亮，以至于没人能够直视。特库西斯特卡特受到他人无畏献身的激励，从而获得勇气，也纵身投入火焰，于是他就变成了月亮。随后，两只谦虚而勇敢的平凡动物同样主动跳进火焰，所以这只美洲豹和这只鹰也证明了自己是伟大的勇士。人们相信特奥蒂瓦坎就是万物的起始之地。

第一批来自北方的新来者在偶然发现这个令人心潮澎湃的城市废墟时，一定会为自己看到的景象感到震惊。这座古老城市位于两座大金字塔之间，每座金字塔都与其背后的高耸山峰对齐，并且都在向大地本身的力量和神性致敬。金字塔之间有一条大道，大道两旁是属于一个早就消失的部族的房屋、学校和庙宇。转入呈网格状布局的小街巷，在这个早期世界的遗迹

22

中信步游览的纳瓦人会发现，这里有数百间面朝门前小庭院的房间。他们还会发现涂过颜料的墙壁、高架渠和在地面上挖坑而成的厕所。在庙宇所在的区域内，有蛇形雕刻沿着宽阔的楼梯蜿蜒而行，还有巨大的羽蛇神头像从墙壁上与人视线齐平的地方探出。这些雕塑此时都成了岩石一般的浅淡颜色，但随处可见的五颜六色的斑块表明，它们被用各种艳丽的颜料粉刷过。

过去，人们从很远以外就可以听到城市生活形成的嗡鸣，直到盾花的时代，这座废墟仍然在讲述着这个故事。公元 3 世纪至 7 世纪，在奎奎尔科被火山摧毁之后，这座面积为二十平方英里的城市中的人口数量增长到了惊人的五万。最奢华的房子都是贵族之家，但每个分区都有各自令人印象深刻的地方，每个分区还有自己的独特之处和不同的生意买卖。最大的分区是黑曜石工匠所在的地方，工匠们使用这种类似于黑色玻璃的火山岩材料制作标枪头、小刀、雕像、珠宝和镜子。实际上，这座城市就建在一座重要的黑曜石矿附近，当这里的矿产被用尽之后，人们又在七十公里外找到了一个新矿，并开始命令来自被征服国家的奴隶把石头运到他们手中。陶器工匠的手艺也很出名。像黑曜石制品一样，他们制作的陶器也会被送到数百英里之外的地方以交换其他商品。在这个城市中的小型飞地里，23 居住着来自其他地区的商人，他们的存在保证了远距离贸易的持续不断。在这些商人的食物和垃圾坑遗迹中，他们留下了能够证明外来者的不同行为方式的证据。在城市周围，务农者的小屋和灌溉沟渠围成了一个巨大的圆圈。但这个城邦并不是仅依靠这些农民的收获为生，其他食物来自实力较弱的部族的进贡。这个城邦显然还与自己以东很远之外的一些玛雅人王国交战或进行贸易，因为后来在那些地方也能看到受特奥蒂瓦坎影响的情况。[16]

大约在公元 500 年，城中的精英群体安排建造了另一座城，那里后来被盾花的族人称为查尔奇威特（Chalchihuitl，Chal-CHEE-weet），这个新城市坐落在遥远北方的一个巨大的宝石矿场上，城市的名字就是他们对这种被我们称作玉石的绿色石头的称呼。新城的位置在今天墨西哥北部的萨卡特卡斯（Zacatecas），那里如今被称为阿尔塔维斯塔（Alta Vista）。当时该地已经有一个存在了数百年的定居点，但这里后来会被改造成一个更宏伟壮丽的地方。举行宗教仪式的中心完全照搬了特奥蒂瓦坎宗教场所的样式。这座新城不仅要负责继续开采珍贵的玉石矿产，还要保护通往今天美国的亚利桑那州和新墨西哥州的路线，因为绿松石和其他商品就是从这条路线运向南方的。然而，居住在查尔奇威特的人们做的还不止这些。他们把在特奥蒂瓦坎使用的历法知识也带到这里，并且成了沙漠中的天文观测专家。他们按照与天体对应的方式建造自己的城市，周围数英里之外的人都会来这里敬拜神明，就像人们在特奥蒂瓦坎敬拜神明一样。[17]

在公元 650 年前后，一场严重的危机震惊了所有受特奥蒂瓦坎统治的人。农民，甚至可能还有被当作奴隶的战俘之类需要工作的人，发动了一场起义。他们烧毁宫殿和宗教仪式区域，但没有破坏普通百姓的住所。考古学家确定这不是外敌入侵：外敌总是试图摧毁平民百姓的家园和生计，但不会破坏有纪念意义的大型建筑，因为他们希望的正是将这些建筑占为己有。在那样一个没有高速公路和铁路供应线，也没有机器来协助建筑工程的世界里，特奥蒂瓦坎要采取什么样的强制措施才能保证这样一个大都市的运转是不难想象的。除此之外，当时该地区似乎还遭受了严重干旱，所以这场起义似乎更像是一个必然发生的事件，而不是什么需要解释的谜团。[18]

特奥蒂瓦坎的陷落又造成了一个巨大的权力真空。北方的游牧部族数不胜数，他们因为曾经繁荣的远距离贸易网而得知了中央谷地。那些游牧部族都是全副武装的危险分子。几千年来，这个半球上的人类一直依靠标枪来杀死猎物或相互拼杀。他们在设计和制造被盾花称为阿特阿特（atlatl，投枪器）的工具上已经成了专家，有了这个装置，一个人就可以投出仅依靠自身力量不可能投出的又高又远的标枪。然而，在特奥蒂瓦坎陷落不久前，一项新的发明已经从北极地区传入，那就是弓箭。当早期移民穿越白令海峡时，这些东西还没有诞生，尽管自那以后，它们在旧大陆上变得十分普遍，但新大陆上的情况并非如此。弓箭只有在人与人的交战中才能表现出明显的好处，因为它们可以让使用者从更远的地方杀死敌人，同时允许使用者本人隐蔽在暗处；但在狩猎过程中没有展露出压倒投枪器的绝对优势。可能正是基于这个原因，这种技术才没有在人口稀少的新大陆受到热烈追捧。在这里，迁移到未被人占据的领地上比攻击自己的邻居容易得多。然而，到公元500年前后，弓箭肯定还是传入了北美洲西南部和墨西哥北部，并迅速变成每位勇士个人装备中的重要组成部分。[19]

一批又一批凭借武力获胜的游牧部族南下进入墨西哥中部。他们大概是因为干旱或权力斗争（或两者兼而有之）才不得不背井离乡的。这些移民大多是年轻人，出发时并没有带上妇女和儿童，所以他们的行动速度非常快。他们还学会了为自己的能力感到骄傲：他们可以持续行进而不抱怨，即便是在令人精疲力竭的酷暑中也依然如此。因为不会被什么东西束缚在一个地方，所以他们可以用闪电般的速度袭击在村庄中定居的务农者，然后消失在沙漠中，想在那里追踪他们是不可能成功的。这些人会抢走农民储存的食物、武器、宝石，甚至是他们的女人。如果闯入者在一个地区长时间停留，并发起一些大战，那么他们通常会赢得胜利，这是因为他们拥有弓箭，而对手在一开始时是没有的。接下来，如果这些新来者愿意，他们就可以为自己将来在该地区定居谈妥条件。

移民把自己的弓箭说得神乎其神，还会讲述关于弓箭的故事。这些故事被一代代传承下去，到盾花听到这些关于她祖先的故事时，它们已经成了某种消遣性的荒诞传说："他们在生活中弓箭不离身。据说他们有蜂针做的箭，有燃烧的火箭，还有能追着人跑的箭。甚至有人说他们的箭可以自己找到目标。当人们去狩猎时，他们的箭可以飞到任何地方。如果它在搜寻天上的猎物，人们会看到它带着一只鹰回来。如果箭在天上没有发现任何东西，那它就会向下搜寻其他目标，如美洲狮、美洲豹、蛇、鹿、鹌鹑或兔子。人们会跟随他们的箭，好看看它给自己带回了什么！"[20]

25

当时的美洲没有马。古代马类早已灭绝，后来会随着西班牙人一同抵达的那些马匹则尚未出现。因此，我们不应该把当时的人设想成后来几个世纪中，骑着涂了颜色的矮马狂奔在农耕乡村中的阿帕切人（Apache，又译阿帕奇人）①的样子。有传说称，移民中最著名的战斗首领之一名叫索洛特（Xolotl，SHO-lot）。他永远不可能像著名的蒙古人成吉思汗那样骑着骏马登上山坡顶处。然而，从本质上讲，索洛特可以被视为一个

---

① 印第安一游牧部落。不耕种土地，以马术著称，靠袭击较为温和的邻近部落为生。——译者注

平地上的成吉思汗。无论他走到哪里，他都带着与前者类似的自命不凡和胜者光环，不过他完全是依靠自己这个人，而不是什么可信赖的骏马来展现这种气质的。他的外号是"仆役男孩"，这个带反义的绰号恰恰强调了他的致命威力。[21]

实际上，索洛特与成吉思汗的相似之处还不止于此。蒙古人当然赢得了战斗，但游牧民族最终被发达的汉文化同化。正是蒙古人改变了自己的生活方式，开始务农或经商；他们之中一些人的后代还学会了书写。同理，入侵的人是野蛮人（他们自己也骄傲地这样称呼自己），这些人也被墨西哥中部的古老文化同化。新来者的后代最终定居下来，成了玉米种植者；他们的孩子也成了精通墨西哥中部复杂古代历法的人。

同样是这一时期，在遥远的北方，相当于今天的新墨西哥州的地方，阿那萨吉人（Anasazi）在圣胡安河（San Juan River）上的查科峡谷沿线一段长达九英里的范围内建造了非凡的庙宇和房舍。[22]这些错综复杂的三层或四层砖砌建筑至今仍令观者啧啧称奇，更不用说在它们辉煌的鼎盛时期，当有成千上万人前来参加一年一度的宗教仪式时，这些建筑该有多么精美绝伦。建造者安放来自遥远的墨西哥的珍贵玉石和格查尔鸟羽毛①的地方，是现面积最大的建筑区域中最古老的部分，这里如今被称为"普韦布洛博尼托"（Pueblo Bonito）②。建造者还用建筑物对应太阳周期和月亮周期，就像查尔奇威特的人们做的一样。查科峡谷中的人们通过查尔奇威特人与墨西哥人进行贸

---

① 又译克查尔鸟、魁札尔鸟，即凤尾绿咬鹃（学名：Pharomachrus mocinno），属咬鹃目咬鹃科的鸟类，小型攀禽，是南美洲丛林中最漂亮的鸟之一，拥有极其华丽的外表，雄性绿咬鹃有长长的尾覆羽。——译者注

② 意为"美丽的村子"。——译者注

易。查科覆灭后，又有更多移民向南迁移，因为在围绕着火堆讲述的故事中，南方就是北方人心中的传奇。

最具有神秘感的东西也许就是南方的历法。尽管表音书写的元素已经从中央地峡向东传播至玛雅人所在的区域，在那里成为书写传统的一部分，并对书写传统发挥了影响，但书写传统向西传播的力度微不足道。该地区本来存在的文字主要是语标文字，包括一些有象征意义的图形，但不存在玛雅人正在创造的那种有表音类元素的文字。另外，复杂的历法体系几乎已经传遍墨西哥中部的每个村庄，其中一个特定的版本尤其获得了广泛接受。每个孩子都掌握了该体系的基本元素，但只有博学的祭司才会深入探索更神秘的科学领域。当时存在两种不间断的周期。一个是与太阳活动有关的，包括十八个月，每个月二十天，最后再加五个"空白的"或者说"无名称的"令人恐惧的日子，共计三百六十五天。另一个是纯粹礼仪性的，包括十三个月，每个月也是二十天，共计二百六十天。这两条时间线是平行的，所以在任何一天中，人们都可以既知道自己与太阳的关系，又知道自己该举行什么礼仪。从一个简单得多的层面上看，我们可以说今天的人大致也是这么做的。我们知道今天是一年中的哪一天，这与我们和太阳的相对位置有关；与此同时，我们也在遵从一个完全主观的，用北欧神明的名字依次命名的七天周期，这样我们就知道今天是星期三还是星期四。

两个周期会在第五十二个太阳年结束时回到同一个起点。当时的人称这样一个五十二年的轮回为一"捆"，这就相当于一个"世纪"对今人的意义一样重要。为了给每一年命名，他们将其与礼仪历中最重要的数字"十三"联系在一起。五十二年被分为四组，每组十三年，分别是：一芦苇、二燧石刀、三房子、四兔子、五芦苇、六燧石刀、七房子、八兔子、九芦苇、十燧石刀、十一房子、十二兔子、十三芦苇。下一轮则从一燧石刀、二房子开始，以此类推。祭司和他们的族人为自己的历法知识感到骄傲，因为这是神明展示给他们的，并由他们仔细测量和记录。[23]

还有一种可能是，处于南部领域文化威望核心的东西不是计算，而是玩乐。墨西哥中部的生活方式中有一个元素似乎比其他任何元素都更容易传播开来，那就是被金字塔形建筑围绕起来的城镇中央广场的概念，人们可以在广场上聚集并共同参与文化活动，而且广场上几乎总是有一个两侧有倾斜墙壁的球场。竞技者会在自己的族人面前进行比赛，他们要用髋部保持橡胶球不落地，直到球击打到对方一侧的地面就可以得一分。球场两侧往往还各有一个石刻圆环，只有技巧最精湛的人才能让球穿过这样的环。观看如此充满戏剧性的比赛时，人群会发出或兴奋或沮丧的叫喊声。后来，当帝国兴起后，偶尔会有一些比赛以生命作赌注，失败的队伍将被献祭。但让球场世世代代持续存在的原因当然不是这种偶一为之的做法，而是比赛带来的兴奋和欢乐。有金字塔神庙和配套球场的城镇广场遍布整个墨西哥，最终连北方也出现了这样的建筑群。[24]

＊ ＊ ＊

尽管南部领域辉煌灿烂，但更让盾花引以为荣的还要数作为所谓野蛮人的奇奇梅克人的后代这一身份，这比作为与奇奇梅克人通婚的玉米种植者或历法记录者的后代更让她骄傲。她在赴死时是作为一名少女勇士而高呼的。她将自己视为漂泊者

的一分子，她了解的历史主要讲述的就是漂泊者的故事，而不
是在他们到来之前已经占据谷地的那些人的故事。这样的故事
有不少都流传至今，因为本族后代中最先掌握拼音系统的那些
人用本族语言把这些内容写了下来。每个故事之间略有差异，
这取决于记录者是盾花一脉，还是来自邻近部落；也取决于记
录者是与欧洲人接触后的第一代还是第三代；还取决于记录者
是一个注重语言幽默感还是故事戏剧性的人。考虑到以上所有
因素，这些故事就算可能在细节上相互矛盾，但仍可以向我们
揭示很多关于盾花的世界的情况。[25]

　　几乎所有漂泊者都相信自己来自西北方向的奇科莫兹托克
（Chicomoztoc），这个词意为"七洞穴之地"。有些群体说自己
的起源地被称作"阿兹特兰"（Aztlan），这个词语的含义无法
确定，但很可能是"白鹭之地"。我们还不知道，而且永远也
不会知道，阿兹特兰究竟在哪儿。这很可能是个虚构的名字，
被用来遮掩他们的祖先曾多次迁移的事实。这些新来者讲纳瓦
语，该语言属于原住民语言中的犹特－阿兹特克语系（Uto-
Aztecan family）。该语系涵盖了从（原本在今天美国犹他州境内
的）犹特人（Utes）语言到纳瓦语的各种语言。在这些区域之
间，也分布着同样讲犹特－阿兹特克语系语言的其他民族，如
霍皮族（Hopi）。数千年以前，分布在这条语言带上的相邻村
庄中的人们能够交流，但一个犹特人听不懂一个纳瓦人讲的话。
部分移民很可能，甚至几乎肯定来自遥远的犹他，其他一些则
来自墨西哥北部。没有什么人曾走遍这一整条路线。在盾花生
活的年代里，没有人记得在阿兹特兰度过的童年是什么样子的，
那只是一种人们拥有的关于很久之前被抛弃的一个或多个家园
故土的共同记忆。[26]

28　　　被视为野蛮人的奇奇梅克人也像其他人一样，把大部分时间花在了与他人结盟，然后决定何时与何人断交上。这就是他们在夺取墨西哥中部控制权的过程中采取的政治策略的核心。他们为自己的各种联盟而骄傲；尽管他们知道暴力和分裂是不可避免的情况，但他们的故事依然揭露了他们多么为此而内疚。在他们的讲述中，最严重的危机几乎总是出现在一个名为"图拉"（Tula），并被想象得很理想化的地方。实际上，在特奥蒂瓦坎覆灭约三个世纪后，确实有一个名叫图拉的城市崛起为一股重要势力，它就位于曾经辉煌的特奥蒂瓦坎的遗址以北不远处，但其规模远不及前者，它处于支配地位的时间也相对较短。只有少数几个迁移到此的纳瓦人群体真的在那里生活过，然而几乎所有古老的纳瓦语历史都提到了荣耀的托尔特克人（Toltec）以及他们令人惊叹的艺术和手工艺品，还暗暗提到了一场发生在图拉的政治危机，好像那对每个有故事可讲的族群来说都是某种重要时刻似的。出现这种情况的原因在于，"托尔特克"这个词本就是被用来指代祖祖辈辈生活在墨西哥中部的那些工匠群体的；"图拉"这个词意为"芦苇丛生的地方"或"一片沼泽"（中央谷地中的大部分地区都是这个样子），提到这个地方就是在象征性地暗指任何游牧群体第一次安定下来，开始与当地人一起生活的那个重要时刻。这种时刻似乎总是充满了可怕的紧张情绪。[27]

　　最早的纳瓦语历史著作之一，甚至可能真的就是第一个被用罗马字母记录下来的故事，就是用"图拉"这个词开头的。与文明人有了一些联系的野蛮人开始被称为"托尔特克-奇奇梅克人"，他们在这个地方定居，并和举止高雅的诺诺瓦尔卡人（Nonohualca）组建家庭。后者与墨西哥中部的古老民族关

系更紧密。野蛮的奇奇梅克人对别人颐指气使，但他们会显露
这样一种粗鲁、无礼的举止并不完全是他们的错。众神中一位
尤其充满恶意的神明戏弄了奇奇梅克人，他留下一个弃婴让奇
奇梅克人发现，奇奇梅克人可怜这个弃婴，于是将他视若本族
的一分子并抚养他长大。他们接纳了他，却不知道他唯一的目
的就是给奇奇梅克人制造麻烦。在一个为了哗众取宠而创作的
低俗故事中，一位 1540 年代的故事讲述者如此描述伴随这个弃
婴而来的危机：

　　当休马克（Huemac）长成一个年轻人之后，他命令诺
诺瓦尔卡人来为他料理家务。诺诺瓦尔卡人对他说："好
的，大人。希望我们能让你满意。"于是诺诺瓦尔卡人就
来为他料理家务。接着，他又要求诺诺瓦尔卡人进献女人
来服侍他。他对他们说："你们要给我提供女人。我要求
这些女人的臀部有四掌宽。"诺诺瓦尔卡人回答他："好
的。先让我们找找哪里有臀部四掌宽的女人。"然后他们　　29
找来了四名处女，但这些人的臀部都没达到休马克要求的
宽度。于是他对诺诺瓦尔卡人说："这不是我想要的尺寸，
她们的臀部没有四掌宽。我想要臀部特别大的。"结果诺
诺瓦尔卡人拂袖而去。[28]

　　听故事的人听到这里一定会大笑起来，但故事还没有讲完，
情况还会变得更加糟糕。休马克会继续对被征服部族的女性做
出一些最糟糕的行为：他没有将她们纳为姜室，而是用她们献
祭。他曾经将四个女人绑在一张黑曜石桌子上，任她们自生自
灭。对此，诺诺瓦尔卡人已经忍无可忍。他们自然会将这一切

怪到收养休马克的奇奇梅克人头上，于是他们向后者发起攻击。盛怒之中的诺诺瓦尔卡人即将取得胜利，就在此时，奇奇梅克人突然来乞求他们停止攻击。奇奇梅克人的首领大喊道："难道是我要求你们献出女人吗？难道是我让我们为此而战吗？！杀了休马克！是他害我们交战的！"于是交战双方联手击败了让人无法忍受的邪恶敌人，不过从某种意义上说，一切为时已晚。双方此前已经杀死对方太多人了。"诺诺瓦尔卡人集中到一起讨论说：'我们是什么样的人？我们似乎犯下了过错。因此也许会有坏事发生在我们的子孙后代身上。我们离开吧，离开我们的土地……我们应该离开这里。'"就这样，诺诺瓦尔卡人在当天晚上就离开了。这部历史著作中剩下的部分讲述的就是诺诺瓦尔卡人及被他们抛弃的奇奇梅克人如何在失去盟友之后，各自努力实现和平稳定的故事。

　　孤单无助的奇奇梅克人于是又变成了漂泊者。此时，纳瓦人历史故事传达的终极信息已经清晰可见：他们并非只讲述令人激动的结成联盟和导致联盟破裂的戏剧性危机的故事。盾花在还是个小女孩时就从围坐在篝火边讲故事的长者那里学到的其实是：她的族人注定会延续下去。他们的创造者会确保这一点。一位历史讲述者借故事中的一个角色之口这样说道："我们的发明者，我们的创造者，将我们安置到这里，是让我们捂住自己的脸和嘴吗［这句话的意思是'是让我们死吗'］？① 我们的发明者，我们的创造者，他无所不在，他说了什么，他是如何考验我们的？他知道我们会不会在这里被打败。他是如何安排的？哦，托尔特克人，你们要相信自己！要做好准备，要

---

① 　直接引语中的方括号内是本书作者在引用时添加的解释，后文不再特别说明。——译者注

鼓起勇气！"盾花由此知道她的族人有资格活下去，因为他们热爱生活，并愿意为之奋斗，他们会利用自己的智慧和爱，必要的时候，也不惜展示残暴的一面。他们的年轻人会被要求遵循同样的传统生活下去。

在这个故事中，托尔特克-奇奇梅克人发现自己最终成了为 30 一个更强大的古老部落效力的仆人。他们的身份变得卑微，还要忍饥挨饿，也不能再恰当地敬拜自己的神明。他们没有武器，所以没有反击的办法。不过，他们巧妙地制订了一个计划。托尔特克-奇奇梅克人主动要求负责筹备即将到来的宗教节日庆典。庆典上要跳舞，跳舞要用到武器。这些人的首领于是请求大首领们许可自己的族人去收集损毁和废弃的武器，用来进行表演。托尔特克人首领得到了他需要的许可。回来之后，他含着眼泪在本族群中的年轻人面前做了一次演说，因为族人的命运如今就掌握在这些年轻人手中。他高喊道："哦，我的孩子们；哦，托尔特克人，带着决心去吧！"接下来的故事是这样的：

这些人于是分散到各处去借武器，他们对［强大的］城镇居民说："请把您的旧武器借给我，一些旧盾牌和战棍就可以，不用什么好装备，给我们好的我们会弄坏的。"

"你们要怎么处理旧武器？你们打算用这些武器做什么？"

"是这样，我们要为统治者进行表演。这是为了让我们在您镇上的各家各户中跳舞用的。"

"也许你们会需要我们的精良武器？"

"不，大人，只要那些被您扔在倒碱水①的地方的旧武

---

① 原住民会把木炭溶在水里制作碱水煮玉米用。——译者注

器就可以。我们会把它们修好，然后用它们为各位统治者和首领表演。"

　　于是城镇居民说："好的。我们的旧武器，我们的旧盾牌，我们的旧战棍，扔得到处都是。把它们捡起来吧。哈，我们甚至连我们的新武器都不需要。"就这样，这些人在各处游走，翻遍了各个房子和院子。他们走到哪里，看到的都是人们在吃吃喝喝。居民会和他们说话，会贬低和笑话他们。但奇奇梅克人只是暗中做着准备。

　　他们没日没夜、充满耐心地黏合、缝补和修理，煞费苦心地将插着羽毛、涂着颜料的盾牌和标枪制作得无比美丽。最终，他们做好了为本族人的自由而战的准备——结果当然是他们赢得了胜利。

　　每个纳瓦人群体都有属于自己的各不相同的传统和故事，但它们都是这个关于勇气和生存的主题的变体。盾花的族人被称为墨西加人。他们也会讲这个所有纳瓦人共有的故事的不同版本，不过他们还会讲只属于自己群体的独一无二的故事。比如，他们说在盾花去世后，其族人中的幸存者得到了库尔瓦坎的国王给他们的土地，代价是要成为国王的仆人。国王以要求他们完成不可能完成的任务为乐，还威胁他们说，不能完成任务就要受到可怕的惩罚。他们会被要求去移动一整块奇南帕（Chinampa，一种在沼泽地上建造的耕地地块，先用编织篮样式的篱笆围出一片区域，然后在里面填上土而形成——没有什么比这更无法移动了）；或是去抓一头鹿，但既不能刺破它的皮肤也不能折断它的骨头；又或者是不带任何武器地去击败敌人。每一次，盾花的族人都设法完成任务，要么是靠耍花招，要么

是靠极端的暴力，比如，最后一个任务就是这么完成的。（当
伏击了指定的敌人之后，他们还割下了敌人的左耳放在篮子里，
以证明自己确实完成了任务。）每当他们完成任务，回到库尔
瓦坎的国王面前交差时，国王和他的族人都会无比惊奇地问自
己："这些墨西加人到底是什么人?!"[29]

最终，库尔瓦人国王库什库什决心彻底解决这些不受欢迎
的来客。他说他们可以建造一座供奉自己神明的神庙，但其实
是打算随后撤销许可，并让自己的族人为墨西加人的放肆而消
灭他们。国王躲在灌木丛中看着这些人为神庙的落成典礼做准
备。突然，这些人的神明选择进行干预。"当祭品被献上之后，
墨西加人和库什库什都听到了天上响起的尖利嚎叫。在嚎叫声
中，一只雄鹰飞下，落在神庙的茅草屋顶上，就像它在那里筑
了巢一般。"库什库什当时就知道自己无法消灭这些人了，因
为他们是受强大神明庇佑的，于是他将墨西加人驱逐了。后者
又经历了更多的漂泊，但始终顽强生存着。

1299 年之后不久，也就是 14 世纪中期，墨西加人看到一
只雄鹰落在自己的营地前方，于是认定雄鹰想让他们在此建立
一座定居的城镇。这已经不是什么神话传说了。这个营地切实
存在过，营地里的人很可能至少一次看到过确实是鹰的鸟类降
落在那里，这种猛禽恰恰是他们崇拜的动物。墨西加人正想寻
找一个定居的好理由。当时他们生活在一个大湖中的岛屿上，
没有其他人对这里提出所有权的主张，可能因为这里完全是一
片沼泽。沼泽中生长着大量梨果仙人掌，其果实可食用，且营
养特别丰富，被称为"诺奇特蒂"（nochtli）。除了吃这些浆果，
人们还可以打鱼，捕捉水禽，捡拾藻类。这是一个生机勃勃、
多姿多彩的世界。墨西加人环顾四周，认定自己一定可以在这

里生活下去。他们建立的城镇会被称为"特诺奇蒂特兰"（*Tenochtitlan*）[30]，他们还很快就会拥立一位特拉托阿尼，也就是他们的国王。从此，墨西加人再也不用受他人恩惠。这就是盾花的父亲在很多年前尝试筹划的大业，不过他过早地将其付诸实践了。又过了一代人或两代人的时间，也就是到了 14 世纪中期，墨西加人才终于能够更好地保卫自己。这一次，他们没有急着向自己的邻居宣战。

要是盾花能看到这些该多好！如果她能活到老，她就会看到曾经身陷困境、流离失所、精疲力竭的族人们到她晚年时已经过上和平安宁的生活了！在他们的岛屿家园中，她的族人将自己转变成了盾花曾希望他们成为的那种伟大的角色。不过，盾花无法确切知道她的族人将实现多么伟大的成就也好，因为如果她能预知未来的无限精彩，那么她应该也能预知未来的极度痛苦。所有人都会死，她也不例外，盾花死的时候就知道后世必然会同时面对神恩和创伤，她只希望之后的人能像自己一样展现出保持坚强的决心。

第二章
谷地之人（1350年代~1450年代）

一名年轻男子走上战场

资料来源：The Bodleian Libraries, the University of Oxford, Codex Mendoza, MS. Arch. Selden. A. 1, folio 63r.

1430年[1]，伊斯科阿特（意为"黑曜石蛇"）确信自己赢得了一生中最重要的一场豪赌。他有理由认定自己完全可以保有墨西加人的特拉托阿尼之位，更确切地说，是保有整个中央谷地的至高国王之位，于是他决定暂时停止战场上的战斗，改为下令举行一场焚书仪式。所有那些会让读者对未来抱有的期待与伊斯科阿特对未来抱有的期待产生分歧的图画历史记录，也就是那些会让人认为伊斯科阿特的同父异母兄弟才是注定的统治者，或者特诺奇蒂特兰必然只能作为一个次要城邦的作品，都要被投入篝火，成为献给众神的伟大祭品。[2]鹿皮卷或用龙舌兰纤维制成的仿羊皮纸风琴式折页书在红热的火焰中噼啪作响，最终连带书上的图画及它们讲述的所有故事一起化为灰烬。[3]一个古老的纳瓦语谜语是这么说的："什么像红色的金刚鹦鹉领路，黑色渡鸦跟随？"答案是"大火"（tlachinolli）。[4]滚滚升起的黑烟一定能让伊斯科阿特感到满足。他可能知道已经有很多人在说，他之所以能够赢得权力，都是依靠了出身比他高贵的同父异母兄弟的儿子在战场上的卓越表现。[5]不过从长远来看，别人说什么并不重要。成为至高国王的人是伊斯科阿特。他的丰功伟绩将被刻在石碑上，他会确保他的后代也能继续统治。人们还会记得是他带领族人扭转了历史，是他让默默无闻、软弱可欺的墨西加人获得了无比强大的力量。

34　　在伊斯科阿特生活的世界中，他本来是不可能成为一名统治者的。尽管他的父亲已经当了几十年的墨西加人领袖，但他的母亲只是特克潘（tecpan，即宫廷宅院）中的女人之一，连贵族都远算不上。伊斯科阿特的同父异母兄弟们的母亲则身份高贵，她们的家族姓氏甚至可以追溯至13世纪。以他的兄弟维齐利维特（意为"蜂鸟羽毛"）为例，这个名字就曾属于他们祖上的一位国王，即坚强勇敢的盾花的父亲。伊斯科阿特的名字只属于他自己，在他之前，没人叫过这个名字，在他之后也没有。他的人生故事富有独一无二的启发性。

伊斯科阿特的首领父亲名叫阿卡马皮奇特利（Acamapichtli, A-cahm-aPEECH-tli）。这个意为"一把芦苇"的名字与这位首领非常相配，因为他正是墨西加人在芦苇丛生的沼泽岛屿上建立起自己的城镇后拥立的第一位特拉托阿尼。墨西加人通过和时不时与自己为敌的库尔瓦人建立良好关系，才终于变成了一个独立的实体。阿卡马皮奇特利的父亲是个墨西加人，他娶了一位有一定身份的库尔瓦人妻子，不过他自己在双方的某段交恶时期中被人杀害了。他的儿子阿卡马皮奇特利幸运地躲过了这种暴行。在 14 世纪中期，墨西加人请求让阿卡马皮奇特利成为国王：作为一个库尔瓦人女性的儿子，他显然会让自己的族人忠于库尔瓦坎。所以一切就这么决定了，墨西加人终于拥有一位公认的特拉托阿尼了，他拥有只属于他的具有象征意义的芦苇席，也就是王座。用纳瓦人的话说就是，他们终于获得了成功。[6]

不可否认，他们能够占据岛屿的唯一原因就是别人都不想要这个地方。中央盆地中的人早就开始靠种植玉米和豆类为生，但中部湖区的沼泽环境使完全依赖农耕成了不可能的事。墨西加人并没有彻底放弃农耕：南部湖岸地区的索奇米尔科人（Xochimilca）与墨西加人是对手，在遥远的过去，墨西加人曾经割下索奇米尔科勇士的耳朵，此时则改为观察对方如何通过建造奇南帕来很好地解决耕种问题。奇南帕就是在浅水区域中用泥土和淤沙费力地堆积起来的园地，人们用木头或麦秸筐制成围墙，以此将高出水平面部分的土地固定住。虽然奇南帕很难建造，但建成的奇南帕中的土壤非常肥沃，因此墨西加人很快就效仿了邻居的先例。他们同时发展了自己的捕鱼技能，在捡拾鸟蛋方面也越来越熟练。墨西加人还学会抓捕某些特定的昆虫和采集一些特别有营养的蓝绿色藻类。伊斯科阿特小时候

就成天划着一条独木舟在水上来来回回，为家人寻找任何能找
到的食物［他称独木舟为小"阿卡丽"（acalli），字面意思是
"水上的房子"］。他渐渐爱上了这个自己无比熟悉的波光粼粼
的水上世界。他的族人也都有同感。他们之中的艺术家越来越
擅长在墙壁和鹿皮上绘制图案，这些图案往往就是蓝绿色湖水
中常见的小龙虾和螺壳。

　　有时，晚间响起的音乐和歌曲的主题也受到了生机勃勃的
湖水启发。一个人吹响螺壳，另一个人敲响装饰着蓝绿色宝石
的鼓，第三个人腿上挂着叮当作响的铃铛串翩翩起舞。音乐的
氛围有时沉痛哀伤：雨神特拉洛克（Tlaloc）和他的妻子查尔
丘特里魁（Chalchiuhtlicue，Chal-chewTLI-kway，意为"玉
裙"）的王国有时是个悲凉凄惨的地方，它通常不仅代表生
命，也代表死亡。"我哭泣。我们做了什么，要落得如此下
场?!"唱这首歌的人可能是在扮演一条鱼，这条弱小的、躲在
芦苇丛中的鱼正在与另一条比自己强大的鱼对话，它说："我
是鼠鳝，你是鳟鱼。"在欢乐一些的时候，伊斯科阿特的族人
经常歌唱在天光中飞翔的鸟儿，而不是昏暗的水上世界。还有
时，在某些特别令人难忘的时刻，他们可能会将水上和空中这
两种传统融合在一起，大声吟唱一首特别的诗歌，从这首诗歌
中可以听到他们的历史根源，还能听到以雄鹰和美洲豹为代表
的骄傲勇士的传统："你的家乡有很多绿色湖水漩涡……你将
自己隐藏在七个洞穴的灌木丛中［意思是你死了］。雄鹰在呼
唤，美洲豹在鸣咽。而你，一只红色的火烈鸟，则从田野中飞
过，去向一个未知的地方。"[7]"未知的地方"即死者之地的一
种显现形式，这个特殊的地方会接纳那些足够勇敢到在战场上
牺牲或被献祭的死者的灵魂。当墨西加人在火光中吟唱时，他

们觉得自己有必要感谢让他们活到此刻的诸神。不久之前，他们还是漂泊者，还要依靠库尔瓦人，或任何愿意暂时雇用他们为弓箭手的人。而此时，他们可以自己决定什么时候发动战争，还拥有一个属于自己的小镇。没错，四周的湖水仍然随时可能将这个地方淹没，芦苇也长得到处都是，他们的方形土坯房在沼泽环境中维持不了多久，总是要重建。然而，人们逐渐成了修筑排水沟、堤道和运河方面的行家里手，没过多久，他们就能像其他城镇中的人一样修建街道了。城中的各个区域都包含一个扩展的亲族群体，这样的区域被称为一个"卡尔普利"（字面意思为"大房子"）。每个卡尔普利中都有自己的领袖家族，他们负责组织劳动团队和战斗团队，以此来支持所有人的首领——阿卡马皮奇特利；作为回报，这些家族会受到比别人都多的尊敬和服从。这样的家族被称为皮尔利或皮皮尔廷（复数），也就是我们所说的贵族。其他人则被称为马塞瓦尔利或马塞瓦尔廷（复数），这个词的含义不仅仅是平民；从词源上讲，它指的是那些理应获得土地，因此在国家组织中也应拥有自己位置的人。

大约就是在这个时候，人们做出了一个集体决定：在据说 36 是那只雄鹰降落的地方，有一个原本用土坯建造的圣坛，人们打算在土坯上加一层沙砾，这样他们就能够获得一个足够坚固的平台，从而可以在其上建造一个大型金字塔。[8]几位特定的祭司投身于照管神庙的工作，并开始为后世创作带彩色图画的书籍。根据他们记录在兽皮上的历史，祭司宣布人们已经迎来了五十二年轮回的终点，用他们的话说就是该举行将这些年"捆成一捆"的仪式了。于是人们举行了一场盛大的庆典，并将之铭记为自己历史中的重要时刻。

墨西加人在重视过去的同时，也会无比认真地对待自己的未来。他们的首领阿卡马皮奇特利是有一半库尔瓦人血统的贵族，他就是通过自己与强大的库尔瓦坎城邦的紧密关系而获得权威的，他为自己迎娶的新娘当然也是一位库尔瓦人贵族。有人说她的名字是依兰奎伊特（Ilancueitl，ee-lan-CWEY-it，意为"老妇裙"），但也有人说这其实是阿卡马皮奇特利的母亲的名字。鉴于这个名字是一个自己取的有象征意义的名字，所以完全有可能是两人取了同样的名字。无论这位库尔瓦人妻子叫什么，她都不会寄希望于成为阿卡马皮奇特利唯一的妻子，但她至少是公认的最主要的妻子，也就是正室。这不意味着她必须是阿卡马皮奇特利的第一位妻子，而是说她的儿子们将成为下一代统治者。后来，其他群体中的吟游诗人会宣称她不育，反而是一名来自这些诗人家乡的女性为阿卡马皮奇特利生下了多名继承人，不过这些孩子都被当成了依兰奎伊特的儿子（至于孩子们生母的身份究竟为何，每个讲故事的人都有不同说法）。就算真的有这种事，我们也可以肯定当时是不存在长子继承权这个概念的。在那样一个不稳定的世界里，坚持长子继承是不现实的，因为人们需要的是一位特别能干的领袖，而不是一个碰巧最先出生的人。

不过，年纪大的儿子肯定比年纪小的儿子更具优势。随着首领的最有权势的妻子生的儿子陆续长大成人，他们表现出来的性格特征和体格状况促使人们开始将其中一人视为最有可能的继承人，而与他同父同母的那些兄弟则可以期待成为支持这个继承人的大祭司，或有权势的军事领袖。他们会为自己的贡献获得同等丰厚的回报，包括礼物、土地和其他形式的财富，所以支持一个看起来最适合成为首领的兄弟对于与他同父同母的兄弟们来说是有利的。[9]具体到此处，这个被挑选为继承人的孩子就是维齐利维特，即那个与 13 世纪首领同名的人。

除了与自己同父同母的兄弟姐妹，也就是阿卡马皮奇特利和他的库尔瓦人贵族妻子生下的其他孩子之外，维齐利维特还有很多同父异母的兄弟，伊斯科阿特就是其中之一。后者的母亲是个无足轻重的人。她实际上只是一名奴隶，一个从邻近城镇阿斯卡波察尔科（Azcapotzalco，Ahz-ka-po-TZAL-ko）来的美丽女孩。人们说在被献给国王之前，她原本是在街上卖蔬菜的。贵族喜欢赌博，而且总是拿奴隶作赌注；其他可能性还包括，这个女孩是被用来偿还某种类型的债务，或作为礼物讨好最高首领的。[10]

一个奴隶的儿子似乎不太可能成为未来的墨西加人国王。阿兹特克人的奴隶制这个主题一直很棘手。因为阿兹特克人长久以来都被贬低为食人肉的野蛮人，所以严肃学者不愿意写任何可能被认为减损了自身道德价值的内容：让自己以任何方式与著名的奴隶制社会产生联系不会对他们有任何益处。于是下面这些说法就成了被广泛传播的观点：阿兹特克人的奴隶都是战俘，而且要被用来献祭以满足强烈的宗教渴望；家庭仆役则完全是另一种人，他们是自愿暂时卖身为奴以偿还某种债务的人，或者是因犯罪而不得不以受奴役的形式接受惩罚的人。然而，当代学者如今已经承认，现实情况并非如此。确实有一些战俘（通常是男性）被献祭了，也确实有一些家庭仆役受契约约束，或是因接受首领惩罚而被卖作奴隶。但是，当时也有很多其他类型的受奴役者。如在古代地中海世界一样，有钱有势的人家会拥有很多通过战争得来的女奴。有些女奴原本是公主，如果情况允许，她们也可能得到近似于妻子的

37

待遇。其他女奴的境遇则平常得多，伊斯科阿特的母亲就是这样的人之一。[11]

然而，想当然地认为伊斯科阿特的母亲遭受了残酷对待是错的。她可能遭受过虐待，但考虑到伊斯科阿特后来的丰功伟业，这种可能性很小。在整个美索亚美利加，人们普遍认定，受奴役女性的孩子本身并不是奴隶。实际上，这种身份上的不可继承性十分重要；否则很多城镇里恐怕很快就要出现奴隶数量超过自由人数量的情况，那么他们的世界也会随之分崩离析。鉴于此，就算是在最艰难的时刻，伊斯科阿特的母亲也知道，自己和国王生下的孩子是可以享受特权的。她可能还会为自己年幼儿子的未来感到骄傲且充满希望。不过，就算她真的抱有什么关于儿子的野心，她也绝不敢想后者有朝一日能够成为统治者。这样的特权是留给来自最强大城镇的贵族女性生下的儿子们的。[12]然而，危急时刻总是能带来让人意想不到的结果，此处的情况最终就恰恰证明了这一点。

38 　　与此同时，这个被唤作伊斯科阿特的男孩一天天长大，他希望自己能作为王室勇士为自己同父异母的兄弟效力，他也确实成了这样一位勇士。王位继承人维齐利维特成了国王，成功地统治了二十四年，征服了无数更小更缺乏防御能力的城邦，并要求所有战败城邦向自己进贡。特诺奇蒂特兰的男人们经常离开他们的岛屿，这些人会组成一支全副武装、非常危险的队伍。他们在离开前和返回后都要佩戴着华丽的头饰跳舞，头饰会将其佩戴者装扮成某种令人恐惧的野兽，如雄鹰、美洲豹、大蛇和郊狼。这些人拿的盾牌上装饰着色彩斑斓的羽毛，还有前述那些野兽的图案，但这些图案中会讽刺性地引入一些其动物原型身上本不存在的元素，比如，郊狼不是郊狼，而是一个扮成直立的郊狼跳舞的男人。[13]这些满怀渴望的勇士时刻准备着和同伴一起打败任何想要在他们头上作威作福的人，或拥有他们迫切需要的资源的人。无论是索奇米尔科（Xochimilco）还是曾经占据支配地位的库尔瓦坎都沦为了次要城邦。简而言之，维齐利维特已经开始让特诺奇蒂特兰这个新城镇威名远播，并且将其逐渐发展成了一个小型城邦。维齐利维特进行的征服活动也早就成了人们喜欢在晚间围坐在火堆边讲述的故事。

维齐利维特发动的最重要的战争应该是针对库埃纳瓦卡（Cuernavaca）的那场。这个地方位于特诺奇蒂特兰以南，那里的野生棉花长得特别好，于是人们开始培植棉花，并用它纺织布料。棉花是一种特别宝贵的作物，因为它在山区无法生长。库埃纳瓦卡因此成了一个富裕的城邦，库埃纳瓦卡的首领也成了一个有权势的人。首领还有一个"特别受人们爱慕"的女儿，她名叫米亚瓦西维特（Miyahuaxihuitl，Mee-ya-wa-SHEE-weet，意为"玉米花宝石"）。很多首领都有意娶她为妻。各地的统治者"来提亲"时都使用了最充满敬意的词语描述他们希望建立的这种婚姻关系。当维齐利维特的使者来到库埃纳瓦卡首领面前时，首领嘲笑了他们。虽然特诺奇蒂特兰当时正在崛起，但它还绝对没有成为库埃纳瓦卡首领想用自己的孩子招揽的那种盟友。"维齐利维特说什么？在湖中央的他能给我女儿提供什么？"国王忍不住讽刺说，"也许他可以用沼泽植物的纤维给我女儿做衣服，毕竟他自己的缠腰布就是用那东西做的。"接着他连惯例的推托之辞都省略了，而是直接对使者说："走吧，回去告诉你们的统治者维齐利维特，绝对不要再来提亲了。"[14]

关于这之后的内容，故事讲述者们选择了一种脱离现实事件的描述方式。他们没有过多描述随后而来的战争中发生的大屠杀，也没有谈到战争持续时间之长，因为这两个部族后来结成了同盟，[15] 所以这些内容还是被遗忘的好。于是他们使用了一个古老的纳瓦人神话来解释后来发生的事。失望的维齐利维特独自一人去向本族的神明——维齐洛波奇特利（Huitzilopochtli，Wee-tzeel-o-POCH-tli，意为"像蜂鸟一样惯用左脚"）祈祷。这个名字意味着该神明与左撇子和神奇的、能够在空中悬停的（令人恐惧的）蜂鸟有关。这个神明还与维齐利维特有一种特殊的关联，因为后者的名字意为"蜂鸟羽毛"。神明像往常一样告诉祈祷者应该怎么做。维齐利维特自然就按照神明的指示去做了。"他站在库埃纳瓦卡首领领地边界之内扔出了一个飞镖。飞镖由芦苇制成，做工精细，还涂了漂亮的颜色，中央嵌着一块非常珍贵且闪亮的玉石。飞镖落在尚未婚嫁的玉米花宝石生活的院落里。"女孩为此感到惊奇，于是捡起了飞镖。玉石的能量让她产生了一种奇怪的渴望，她突然将玉石扔进嘴里。着了迷的年轻姑娘不小心把珍贵的玉石吞下，于是就怀孕了——其他不少美洲原住民的古老传说中也有类似的情节。[16]

讲述这个故事的纳瓦人和全神贯注的听众会说，过分骄傲的库埃纳瓦卡国王最终成了被嘲笑的人：他挚爱的女儿如今被骗上当，还要为一个她本来绝对不会选择的人生孩子。不过，他们也会意识到这个情况里蕴藏的讽刺。可爱的玉米花宝石在那天晚上也许会以泪洗面，她显然无力改变眼前的状况，但这个女孩最终将获得成功：她的孩子会被取名为蒙特祖马[17]［后来被称为大蒙特祖马（Huey Moctezuma）或蒙特祖马一世（Moctezuma the Elder）］，他注定要统治墨西加人和其他成千上万的人。[18]

　　然而，在当时的特诺奇蒂特兰宫廷院落中，墨西加人最高领袖维齐利维特大概根本不会过多关注在战争期间得到的一个库埃纳瓦卡女人为他生下的孩子。他已经尽可能高效地带领自己的族人进行了一系列军事行动，从而扩大了他统治区域的面积。他之所以能够如此成功，在很大程度上是因为在他的领导下，特诺奇蒂特兰成了当时该区域中最强大城邦的从属国。这个作为领头者或者说"老板"的城邦就是特帕内克人的重要城镇阿斯卡波察尔科。特帕内克人也属于纳瓦人群体，但他们来到这里的时间比墨西加人早很多，此时他们已经统治了谷地中心的大湖西岸地区。[19]每次胜利之后，特帕内克人当然会把最好的土地据为己有，但也有相当一部分被留给了仅次于他们的特诺奇蒂特兰。如果胜者决定不占有输家的土地，而是让他们进贡，那么一部分村庄会被告知，自己未来要向特帕内克人进贡，另一部分则被告知，要将自己的贡品送到特诺奇蒂特兰。墨西加人被选作最受偏爱的次要城邦的原因尚不确定。有可能是他们岛屿上的沼泽环境让他们比其他部族更富于机动性，因为他们没有多少农田要耕种，所以不会被耕种和收获的周期死死地限制在岛屿上。墨西哥中部的任何城镇中都没有常备军：所有男人都可以化身为勇士，而且他们必须安排好战斗和种地的时间。然而，墨西加人像依赖玉米一样依赖打鱼、捡拾鸟蛋和收集海藻。这意味着相对于其他人来说，他们从一开始就更贫穷和饥饿；但与高度农业化的特帕内克人紧密合作后，他们在任何季节都具有的机动性则成了一种优势。

　　鉴于这种保护国和从属国的政治关系，维齐利维特毫不令人意外地从一个特帕内克人城镇迎娶了一位新娘作为正室，这

40

意味着她的儿子们将会继承维齐利维特的统治者之位。[20]（这个城镇的名字叫特拉科潘，这里后来会成为一个非常重要的地方；西班牙人因为不会念这个名字，所以将它重新命名为塔库瓦。）维齐利维特去世后，他的这位特帕内克妻子的儿子如人们预期的那样继承了王位，他的名字叫奇马尔波波卡（Chimalpopoca，Cheemal-po-PO-ka），意为"烟雾盾牌"。

到了这个时候，特诺奇蒂特兰的统治者已经成为一位所有人公认的特拉托阿尼，即代表一个独立自主的群体的"说话之人"。在纳瓦人的世界中，一个拥有自己的特拉托阿尼的群体可以被称作一个阿尔特佩特。这个词的字面意思是"山水"，因为在古时候，纳瓦人几乎总是在有山有水的地方定居，山可以为他们提供屏障，水则能为他们提供水源。当奇马尔波波卡登基时，人们进行了长达数日的祈祷，接着是一场盛大的宴会和庆典。在仪式过程中，奇马尔波波卡坐在具有象征意义的芦苇席上，承诺自己会作为特拉托阿尼保护族人。至此，墨西加人已经足够强大到可以把自己看成重要人物了：奇马尔波波卡向他的族人进行公开演讲和做出承诺的过程持续了数个小时。最终，一位祭司向年轻的统治者不断提出许多反问，对此新国王和他的族人要一起用尽全力大声回答"不会"。

> 你会恐惧吗？你会随意宣战吗？这个城邦会被战火吞没吗？那会是你造成的吗？城邦会在战争中分崩离析吗？它会被敌人包围吗？它会经历焦虑和战栗吗？城市会被遗弃，变得漆黑一片吗？它会沦落成一片荒芜之地吗？我们的族人会被奴役吗？[21]

"不会！"所有人一遍遍地回答道。他们会得胜凯旋，而不
是铩羽而归，更不会沦为奴隶。随后，奇马尔波波卡开启了每
位新国王都需要进行的最初的军事行动，以展示自己的非凡才
能。他获得了胜利，他的族人也感到很乐观。在奇马尔波波卡
统治的十来年中，很多新城镇被纳入墨西加人的控制之下。

* * *

就在奇马尔波波卡统治期间，一场巨大的政治危机震动了
墨西加人的政治世界。1426 年，强大的阿斯卡波察尔科城邦国
王特索索莫克（Tezozomoc，Te-zo-ZO-moc）寿终正寝。这位特
帕内克人从 1370 年起统治至此时，多年来在谷地中就是权力的
化身，以致当他去世时，人们都犹豫不决、面面相觑。然后，
老国王的儿子们突然就采取了行动，不过他们不是如人们预计
的那样去保卫家族领地，而是抱着杀死对方的意图展开了内斗。

乍看之下，这种情况似乎让人疑惑，但考虑到一夫多妻制
就是会导致许多潜在继承者对同一个王位提出主张，人们也就
不觉得费解了。纳瓦人对于这样的现象早就习以为常，根本不
认为有什么问题，反而将其视为一个完全积极的东西；而且他
们这么想实际上也并非完全错误。抛开现代人的感受不谈，一
夫多妻制本身确实也有不少益处。对于年长的男性来说，这显
然能够让他们获得拥有多位妻子的享受；在当时的情况下，连
妻子们也会认为，随着自己年龄的增长，有年轻女性加入家庭
对她们来说是有帮助的，毕竟人手越多，个人要干的活就越少。
纳瓦人妻子肯定从来不会期待丈夫能给她们浪漫的爱情。男人
的薄情寡义不会让她们意外，她们世界中的人也不会把责任推
到女人头上。除此之外，一夫多妻制还能基本上排除国王死后

没有继承人的情况，并创造出一个完全由年轻男子组成的亲族群体，其成员为他们相互之间的关系而感到自豪，且愿意在危机中并肩作战。

以上就是人们持有的理论。但在现实中，即便是一个从未寄希望于和某个男人建立永久伴侣关系的女人，也会在被竞争对手取代时感到难过。而且痛苦的可能不仅是这个女人，她的孩子们也会感同身受。有一首纳瓦语歌曲就这样唱道："嘿，妈妈，我在这里与一个男人生活在一起，我哀伤得要死掉了。我转不动纺锤，也挥不动纺纱杆。"[22] 这位歌手扮演的就是一名被俘虏来的妻子的角色，她要表达的意思是，作为一名外来的家庭妇女，她不能指望由她的孩子逐渐接管家庭财富和家庭责任，从而让她过上体面的老年生活。不过，这里说的毕竟只是个人苦难，它在政治意义上可能完全无关紧要。从更广泛的层面来说，比个人感受重要得多的是，要让一夫多妻制体系有效运行，就必须先让绝大多数人就哪一位妻子是正室达成共识，也就是说，他们对于应该由谁的儿子继承王位这个问题必须观点一致。如果人们对此抱有重大疑问，那么内战就会一触即发，因为由不同母亲所生的这些王室兄弟被从小就根植于他们心中的仇恨分裂了，他们有意愿且随时准备着领导族人，为实现各自对未来的不同愿景而战。

根据编年史的内容可知，在遇到这样的情况时，墨西哥各个城镇中总会爆发战争。[23] 起初，大范围交战看上去一片混乱，但经过仔细观察可以发现，这些交战通常是符合某种特定模式的。在纳瓦人的世界中，鉴于首领的妻子们通常来自不同城邦，所以这些手足相残的背后通常也存在部族因素。当阿斯卡波察尔科的特索索莫克的儿子马斯特拉（Maxtla，MASH-tla）推翻并杀死假定的继承人，也就是他同父异母的兄弟时，[24]他无疑可以认定自己会获得母亲家乡村庄的支持，事实上他也确实获得了这种帮助。与此同时，马斯特拉还背叛了阿斯卡波察尔科的前盟友，因为这些盟友的王族都是与被他杀死的那个同父异母兄弟的母系家族通婚的。具体来说，该盟友即特拉科潘的王族。这还意味着马斯特拉也会把特诺奇蒂特兰首领奇马尔波波卡视为敌人，因为后者的母亲来自特拉科潘。纳瓦人历史学家记录了这个关于背叛和死亡的故事的多个版本。其中一个说，马斯特拉把奇马尔波波卡邀请到家中，表现得像是欢迎他来参加为庆祝自己成为新统治者而举行的盛宴，结果却将他勒死了。[25]

　　无论奇马尔波波卡究竟是怎么被杀死的，总之特诺奇蒂特兰陷入了一片混乱。它与阿斯卡波察尔科的边界被关闭（他们使用了一个意为"封锁"的词语），这在当时意味着任何进入对方领地的人都可能遭到袭击。多年来，特诺奇卡人①在政治决策上一直听命于自己的保护国阿斯卡波察尔科。如今他们该怎么做？奇马尔波波卡的年轻儿子只统治了短短六十天就突然去世了。他的名字叫西维特尔·特莫克（Xihuitl Temoc），意为"陨落的彗星"。[26]这个绰号作为他的真名似乎过于贴切了。虽然他的祖先中确实有不止一人使用过这个名字，但人们不免会怀疑，这是不是吟游诗人如他们常做的那样，在事件发生之后给他取了这个名字。没人知道其确切的死因，但他很可能是在某种交战或小规模冲突中丧生的。西维特尔不大可能被马斯特拉暗杀，因为他肯定知道自己的父亲奇马尔波波卡遭遇了什么，所以应该已经学会了要小心避开灾祸。

---

① 指特诺奇蒂特兰城中的居民，见本书"术语表"。——译者注

　　西维特尔也可能是被伊斯科阿特以某种方式出卖了，毕竟接替他进行统治的人正是伊斯科阿特。伊斯科阿特此时至少四十岁。我们不知道他的出生日期，但是他经历了同父异母兄弟维齐利维特统治的二十四年，再加上侄子奇马尔波波卡统治的十年，而且他最晚也是在父亲去世数年前出生的。所以到了1426年，他实际上可能已经远远不止四十岁，因为十四年后他去世时，伊斯科阿特被认为已达高寿。不管怎么说，与奇马尔波波卡那些年纪尚轻的孩子不同，伊斯科阿特已经是一位经验丰富的战争领袖了。这也许能够解释，人们为什么会愿意在危机爆发时追随他。但维齐利维特与库埃纳瓦卡公主生的儿子（即蒙特祖马）还在世，除他之外也有其他儿子，其中一个名叫特拉卡埃莱尔（Tlacaelel），他出生于1390年代，且此时已经身居高位。[27]所以，王室家族完全没有必要求助于伊斯科阿特这个由先祖阿卡马皮奇特利和一个奴隶女孩生的儿子。因此，黑曜石蛇的与众不同之处肯定不只是丰富的经验和值得尊敬的履历，拥有这些特征的人不止他一个。伊斯科阿特必须拥有感召力、野心和机智的头脑。

　　伊斯科阿特的计划是利用最初引发这场紧急事件的那种分裂：他很清楚一夫多妻制是政治的核心，所以必须特别认真地对待这个问题。伊斯科阿特打算与被驱逐的特拉科潘贵族联手，但要赢得他计划的这场战争，他需要做的还不止于此。如果不是因为相信一个拥有特拉科潘母亲的同父异母兄弟会获得足够的同盟来支持其与自己争夺权力，马斯特拉就不会杀死这个兄弟了。伊斯科阿特需要更多盟友，也就是那些同样受困于一夫多妻制体系的人，他们愿意与伊斯科阿特联手是因为挑战现状对他们来说利大于弊。伊斯科阿特求助的是另一个同样饱受一夫多妻制引发的内斗之苦的城邦，而且他选择联手的是此时处于劣势的一方，这些人满怀绝望的愤怒，正迫切需要盟友。伊斯科阿特走了一着险棋，后来一些历史学家说，他的族人中有一大部分在恳求他向马斯特拉乞怜，任由后者指定一名傀儡国王算了。（实际上，结局悲惨的陨落的彗星可能就是这样一个傀儡。）这些人还坚称，他们宁愿提供马斯特拉指定的任何贡品，也不想面对被屠杀的命运。不过，伊斯科阿特没有听取这群顾问的建议。相反，他派遣特使前往一个名叫特斯科科（Tesh-CO-co）的地方。

多年来，在与特帕内克人相对的湖东岸占据统治地位的部族一直是同样讲纳瓦语的阿科尔瓦人（A-COL-wa）。特斯科科是他们的主要城邦，这里的建筑精妙绝伦，这里的艺术品巧夺天工，有的人会称这里为"古代墨西哥的巴黎"。与特诺奇蒂特兰一样，特斯科科多年来也一直在某种程度上依赖于那位像教父一般存在，却突然去世的阿斯卡波察尔科国王特索索莫克。在这种情况下，特斯科科的国王自然也娶了特索索莫克的女儿之一为正室，她的儿子们则准备好了要继承权力。[28]

然而，在特斯科科国王的所有女人中，他偏爱一人远超过其他人。这个女人名叫玛特拉尔奇瓦特（Matlalcihuatl，Ma-tlal-SEE-wat，意为"蓝绿色女人"），她是特诺奇卡人贵族，可能就是维齐利维特的女儿之一，因此也是被谋杀的奇马尔波波卡的姐妹。[29]特斯科科本来是个公认的古老城邦，所以它比特诺奇蒂特兰更因为受到阿斯卡波察尔科的压迫性领导而怒火中烧。（毕竟，让一个新搬到本街区的小孩接受一个愿意与自己成为朋友的有魅力的男孩对自己颐指气使，比让一个曾经是该街区孩子王的长期居民同意将自己的位置让给这个有魅力的男孩容

44

易多了。）也许就是为了表达政治立场，特斯科科国王有时会偏爱玛特拉尔奇瓦特的孩子，冷落阿斯卡波察尔科正室的后代，这么做显然不是明智之举。

与此同时，由于阿斯卡波察尔科实力强大，特斯科科的公主只能成为阿斯卡波察尔科最高领袖特索索莫克的儿子的妾室，[30]她的孩子也不被视为能够继承王位的人。实际上，她在王室家庭中的地位正好反映了她的家乡在与阿斯卡波察尔科的关系中所处的地位。特斯科科是相对弱小的城邦，所以特斯科科公主的孩子比起特帕内克人母亲生下的同父异母兄弟来也处于弱势。特索索莫克甚至可能就是在利用这个女孩来强调其家乡对自己的依赖性，比如，他会让她在公共庆典或活动中扮演无足轻重的角色。总之，这位年轻的公主因自己的地位而感到屈辱，她的生活大体上说也很不幸。不过，她绝对算不上一个囚徒，而且她最终确实逃回家乡，并和一个本地男人生活在了一起。她表现得完全像自己可以自由婚嫁一样。历史讲述者们特别喜欢在星光闪烁的夜晚讲述这个故事，因为他们能在讲述时加入一些他们喜欢表演的对话："特索索莫克因为发现儿媳在特斯科科另寻了一个丈夫而大发雷霆，于是召集军队领袖和其他一些人，并对他们说：'我听说，我得知，韦霍特拉（Huexotla，Way-SHO-tla）的战箭与［我儿子］曾经的妻子同床共枕。他们发生了关系。我儿子可是你们的朋友。我的大人们，听我说！我很生气，我受到了侮辱。'"[31]后来战争爆发，当特帕内克人发现那个女人和他们首领生的儿子也生活在其外祖父统治的特斯科科境内，而且选择与自己的母系家族同一阵线、反对父系一方时，特帕内克人更是火冒三丈。"真是个混账！什么人会向自己的父亲宣战?!?"[32]

在人们讲述的故事中，是女人引发了这些战争，一位历史 　45
学家在另一份文献中写道："据说战争是因为一个小妾而爆发
的。"[33]然而，于1420年代发生在美索亚美利加的战争却不是真
的由一位逃跑妻子引发——她不过是一种指代傲慢自负的特斯
科科人的比喻。真正引发战争的原因是更广大层面上的政治状
况。特斯科科国王认为自己已经强大到可以冒险尝试实现自己
的目标。他开始坚持让墨西加人妻子生的孩子继承王位，这暗
示了特斯科科将不再接受长久以来作为阿斯卡波察尔科从属国
的身份。改变自己与各个妻子之间关系的行为无异于发布一项
重要的公开声明。特索索莫克和阿斯卡波察尔科的人们毫不犹
豫地做出了回应。他们派出数百名勇士于破晓时分，划着几十
条用颜色鲜艳的盾牌围起来的独木舟穿过湖面。船在平静的水
面上悄无声息地划过。接着勇士们就冲上岸，展开了毫不留情
的屠杀。[34]

特斯科科人马上派出生活在他们中间的年轻贵族去求和，
这个人的父亲是阿斯卡波察尔科人，但这完全是徒劳的，而且
这个人还被特索索莫克的手下杀死了。最终，原本的特斯科科
国王也在小规模交战中丧命，他为挣脱阿斯卡波察尔科的束缚
付出了惨重的代价。有人说他和他的墨西加人妻子蓝绿色女人
生的儿子藏在一棵大树上目睹了父亲被杀的情景，这也许是真
的。但也有人说他当时藏在一个很深的洞穴中，这种可能性更
大，不过同样也很可能只是一种增强诗意的叙述手法。在美索
亚美利加的讲故事传统中，至关重要的转折时刻总会被与洞穴
联系起来，在洞穴中会有新的形式或力量从黑暗中现身。这个
藏在洞穴中的男孩名叫内萨瓦尔科约特（Nezahualcoyotl，Nez-
ah-wal-CO-yot），意为"饥饿的郊狼"。无论他是否目睹了父亲

被杀害的情景，这件事肯定都会深深地刻在他的意识中。他逃走后藏在了特拉斯卡拉（Tlaxcala，Tlash-CA-la），这个东部城镇不受阿斯卡波察尔科的支配。多年后，在重大政治危机爆发时，伊斯科阿特的使者似乎就是来这里寻找内萨瓦尔科约特的。这两位领袖是通过内萨瓦尔科约特的墨西加人母亲蓝绿色女人产生亲缘关系的。此时，伊斯科阿特向他的年轻亲戚提出了一个邀请。[35]

他解释说自己设想的是一个三方联盟。如果忠于内萨瓦尔科约特的特斯科科人家族愿意与墨西加人及最近地位被降低的特拉科潘人一起对抗阿斯卡波察尔科的马斯特拉，那么他们有可能会获胜。击败谷地中最强大的城邦阿斯卡波察尔科将给他们带来非凡的回报。内萨瓦尔科约特作为拾荒者的日子也将结束：他将被公认为特斯科科的特拉托阿尼，而不是在位国王的受嘲笑的同父异母兄弟。

46 　　内萨瓦尔科约特的回复是：要召集忠诚的家族追随他参战并不容易，因为特索索莫克在掌权之后，已经将自己的孙辈（也就是他女儿与老特斯科科国王生的孩子们）扶上了该地区内大部分村庄的统治者之位。甚至有人说，特索索莫克曾安排人去向当地的孩子们询问他们是否认可现任统治者的合法性。这些被询问的孩子都不到九岁，还不懂得谨慎思考如何回答：他们说出了家人在家中私下讨论时秉持的政治立场。有些天真地说了实话的孩子的家庭随后就遭到了残酷的惩罚。[36]不过，这种行为带来的恐惧同样也会酝酿出愤怒。内萨瓦尔科约特说他愿意尝试加入联盟，但实际上他是十分热切的；他还说自己会尽量召集追随者。

　　随后爆发的战争非常残酷，但一个又一个村子中支持阿斯卡波察尔科的马斯特拉的人都被打败了。各份资料对这个日期的说法不一，但大概是不到一年之后，伊斯科阿特就能够公开宣称自己是墨西加人的特拉托阿尼了。他还暗示自己是整个谷地的大特拉托阿尼（huey tlatoani），也就是至高首领。没过多久，他让内萨瓦尔科约特也隆重地宣布自己为特斯科科的特拉托阿尼。又过了大概一年，他们悄悄杀死了内萨瓦尔科约特仅剩的有阿斯卡波察尔科血统的同父异母兄弟，以及有阿斯卡波察尔科血统的同父异母姐妹的丈夫。在自己的历史记录中，他们这样写道："内萨瓦尔科约特找到了所有仍由特索索莫克后代统治的地方，然后把这些地方都征服了。"马斯特拉本人逃跑了，到1431年就彻底失去了踪迹。[37]

至此，特诺奇蒂特兰的（墨西加人）国王、特斯科科的（阿科尔瓦人）国王和特拉科潘的（特帕内克人）国王形成了一个统治谷地的非官方三人集团。他们没有做出表达这个意思的正式声明，也没有设立符合这个意思的制度，不过后来人会说他们创建了一个"三方联盟"。从实际意义上说，我们完全可以称这种关系为三个部落的联盟。任何人要在谷地中走动，都不可能不被至少一位国王知晓。在围绕着谷地的山脉之外的那些逐渐被征服的地区里，也有很多国王们的眼线。他们联手打败了各个敌人，然后明智而审慎地在三方之间分配胜利带来的贡品。墨西加人人口最多，在战争中发挥的作用也最重要，所以他们获得的比例最大，不过他们小心避免了因贪得无厌而引发最亲密盟友的不满。[38]

这些人在彼此之间织出了一张非常复杂的关系网。从某种特定意义上说，当地的政治版图几乎没有任何变化。大体上，各个城邦继续进行自主统治，城中人可以自行选择他们认为最合适的人担任特拉托阿尼，并按照他们一直坚持的不偏不倚的方式，在组成本城邦的各区域成员之间轮流分配任务和职责。另外，如果几个城邦之间具有联合起来组成一个"大城邦"，并且至少在对外事务上实行共同管理的传统，那么这种传统大致上也会被保留下去。[39] 在地方层面，人们继续行使着某种民主，即人们仍然能够一起讨论地方事务，并找到令大部分人满意的解决方法。同样的安排甚至被推广到了被征服的非纳瓦人群体中。中央谷地的三人领导集团对这种情况感到满意，只要那些群体在受召唤时能够和纳瓦人并肩作战，参与修建道路和大金字塔神庙等公共建筑的工作，以及按时进贡就行。一位历史学家简洁地评论说："这里不是罗马。"也就是说，墨西加人无意让被征服者适应他们的文化，不想教他们说自己的语言，也不想把他们吸引到首都来或把他们吸纳入自己的军事等级体系。[40]

尽管各地保留了自己的传统，但从经济层面上说，这个地区已经发生了深刻的变化。每个受三人领导集团控制的城邦都要向指定对象缴纳贡品。这些财务上的迫切要求往往复杂得令人晕头转向。举例来说，根据和平条约的规定，一个大城邦中的部分区域可能被指定向邻近的地区领袖城镇特斯科科进贡，同一个大城邦中的另一区域则可能要向特诺奇蒂特兰进贡。有些贡品需要一年进贡一次（如一定数量的大包棉花），还有些贡品则需要一年进贡三次（如整袋的玉米或豆类）。为此，让越来越多地方的历法趋于统一就成了一种必要，因为伊斯科阿特的收税官总是很准时，进贡者必须做好迎接他们的准备。不同的村子开始采用历法的时间不同，所以一个城邦的一芦苇之年可能是另一个城邦的二兔子之年。此时，他们被迫要在时间上尽量同步。尽管各地的历法从来没能完全一致，但已经开始变得很接近。[41]

从某种程度上说，伊斯科阿特采取的还是阿斯卡波察尔科的特索索莫克统治时期的贡品收集体系；在更久远的过去，可能还有其他人也使用过这种体系。然而此时，中央谷地的权力网已经扩张到了更广阔的范围。在三个城邦联合起来的情况下，他们可以派出去的军队规模更大，他们能修建的道路也更长。特索索莫克曾经鞭长莫及的城邦，如今都变成了中央谷地统治者的囊中之物。也有很多人奋起反抗，但那些抵制这些新安排的人往往会被打败。战败者面临的是让每个明智首领忍不住颤抖的进贡内容：他们不仅要送出玉米和豆类，或巧克力和棉花，还要提供将在中央谷地进行的宗教仪式上被当作祭品的活人。首领们都明白，这样的负担意味着自己将不得不持续向邻居发动战争，否则就只能把本族人的孩子送到切割石上去。这足以让任何人在决定是否反抗时三思而后行。此外，首领们从小被灌输的理念都是负责任的首领才是好首领，他要避免陷入自己打不赢的战斗，并且要保住本族人的性命，这样才能保住城邦的未来。鲁莽冲动的首领会被贬义地称作"孩子"。[42]

如果一个城镇顽强地抵挡墨西加人并获得了哪怕是一丁点儿成功，但最终还是以失败告终，那么这个镇子的命运就更可怕了。以东北方向的瓦斯特克人（Huaxtecs，WASH-tecs）为例，他们像野兽一样做出了反击；这些人因此而获得的名声，以及他们的悲惨结局会在本地传说中流传千古。"来自所有联盟地区的勇士抓获了很多俘虏，其中有男有女。勇士和墨西加人一起进入城市，烧毁神庙，抢劫财物。他们杀死了所有能杀死的人，无论男女老幼，不但毫无怜悯之心，而且用尽了残忍

48

手段，誓要将瓦斯特克人从世上完全抹除。"[43] 他们的故事是要被用来给其他可能不服管教的城邦一个警示的，它也确实发挥了这个作用。

在这样一场战斗之后，排成长队的俘虏要被绑在一起送到特诺奇蒂特兰（也可能是阿科尔瓦人或特帕内克人城邦）。一路上，心惊胆战的囚徒们会先经过一些像他们家乡一样的村庄，那里也有聚集在一起的平顶土坯房，每几间土坯房会围成一个正方形，房门都朝向中间的院子，妇女们会在院子里一边聊天一边干着磨玉米粉或制作玉米饼之类的家务活，家里的男人们则在附近的田地里劳作。[44] 随着俘虏越来越接近首都，那些与权力中心更密切相关的城镇就明显富裕一些了，这里的建筑和宗教金字塔也更宏伟，有些甚至是用石头或木头建造的。[45]

索奇米尔科人被击败后负责建造了一条连通岛屿和大湖南岸的巨大堤道，俘虏就是沿这条堤道走进城中的。每次战斗之后，大部分俘虏会被分配给各个贵族，但由某位特定勇士抓获的那些会被送到这位勇士所在区域的神庙中，用于在当地的宗教节日中献祭；如果这位勇士想要拥有他俘虏的年轻女子，那么她们就会被送到他家中。还有些俘虏会被送到城中最重要的两座金字塔神庙里，一座是献给墨西加人保护神维齐洛波奇特利的，另一座是献给雨神特拉洛克的。神庙不需要的剩余俘虏会被送到奴隶市场（阿斯卡波察尔科就有一个大型的）上出售，他们可能会被邻近地区的人买去做献祭仪式上需要的祭品，其中的女人偶尔也可能会被男人买去做小妾。就算原本是被买来献祭的女奴，也可能说服自己的新主人留她们一命，改让她们留在主人家里干活。[46]

关于阿兹特克人的人祭活动存在很多错得离谱的认识。在小说、电影甚至一些老旧历史书中都会有这样的内容：数百人被驱赶着沿狭窄的台阶爬上金字塔顶部，在那里被挖出心脏，他们的尸体则直接被从高空扔下，而金字塔下面的人都在发出近乎狂喜的尖叫。但实际上，献祭场面似乎非常安静，它对于围观者来说是一种让他们完全入迷的体验，就像我们对诸如古代凯尔特人等其他古老世界中的仪式的设想一样。[47]观看人祭者都要禁食，并手持神圣的花朵。在特诺奇蒂特兰建成的最初几十年，也就是这个城邦还在积蓄力量的岁月里，每月举行的宗教节日上只会献祭几个人，而且这些被献祭者在死之前会被视为最圣洁的祭品。在献祭之后，抓获并提供这些俘虏的勇士会把被献祭者的遗体（包括头发和仪式性的特别服饰）保留在一个用芦苇制作的特别的箱子里，然后把箱子放在家中一个尊贵的地方，终生供奉。

大多数被献祭者是男性，是典型的战争俘虏。然而，也不是没有例外。比如，在某一次年度节日中，就有一名在战争中被俘的年轻女孩被从当地神庙带到其俘虏者的住处。她用双手蘸上蓝色颜料，在其俘虏者家的门楣上按下手印。这种神圣的印记能够维持数载，同时提醒人们记住她用生命赠送给他们的礼物。然后这个女孩就被带回神庙，送上了切割石。原住民之间流传着一种古老的传统，即不能在敌人面前屈服：这种坚忍能够带来巨大的荣耀。有些人能不在敌人面前吭一声地坦然赴死，但也有人做不到。一个人后来回忆说："实际上，有些人会呜咽啜泣。"[48]

墨西加人和他们所有的纳瓦人邻居一样相信，他们拥有的一切都要感谢诸神。他们的祭司后来会向西班牙人解释说："是众神教会我们一切，在他们面前，我们亲吻大地，我们付出鲜血。我们报答众神，我们燃香，我们献祭……我们靠众神的恩典生活。"[49]每一个纳瓦人群体从阿兹特兰开始长途跋涉时，都会携带专门用来包裹自己神明的神圣包裹。以墨西加人为例，他们世代保护的就是维齐洛波奇特利的圣骨，直到最终得以将其安葬在一个固定的神庙建筑之下为止。其他城邦则携带着雨神特拉洛克或他在水世界中的配偶查尔丘特里魁的圣骨。也有人敬拜作为风神的羽蛇神，他在地上和空中都有居所，是一位跨界者，同时是祭司的特别保护者。还有些人特别忠于特斯卡特利波卡（Tezcatlipoca），这个名字的意思是"烟雾镜子"，他是一个爱调皮捣蛋的神明，喜欢给人类制造麻烦，从而引发危机甚至战争，最终改变政局。另一个神明奇瓦科阿特（女人蛇）有许多别名，不过她始终受到助产士的崇敬。奇瓦科阿特经常举着盾牌和标枪，因为她要帮助分娩的母亲从宇宙中抓住一个新灵魂。除这些之外，还有许多男神和女神，他们各自具有一系列可能存在的特征。如今，我们并不总能像我们希望的那样了解他们的特征，因为纳瓦人在殖民地时代不能自由地撰写关于这些神明的内容。他们可以毫不隐瞒地撰写本民族的历史，但谈及神明就非常危险了。不过我们已经能够确定，就像古希腊的情况一样，所有城邦都会敬拜和相信一系列神明，而不仅仅是专门保护他们的那一个。[50]

　　众神要求人类为赐予他们的一切心怀感激并提供献祭，献祭的主要方式就是奉献自己的鲜血，但有时则要奉献最终极的礼物，即人的生命。如果人类拒绝，那么这个脆弱的世界就可能走向终结。之前的几个世界都已经在灾难中消亡，纳瓦人从来不曾忘记自己正生活在纳纳瓦特钦的第五个太阳之下。在古时候，纳瓦人也许还献祭过自己的孩子。那似乎是发生在很久之前的事，当时还没有文字，所以这种做法无法被永久记录下来。比如，《希伯来圣经》称，伯特利人希伊勒（Hiel the Bethelite）在重修耶利哥城时，曾把长子埋葬在地基中；在英语传说中，蒙茅斯的杰弗里（Geoffrey of Monmouth）在提到梅林时也说，他不得不找各种理由才避免被当成给国王塔楼奠基的献祭。[51]这种让年轻人为族人献出生命的理念绝对不是纳瓦人独有的。

然而，随着墨西加人的崛起，他们就不再用本族的年轻人献祭，而是改用越来越多的战俘了。墨西加人及其他所有纳瓦人族群有时会用自己的敌人献祭：盾花于 1299 年被烧死就证明了这一点。不过，此时的墨西加人几乎总是胜利者，所以他们不再时不时就要付出自己的生命，但因他们而死的人的数量则逐渐增多。他们会根据政治和战争结果决定某一年中需要死去的人数。他们这样做的同时，甚至还可以虔诚祈祷，或创作令人心碎的动人诗歌，或在墙壁上描绘各种贝壳的图案，这些图案如此逼真，足以让人觉得自己仿佛置身于永恒的大海之中，现实生活里的艰难都可以被抛在脑后。[52]他们是否知道就算不用活人献祭，世界也不会像玉石一样碎裂？他们会不会轻蔑地嘲笑自己造成的恐怖和因此而获得的政治力量？对于某些杰出的战略家和有远见、有阅历的人来说，答案也许是肯定的——伊斯科阿特也许就这么想。他们也不是世上唯一这样想的领袖，我们知道，当时一些希腊和罗马领袖就质疑过神明是否存在，但这种想法并没有动摇他们的世界观。[53]肯定还有很多墨西加人根本就没怎么考虑过这个问题——就像其他各个时代各个地方出现过的情况一样，给他人带来痛苦的人会选择不去想这些，因为这样比较方便。我们能责怪他们吗？我们应该责怪他们吗？

51

也有一种可能是，墨西加人确实思考过神明的问题，就像伊斯科阿特本人肯定思考过一样，但他们最终决定，无论自己的哲学观如何，他们都别无选择。墨西加人毕竟不是生活在一个现代、自由且大部分人能获得一定保障的国家里。他们没有宽宏大量的资本，因为他们所处的现实世界与他们设想中的宇宙一样危险。墨西加人本身曾经在很长一段时间里身处不利境地，之前的祖祖辈辈不得不把自己的年轻勇士和年轻姑娘送上篝火堆或切割石。即便到了此时，如果他们输掉任何一场战争，他们就可能再次沦为被献祭的人。墨西加人清楚这一点，所以他们把自己的儿子送去学习兵法及如何制造嵌着凸出的黑曜石的狼牙棒。在讲给自己的"小鸽子们"的充满爱意的话语中间，母亲们会不时插入关于世界是一个危险的地方的提醒。"在我们生活的这个世上，我们沿着一座山峰行进。山这边是深渊，山那边也是深渊。无论你向这边走还是那边走，你都会跌下去。我们只能走中间，只有这样我们才能活着。"[54]

母亲教育孩子要生活在这样的现实中的情景令人信服。我们知道的关于墨西加人的一切都告诉我们，母亲非常看重自己的孩子，她们把孩子视为生命中最宝贵的东西——她们还说孩子像抛光的宝石或五彩斑斓的羽毛之类只有至高国王才配享有的财富一样受珍视。母亲会提醒孩子注意危险，并恳求他们对自己的行为负责，要照顾好他们自己和他们的群体，这样整个城邦才能永远存续下去。[55]孩子会听从母亲的话。这显然不是一个母亲总被轻视，或女人只被视为可互换的性交对象的世界。首先，通常只有贵族家庭（皮尔利/皮皮尔廷）的男性才有权娶多位妻子，或将从战场上俘虏的女性带回家中，因为只有富裕的人才有能力这样做。即便是在这种情况下，孩子的母亲是谁对于孩子来说仍然具有极为重要的意义；不过人们也不得不承认，对于精英群体中的男性来说，女人在某种程度上的确是可以被拿来互换的，但大多数人不会这么做。属于平民阶层（马塞瓦尔利／马塞瓦尔廷）的人占大多数，在他们的家庭中，一个丈夫只有一个妻子，在让他们成为夫妻的正式仪式中，妻子的斗篷要和丈夫的斗篷系在一起。有些家庭可能是几世同堂，或者包括多个兄弟姐妹；但即便是在这样的家庭中，每个女人也会拥有属于自己的小家庭，每个小家庭都住在面向同一个院子开门的不同土坯房里。女人要养育自己的孩子，教他们如何帮助自己进行那些被所有人视为必要的劳动。在一个没有托儿所、餐馆、吸尘器或商店的世界里，谁敢不把看孩子、做饭、打扫卫生和缝制衣物当回事？答案似乎是没有人。因为原住民资料中并没有对女性不敬的内容，连遮遮掩掩的厌女论调都无处可寻。女人发挥的作用与男人发挥的刚好互补，而且所有人都明白事情就该是这样，用四面墙围来起来的卡利（房子）就是宇宙本身的象征。[56]

因此，我们应该认真思考女人讲的话，因为她们本民族的人就是这么做的。女人还会在安慰自己孩子的同时明确告诫他们，要学会毫不松懈地维持秩序，要履行自己的职责，如果有必要，就得在永无休止的战争中杀敌或献身。他们必须像勇敢但谦逊的纳纳瓦特钦一样，正是后者跳进了火焰，才为自己的族人带来了第五个太阳。如果有人尝试对这些母亲讲什么"好人与坏人之分"，她们也许会觉得迷惑，还会说，所有人都有可能做好事，也都有可能干坏事，所以按照好坏把人分成两个阵营是不可能的事情。要做好事，一个人就必须克制利己之心，做最能够让他（她）的族人活下去并获得长远成功的事情。每个人都应该思考未来，但这并不容易。人一生中总会遇到要做自己不想做的事的情况。从某种角度来说，这种"成为山中之王"的生死攸关的赌博往往会令人疲惫而不是满足。

　　为了让这个体系能够长久运行下去，伊斯科阿特及其后来的继任者不得不小心挑选军事行动的目标。他们必须对获胜比较有把握。这种把握都是基于理性分析而不是神明许诺的。幸运的是，最高级别的祭司都是领袖贵族家庭的成员，他们似乎也理解这一点。或者至少可以说，聆听他们祈祷的神明从不要求他们发动不能赢的战争。某些地方的抵抗力量比大多数区域的更强悍，对待这些地方必须非常谨慎。最著名的例子就是特拉斯卡拉。它是一个位于中央盆地东部的大城邦，由四个独立的次级城邦组成，每个次级城邦都有自己的国王，但这四位国王是团结一致的。特拉斯卡拉相对富裕——这个名字的意思是"玉米饼之地"，或者我们也可以称之为"面包城"。这个城邦

53　安全地坐落在一个非常利于其防御的山谷中，四周围绕的松树林是鹿、林地鸟类和其他猎物的栖息地。这里的居民也是纳瓦人，他们与墨西加人是在差不多同一时间迁移到这里的，这两个群体甚至还拥有一些共同的神话传说。只要有办法，特拉斯卡拉人就绝不会向墨西加人做任何让步。起初，墨西加人确实对他们发动了几次袭击，但很快看清战事将陷入僵局。墨西加人很可能就是因此才创办了被他们称为"花朵战争"的活动，即一种像奥运会一样每隔几年进行一次的比赛。比赛中的胜者不会获得桂冠，不过可以避免丢掉性命。不能确定这些比赛是在球场上还是战场上进行的，但是战场的可能性比较大。这一制度能够有效地让年轻勇士们在非战争状态下也时刻保持警惕，而且这样就没有必要向任何人解释为什么特拉斯卡拉不用进贡

也可以继续存在了。整个世界都可以认定，特拉斯卡拉就是被留下来担任仪式性的花朵战争中的敌人的。人们也不用再讨论打败这么大一个城邦会给墨西加人的资源造成毁灭性打击的事实，更别说他们是不是真的能够打败特拉斯卡拉人了。让特拉斯卡拉成为一个自由的敌人，并扮演一个受认可的角色，这是一种精明的策略。那时的领袖们不可能预见，在未来的某天，这种安排会让墨西加人付出巨大代价。届时，一个比他们更强大的新敌人会登陆这片海岸并找到现成的盟友。[57]

即便是一个依赖于战争的高度成功的国家组织也会面临各种问题。伊斯科阿特进行了非常有成效的协商，否则在他所处的世界中，持续发生的战争会给墨西加人与远方各部族间的交易造成困难。如果战争总是迫在眉睫，就不会有什么人愿意接近墨西加人或他们的盟友，也不会去和他们商讨任何互利的交易。可能就是出于这个原因，不仅墨西加人，而且其他所有纳瓦人好像都一致接受了位于海岸沿线及从内陆通向海洋的河流岸边的几个中立贸易城镇的存在。比如，距离奥尔梅克人曾经的居住地不远的地方有个名叫希卡兰科（Xicallanco，Shee-ca-LAN-co）的海岸小镇，虽然它处于玛雅人的领地之内，但不少纳瓦人商人也居住在这里。他们购买纺织品、可可豆、美丽的贝壳、珍稀鸟类的羽毛（后来也买鸟类本身），以及其他奢侈物品，从而促进了与东部地区之间的贸易。当地人售卖这些东西以换取特诺奇蒂特兰工匠制造的物品，有时也交换墨西加人和他们的盟友在战争中获得的战俘（这些人被作为奴隶出售），因为数量过多而不用被献祭的妇女和儿童都会被送到这些远在异乡的商人手中。更遥远的海岸外的科苏梅尔岛（Cozumel），以及其他好几个类似的地方，也都是这样的中立区域。[58]

54 　　然而，在美索亚美利加的大部分地区，永久的休战是不存在的。战事和领土扩张持续不断，因为随着一夫多妻制的贵族家庭人丁越来越兴旺，墨西加人国家也需要变得更加富有。墨西加人还需要保持一种紧张感，这样旧的结盟关系才能够维系下去，而不是因为一些小争议就被打破。为了让谷地内的圣所只享受和平，战斗区域必须被推向更外围的地方。这种情况对于任何伟大的君主国来说都毫不陌生。像勇士少女盾花的父亲那样，可以仅凭自己及少数同伴的需要和意愿就宣战的日子已经一去不复返。伊斯科阿特赢得了赌局，获得了童年时做梦都想不到的权力、财富和荣耀。但由此带来的结果是，他打造了一个复杂的政治机体，无论他如何吹嘘自己的权力之大，他也无法仅凭一句话就控制整个体系。

　　对伊斯科阿特控制权的最大威胁之一就存在于本国。要么是因为他真的对那些人心怀关爱，要么是为了避免引发内斗，要么是两个原因都有，总之伊斯科阿特并没有杀死同父异母兄弟——已去世的特拉托阿尼维齐利维特的儿子们。后者想必也是出于相同原因而选择了继续支持伊斯科阿特。按照习俗，应该继承统治者之位的是他们，而不是伊斯科阿特。不过伊斯科阿特确实让墨西加人在一场可怕的危机面前团结起来，而且找到了有用的盟友，并带领族人走向胜利。因此在伊斯科阿特统治的十四年里，双方维持了合作关系。这些侄子之中有一个名叫特拉卡埃莱尔的人，他是位活跃而成功的勇士，因担任奇瓦科阿特而闻名于世。这个词原本是一位女神的名字，后来成了第二高职位的头衔，仅次于统领本国事务的特拉托阿尼。特拉卡埃莱尔的子辈和孙辈是属于维齐利维特一支的王室血脉，支持这一支的人喜欢说伊斯科阿特拥有的一切都应归功于特拉卡埃莱尔，因为是他击败了特帕内克人的邪恶首领马斯特拉，也是他在最艰难的时期里为伊斯科阿特出谋划策。如果把所有编年史都考虑在内，而不是只看特拉卡埃莱尔的后代创作或编撰的那些，那么这种说法很难令人信服。要是这个人真的这么不可战胜，那他就应该成为特拉托阿尼，又怎么会让一个奴隶女孩的私生子上位呢？当然，他绝对是一个不容小觑的人物。但他对伊斯科阿特给予的权力和报酬肯定已经感到满意，因为他一直待在自己的位置上，并在接下来的几十年中继续担任了四位国王的顾问。由来自王室大家庭的四名男子组成的委员会始终与在位的特拉托阿尼密切合作，而担任奇瓦科阿特的特拉卡埃莱尔则是这个委员会的主席。[59]

为了保证这种妥协能够延续下去，友好地解决继承人问题就成了关键。几年前，伊斯科阿特娶了一位来自当时还很强大的领袖城邦阿斯卡波察尔科的女人为妻。由这位妻子生的儿子名叫特索索莫克，他与因去世而引发一片混乱的教父国王特索索莫克同名。伊斯科阿特不能让一个拥有一半阿斯卡波察尔科血统的儿子成为本族人未来的特拉托阿尼，尤其是在他们才刚刚结束与阿斯卡波察尔科的生死决战的情况下。另外，如果维齐利维特的贵族儿子们认为自己将永远被排除在继位人选之外，他们可能就不会再乖乖听话了。因此，甚至可能是在伊斯科阿特去世之前，人们就已经知道，特拉卡埃莱尔会永久保留自己的土地和头衔，而维齐利维特与库埃纳瓦卡公主的儿子蒙特祖马将成为下一任统治者。这个蒙特祖马就是后来会因与埃尔南多·科尔特斯会面而闻名于世的那个蒙特祖马的祖先。蒙特祖马是强大的勇士，这个名字的意思是"像首领一样皱眉"，他母亲一方的亲戚都生活在重要的产棉地区。更令人满意的是，

55

他很理性。他同意像一些不那么重要的纳瓦人城邦一样，也在本城邦的各个家族中进行有益的政治轮换。尽管他本人会成为统治者，但他同意不让自己的儿子继承统治者之位。他还会安排自己宠爱的一个女儿或侄女嫁给伊斯科阿特的某个孙子（即被排除了即位可能的特索索莫克的儿子），到时候那个孙辈会被选为统治者。像伊斯科阿特一样，蒙特祖马也放弃了让自己的儿子之一继承王位的机会，条件也是知道他的孙辈之一最终仍将接管这个王国。墨西加人就是以这种方式让权力的钟摆在两个家族之间摆来摆去，最终将所有人的血脉联合在一起，这是通过同时拥有双方血脉的孩子的出生来实现的，而这也能让王国的核心地带保持和平。[60]

* * *

伊斯科阿特说他的继任者需要确信谷地中心能保持和平与稳定，这一点很对。尽管他无法确切预见到最严重的问题将出现在哪里，但他知道在人的一生中，没有任何事情是永远不变的，因此没有哪个君主是真正安全的。他和他的亲戚们有效地解决了他们之间的分歧是一件幸事，通过战略性地处理一夫多妻制导致的派系主义，他们巩固了自己的政权。这一步很可能是他们做过的最明智的选择，也是让他们在政治层面上高人一等的最主要原因。

年轻的蒙特祖马会统治二十九年。在这段时间里，他不仅大幅扩大了阿兹特克人的领地范围，还加强了对早年征服的城邦中一些不服管教的城邦的控制。但他的成功来得并不容易。在他统治初期，一场大旱让他的族人饱受折磨。1450 年代，蝗虫在这片土地上肆虐。从 1454 年开始，玉米连续五年没有收

56

成。祭司们祈求神明怜悯无能为力的受苦之人，也就是平民和小孩。他们大声向雨神特拉洛克祈祷：

> 这些人都是普通人，是平民，是［社会的］尾巴和翅膀。他们正在灭亡。他们眼皮浮肿，嘴唇干裂。他们变得瘦骨嶙峋，弯腰驼背，憔悴不堪。平民的嘴唇无血色，平民的喉咙似火烧。［各年龄段的］孩子——那些已经能够蹒跚移步的，或是刚学会爬的，或是能坐在原地玩泥巴和陶土碎片的，或是只会坐在地上或躺在板子上的，或是还在摇篮里的孩子——都目光黯淡地活着。所有人都在忍受痛苦，遭受折磨。他们经历了使人类遭受痛苦的事。没有任何人能够幸免。[61]

在乡下，十几岁的孩子就要离开家去寻找食物，他们希望这样做至少能免除父母养活自己的重担。这些孩子通常都会孤零零地死在山丘上或树林中，人们会发现他们被郊狼或秃鹰吃掉一半的尸体。[62]在城市中，贡品已经不再被定期送来，所以城市居民也无法养活自己了。那段时间太过艰难，以致有些家庭会将孩子卖给向东前往托托纳克人或玛雅人国家的商人。那里的干旱没有这么严重，而且那里的人对于廉价购买儿童很感兴趣。被卖儿童的父母会对自己说，让孩子当奴隶总好过被饿死。但墨西加人发誓，他们再也不会让自己陷入这种脆弱的处境。

蒙特祖马刚恢复力量就马上开展了一场军事行动，这次行动针对的是一个曾被墨西加人征服，但在干旱期间变得不受控制的前盟友。这个地方叫查尔科。它曾经是一个强大的纳瓦人城邦，位于中央谷地内大湖的东南方。这个名字的意思是"在玉石一般的湖水边"。[63]之前已经发生过一些小规模的冲突，但战争正式爆发是在 1455 年。十年之后战争结束，作为一个政治实体的查尔科不复存在。大多数人仍然活着，不过他们的王室家族被剥夺了身份。蒙特祖马宣布，查尔科人从此不再享受自治，而是要听从他的命令。他的力量是众神赋予的。他的兄弟，担任奇瓦科阿特的特拉卡埃莱尔，娶了查尔科王室的一位女子为自己的正室，并掌握了这里的统治权，他还分封墨西加人选择的其他人为首领。一位编年史作家说："在［接下来的］二十一年中，这个地方受外来者统治。"[64]

57

特诺奇蒂特兰城中，诗人和历史讲述者开始在各家庭院中重新讲述关于他们伟大城邦的故事。在星光熠熠的天空下，他们高举着自己绘制的书籍。这些人展示的都是新书，是在伊斯科阿特安排的那场大火之后才被创作出来的；修改后的历史内容变成了人们都绝对期待伊斯科阿特取代维齐利维特的儿子掌权，且特诺奇蒂特兰（而不是阿斯卡波察尔科）注定要统治这个已知世界。吟游诗人会把燃烧庙宇的象征性图案指给大家看，那代表着墨西加人实现的征服。接着他们就开始讲述历史：讲述者会在城邦各个组成部分的视角之间来回切换，将各地的故事组合成一个整体，他们还将比喻用作纺线，把所有曲折情节都编织到一起。这种栩栩如生的讲述会一直持续到深夜。

讲述者提醒他们的听众，从盾花的悲惨结局开始算起，墨西加人经历了漫长的历史。在与库尔瓦坎的战争之后的那段时间，他们真的成了被追捕的漂泊者，但在维齐利维特、奇马尔波波卡、伊斯科阿特和蒙特祖马的领导下，他们进行了有策略的战斗，并赢得了成功的地位，以至于周围那些曾经欺压他们的人如今都惧怕他们，饥荒也变成了偶尔才发生的情况。但有时候，他们感觉自己仍然只是在勉强维持，仍然随时可能遇到危险。

不过，这样的时候很少。大多数时候，他们觉得自己很成功。他们的故事里充满一种失败者反败为胜的意识。没有人白白施予他们任何东西。他们曾经是现实主义者和战略家，以后也决心继续做这样的人。他们知道每年都会有新的故事发生。所有纳瓦人都为自己的城邦能长久存在而感到自豪。这个城邦，这个群体，会比个人的生命更长久。但是，就像盾花一样，墨西加人的骄傲中还带着一点神气和潇洒。他们不仅仅是在逝去的日子和尚未到来的日子之间维持平衡，他们更是在向未来招手致敬。

第三章
湖上的城市（1470~1518 年）

一位音乐家在敲鼓

资料来源：The Bodleian Libraries, the University of Oxford, Codex Mendoza, MS. Arch. Selden. A. 1, folio 70r.

59　　　　室外，灿烂的阳光炙烤着院子里的石头；室内，厚厚的土坯墙围出了一方凉爽背光的天地。1479 年的一个下午，年轻的查尔科贵族科丘尔科瓦特（Quecholcohuatl, KecholCO-wat）在墨西加人特拉托阿尼的宫殿门槛前停住脚步，等着眼睛适应光线的变化。一个来自他的城邦的人在很多年后解释说："他是在思考国王会做出什么样的决断。"[1]科丘尔科瓦特从未感受过这样的恐惧，因为他可以从同胞的脸上看出，他们都认为他是被召唤进去接受残酷惩罚的。他们认为他会被送到人们都听说过的放置在首都的可怕木牢笼中，然后再从那里被带去烧死。他的朋友们也忍不住琢磨："我们是不是都要被烧死？"科丘尔科瓦特看到仆人向他示意，但他觉得自己几乎迈不动步。最终他还是走了进去。他的名字意为"火烈鸟蛇"，这是一个后取的名字，是为了呼应他刚刚在国王面前大胆表演歌舞时穿的色彩鲜艳、绣花精美的服装。[2]衣物上的流苏随着他的行走而摆动。在特诺奇蒂特兰，他代表的是大城邦查尔科。他不愿让这些墨西加人看出他的恐惧，他只想展现自己的骄傲。所以他鼓足勇气，抬脚向前走去。

经过了五百多年的时间之后，我们已经不可能知道那一天在阿哈亚卡特（Axayacatl，Ah-shaYAHK-at）的宫殿里究竟发生了什么。时间最早的现存叙述也是在事件发生至少一百年之后，由一个显然不是亲历者的人撰写的。尽管如此，我们还是能够从中获得一些零碎的信息。这些内容的作者奇马尔帕因是位生活在 17 世纪初墨西哥城的纳瓦人历史学家。他是查尔科人，他亲爱的祖母在少女时期曾认识科丘尔科瓦特本人，那时后者年事已高，而且在受洗后改名为堂赫罗尼莫（don Jerónimo）。[3]所以，这位查尔科人历史学家是从认识属于那个古代政权的人物的年长亲属口中获得信息的。他记录的内容与其他许多资料完全吻合，那些资料内容十分丰富，涉及了诸如特诺奇蒂特兰与查尔科的政治关系、特诺奇蒂特兰的建筑样式，甚至那个城市的文化风俗等诸多方面。举例来说，在奇马尔帕因与其祖母谈

60

论这一事件的大约同一时间，一些墨西加人男子也在向西班牙修士贝尔纳迪诺·德·萨阿贡（friar Bernardino de Sahagún）讲述过去在统治者面前表演歌舞是一种多么可怕的经历，因为统治者可能会惩罚那些技艺不佳的表演者。[4]鉴于此，我们没理由怀疑奇马尔帕因叙述的大意是否属实；实际上，在参考其他现存资料内容的前提下分析奇马尔帕因的作品能让我们了解很多内容，因为他对特诺奇蒂特兰帝国宫廷生活的描述十分生动传神。

到 1479 年时，距离查尔科被墨西加人毁灭，其王室家族被驱散已经过去了大约十五年。这段时间足够长到让刚成年的新一代年轻人记不清战争的恐怖，但又没有长到让查尔科人忘记他们古代的王室血脉和他们曾经享受了几个世纪的自治权力。因此，科丘尔科瓦特这代人变得更难以驾驭：他们开始暗中讨论，并坚持要求特诺奇蒂特兰许可查尔科在委员会中获得一个席位，还要求它像对待中央谷地中其他重要城邦一样平等地对待查尔科。[5]

科丘尔科瓦特（火烈鸟蛇）和其他歌手及鼓手一起到至高国王阿哈亚卡特的宫殿里为他表演。他们说自己只是来供他消遣的，但实际上，表演者们精心选择了一首能够代表他们政治目的的歌曲。这首歌曲的名字叫《查尔科女人的歌》，当他们唱出歌曲的歌词时，他们其实是在提出某种抗议。[6]歌唱者扮演了一个成为别人小妾的女性战俘的角色。当时那个世界中的所有人都明白女性战俘和战败城邦之间的暗喻关系。在平常时候，在平常的婚姻里，女性被认为能与男性互补，而不是低于他们。但在战争时期，女性确实会遭受苦难。一个被俘的女人会为自己的命运哀叹，并非必定因为她每天都遭受暴力对待，而是因

为她失去了作为一个被尊重的人的感觉；她也无法再为自己的
孩子将继承她的身份，延续她的家族血脉的想法而感到骄傲。
从社会意义上说，她已经变成了一种可有可无的存在，一个没
有持续影响力的性客体，一个只能生下无足轻重的孩子的人。
简而言之，她已经没有未来可言。吟唱这首歌的歌手在唱到每
一段歌词时的表现都不相同。有时她是轻佻的，就像身处这种
处境的年轻女子通常会表现出的那样，这是她在不顾一切地想
要找回对自己人生的控制感。她会问自己："如果我能取悦他
会怎么样？"她大喊道："去架起锅，再点一大堆火！"最终，
以防自己的意思还不够明显，她会干脆开始直接提及性，甚至
是国王的阴茎：

> 你会弄花我身上的颜料吗？
> 你躺下，看看绿色的火烈鸟花什么样……
> 那是一朵格查尔鸟玉米花，一朵火烈鸟渡鸦花。
> 你躺在覆盖着花朵的席子上。
> 它躺在里面。
> 你躺在你的金色芦苇席上。
> 它躺在铺满羽毛的洞穴中。[7]

　　接着，在下一句歌词中，年轻女子突然觉得自己心碎了。
她记得自己曾经的生活是什么样子，她的家人是如何相信她会
生下代表本族未来的孩子。"作为一位贵族女孩，人们说到我
时总会提及我的婚姻。"她的希望都破灭了，她觉得自己无法
忍受这一切。"在这世上，我气愤，我心痛。我担忧，我烦躁。
我整个人陷入了狂怒。在我的绝望中，我突然说道：'嘿，孩子，

我马上就要死了。'""我马上就要死了"（*Manoce nimiqui*）这句话是一种情绪激烈的表态。[8]

在那天下午的表演中，最主要的表演者原本是另一位来自查尔科的贵族，但不知是因为天气炎热，还是因为对自己这一群人可能受到的惩罚感到恐惧，也可能是在两个原因的共同作用下，那位贵族晕倒了。科丘尔科瓦特知道自己和自己城邦的命运还悬而未决：如果他们想说服阿哈亚卡特考虑查尔科对现状的感受，这次表演就必须精彩绝伦。于是他挺身而出，取代失去意识的同胞成为最主要的表演者，完成了一次毫无保留的表演：他手中镶着金边的鼓被有节奏地击打，发出了大声的"呼喊"。[9]他唱出的歌词充满感情。歌曲的结尾是这个小妾提出，如果自己能够得到尊重，她就愿意放下敌意，和她的新主人，也就是国王一起生活。"不要让你的心被不必要地搅乱……伸出你的手，来吧，拉住我的手。满足吧，在你的芦苇席上，在你的王座上，安稳地睡吧。放松，你是阿哈亚卡特国王。"

在表演过程中，统治者阿哈亚卡特突然开始认真听了起来。"他本来和他的女人们一起待在室内，但是他走出来跳舞了。当他走到院子里的舞蹈区域时，阿哈亚卡特抬起一只脚，听到音乐让他特别高兴，于是他开始绕着圈跳舞。"他头上戴着一个装饰着一簇簇有象征意义的羽毛的黄金头饰：每一种元素不仅代表着他自己的地位，还代表了他的城邦与其他城邦之间的关系，这个制作精美的王冠本身就是一件令人敬畏的物品。特拉托阿尼加入舞蹈行列被视为表演者的一种巨大荣耀，也是非常重大的事件。所以，这似乎是个好兆头，查尔科人心中充满了希望。然而当音乐结束后，国王突然又走回室内，并传信召唤这位主要表演者前去拜见他。查尔科人不知道这是什么意思，但他们不免做了最坏的打算。[10]

当科丘尔科瓦特来到阿哈亚卡特面前时，他发现后者被自己的女人们围绕在中间，那些女人都穿着带刺绣的漂亮裙子和短上衣，衣物用染了色的兔毛镶边，还装饰着黄色的长尾鹦鹉羽毛或其他颜色鲜艳的元素。[11]科丘尔科瓦特按照纳瓦人传统做出了表示顺从的动作，即跪在地上，双手捧起地上的土并用其碰触自己的嘴唇。[12]他还讲了一些话，大概内容是"哦，国王大人，请您烧死我吧，我是您的臣民，我们冒犯了您"。自我贬低是一种礼貌的问候形式，科丘尔科瓦特显然认为此时这样做能对他有所帮助。[13]事实证明他过于谨慎了。"阿哈亚卡特并不想听这些话。"特拉托阿尼喜欢这首歌，也喜欢唱歌的人。他马上把科丘尔科瓦特带到自己的床上，并要求后者承诺只为自己一人唱歌。奇马尔帕因宣称，他甚至高兴地对自己的妻子们说："女人们，站起来迎接他，让他和你们坐在一起。你们有竞争对手了。"[14]

要理解阿兹特克人的同性性行为的本质一直是比较困难的，因为学者主要依赖的材料都是在修士的主持下，针对就这个问题提出的直接且有强烈批判性的问题给出的回答。[15]回答这些问题的人都清楚地意识到自己不应该认可这种行为，所以他们都给出了一些负面的评论，但要知道他们真正的想法是什么就很难了。在后来的很多年里，17 世纪的原住民作者会描述教会对同性恋男子实施的残酷惩罚，但他们显然并不喜欢这种场景，甚至还带有轻微的不认同。"［这些男人中］有个名叫迭戈·埃纳莫拉多［Diego Enamorado，字面意思是'恋爱中的迭戈'］……［当局］没有明确说明他们被吊死的

63

原因。"[16]根据现有材料，我们可以清楚地看到，在征服战争之前的时代里，不存在今天意义上的完全以同性恋者身份生活的人。然而，在西班牙人监管范围之外创作的纳瓦语资料则表明，很多男人有时会选择与其他男人发生性行为。他们认为，人活一世，在性方面有各种不同的可能，这被认为是活着的乐趣之一，而且男人之间在宗教仪式相关的庆典中发生性关系也绝不是闻所未闻的事，在其他时候想必就更不用说了。[17]阿哈亚卡特国王绝对是位著名的勇士，也有好多孩子，但他不仅受女人吸引，也受男人吸引。查尔科人历史学家奇马尔帕因后来评论说："国王非常喜欢火烈鸟蛇，因为他让他想跳舞。"奇马尔帕因对此没有任何品头论足的意思，甚至可能还感到有些自豪，因为科丘尔科瓦特的歌曲成了一首跨越几代人的流行曲，在接下来的几十年里被人们反复表演，还让他的家乡因此而闻名。奇马尔帕因说："阿梅卡梅卡（Amaquemecan, Ah-mah-kay-MAY-kahn）因此名噪〔一时〕，但这个城邦如今变得又小又不重要了。"

歌手与特拉托阿尼的这种关系在当时一定是件非常值得骄傲的事。为了让那些在院子里紧张等待的查尔科人放心，阿哈亚卡特让科丘尔科瓦特带着具有极高象征意义的一整套服饰作为礼物回到外面，礼物中包括斗篷、缠腰布、凉鞋，所有东西上都镶嵌着玉石，它们原本都属于国王本人。科丘尔科瓦特的同胞们明白这样的礼物意味着什么，因为公开赠予礼物是一种政治语言，也是一种所有人都明白的密码。比如在《库奥蒂特兰编年史》中，要证明阿斯卡波察尔科统治者马斯特拉是个滥用权力者，以及他打算废黜内萨瓦尔科约特，所有讲述者只需简洁地提及马斯特拉"只给了他一件斗篷（tilma）"就够了。[18]

当查尔科人看到阿哈亚卡特赠送的丰厚礼物时，他们都忍不住欢呼起来，那些原本就很自信的人也开始取笑那些认定他们都要倒霉的同伴。他们的笑声响彻整个庭院。[19]

当天晚上，来访的音乐家们在这个已知世界的最伟大城市中进行庆祝，还被安排住进了岛屿正中心一栋专门留给表演者的房子里。[20]特诺奇蒂特兰包括四个部分［莫约特拉（Moyotlan）、阿察夸尔科（Atzacualco）、库艾波潘（Cuepopan）和索基阿潘（Zoquiapan）］，每个部分的面积约占城市的四分之一。与大多数联合城邦一样，每个分区中的人都将最好的建筑建在"四角"区域，也就是四个分区相接的地方，这使得一个部分还属于农业地区的城市的中心区域成了真正的都市区。在这个沼泽岛屿的边缘，人们依然在建造奇南帕（悬浮在泥泞湖水中的园地），他们还保留了一些可以捕鱼或在水上搜寻鸟蛋和其他美食的地方。而岛屿的中心，也就是来访者所在的地方，则成了耸立的神庙所在的区域。其中有一座闪闪发光的巨大金字塔是献给他们自己的神明维齐洛波奇特利的，挨着它的另一座宏伟建筑则是献给雨神特拉洛克的。两座神庙正后方是阿哈亚卡特的宫殿。宫殿中有新鲜的活水，水源在大湖西岸的一座山上，是靠一条建在堤道之上的黏土高架渠引到岛上的，除这条高架渠之外，这套令人震惊的供水系统中还包括各种排水沟和水闸，以及其他堤道和高架渠。[21]

前任国王蒙特祖马一世已经去世，他位于神庙区域远端的宫殿也不再是王室住所，而是被改作他用。每个最强大的君主都会在自己统治时期留下令人赞叹的建筑遗迹，好让它们永远能为世人所见（反正他们自己是这样希望的），而城邦也能为这些建筑安排很多实际用途。比如，在这个中心区域里就关着

64

即将被用来献祭的战争俘虏，他们都受到了严密的看守，其中有些人被安排在豪华的住所里，有些则住在普通一些的地方，这取决于他们在仪式中将要扮演的角色。[22]不过几年之前，查尔科人也是可能被关在这里的对象，但现在不会了。墨西加国王在这附近还拥有一个类似于动物园的地方，里面都是由遍布各地的附属国进贡的动物。动物中的一部分也会在某些神圣的日子里被送上切割石，不过更多的则是作为对墨西加人实力的见证而被一直展示在这里。来访者可以看到各种令人惊奇的爬行动物、美洲豹、狼、美洲狮等数十种动物。[23]与在野外不同的是，来访者不用惧怕这些猛兽的嚎叫。在森林中，有些人会担心，如果自己突然听到食肉动物的鸣咽或嚎叫，就意味着他很快会被俘虏、囚禁或杀死，又或者是他的孩子会被俘虏。[24]然而，科丘尔科瓦特在城中的这一晚里完全不用恐惧，反而充满了希望。他和他的同行者都一心期盼自己热爱的查尔科也许会重新获得某种程度的独立。

接待他们的主人给他们提供了食物，他们也尽情享用了。客人们可以吃到上面装饰着用红豆围成的贝壳图案的塔马利（tamale）①，还可以选择各种用辣椒炖出来的火鸡肉、鹿肉、兔肉、龙虾或蛙肉。作为开胃菜的是带翅蚂蚁配香草、辣味番茄酱、炸洋葱、炸南瓜、鱼子和烤玉米。另外还有各种水果、蘸蜂蜜吃的玉米饼，以及用苋属植物种子做的小蛋糕。实际上，根据一个曾经为仆的人的计数，为墨西加国王制作，然后由他分给顾问、仆人和表演者品尝的菜肴数目多达两千道。每一餐最后上的往往是巧克力热饮，即把磨碎的可可豆浸泡在热水里，

---

① 用玉米面制作的橡粽子一样的墨西哥食物。——译者注

再加上蜂蜜和香草荚或玫瑰花之类的干花。为了让风味更独特，人们会把这种饮品盛在有雕刻或彩绘的葫芦里，这种葫芦通常也来自遥远的地方。[25]

然而，在之后的很多年里，最让来访者记忆深刻的可能既不是动物园，也不是食物。见过这座城市的人最先记住的往往是它的美丽。原因就在于占满每个平常人家屋顶的和属于特拉托阿尼的众多花园。花园中有各种绚丽的墨西哥花卉，很多品种的名字甚至从未被恰当地翻译成欧洲语言。这些花朵就绽放在造型迷人的树木之间，能让人产生一种如临仙境的感觉。在精心制造的巨大木笼中，来自东部和南部的各种有亮丽羽毛的鸟类飞来飞去，欢快鸣叫。格查尔鸟和鹦鹉、火烈鸟和凤头潜鸭、长尾小鹦鹉和雉等品种，多得数都数不过来。随着鸟类在枝叶间快速穿越飞行，它们色彩艳丽的翅膀会在夜光中闪烁出缤纷的颜色。回到查尔科的人讲述故事时会说，这是被施了某种魔法的结果。当天色逐渐转暗，繁星开始挂满天空时，祭司就会观察星象并绘图记录，而普通人则单纯地欣赏夜景。墨西加人有时会开玩笑说，星星看起来就像撒在夜空中的爆米花。[26]

* * *

这个城市是如何诞生的？在 1470 年代和 1480 年代，特诺奇蒂特兰已经完全不再是伊斯科阿特初掌大权时居住的那个脏乱的沼泽小镇了。在他和蒙特祖马一世统治期间，他们获得的胜利越来越多，墨西加人的财富和权势也随之变得相当可观。墨西哥中央谷地此时大概有 150 万人口，其中大部分是农民。在富饶盆地的中心，即这个面积 5.5 平方英里的小岛上，居民人数多达 5 万。[27]远端湖岸上面向这个岛屿的地方也聚集着各个城邦，在那片更广阔的城镇区域中，总人口数量也许可以达到10万。特诺奇蒂特兰的人口增长速度比其他地方的都快。这个城市的富有和政治支配力促使更多人移居此地是一部分原因，但战争胜利也给这个城市带来了更多的女性俘虏。任何人口统计学家恐怕都会做出同样的预测，更多女性自然能够生下更多孩子。显然，仅靠城市外围的几个奇南帕不可能供养这么大数目的人口。所以，城市人口要从偏僻的农业地区获得自己需要的大部分食物。墨西加人在战事上的成功让获取更多食物贡品成为可能。此外，不断增长的人口也能够吸引盆地中的人们把食物送到这里出售，因为这在经济上是有利可图的，他们可以用食物换取城市居民此时已经非常擅长生产的各种手工艺品。在这种情况下，这个位于大湖中心的岛屿几乎毫不费力地将自己的市场变成了一个能将生活在湖岸周围的人都联系在一起的大型交易中心。

因为这座城市几乎是从无到有、快速建成的，而不是像古代的巴黎或伦敦那样逐渐发展起来的，所以其建造过程具有计划性和系统性。建筑都是沿有序、笔直的街道分布的。普通家庭的构造是以一个院落为中心，在院子的三面或四面建造土坯房。房屋的平顶上是花园，有时也额外修建小房间用作储藏室。通常情况下，每个女人都会有自己的小家，无论她是多位妻子中的一个，还是婆婆或儿媳，每个女人都会拥有自己的"女性用品"（cihuatlatqui），即一套被整齐地放置在篮子或箱子里的工具，包括纺锤和织布机、研磨石和锅、扫帚和垃圾箱，以及给孩子和大人的衣物及珠宝。男人们则会把自己的东西挂在家中显眼位置的墙壁上，比如，仔细积攒起来的手工制作的武器、战斗中佩戴的头饰，以及战争中的纪念品。房间里没有家具，人们就坐或躺在厚厚的、舒适的席子上，还会使用枕头。[28]

在这些简单的建筑物旁边，耸立着属于每个区域的大型金字塔神庙，每个神庙附近有供贵族居住的带复杂装饰的复合院落。中央广场上的两座神庙远远高出其他建筑，和它们相邻的就是王室宫殿（特克潘），也就是查尔科人前去进行表演的地方。岛屿中心原本只有一个简单的圣坛，但伊斯科阿特早就开启了一项改造工程，他打造了一个宽阔的石砌平台，好在上面修建更华丽的神庙。从那之后，两座神庙又经历了几次扩建。这座城市的建筑设计师和建造者都是由特拉托阿尼出钱雇用的，他们不停地工作，每个建造步骤都增加了这两座建筑的宏伟气势。早期建造的一座将清洁水源引到岛上的高架渠在 1449 年被洪水冲垮，随后就暴发了大饥荒。到阿哈亚卡特统治时期，人们才又建好一座新的高架渠，它比原本那座高得多，而且有两条水槽，所以有一条水槽需要清洁或修理时，水流也不会被阻断。[29]

墨西加人能够取得这一切成就，主要是因为连续两次将领导权转交给下一代的过程都进行得相对顺利。伊斯科阿特的儿子特索索莫克遵从了父亲很久之前做出的承诺，自愿放弃成为统治者的可能，转而接受了阿斯卡波察尔科附近的埃卡特佩克（Ecatepec）的土地和进贡者。接替伊斯科阿特的是属于维齐利维特血脉的蒙特祖马；蒙特祖马去世后，人们再次按照事先同意的办法从特索索莫克的儿子中选出新统治者。特索索莫克的儿子中，年纪较大的一些是由他在伊斯科阿特及其家族得势之前娶的妻子们生下的，而年纪最小的儿子阿哈亚卡特（意为"水甲虫"）则是由蒙特祖马的女儿阿托托斯特莉（Atotoztli）生下的。这个年轻的女人实际上也有可能是蒙特祖马的外孙女（即蒙特祖马的一个女儿嫁给特拉卡埃莱尔后生下的孩子），吟

67

游诗人们对此意见不一。无论是哪种情况，阿托托斯特莉都与蒙特祖马关系密切，她的儿子们也与蒙特祖马有直接血缘关系，是蒙特祖马设想的将来要坐上那张芦苇席的人。因此在特索索莫克的儿了中，被蒙特祖马认定为自己继承人的就是阿哈亚卡特。

　　蒙特祖马生前就想尽办法要确保王室家族在他死后能选择这个男孩为领袖，所以他通过贿赂、威胁和一切可能的手段来展示这个男孩的优势。这种做法发挥了作用。他去世后，王室家族成员按照惯例组成委员会，阿哈亚卡特的同父异母兄长蒂索克（Tizoc，TEE-zoc）和阿维特索特（Ahuitzotl，Ah-WEETZ-otl）向委员会提出了强烈抗议。他们用冷酷无情的词语侮辱这位年轻的王子："他真是个有男子气概的勇士吗？他抓到过俘虏吗？他难道不是……只会购买奴隶并带回这里，好让自己看起来像个有男子气概的勇士吗？"[30]尽管这两位兄长坚持要求，如果自己在世时能够再遇到一次权力更迭的机会，他们应当被列入考虑对象，但在获得了高级别军事头衔和利润丰厚的资源后，他们也都就此作罢了。蒙特祖马一去世，阿哈亚卡特马上于1469年成为国王。这对于强化墨西加势力来说似乎是个好兆头。[31]

　　年轻健壮的阿哈亚卡特其实很善战，他驾驶的战斗独木舟就像湖面上的水甲虫一样灵活迅捷。但在继承权问题上他就很不幸了，关于这次继承的一个具体问题一直没有得到妥善解决，最终导致了一场危机。很多年以前，当墨西加人刚在岛上定居，并开始把这里当作家园时，他们内部就产生过某种争议，一群持异议的族人分离出去，在岛屿北岸形成了一个独立村庄，他们还办起了与湖岸边各个村庄进行交易的岛上最大的集市，并因此而为人所知。这个独立的城邦名叫特拉特洛尔

科（Tlatelolco，Tla-tel-OL-co），它有自己的特拉托阿尼，因为
这些分离出来的少数派完全不想在多数派群体的国王的统治下
生活和工作。[32] 不过，虽然处于这样的分裂状态，特拉特洛尔科
人（Tlatelolcans）仍然是墨西加人，他们也拥有墨西加人的历
史和骄傲，并且继续与特诺奇蒂特兰人并肩对抗外敌。阿斯卡
波察尔科的马斯特拉在 1426 年杀死奇马尔波波卡之后，还派一
些亲戚去把特拉特洛尔科的国王也杀死了。因此，当伊斯科阿
特动员特诺奇蒂特兰的墨西加人追随他推翻阿斯卡波察尔科时，
特拉特洛尔科人毫不犹豫地加入了他的阵营。在接下来的半个
世纪里，特拉特洛尔科成了特诺奇蒂特兰的小伙伴，它帮助这
个比自己规模大的城邦获取胜利，然后分享属于自己的那一份
成功。比如，东边的库奥蒂坎（Cuauhtinchan，Kwow-TIN-chan）
和西边的托卢卡（Toluca）的人们后来就都记得那些曾向自己
索要贡品的飞扬跋扈的特拉特洛尔科人。[33]

　　然而，到了 1470 年，特拉特洛尔科人变得充满怨恨。他们
认为特诺奇蒂特兰的迅速成功得益于特诺奇卡人长期从位于岛
屿北部的亲戚这里获得的军事支持，因此特拉特洛尔科认为自
己有权获得更大份额的财富和权势。除此之外，他们还是经营
谷地中所有人都要光顾的大集市的人。特拉特洛尔科无疑也对
阿哈亚卡特，而不是比他年长的那些同父异母哥哥中的某一个
来继承王位感到恼怒，因为有些兄长的母亲就来自特拉特洛尔
科。换作一个有一半特拉特洛尔科血统的人当上国王，特拉特
洛尔科在未来也许就可以获得更多回报。如今他们明确表态说，
除非特诺奇蒂特兰做出改变，否则自己将不再无条件地支持它。
特拉特洛尔科的特拉托阿尼莫基韦斯特利（Moquihuixtli，Mo-
kee-WEESH-tli）做了纳瓦人国王在这样的情况下习惯做的事

68

情：他重新调整了自己与几位妻子的婚姻关系，并以此作为对继承人问题的声明。莫基韦斯特利先是坚持认定自己的特诺奇卡人妻子不再是他的正室，所以她的孩子们也不再有权继承他的权力。实际上，他说她根本不会有孩子了，因为自己绝对不会和她睡觉。国王挖苦说，她这副瘦小脆弱的模样对任何男人都没有吸引力，他更喜欢自己的其他女人。无法确定莫基韦斯特利是真的相信自己能够与特诺奇蒂特兰谈成更好的条件，还是就想挑起战争以尝试推翻阿哈亚卡特。后一种假设似乎合情合理，因为莫基韦斯特利会毫无理性地发表一些挑战别人底线的挑衅声明这一点很出名。[34]

无论实际上属于哪种情况，这个遭到莫基韦斯特利背叛的特诺奇卡人年轻女子都是阿哈亚卡特同父同母的姐妹，她的名字叫查尔丘内内钦（Chalchiuhnenetzin, Chal-chew-ne-NE-tzeen, 意为"玉石娃娃"）。当年轻的特拉托阿尼听到莫基韦斯特利说的话之后，他公开给查尔丘内内钦送来了丰厚的礼物，以示政治上的支持。莫基韦斯特利从她那里把这些东西都抢走了，还把她结婚时自带的精美衣物也抢走了，这让她不得不向家里的女仆们借粗布裙子和上衣穿。最终，有市井流言和民间故事说，莫基韦斯特利不仅殴打她，还让她赤身裸体地与其他女人站在一起，任凭自己观看。此时，查尔丘内内钦只能睡在原本用来磨玉米粉的磨石中间。但是，借来的衣服和装作仆人的样子可能反而帮助了她。有一天，她大概就是凭借这样的伪装穿过街道，顺利逃脱，然后回到了兄弟的宫殿中。她把一切都告诉了阿哈亚卡特："他给［他的盟友］提供盾牌和带黑曜石利刃的战棍。我听到他说什么了。他们在深夜里商讨……他说他要毁掉我们这些墨西加-特诺奇卡人，还说唯一的统治权应该属于特拉特洛尔科。"[35]

1473 年，战争迅速爆发。莫基韦斯特利做的准备就是拉拢众多盟友，其中大部分是向他进贡的城邦，而且这些地方的王室家族都与莫基韦斯特利的家族通婚。也有很多人拒绝了他的结盟提议——反正他们是这么告诉特诺奇蒂特兰的。阿哈亚卡特并不想让人看到自己为一场丢脸的内讧投入过多资源。所以起初，特拉特洛尔科人控制了局势。他们突然驾驶几十条独木舟涌入岛屿中心地区，但是被击退了，不过绝对没有被彻底消灭。这场战斗的结果没有定论。各方都选择撤退回自己在岛屿上的地盘中闭门休战。人们很久以后都不曾忘记那种阴森的寂静。

但这样的情况不会一直持续下去，因为特诺奇蒂特兰太强大了。最终，不清楚是过了几天还是几个月之后，城邦中的人们及前来帮助他们的盟友已经完全做好了采取必要行动的准备，他们组成的人数众多的队伍出发了。有人说特拉特洛尔科人此时已经怒火中烧，城中的妇女甚至裸露着身体，做出一些具有侮辱性的姿势，那些在哺乳期中的女人甚至会朝迎面而来的敌人挤奶。这些可能都是真的：《特拉特洛尔科编年史》的作者几乎是骄傲地宣称，这里的妇女在对抗西班牙人的战争中也像这样战斗到了最后一刻，好像在他们看来，让妇女在极端时刻做这样的事从文化上说是恰当的。[36]如果特拉特洛尔科的妇女当时真的参战了，那么她们的行为并没能阻止由阿哈亚卡特亲自率领的特诺奇蒂特兰勇士。特诺奇卡人在数量上占有明显优势。他们将剩下的特拉特洛尔科勇士驱赶到岛屿最北端的沼泽湖中，但这还不算完，他们继续在芦苇中寻找，直到把能找到的特拉特洛尔科勇士都杀死为止。据说，特诺奇卡人"让他们像鸭子一样叫"。从那以后，如果有人想奚落一个特拉特洛尔科人，只要管他叫"鸭子"就行了。[37]

更重要的可能是，特诺奇卡人终结了特拉特洛尔科人的王室血脉，禁止任何人再坐上他们的芦苇席。莫基韦斯特利要么是从本族人的金字塔神庙顶端被推了下去，要么是主动跳下去结束了自己的生命。历史讲述者对此没有统一的说法；除了那些一路打到神庙顶端的人以外，可能本来就没有多少人知道这个真相。关于莫基韦斯特利被击败的故事世代流传下来。在一份为好奇的西班牙人制作的历史记录中，就有一幅描绘莫基韦斯特利从高空坠落的充满戏剧性的图画。[38]阿哈亚卡特说，从此之后特拉特洛尔科要像其他城邦一样进贡，其中包括定量的将被用作祭品的奴隶。后一项规定算是非常严苛了，因为这会迫使进贡者不得不向自己还没准备好战胜的对手宣战（以获得俘虏）。然而，最终阿哈亚卡特似乎并没有要求战败者兑现这一点。因为一位与阿哈亚卡特和莫基韦斯特利都有亲缘关系的老人俯伏在国王面前，恳求他在这一问题上宽恕特拉特洛尔科人。[39]

在 1470 年代和 1480 年代，墨西加人的实力显著增强。阿哈亚卡特介入其他城邦的统治已经成了常规。比如，在 1472 年，特斯科科的内萨瓦尔科约特（饥饿的郊狼）去世。他曾在 1420 年代与伊斯科阿特联手推翻马斯特拉和特帕内克人，他的去世也标志着一个时代的终结。一项计数结果说他共有六十个儿子和五十七个女儿，而且不少儿子都有心争夺这个统治者之位。阿哈亚卡特自然希望选择一个由自己的女性近亲属生的儿子作为内萨瓦尔科约特的继承人。这个被选定的人叫内萨瓦尔皮利（Nezahualpilli，意为"饥饿的王子"，这是对他父亲名字

的一种提及）。问题在于，内萨瓦尔皮利当时只有九岁，还有
人说他实际上才七岁。要让他打败五十九个哥哥肯定很难，更
不用说某些哥哥本身也有身为贵族的母亲作后盾。后来，西班
牙人会摆出一副貌似聪明的样子宣称，这个瘦弱的男孩能够继
承王位，一定是因为他是唯一的"合法婚生"继承人。一位修
士甚至还想象了一出戏码：年迈的内萨瓦尔科约特差点就失去
希望了，以为他的"合法"妻子无法为他生下继承人。然而在
那个时候，只有一个女人的儿子能够令人信服地继承王位的理
念在纳瓦人的一夫多妻制世界中根本不存在；人们会觉得当有
一百一十七名兄弟姐妹存在时，说没有其他可能的人选是个非
常可笑的想法。问题不在于内萨瓦尔科约特没有继承人，而是
在于他的继承人太多了。[40]

　　阿哈亚卡特在维护内萨瓦尔皮利的主张方面非常积极主动。有
些年长的儿子甚至在他们的父亲去世前就被除掉了。根据历史讲述
者的说法，一个名叫特佐乌皮尔辛特利（Tetzauhpiltzintli, Te-tzow-
pil-TZEEN-tli，意为"可怕的王子"）的儿子被指控囤积武器
和忤逆父亲，所以被处死了。据说年迈的内萨瓦尔科约特为此
而伤心哭泣，但特诺奇卡人国王坚持执行死刑。无论这是不是
真实情况，反正在年迈的国王去世后，阿哈亚卡特马上向特斯
科科派遣了勇士，也送去了贿赂。大多数同父异母的哥哥接受
了这种换取他们继承权的好处，但内萨瓦尔科约特早年在特拉
斯卡拉地区避难时生下的少数几个儿子决定宣战。他们的到来
促使其他一些在特斯科科长大的儿子与自己年幼的弟弟内萨瓦尔皮
利结成统一战线，因为他们的共同目标都是防止父亲很多年前的妻
子生下的孩子，也就是那些来自东部的人夺走他们的权力。[41]

　　与特诺奇蒂特兰偏爱的候选人联合是有好处的。对于总要

71

受墨西加人支配这件事，有些人当然会心怀怨恨，但阿哈亚卡特慷慨地向被拒绝的候选人提供了土地和头衔。再加上潜在继承人太多了，特斯科科内部很可能会发生一场大屠杀，而阿哈亚卡特派遣的特使则避免了这种情况的发生。阿哈亚卡特还明确承诺，只要他选择的候选人还是国王，他就会继续在特斯科科与其他城邦打交道时忠实地支持特斯科科。简而言之，墨西加人的统治并不只依靠恐怖手段，起码在面对友邦时不是。某些情况下，阿哈亚卡特甚至懂得退一步，好让当地人享受到一点自己说了算的感觉。查尔科最终的情况就是这样。当科丘尔科瓦特在 1479 年演唱了那首政治歌曲之后，特诺奇蒂特兰与查尔科进行了谈判，查尔科的四个城邦的王室家族都被恢复了原有地位。他们实际上成了特诺奇卡人国家核心圈子的一部分。在中央谷地里，阿哈亚卡特追求的是维持完全稳定。

然而在仅仅统治了十二年之后，阿哈亚卡特就于 1481 年去世了。鉴于他即位时还很年轻，且一直是位活跃的勇士，所以他很可能是在战斗中丧命的。不过墨西加人历史学家们没有明说，这些人只提到过他受伤或差点被俘虏或他自己抓到了大量俘虏的事。[42]他的死亡显然发生在族人还没有为权力交接做好准备的情况下，因为他死后就发生了一场兄弟间的争斗。王室家族选择让他最年长的同父异母哥哥蒂索克坐上芦苇席。然而，蒂索克肯定没能获得要维持权力所必需的全部支持。因为尽管他几乎一直在发动战争，但在历史上，他却落得一个懦夫的名声。他只统治五年左右就去世了，也有人说是四年或六年，而且人们公开谈论了他其实是被敌对派系毒死的可能性。蒂索克的弟弟阿维特索特继承了王位。他的统治算得上成功，但到他于 1502 年去世时，人们肯定还是期望权力的钟摆能够摆向家族的其他分支，也就是维齐利维特的后代，而不是伊斯科阿特的。阿维特索特在位期间，担任奇瓦科阿特的特拉卡埃莱尔去世，他的一个儿子接替了他的职务；委员会制度得到了巩固，尽管失去了一位重要人物，但委员会会议仍然不受打扰地继续着。在选举新的特拉托阿尼时，王室家族压倒性地支持了阿哈亚卡特的儿子蒙特祖马·索科约特（Moctezuma Xocoyotl）①，即蒙特祖马二世（Moctezuma the Younger）。[43]

1502 年的蒙特祖马是个年轻且充满魅力的人。后世会将他描述成一个紧张忧虑、胆怯懦弱的人，但早期纳瓦语资料中的蒙特祖马二世完全是另一个样子。他十分勤奋，整日忙于政务。虽然他本人没有研究过 20 世纪政治学课本，所以并没有使用这些术语，但他的目标正是创造一个真正的国家机器，它要能够在广域内进行统治，这种范围远大于面对面的情况。此时，在中央谷地内部已经没有新的动荡出现，查尔科和特拉特洛尔科之类的城邦也不再发动叛乱。因此，墨西加人已经准备好谋求对盆地之外的数百个城邦的完全支配，他们（和他们在帝国内部的伙伴）本来已经向这些城邦索取贡品了，但实际上那些人只要不叛乱，往往就可以不履行这些要求。

蒙特祖马想要加强这种直接控制的力度。他先是建立了三十八个行政省（后来增至五十五个），每个省份都有各自组织严密的官僚机构。蒙特祖马政府的代表被派遣到各个省份中常驻。在一个位于遥远的托卢卡谷地中的城镇里，人们还划出了诸多区域，这些区域（在纳瓦语中）分别被称为"神庙大人之地"、"商人之地"、"统治者之地"和"墨西加人之地"。[44]为了

72

---

① Xocoyotl 有"最小的孩子"的意思。——译者注

给这些被分散到遥远之地的墨西加人提供保障，政府在一些关键地点修建了驻防地。特拉托阿尼在特诺奇蒂特兰的最高级别官员与居住在各地的低级别官员之间的指挥链被详细阐述，并记录在说明这些政治关系的文件中。[45]考古学研究已经揭示，在中央盆地以外的农村地区大多继续蓬勃发展着。之前的"三方联盟"统治者们鼓励跨地区贸易：地方市场上会销售铜针、成罐的盐及（用于舞蹈和庆典的）小铜铃等实用物品。人们的生活没发生什么大变化。偶尔会有个别不受控制的地方贵族发现自己的复合院落受到袭击，或自己的家族被消灭了。但这些都不是蒙特祖马脑子里想的东西。[46]

各地墨西加官员最重要的任务是按时收取规定的贡品。他们一直在进行让各个城邦的历法趋于同步的工作，这样什么时候应该进贡就变得清楚明白了。他们还会举行公开仪式，用图画进行记录并说明每个城邦应于何时缴纳何物。[47]不过，收集贡品不再是官员唯一的任务。他们还要帮助纳瓦人商人进行长距离贸易活动，如果这些人得不到墨西加王室当局的支持，他们就得受本地人摆布；而有了这种支持，他们就可以到相当遥远的地区去进行奢侈品交易。[48]官员还要监督地方的外交谈判，这些谈判主要是关于婚姻和继承问题的。官员会充当法官的角色，维护特定的法律和公正理念，尤其是在涉及土地所有权问题时。蒙特祖马希望就土地所有权实现标准化，因为在每个地区都有一些土地是被用来供养特诺奇蒂特兰的。每个地方城邦的特拉托阿尼都可以继续像以往一样给本族人分配土地，但如果遇到无法解决的争议，尤其是城邦之间产生争议时，拥有决定如何进行恰当分配的特权的人就成了特诺奇卡人法官。他们介入纠纷的频率不低，过了很多年，也就是在西班牙人掌权很久之后，一些地方家族还在为特诺奇蒂特兰法官所做的决定而满怀怨恨，因为这些决定已经获得了约定俗成的效力，仍在被普遍执行着。[49]

从某些方面来说，蒙特祖马及其顾问们关于一个能被有效控制的政治体的愿景，可以算是几代纳瓦人传统的产物。他们的政治组织一直都以被某位重要历史学家称为"细胞原理"[50]的理念为核心。该原理认为，没有哪个人被视为独立存在的个体，他只能存在于与他人建立的关系中。任何一个群体也不能独立存在，而是要依靠与那些围绕着它的群体的联系才能兴旺起来。各个家庭会依据亲缘关系而聚合成大家族（通常被称作"卡尔普利"，但有时也用别的术语指代），各个卡尔普利继续聚合成城邦，各个城邦往往还会聚合成更大的城邦。人们认为整体的和谐依赖于每个组成部分都发挥自己的作用：从很久以前开始，像维护本地神庙，或拔除岸边的杂草以清理出一片可以作为港口的区域，或收集要被送给征服者的贡品之类让人讨厌的任务，就一直是由整个国家组织的各个组成部分轮流承担的。所以，统治权在各个家族之间流转也成了一种传统，这样做可以避免滋生怨恨。从某种意义上说，特诺奇蒂特兰已经强大到足以在一个巨大范围内将部分传统确立为正式规则。但这之中隐藏着一个变化，即只有特诺奇蒂特兰才能成为这个被仔细维持着平衡的政体的唯一领袖，因为他们为登上这个位子付出了巨大的努力。

这样的社会组织形式是从特诺奇蒂特兰开始建立的，特诺奇蒂特兰就是蒙特祖马设想的世界的最佳范例。城邦的四个组成部分可以被称为四个次级城邦，它们被进一步按照亲族群体（卡尔普利）的界限分成更小的单位，每个区域相当于一个教区或选区，各区域中的贵族（皮尔利）和平民（马塞瓦尔利）

生活在一起。平民家庭通过向贵族缴纳贡品来供养他们，他们在奇南帕上辛苦劳作，或是在自己的作坊里制作手工艺品，而贵族家庭则负责组织他们劳动。总体来说，在过去这些年里，每个卡尔普利内部相对没有什么矛盾。某些家庭世世代代都比其他家庭特殊，所以已经不会再有人质疑他们的血统。在生活的所有方面，人们普遍认为每一类人都有需要由他们来发挥的重要作用。墨西加人通常将社会构想成他们喜爱的一种鸟：贵族也许是鸟头，但平民是"尾巴和翅膀"。哪有失去尾巴和翅膀还能飞的鸟？这个理念巧妙而美好，而且已经在墨西加人心中深深扎根。

　　然而，有迹象表明，在后来的几年里，这种相对的宁静比之前更经常地受到了威胁。随着贵族带回家的女性俘虏越来越多，他们的孩子也越来越多，所以贵族家庭规模相对于平民家庭规模来说变得过大，这让后者感到无法应付。早在蒙特祖马一世统治时期，人们就认定国王的孩子数量太多，指望平民的进贡来养活他们是不可能的。人们记得他对此的回应是："不是我所有的孩子都要统治。"他还决定让他的孩子接受成为能够养活自己的精英工匠的培训，比如，成为宝石雕刻家、雕塑家或文书。[51]但这个问题只会变得越来越严重。特斯科科的情况也是这样。一位在16世纪年事已高的老妇人还记得在15世纪末，当她还是个小女孩时的情况："我一天天长大的那段时间里，贵族多得数不过来。贵族的房子，属于贵族和统治者的宫殿有多少啊！它们好像组成了一个巨大的宫殿。低级别的贵族和次要的亲属更是不计其数。你也数不清贵族依赖的平民或奴隶有多少，他们就像蚂蚁一样多。"[52]所有这些情况造成了不少后勤上的问题。贵族们设计了一套复杂的体系，规定哪个家族的成员是可以享受平民进贡的贵族，以及哪些人可以或不可以被视为潜在的继承人；他们甚至创造出了对应的术语。他们还决定，只有父系一方的后代才能够继承官方身份，这样就可以剥夺一半主张者的权力。[53]

到了此时，对每个卡尔普利的管理都被加强了。每个群体中都有官员负责储存贡品并组织公共服务（如修理神庙），以及听取和解决争议。另有官员分别负责处理平民和贵族的申诉，还有一种类似高等法院的机构负责监督这两种官员。该机构被称作特拉克西特兰（*tlacxitlan*），意为"在〔什么〕脚下的地方"——此处的意思无疑是"在统治者脚下"。当时虽然没有写在纸上的成文法，但一些特定的法律原则是所有人都明白的，法官会对违反这些原则的人施加惩罚。比如，通奸发生在任何人身上都属于犯罪，犯罪者可被处以用石头砸死或用绳子勒死的惩罚。这一犯罪行为的确切本质因犯罪者的性别而有所不同。对于已婚妇女来说，她不能拥有任何婚姻之外的性关系；已婚男人可以拥有婚外性关系，但如果这种关系的对象是已婚妇女，那么这个男人也算犯了通奸罪。一个欠债的人可以将自己的孩子卖去做奴隶，但通过这种途径成为奴隶的年幼者可以享受一定的保护，如果可能的话，被卖者还可以赎回自己的自由。理论上说，这些权利在所有地方持续存在。在被西班牙人问话时，有些人坚称墨西加国王偶尔会帮助一些家庭把他们挚爱的亲人从远处买回来；而实际上，一旦这些人被带到东方去，想再找到他们几乎是不可能的。总之，就算这些内容没有被写成法典，但固定的法律观念依然存在于成千上万人心中。[54]

在每个卡尔普利中都有小型市场，在岛屿北端的特拉特洛尔科还有一个非常大的。这些市场也都由最终对蒙特祖马和他

75

的委员会负责的官员仔细管理着。女人是市场生活的重要组成部分，她们既是买家也是卖家，正是出于这个原因，一些管理商业活动的官员是由女性担任的。她们骄傲地举着代表自己职务的权杖，遇到违法行为时会毫不犹豫地检举和惩罚。任何偷窃商贩货物、欺诈顾客，甚至是在集市上打架的人都会为自己的行为后悔。[55]后来，在欧洲人第一次抵达这里的四天后，一个看到特拉特洛尔科集市的西班牙人在回忆这个情景时表达了一种类似于敬畏的感受，因为集市那么大，却管理有序："我们为人和商品的数量之多而震惊，也为普遍的秩序井然与安排合理而诧异，我们从没见过这种景象。陪同我们前来的首领让我们看这看那。每类商品都被分开摆放，并有自己的固定销售区域。"[56]

市场上有一个区域是销售奢侈品的——黄金、白银、绿松石、玉石和其他宝石、异国鸟类的羽毛等应有尽有。商人将这些东西当作原料出售给工匠，或者当作精致纺织用品和美丽珠宝出售给富人。他们也卖普通棉线和布料，以及带有精美刺绣的斗篷和其他衣物。在另一个区域里，商人出售柴火和木料，有用木头制作的工具把手或船桨，还有可以建房用的木头柱梁。他们也卖铜质的斧头和针、白皮松制成的纸张、可以做火把的油松、橡胶球、草药、烟草、烟斗，以及一排排陶瓷锅碗。商人会高声叫卖自己的麻制品——麻绳、粗绳、网子、凉鞋，以及各种各样的动物皮毛，是否鞣制过或是否染色的都有。他们还出售粗制的磨石和精致的黑曜石小刀或镜子，人们可以从这种镜子中看到自己脸部的所有细节……还有一个角落里，男人可以花钱理发；在另一角落里，则可以花钱购买奴隶或嫖妓。[57]

然而，对于那些从没到过这个市场的人来说，最让他们印象深刻的还要数贩卖食物的区域。摊位上什么都有——各种各样的玉米和豆类、各种盐和香草、各种在笼子里塞塞窣窣的禽类和畜类、水果和蔬菜、可可豆和蜂蜜、鸟蛋和把湖中的藻类晾干制成的美味干菜条。不过，特拉特洛尔科的令人震惊之处，也是让它与邻近的其他食品市场有所区别的一点在于，在这里可以买到各种半成品，这种商品最适合城市中那些忙得没时间一切从头做起的顾客。人们可以买到事先做好的玉米饼和小蛋糕，还有已经切成块儿的南瓜，已经熏好的辣椒和已经磨好的可可粉。饥肠辘辘的购物者还可以到一个相当于餐厅的摊位上买已经做好的食物。[58]

有男有女的医生和治病术士也会利用这个市场。他们会在这里出售各种草药，经验证实它们能够治疗不同的小病，比如，水疱、便秘、腹泻、皮肤瘙痒、眼痛、头痛或发烧。这些人还会把石子当成骰子来扔，以此决定某种疑难杂症的治疗方法；他们有时也会上门诊治病人，并举行某种专门设计的仪式来将邪恶的力量从病人身体中驱赶出去。后来，西班牙修士出于善意会尝试坚称有些医生只用有效的草药，另一些邪恶的医生则利用人们的迷信心理。修士这是在设法改变欧洲人对部分原住民医生的看法。不过，现存的描述清楚地证明，那些经常使用草药的医生和那些举行仪式的医生其实是同一拨人。[59]

至少会让第一次来的人感到震惊的还有一点：这个市场是从城市中各家各户收集的装在陶罐里的尿液的储存场所。要么是人们把尿液送到这里会获得报酬，要么是人们不这么做会被罚款。无论是哪种情况，这种做法都是为了服务于两个目的。第一，将废料集中到一个地方，能够让城市大部分地区非常干净。第二，氨是鞣制皮革和制作盐晶的必需品，还有什么是比岛上成千上万人的尿液更好的获得这种物质的来源呢？市场附近停着成排的独木舟，船上都装满了盛尿液的盆。鞣皮工和制盐者就从这里获得他们必需的物资。[60]

由职能越来越明确的机构负责管理的不仅有法院和市场，神庙和学校也成了一群有高度组织性的官员的阵地。在蒙特祖马的时代，几乎所有城市儿童都要在由神庙主持的学校中接受教育，无论男女，也无论贵族还是平民。十三岁上下的孩子就要进入寄宿制学校，并在那里学习几年。因此，他们最难熬的青春期都是在离开家人的情况下度过的，这与成为学徒的欧洲青少年很相似。每个女孩都要学习如何在自己的婚礼上和日常生活中进行恰当的祈祷。还不能熟练纺线、织布和刺绣的女孩既要练习这些技能，也要学习将来成为一名妻子和母亲后要履行的职责。比如，她会发现自己成年后的大部分时间里都不会拥有充足的睡眠，而且她不能为此而不满。"你们要完成的任务是：日夜虔诚。多多对着夜晚和拂过的风示意。对它喊，对它说，呼唤它，特别是在你休息的地方，在你睡觉的地方。不要贪睡。"处于哺乳期和有年幼孩子的母亲应该预计到自己每晚都有部分时间无法安睡，而且她们依然要早起打水生火做早饭，还不能有任何抱怨。当这样的日子降临时，年轻女性不应感到惊讶。她身边的成年人应该尽早帮她做好接受艰辛现实的准备。[61]

男孩学习的是作战技巧，除非他出身于商人家庭，或是有可能被培养成祭司。商人们组成了属于他们自己的紧密团结的群体，他们要教会孩子的是如何在未知地区的可怕道路上穿行；祭司则在一个单独的学校中接受教育，与其他孩子相比，他们会学习更多关于宗教事务、历法和象形文字书写体系的知识。除了这两个群体之外，所有年轻男孩都要学习如何成为一名勇士。几乎每个墨西加人村庄的情况都一直是这样的，但此时，墨西加人的支配地位决定了他们必须获得成功；如果他们不希望周边那些憎恨着他们的城邦叛乱，墨西加人就不能有一点失败或疑虑。男孩们在家已经向父母学习了某种技能——可能是制作陶瓷器皿，或用碳和蜡模具制作动物造型的小金像，或将异国鸟类的纤细羽毛粘贴在设计复杂的盾牌上。然而一旦快满十三岁时，他们就都要离家去接受成为勇士的训练。入学后的最初几周，他们负责打扫和收集柴火；到了晚上，他们会唱歌娱乐。激烈训练是逐渐展开的。男孩们先要学会忍受疼痛和如何打斗。长大几岁之后，他们就要陪同勇士参加战斗。男孩们明白他们所有人都应尝试从战场上抓回俘虏，方法就是使目标和他的伙伴分开，然后作为一个训练有素的整体一起击败他。[62]

男孩长到二十岁左右，学徒期就算结束了。如果一个男人到此时还没有杀死过敌人或抓获过俘虏，那他恐怕一辈子都要抬不起头来。如果在接受培训的这些年里，某个男孩显然无论如何也打不过别人，那么他可能会被指定去做搬运工。在他的余生里，他也许只能负责划着满载装满清水的罐子的独木舟，沿城市水岸的边缘行驶，一路将水罐分别放到指定的地方，而所有人都会知道他是为什么来做这个的。我们不清楚有多少人遭遇了这样的命运，但是可能沦落到这样处境的危险前景对于一个正逐渐长大成人的男孩来说肯定十分恐怖。[63]相反，如果某个男孩特别善于战斗，那么他就会为自己和整个家族赢得荣耀。一个平民也可以摇身一变成为一位"库瓦皮利"（kwow-PIL-li，意为"鹰贵族"），也就是荣誉贵族。他从战场上带回来的奴隶和其他战利品会让他变得富有。如果他想，他还可以像贵族一

78

样娶不止一个妻子，因为他有能力养活她们及她们为他生的孩子。这样的人通常会获得一个官方职务，而且谁也不会质疑他们获得这种地位的权利。[64]

与此同时，其他男孩则在接受成为祭司的教育。训练他们的祭司性格各异，且全权掌控着男孩们的生活。有些祭司被认为是睿智而体贴的，而另一些则是毫不令人意外地冷酷无情。毕竟，他们要培训的是能在血腥献祭仪式中继承他们责任的新一代。这些学生学习的学校被称为"卡尔梅卡克"（calmecac）。这里的学生如果做出饮酒之类特别严重的违规行为，就可能被罚去参加一种仪式，仪式过程包括祭司们试图淹死他——或者至少看起来是在这样做。"他们把这个学生猛推入水中，并用力拽住他。他们会抓着他的头发，还会踢他。他会在水下游动、翻滚、拍水、打旋，直到挣脱祭司们的手……等终于游到岸边后，他只能半死不活地躺在那里，因为持续的痛苦而透不过气。"到这时候，男孩的父母才能获准把他带回家。但这样的体系中也不是毫无道德污点的。如果父母确信自己的孩子不擅长游泳，所以真的可能在仪式中丧命，他们也可以贿赂学校官员。"他们会给祭司一只火鸡或其他什么食物，这样祭司就会放过［他们的孩子］。"[65]

随着祭司这一职务变得专业化，并与国家紧密联系在一起，祭司的权力也普遍增大了。传统上，按照纳瓦人的宗教仪式历法，每个月都要有受害者被献祭，但到蒙特祖马统治的末期，每个月在特诺奇蒂特兰被杀死的献祭者太多了，以致不少祭司不得不把所有时间都花在为献祭做准备、安排仪式，以及杀人之后的清理上。他们要清洗头骨，然后用石灰将它们固定在巨大的头骨架（tzompantli）上。他们已经不再仅仅杀死被专门打扮成神明模样的模仿者，而且要杀死大量普通俘虏，这些人的尸体横躺在低处的台阶上，人们认为他们会在扮演神明的人从金字塔上坠落时伸出双臂接住他（她）。祭司负责给受害者下药，将他们捆绑起来，挖出他们的心脏，并焚烧尸体剩余部分，在经过一段时间之后，祭司们可能就对这些工作习以为常了。用死者遗体制作的药水被注入了精神力量，祭司们无疑从很久很久以前就开始象征性地用嘴沾一沾这些药水了。不过此时，这种用尸体制作的神圣炖菜的一部分会被送到各个精英阶层家庭中，好让他们也能分享，可能是真的食用，也可能只是象征性的。随着一夫多妻制贵族家庭的迅速壮大，参与这种仪式的人数比例也增大了。蒙特祖马本人在参与祭祀活动上花的时间就多得离谱：他总是会被召唤去加入每月举行的仪式中的关键环节。对他来说，他已经没工夫上战场了，因为他正忙着参与血流成河的公共仪式。[66]

早在仅仅几十年前，墨西加人社会还不可能把如此多的时间、人员和通灵能力投到这些死亡仪式上。但随后几十年，他们的实力强大到能够这样做了。而且他们的领袖认定如果他们能够这样做，他们就应该这样做，因为他们相信这样做能够让远方的城邦因恐惧而对墨西加人卑躬屈膝。在这一时期，一些精英人物和他们的祭司对于人祭问题的态度显然是利己主义的。当他们想把帝国边缘地区的某些族群纳入帝国版图，于是准备向后者发起战争时，他们会先从对方那里抓一些人带到特诺奇蒂特兰。这些俘虏不会被当众游行以用作祭品，而是只需秘密地从旁观看。之后他们就会被释放回家，去向本族人说明如果不和平地接受墨西加人的条件，等待自己的命运将是什么。一个观看过这些场面的人后来评论说："他们就是这么被挫败和分裂的。"[67]蒙特祖马尤其喜欢让这样的参观者观看在名为特拉卡西佩华利斯特利（*Tlacaxipeualtli*）① 的月份里举行的角斗献祭仪式。在这种仪式中，被俘虏的勇士被迫为活命而决斗，但最终还是都要被杀死。这个精心设计、运转顺畅的美丽城市中绝对也有阴暗的一面。

控制的杠杆有时甚至也会威胁到中央谷地里最高级的精英市民。1498 年，就在蒙特祖马即将即位之前，城中许多领袖家庭的女儿被带到邻近的特斯科科去观看一个骇人的场面，目的是让她们学习服从和自制的重要性。几年前，阿哈亚卡特有一个女儿，她与自己命运悲惨的姑姑同名，也叫查尔丘内内钦（玉石娃娃）。阿哈亚卡特在去世前将这个女儿许配给了年轻的内萨瓦尔皮利，也就是那个被他推上特斯科科王位的男孩。随着两个年轻人逐渐长大，他们发现彼此并不相配。玉石娃娃可能仗着自己父亲的身份而表现得太过高傲。但阿哈亚卡特去世后，这个女儿的地位就不那么安稳了。她的叔叔阿维特索特从来不曾接受阿哈亚卡特在自己之前被选为国王的事实，如今他成了特诺奇蒂特兰的统治者，无疑会想要给内萨瓦尔皮利安排一个新的正室。有流言说这位墨西加公主至少曾与两名男子通奸。内萨瓦尔皮利可能真的相信妻子做了这种事，也可能是被怀有敌意的阿维特索特说服，觉得自己必须假装相信才行。于是他下令，自己的妻子和她的情夫们，以及所有为他们打过掩护的人都要遵循法律针对通奸者做出的规定，被用石头砸死或用绳子勒死。很多年后，一位老妇人在回忆当天的情景时说："各个城镇的人都赶来观看处决。女人们把女儿带来目睹这个场面，哪怕有些还只是摇篮里的婴儿……特拉斯卡拉人、

---

① 太阳历中的第二个月份，是播种季节，除献祭外还会举行农事舞会。——译者注

韦索钦科人（Huexotzinco）和阿特利斯科人（Atlixco）虽然是我们的敌人，但他们也来了。"[68] 这位老妇人记得内萨瓦尔皮利通过举办一场令人难忘的盛宴挽回了自己的荣耀，她还说那场盛宴让墨西加人举办的所有盛宴都相形见绌。她在当时还是个孩子，但那些食物给她留下的印象比公开处决留下的更深刻。

我们永远不会知道阿哈亚卡特的女儿是否真的糊涂到要与人通奸。就算她真的这样做了，她本来也不会被怎样，可惜内萨瓦尔皮利的宫廷里恰恰有一些想要让其他女人成为正室的人。查尔丘内内钦的家族敌人显然很快就采取了行动，他们觉得自己可以借此在继承问题上获得更多机会。[69] 不过，查尔丘内内钦的死对谁也没有帮助。她不过是留下了一个空位。一个来自特诺奇蒂特兰的阿察夸尔科的贵族妇女是受内萨瓦尔皮利偏爱的妻子，她为后者生了十一个孩子，很多人都认为她的儿子之一将继承王位。[70] 她的长子韦索钦卡钦（Huexotzincatzin，Way-sho-tzeen-CAH-tzeen）很受人欢迎。在蒙特祖马统治期间，这个人因为参加夜间的唱歌、跳舞和讲述历史等娱乐活动而闻名。不幸的是，在他所处的那个政治竞争环境中，对这些艺术的热爱会让他付出惨痛代价。

发生在韦索钦卡钦身上的故事说来话长，而且对于墨西加势力发展到鼎盛时期的政治和性别问题都具有启发性。在他父亲内萨瓦尔皮利的妻妾中，有一个人特别受重视。她不是贵族出身，而是一名来自图拉的商人之女；因此，吟游诗人甚至都没有像他们通常能明确说出某位公主的名字那样说出这个女人的名字，而是只称其为"来自图拉的女士"。让这位女士出名的不是她的美貌，因为任何特拉托阿尼家中都不乏美丽

81 的女人；她出名的原因是她能够像任何男人一样创作诗歌，并将它们编成歌曲。虽然纳瓦人很看重演讲的本领，而且也有关于女性画家、演讲者和歌手的记录，所以她并不是唯一拥有这种技能的女人，但在一众被认为理应娴静端庄的年轻女子中间，她无论如何都是个罕见的存在。[71] 不过，后来来自图拉的女士陷入麻烦并不是因为她的女性身份，甚至不是因为她是个在公共场合表现得刚毅自信的女人，而是因为她也像其他人一样，被卷入了一夫多妻制导致的危险政治状况。

在特诺奇蒂特兰、特斯科科和其他城邦的庭院表演中，每个表演者讲述的内容之间总会有些出入。肯定会有代表不同次级城邦的人就历史上某些危急时刻做出不同版本的描述，或者是有不止一个贵族登台献唱赞美某位领袖或纪念某场战斗的歌曲。各个表演者会按顺序出场。他们相信从不同立场上发表的观点能够把人们团结在一起。不过，让韦索钦卡钦和来自图拉的女士为人所知的原因似乎有些与众不同。他们最出名的地方在于创作对唱歌曲，以及他们在观众面前机智诙谐的表现。他们用这种打破传统的方式创造了可以被称为艺术的东西。[72]

他们大声唱出来的那些诗歌是关于什么的？我们有不少那个时代的纳瓦语音乐诗歌的歌词，其内容在主题和比喻上都有所重叠。我们无法确切知道他们最喜欢的是哪一句歌词，或者他们是如何像其他所有表演者一样将其融入新作品的。[73] 不过，我们完全可以猜出可能的答案。在某一时刻，他们两人之一肯定唱过一直最受人喜爱的关于花朵的脆弱或尘世间的喜悦转瞬即逝的歌。这种歌曲是一个被迫离开家乡，不得不去终身侍奉他人的女子最能发自内心吟唱出来的：

我心中充满怒火。

我们不会重生，不会重活，我们死了，就是永远离开这个世界了。

人生在世只有这一瞬！我永远不会——我永远不会幸福，永远不会满足。

我的心在哪里？我的家在哪里？我的房子在哪里？我在世上就是受苦。

歌手的下一句歌词是对创世神唱的，创世神能够在世上的苦难之中施予喜悦："你是玉石的赐予者，你像展开轻柔的羽毛一样将玉石展现在我们眼前，你把花冠送给王子们。"[74] 作为对这样的激烈控诉的回应，韦索钦卡钦本可以唱一首典型的充满欢乐和笑声的诗歌，尝试让这个女歌手微笑而不是继续哀叹。如果他这样做的话，曲风的变化可能会令观众觉得突兀。也可能男歌手确实选择延续充满悲伤的音乐风格，但他会意味深长地直视着发起对话的女歌手，提醒她，像所有曾经活在世上的人一样，她也不会被遗忘。他还可以方便地提及他们共同的纳瓦人祖先——因为此类歌曲中充满了关于那些人的形象；他同时还赞美了女歌手的美貌。这首在伊斯科阿特时期就为人所知的老歌是这么唱的："你死在七个洞穴的豆科灌木中，雄鹰在呼唤，美洲豹在鸣咽。而你，一只红色的火烈鸟，则从田野中飞向一个未知的地方。"[75] 在读到留存至今的歌词，听到他们语调的抑扬顿挫，注意到他们描述的强大意象时，我们就会清晰地感受到，充满感情的文学上的碰撞能够带来的可能性真的无穷无尽。

无论这两位年轻诗人做了什么，韦索钦卡钦毕竟是内萨瓦尔皮利的儿子，而来自图拉的女士则是内萨瓦尔皮利的妾室，总之，老国王对此很不满。在通常情况下，他肯定会私下解决这件事，因为惹事的人就是他的儿子。但特诺奇蒂特兰的蒙特祖马二世正在寻找一个用自己选定的继承人取代节索钦卡钦的机会，机会就被送上了门。蒙特祖马二世希望特斯科科国王的继承人是他的近亲，是能够一直对他唯命是从的人。内萨瓦尔皮利和特拉卡埃莱尔的一个外孙女生的儿子是蒙特祖马的外甥，名叫卡卡马（Cacama），他似乎是个合适的人选。但蒙特祖马二世要做的是在不引发中央谷地内战的前提下，先解决掉韦索钦卡钦和他的众多兄弟。

16 世纪中期，那位目睹过 1498 年处决的老妇人也记得韦索钦卡钦在那次处决几年之后被勒死的事。她不喜欢这个景象，只是简短地说了一句："他因为和来自图拉的女士一起创作歌曲就遭到了惩罚。"她还补充说，有流言称，内萨瓦尔皮利把自己关在宫殿里，忍受着悲伤的煎熬。然而，没有人能撼动蒙特祖马。他宣称，如果贵族被许可公然藐视法律，甚至染指自己父亲的妻妾，那么世上就没有秩序可言了。蒙特祖马坚持要求韦索钦卡钦被处以绞刑。（虽然没有资料明确说明来自图拉的女士怎样了，但可以确定她也死了，因为其他资料说被处死的罪犯有两人。）[76]蒙特祖马肯定希望这一手段足以吓退韦索钦卡钦的弟弟们，从而让自己的外甥当上继承人。那些人中有两个年纪较大的确实立刻前来谈判了：他们接受了土地和头衔，到 1560 年代，他们的儿子和孙子依然占有这些好处。年纪更小的弟弟们则根本不被视为威胁，所以蒙特祖马没有处理他们，这是一个战略性的错误。因为过不了几年，他们之中的一个就会成为最先与漂洋过海的新来者结成同盟的人。[77]

不过眼下，在内萨瓦尔皮利和蒙特祖马的宫廷中，人们要么高声歌唱，要么低沉地讲述充满激情的历史故事。用海螺壳喇叭吹出的声音久久萦绕在人们心头。16 世纪初，曾让阿哈亚卡特非常满意的鼓手兼歌手科丘尔科瓦特依然在世，他就非常喜欢观看这样的表演。身为查尔科人，他知道墨西加人势力的全部阴暗面。不过，他也了解并热爱墨西加人创造出的世界之美，因为他能看到来自不同城邦的艺术家如何用自己的作品相互呼应和相互启发。他们没有受困于传统模式，而是渴望进行尝试。科丘尔科瓦特注意到了这一切，然后把这些内容融入自己的鼓声，（用他的话说是）让他的鼓"讲话"，就像他年轻时做过的那样。如果他有一种哲学思维，他可能会说，为了让中央谷地拥有这种艺术所需的和平与空间，战争的混乱与饥饿的困境就必须被驱逐到遥远地区之外的村庄里，由那些他自己永远不可能见到的人承受。世事一直是这样，今后也会继续这样：大城市的居民几乎从未见过远方那些软弱可欺、精疲力竭的供养着他们的人，除非是在那些人作为荣耀的被献祭者出现于威严的仪式中时，但那也只是在奇异虚幻场景中的短暂一瞥。生活在特诺奇蒂特兰的人几乎都确信自己创造的是值得他们用在世上的一生去保护的东西。

* * *

在有人唱歌表演的宫殿庭院不远处，人们建造了许多小储藏室。其中一些专门被用来储藏"红和黑"（*in tlilli in tlapalli*）。这个词组的字面意思是"黑色（的墨水）和红色（的颜料）"，实际上就是指文书们创作的图画文本。这些文件被仔细地卷起或折叠成手风琴样式的册子，然后放置在合适的木箱或芦苇箱中。有一些文件是说明历史的时间表，历史讲述者使用这些时间表来记住讲述历史时要说的内容，或据此确定哪些时候适合唱一首歌。然而，大多数图画文本与艺术或美感无关。无论科丘尔科瓦特（火列鸟蛇）是否知道，大多数记录其实是公务方面的记录，包括边界决策和指挥链结构，以及贵族家谱和平民该缴纳的贡品。蒙特祖马甚至会派人去记录他们尚未征服的地区里的人都在做什么生意，以及那里有什么可用的资源——被派去完成这个任务的通常是担惊受怕的商人们。内萨瓦尔皮利在 1515 年前后去世，特斯科科的局势因此变得紧张，因为韦索钦卡钦的一些弟弟被证明不愿就自己的继承权问题保持沉默。他们必须获得这个王国的一大部分好处作为贿赂，至少眼下是这样。蒙特祖马因为这件事，也因为与难对付的韦索钦科城邦进行的短期交战而忙得不可开交：当他在一场由他挑起的与特拉斯卡拉的战争中战败后，他不得不接收很多从那里返回的难民。尽管如此，他依然掌握着更遥远地区的情况。1518 年，蒙特祖马派遣观察者去调查一些显然已经在海岸沿线的玛雅人国家中出现过几次的外来人的情况。管理这样一片不稳定区域的统治者必须时刻保持警惕，因为这个集体是一个需要精细调教的有机体，就像生活中也同时存在残暴与平和一样。你不能指望这样一个有机体去自我维持。作为墨西加人的国王，蒙特祖马肯定相信这个有机体是值得保护的；他的族人也信任他能够做到这一点，他们认为特拉托阿尼的职责就在于此。他们回忆说："统治者曾经在夜里也保持警惕。"[78]

* * *

蒙特祖马的信使从自己藏身的地方可以看到一大片绵延不

断的海滩。他们看到了新来者胯下的猛兽，这种动物像巨型的鹿，但是健壮得多。新来者骑着这些猛兽在海滩上狂奔，在坚实的沙堆上爬上爬下，有时突然转向，有时会大笑。他们穿的能抵挡箭矢的金属服装在阳光下熠熠生辉。这些外来人不自在地待在海边峭壁处，他们知道自己正被人监视着。观察者知道他们知道……但并不在意。信使的任务不是保持隐蔽，而是搜集情报。他们用象形文字仔细地记录了自己亲眼看到的一切。海滩之外，外来人驾驶的大船就停泊在海浪中。观察者们一生中看到过很多独木舟，却从没见过像这些船这么大的。造船的人真是天才，竟然想到把布料挂在桅杆上，好借用风力来增加船速。人可以在这么大的船上生活很多天，所以他们可能真的是从很远的地方来的。[79]

　　当信使们做好准备，他们就踏上了返回城邦的旅途。他们知道从潮湿的低地到高处的松树林的最近路线。他们也知道哪里可以找到穿越环绕着谷地的山脉的通道。他们还知道什么时候该休息，什么时候该加紧赶路。没过几天，他们就已经回到自己的国王面前了。

第四章
我们这里的人眼中的外来人（1519年）

一个正在学习织布的女孩

资料来源：The Bodleian Libraries, the University of Oxford, Codex Mendoza, MS. Arch. Selden. A. 1, folio 60r.

　　担惊受怕的女孩和她的同伴一起，沿着从位于墨西哥湾岸边的玛雅城镇波顿坎（Potonchan）出来的蜿蜒小路，走向了外来人扎营的海滩。她们自长得歪歪扭扭且多节瘤的木棉、桃花心木科树木和橡胶树包围而成的树荫中穿过，当阳光穿透枝叶照射到裸露出来的土路时，路面会闪烁出一种银灰色的亮光。与她们同行的勇士们手持标枪，以防有人突然试图逃跑。这些年轻姑娘是要被献给可怕的新来者的求和礼物，她们的命运已经不可改变。当这群人走到明亮的日光下之后，他们终于看到了已经听很多人谈起过的用悬挂布料来借助风力的大船。那些蓄着胡子的人正在拼命地赶蚊子，此刻他们都从冒着烟的篝火旁转过身来，肆无忌惮地盯着被送来的女人瞧。[1]

当这个女孩年纪还小时，人们用"女娃娃"之类的名字唤她。有的女孩会获得有趣的、亲昵的名字，如"她不是一条鱼"或"小老太太"；还有的女孩会获得充满诗意的名字，如"鹿花"；不过大多数女孩只会被简单地称呼为"大女儿"、"排行中间的女儿"或"小女儿"，至少在对她们的个性有更多了解之前，人们就是这么称呼她们的。[2]这个生活在帝国边缘地区的"女娃娃"熟知战争的苦难，而且绝不会抱有什么这是为了实现更高利益的信仰。世道就是如此。如果她允许自己对墨西加人有什么感觉的话，那这种感觉只可能是仇恨。

"女娃娃"出生在一个夸察夸尔科斯（Coatzacoalcos）的纳瓦人贵族家庭，那里位于海岸线上更靠西、邻近今天的韦拉克鲁斯的地方。她的母亲肯定也像几乎所有讲纳瓦语的母亲会做的那样，将她的脐带埋在了炉子前面的地里，之后还会说一句内容大概如此的祈祷："你将成为这个家庭的心脏。你哪儿也不会去。你不会成为任何地方的漂泊者。你会成为炉中火和砌炉石。"[3]这是所有人希望他们心爱的女儿拥有的人生。然而，母亲的祈祷是徒劳的。虽然这个女孩的父亲是地位很高的贵族，但她的母亲可能只是个无关紧要的奴隶。这样一个女人的孩子在危急时刻将是最没有自保能力的。

然后，危机就降临了。夸察夸尔科斯地区是墨西加人永无

86

止境的扩张的下一个目标。当墨西加人和他们的盟友接近其他城邦，并要求这些地方效忠于自己时，陷入危险处境的往往是那些无权无势的母亲的孩子。除非侵略者恰巧需要为一年一度的雨神节准备献祭的儿童，否则人们不会想要杀死孩子。他们太宝贵了，可以被培养成忠实的家庭支柱，或者卖作奴隶。"女娃娃"的命运就是这样。我们不知道她父亲的族人是靠事先提供某种贡品的方法避免了与墨西加人交战，还是战败后才不得不提供礼物求和。总之，这个孩子被从她的亲人那里强行带走，并与其他俘虏一起登上了一条独木舟。独木舟离开海岸，载着船上的人朝太阳升起的方向迅速驶去，这让"女娃娃"确信，自己永远不可能再有机会重返家乡了。[4]

"女娃娃"猜想，自己可能会被带到一个中立的交易港口。就是因为有这样的地方，在战乱不断的美索亚美利加进行远距离贸易活动才成为可能。很多纳瓦人商人都居住在希卡兰科，那是向东不远之外，依偎在一个巨大的蓝色环礁湖中的海岸城镇。她就在这里被卖给了几个玛雅人，对价也许是一定重量的可可豆，也可能是几捆棉布。这两样东西都是这个有讲各国语言的人聚集、整天熙熙攘攘的城镇中通行的货币。这里没有金字塔或石砌纪念碑，只有用泥砖和木棍造的房子。这里的人没时间建造更多建筑，因为他们来这里是进行交易而不是祈祷的。四面八方的人都到这里做生意，谁也不会攻击这个地方，因为它对所有人来说都太重要了。每个王国的商人都依赖于此类城镇的存在。[5]

87　　这个女孩从希卡兰科镇被带回了西边的波顿坎，那里离塔瓦斯科河（Tabasco River）河口不远，是春塔尔玛雅人（Chontal Maya）的一个主要定居点。这些人从那时起就一直被戏称为"美索亚美利加的腓尼基人"。他们是一个强大的民族，因为他们的贵族几乎全都是商人，所以极为富有。他们用自己的财富从周边的农民手里购买食物和支持，也从远方的纳瓦人交易者手中购买奴隶。有奴隶可供驱使，他们自己才能有时间制造出大量其他人愿意花高价购买的美丽棉布。[6]

负责织布的并不是受奴役的女奴，而是春塔尔男子受人尊敬的妻子和女儿。制造布料和织锦是受神明喜爱的神圣任务。不过，当受尊敬的妻子将她们的时间都花在织布上之后，就得有其他女人去完成磨玉米面、制作玉米饼、打水和照顾年幼孩子的工作。还有一大堆与织布相关的工作也会被分配给奴隶。有些人要去播种和收割棉花。还有人要负责通过击打和梳理的方式去除棉纤维中的尘土和杂质，这也需要花费好几个小时。接下来，纤维要被纺成纱线；然后在必须是由植物或贝类制作的染料里反复煮很多天，直到变成令人满意的颜色。在开始织布前，还要先给织机绑好经纱。之后，家里的夫人小姐就可以开始进行织布的神圣工作了。刚被买来的纳瓦人小女孩可以相对轻松地适应被安排给她的工作：因为在家乡的时候，女孩也是在大约五岁就要开始学习如何使用小纺锤纺线，以及如何做饭和打扫卫生。[7]

几年之后，"女娃娃"得到了一个新名字，一个给奴隶的名字。在她的新生活中，没有人把她当作亲属，她不是任何人的"姐姐"或"小女儿"。我们并不知道把她买下的玛雅人如何称呼她。我们也永远不知道她是否被强迫与人发生过性关系，不过那对当时的女奴来说是生活中常有的事。小女孩已经长成了少女，但年复一年的生活并没有什么变化。直到 1517 年，镇上人听说了一些脸上有很多毛发的外来人乘着大船靠岸，并在东边的另一个春塔尔人城镇钱波通（Champoton）登陆的事。经过一场小规模交战，外来者最终被赶走。他们之中很多人受了重伤，但不少春塔尔人勇士也受了伤，甚至有性命之忧。这些外来人显然会给政治秩序带来很大威胁——因为这种政治秩序要求春塔尔人在周围部族眼中是不可战胜的。

88　　　　第二年，外来人又来了。这一次，他们避开了坚决战斗的钱波通镇。高速航行的独木舟上的信使来报信说，这些人停泊在希卡兰科镇附近，但没能发现这个镇子，因为它隐藏在环礁湖中。外来人劫持了四个登上船来和他们进行交易的男孩，然后继续向西驶去。波顿坎的所有人都在等待。没过几天，外来人就发现了塔瓦斯科河口。他们从自己停泊的地方就可以清楚地看到这个城镇。数百名春塔尔勇士聚集在河岸边；他们驾驶数十条独木舟向大船驶去，他们手中的箭已经架在弦上，随时可以射出。外来人船上的一条大狗发现了陆地，于是跳下船，开始向岸边游去。年轻的春塔尔勇士开始大喊大叫，并将密集的箭矢朝这个动物射去。片刻之后，巨大的船上似乎有什么东西爆炸了，四溅的金属碎片到处飞，弄伤了许多人。有些人跌落船下，显然已经丧命。春塔尔人撤退了。[8]

　　所有家庭都在热切地谈论这件事。第二天，镇上的领袖派了几条独木舟前去试图进行谈判，外来人领出了一个被他们囚禁的会说春塔尔人语言的年轻人。他告诉春塔尔人，自己是几年前在科苏梅尔岛附近被劫持的。勇士们说他们的确曾听说过有外来人不时出现在尤卡坦半岛（Yucatan peninsula）东海岸的事，甚至有人声称外来人统治着位于科苏梅尔以东六天航程之外的一个巨大海岛，但他们直到前一年才第一次从钱波通镇听到了一个完整连贯的故事。翻译告诉他们，这些外来人确实很危险，他们想要寻找定期供应的黄金和食物。对原住民来说，那意味着外来人想要索取贡品，这可不是什么好消息。春塔尔人要求翻译向外来人说明，如果他们想要黄金和其他贵重商品，他们应该去找更西边的墨西加人要。不过，要是外来人能够释放他们在不远以外的希卡兰科劫持的四个男孩，春塔尔人愿意用自己有的东西与外来人进行交换。最终双方交易了一些货物，但男孩们并没有获得释放。当天晚些时候，在风向合适之后，这些外来人就迅速扬帆起航了。[9]

没有人能判断外来人是不是永远离开了。春塔尔人首领们建造了一些防御性的栅栏，还为让附近各族在必要时与他们并肩作战而做了准备。人们收获自己的玉米和可可豆，并继续纺线织布。很多人肯定已经忘记或不再去想这件事。但就算妇女们不再闲聊或猜测那些外来人的事，这个话题却还是在不到一年之后就再次戏剧性地浮出了水面。1519 年，一位信使来到这里说，至少有十艘大船正从科苏梅尔岛向西驶来。[10]

这些船径直驶向了波顿坎。双方进行对话的第一天，春塔尔人领袖就直白地说他们会杀死任何想要进入他们领地的人，与此同时，他们也无疑正在把妇女和儿童都送出城。春塔尔人愿意提供一些食物，并建议外来人在任何不愉快发生之前离开。这群外来人的领袖是一个三十岁出头的男子，自称"埃尔南多·科尔特斯"。他拒绝接受建议，反而开始计划登陆。他将自己的人分成两队。一队在海岸边的河口处登陆，然后走陆路向城镇前进；另一队驾船逆流而上，然后换小船接近定居点，再组成紧凑队形涉水上岸。他们佩戴的闪闪发光的长剑都被抽出剑鞘并举在手中，从而形成一个将他们围绕在内的环形空间；他们身上穿的外衣也是用类似的金属制造的，印第安人的石箭头和标枪尖打到上面就碎了，所以西班牙人可以相对安全无恙地移动。即便如此，这段行进过程对西班牙人来说仍然很艰难。他们中的一个后来这样描述当时的情景：

> ［当地人］非常勇敢地驾着独木舟包围了我们，他们的箭矢像雨点一样射向我们，把我们拦在了水深齐腰的地方。那里都是淤泥和沼泽，我们很难走出去；而且有太多印第安人在袭击我们，向我们投掷标枪和射箭，所以我们费了很大力气才上岸。科尔特斯在打斗中丢了一只鞋，他也没法再回到淤泥里去寻找，所以就赤着一只脚上岸了。[11]

这些人一登陆，就开始对只穿着垫了棉花的防护衣的原住民使用十字弩和长矛，逼得后者不得不撤退。外来人凭借自己的金属武器突破了原住民之前建造的木栅栏。随后，走陆路的另一支队伍也抵达了。印第安人迅速撤退，新来者则占据了被抛弃的波顿坎中心区域，即镇广场和围绕着广场的神庙及走廊，此时这些地方已经空无一人。西班牙人就睡在这里，他们睡觉时会安排哨兵站岗。拥有武器和铠甲，且聚集成一个大群体的西班牙人相对不太会受到伤害。但是，他们很快就饥肠辘辘。当他们派出搜寻小队寻找食物时，春塔尔人就会以游击战的形式发动攻击，并杀死了几个西班牙人。[12]

两天后，这些外来人决定采取行动。他们全体行进到一片开阔平原上。一波又一波勇士向这些穿着金属铠甲的外来人发动袭击，并丧命于他们的金属武器之下。不过，这毕竟能够让西班牙人感到疲惫。战斗持续了一个多小时。春塔尔人领袖认为外来人肯定马上就要体力不支了，到时候己方就可以凭借人数优势获得胜利。就在此时，他们身后的平原上突然出现了更多骑着巨型四足动物的敌人，这种动物的强壮程度是鹿的二十倍。原来西班牙人早就在夜色的掩护下，从仍然停泊在河口的大船上卸下了十匹马。这是一个费时费力的工作，需要使用滑轮组和帆布吊兜，不过这些人在夜色和铠甲的保护下完成了这项大工程。就算有春塔尔人看见，他们也不可能知道这些行动将被证明具有多么重大的意义。那些在海岸边的沼泽里挣扎了一上午的骑手此时骑着马在平坦的草地上冲锋陷阵，带着疯狂的兴奋砍杀春塔尔人步兵。勇士们除了撤退别无选择。

死者的尸体布满战场，波顿坎的领袖们计算了损失的人数。仅仅几小时之内，就有超过二百二十名勇士丧生。无论是被刻在石头上的历史还是人们讲述的传奇中都没发生过这样的事。他们实在没有继续战斗下去的能力了。就算他们最终能够将这些人赶走，这样的战斗对他们而言也没有任何好处，因为他们世界中的所有人都会得知这件事。失去几百个人会让他们变得弱小且毫无抵抗能力，容易受到自己敌人的侵害。[13]更何况，接下来一年似乎还会有更多这样的外来人来到这里。所以春塔尔人主动求和了。奇怪的是，敌人中竟然有一个人能够说一点春塔尔人熟悉的尤卡坦玛雅语（Yucatec Mayan）。讲这种语言的这个人在尤卡坦半岛上被囚禁过几年。他说如果春塔尔人愿意做出补偿，自己的领袖科尔特斯会原谅他们。

春塔尔人领袖赠送的礼物之一就是被带到海岸边的二十名年轻女奴，来自夸察夸尔科斯的那名少女也在其中。[14]她看着一个显然具有某种宗教身份的人向她们走来，这个人穿着和其他人不同的装束，他做了一些手势并低声说了几句可能是祈祷的话语，最后还向每个刚刚到来的人洒水。"女娃娃"得知自己的新名字是玛丽娜（Marina）。她的劫持者没有问她以前叫什么，她也没告诉他们。[15]她几乎马上就被带到了一个自信得甚至有些傲慢的人面前，其他人对这个人似乎都很顺从。她此时还不会念他的名字，但她听到别人念出来的是"阿隆索·埃尔南德斯·德·普埃托卡雷罗"（Alonso Hernández de Puertocarrero）。[16]后来她会明白是什么让这个人能在其他人面前表现出威严：在海洋彼岸那个叫西班牙的地方，有一位叫麦德林伯爵（Count of Medellín）的贵族是他的堂兄弟。科尔特斯为一个有如此高身份的人加入自己的队伍而特别兴奋，他已经向普埃托卡雷罗赠送了一匹栗色母马，此时又将一群人中最美丽的女孩给了他。事实证明，玛丽娜接受的圣灵洗礼不过是为遭到强奸做的准备。[17]

91

在接下来的几天里，玛丽娜了解到很多东西。这不仅仅因为她是一个能够控制自己情绪的敏锐观察者，还因为她发现自己可以毫不费力地和一个名叫赫罗尼莫·德·阿吉拉尔（Jerónimo de Aguilar）的外来人交谈，后者就是那个向春塔尔人领袖传达消息的人。[18]八年多前，在阿吉拉尔二十岁左右的时候，他乘坐的船在坎昆（Cancun）附近倾覆。擅长游泳的阿吉拉尔游上了岸，但随后被尤卡坦玛雅人俘虏，从那之后他就作为奴隶在那些人中间劳作，并学会了足够与玛雅人沟通的语言。当科尔特斯到达阿吉拉尔生活的那片区域并得知他的存在后，科尔特斯就将他赎回来给自己做翻译，他一定会比西班牙人拥有过的任何翻译都更加忠诚。阿吉拉尔不会讲春塔尔人的语言，但玛丽娜和其他一些女奴会讲尤卡坦玛雅语，所以她们能够轻松地和他对话。幸运的是，玛丽娜脑子极快，她很快就意识到自己需要吸收的信息数量惊人，而且她必须快速厘清其中哪些能被用来为自己服务。

　　原来围绕着他们世界的大海并不是无边无际的。海洋肯定
比她能想象的更广大，但如果向着太阳升起的方向航行大约十
个星期，就可以在那里发现一块有崇拜自己的强大神明的人生
活的陆地。对那些人的称呼很多，其中之一是"基督徒"
（cristianos）。总之，赫罗尼莫·德·阿吉拉尔解释说，他的民
族是崇拜同一个神明的很多民族中的一个。他说他自己是一个
西班牙人，西班牙人是最先发现这片新大陆的人，而且他们已
经征服此处以东几天航程之外的加勒比海中的大群岛并在那里
定居。起初西班牙人以为自己到达了印度或是被称作亚洲的地
方的海岸沿线岛屿，也许就是著名的日本（Cipangu）。名叫哥
伦布的探险家对此深信不疑，所以他称自己见到的人为"印第
安人"，这个名字就一直被沿用下来。十多年之后，新来者承
认自己发现的并不是亚洲，而是一片迄今为止尚未有人想象到
的陆地。这些人从加勒比海上派出很多探险队，还劫持了不少
人做翻译。他们已经知道，在这块大陆西部某地有一个富裕的
国家。阿吉拉尔补充说，找到这个国家对他们来说很重要，因
为此时大约有五千名西班牙人生活在加勒比海上，那里已经没
有足够的财富供他们分享。有超过四百名西班牙人和约一百名
仆从参与了科尔特斯的探险，他们都相信在西方的地平线上会
有更好的东西等着他们。如果找不到自己想要的，这些人就会
极度失望，从而变得非常危险，至少对于他们的领导者来说是
这样的。不过，埃尔南多·科尔特斯一定不会让他们品尝这种
苦涩。[19]

　　在与春塔尔人讲和之后的那些天里，双方迅速做了一笔交
易。西班牙人用自己带来的货物交换了食物。和他们一起来的
神父做了一场弥撒。赫罗尼莫·德·阿吉拉尔也许会尝试解释

92

神父在说什么，但那肯定十分困难。后来，一位有语言天赋的传教士会尝试将《万福马利亚》的祈祷文翻译成原住民的语言。他脑海中响起的低语说的是："万福马利亚，你充满圣宠，主与你同在，你在妇女中受赞颂，你的亲子耶稣同受赞颂。天主圣母马利亚，求你现在和我们临终时，为我们罪人祈求天主。阿门。"而他想做的是将这些字句传达给说一种完全不同的语言，且完全不了解这里提到的任何概念的人。传教士通过艰难尝试得出的结果是："祝你们幸福喜乐，哦，圣人马利亚，被恩典（*gracia*）充满的马利亚。"在这一句中，他只留下了"*gracia*"这一个西班牙语单词，其余的都翻译成了纳瓦语，因为这个概念实在太难翻译了。剩下的部分被翻译成："上帝这位国王与你同在。你是最值得赞美的女人。你所怀的宝贵的胎儿耶稣也是最值得赞美的。哦，圣人马利亚，哦，完美的处女，你是神的母亲。请你为我们这些罪人求情。但愿如此。"[20]远不如这位神父善于表达的赫罗尼莫·德·阿吉拉尔甚至翻译不到这种程度。春塔尔人听弥撒时礼貌地掩饰了自己的不耐烦，没有表露任何态度。当他们受邀讲话时，他们也没提到上帝或圣母，而是尝试说服西班牙人相信，要获得西班牙人想要的那种贡品，最好的办法是去西边找墨西加人。

在被西班牙人称为棕枝主日的这天，他们带着二十名女奴，驾驶自己的船只向西去了。大约三天之后，他们途经距离玛丽娜出生地不远的地方，随后驶入了图斯特拉山（Tuxtla mountains）山脚下的夸察夸尔科斯河。然而，这个地方似乎没有让她的新主人产生任何兴趣。他们继续航行，玛丽娜只能看着家乡的海岸线再一次消失在身后的远方。又过了一天，他们停泊在一个于前一年的探险中被绘制过地图的岬角，这里相当于今天的韦拉克鲁斯。

　　不到半个小时之后，两条独木舟就接近了船队中的旗舰。科尔特斯、普埃托卡雷罗和他们的印第安仆人都在这条船上。后来他们才知道，蒙特祖马在前一年有外来人到达这里之后就已经下令对此地进行监视。[21]科尔特斯叫来了赫罗尼莫·德·阿吉拉尔为他进行翻译。后者努力尝试了，甚至绝望地想要装成听懂的样子，但终究无法成功。阿吉拉尔的尤卡坦玛雅语讲得足够好，但他不知道的是，远征队如今已经离开了玛雅人的领地，他此时听到的是自己完全不懂的纳瓦语。科尔特斯越来越生气。他为赎回这个游泳逃生到偏僻之地的人费了很大精力和财力，而且这个人向他保证自己会说印第安人的话。但如今看来，他并不会。

　　此时被取名为玛丽娜的这个年轻女人是可以有其他选择的，她可以保持沉默。没人指望一个年轻女奴在这种情况下挺身而出，成为国际事务的中间人。但她选择去解释这些纳瓦人讲了什么。玛丽娜只用一个小时就充分证明了自己的价值。科尔特斯宣布她要和阿吉拉尔一起跟着自己，还承诺如果她能够帮助自己找到这个久闻大名的蒙特祖马并和他沟通，那么玛丽娜可以获得的就"不仅是自由"。科尔特斯的意思是，他会让玛丽娜变得富有；他对任何愿意帮助他的人的承诺都是这个。[22]不过，玛丽娜这么做是不是为了获得一个自己根本没理由信任的闯入者承诺的财富，这一点值得怀疑。她的动机可能与此大不相同。如我们所见，她原本成了普埃托卡雷罗的情妇，而普埃托卡雷罗是个完全不讲道德的人，他甚至曾经抛弃一个被他说服而与他私奔的西班牙女孩。如果他厌倦了自己的印第安人女奴，或是他被人杀死，玛丽娜就可能被送给别人，甚至是沦落

93

为所有男人的公共财产。或者，她可以选择发声，从而为自己赢得每个西班牙人，尤其是他们的领袖的尊重和感激。如果她能做到这一点，这群人也许可以坚持得更久一点，她自己也能随着他们坚持更久，因为她觉得自己有可能帮助他们与本地人沟通，那样会有助于暂时避免交战，获取重要信息，还能让他们更有效地交换到食物。玛丽娜似乎没有犹豫过。仅仅几天后，西班牙人就开始称呼她为"堂娜"玛丽娜了，这在欧洲是对贵族女士才能使用的称呼。在接下来几个月里，玛丽娜证明自己既勇敢又有魅力，甚至偶尔还能和西班牙人一起开怀大笑。

今天的墨西哥人普遍认为玛丽娜背叛了美洲原住民。不过在当时，如果任何人问她是否应该对自己的印第安人同胞更加忠诚，她可能会真心觉得困惑。在她的语言里，不存在一个相当于"印第安人"这个概念的词。美索亚美利加就是已知的整个世界，所谓的"美洲原住民"对她而言就是"全人类"。而且根据她的人生经历判断，"全人类"绝对不都属于同一阵线。墨西加人是她族人的敌人。就是墨西加人把她从自己的家人身边抢走的，也是墨西加商人在希卡兰科把她卖作奴隶的。如今，这群相对数量较少的新来者想要向墨西加人宣战。在她所处的世界里，没有人会认为她应该忠于蒙特祖马的族人。在她的有生之年及随后的很多年里，也没有任何人就她的选择表示过意外。只有缺乏对她所处环境的了解的当代人，才会说她是某种叛徒。

渐渐地，玛丽娜和她这一代的其他人确实开始明白，在海洋的美洲这一端的人与在海洋另一端的人在某些方面上有巨大的不同，而且前者最终必将输给后者。不过，谁也不是在最初遇见外来者时就意识到这一点的。原住民为这种分类纠结了很久。最终，他们开始称自己为"我们这里的人"（nican titlaca，NEE-kan tee-TLA-kah），当需要将所有原住民与外来者区分开时，他们就使用这个称呼。比如，蒙特祖马的信使就告诉他，外来人的翻译不是一个来自海那边的人，而是一个"我们这里的人"。他们解释说，她来自东部地区；但他们说她是"我们这里的人"时，并不是要表达她是墨西加人的意思；他们也从不认为她应该比任何与墨西加人交战地区的人更忠诚于墨西加人。[23]

在科尔特斯发现自己拥有了一条如此出色的翻译链可供支配的最初几天里，他非常努力地想说服蒙特祖马的信使相信，他必须被带去与蒙特祖马进行会面。与此同时，特使们也在拼命收集信息，好回去汇报。他们有时会通过玛丽娜和阿吉拉尔向科尔特斯提问，有时则暗中窥探西班牙人的营地，并观看他们在退潮后的坚实沙滩上赛马。很快特使就认定自己已经掌握了所有能轻松获得的信息，于是就离开了。[24]

为了抵抗成群飞向他们、几乎把他们逼疯的蚊子，西班牙人在自己身上涂抹了难闻的油脂。然后，他们就开始等待回音。

* * *

很多年以后，认为墨西哥原住民曾相信埃尔南多·科尔特斯是神，他于1519年来到他们的土地上是为了实现一个古老预言的观点会被人们当作一个事实接受。人们还认为，本质上是一个懦夫的蒙特祖马被吓得瑟瑟发抖，很快就对获胜失去了信心。他马上要求将自己的王国交到这些神一样的外来者手中，而西班牙人自然是高兴地同意了。最终，这个故事在太多值得信赖的资料里被重复讲述了太多次，于是全世界都相信了。蒙

95　特祖马并不是一个活泼愉悦的人。但如果他知道人们有一天会这么说，恐怕也会忍不住大笑，不过这笑中难免要带点苦涩。因为实际上，人们讲的这个故事太荒唐了。[25]

　　真实的情况是，当信使们带着自己的报告返回后，蒙特祖马就向特诺奇蒂特兰与海岸之间的每个重要城镇派遣了侦察员，接着又设置了一个名副其实的作战室。鉴于他一直是一位全心全意相信秩序、纪律和情报的重要性，且既残忍又成功的特拉托阿尼，所以这正是符合人们对他的预料的做法。多年后，一个在这些事发生时还很年轻的人回忆说："关于当时发生的所有事的报告被层层递交到蒙特祖马手中。一拨信使回来，又会有另一拨信使离开。他们无时无刻不在关注情势，无时无刻不在提交报告。"[26]侦察员甚至复述了由西班牙神父定时做出，再由阿吉拉尔和玛丽娜翻译的宗教指导的内容概要。当西班牙人后来来到特诺奇蒂特兰，并试图向蒙特祖马布道时，他阻止了西班牙人，还说自己已经了解他们的短演讲的内容，因为他的信使已经向他完整复述过了。[27]

　　只有一个欧洲人用文字记录了当时发生的情况，或者可以说，只有这一份关于当时的叙述留存了下来。埃尔南多·科尔特斯本人在1519~1525年给西班牙国王寄回了一系列书信。这是我们唯一拥有的直接资料，其余的所谓实况报道都是过了很多年，当作者们已经成了老人，他们描写的事件也成了遥远的过往之后才被创作出来的。科尔特斯的书信都写于当时当地，他在信中从未提过自己被视为神明。

　　这个说法最初于1540年代才出现在一些欧洲人的作品中，而且是以一种不连贯也无逻辑的形式。托里比奥·德·贝纳文特修士（Fray Toribio de Benavente）写到了一些据称是原住民观察者的理解的内容："他们（印第安人——译者注）的神明来了，因为船上的白帆，所以他们说他用大海带来了自己的神庙。"之后，因为想起自己早先曾宣称所有西班牙人都被视为神明，这位神父又迅速补充说："当他们（西班牙人——译者注）下船时，他们（印第安人——译者注）说这不是他们（印第安人——译者注）的神，但确实是很多神。"[28]对于这位欧洲作者和他的读者来说，这确实是一个非常令人满意的概念。在这样的设想中，无论印第安人因为他们的到来而遭受了多少苦难，白人都不用为此感到自责。欧洲人完全是受欢迎和崇拜的。实际上，会有活着的欧洲人不喜欢这个说法，不为这个理念而得意和高兴吗？在随后的很多年里，其他入侵者也会尝试提出类似的主张。比如，约翰·史密斯（John Smith）就宣称弗吉尼亚当地酋长的女儿疯狂地爱上了他，甚至愿意为他而牺牲自己的生命。但他没有提到自己遇见这个酋长女儿时，后者才十岁。更有趣的是，史密斯是在她和她的英国人丈夫都去世很多年后才讲述了她追求自己的故事，这样就没有人可以反驳他了；而在他于这些故事"发生"时发回伦敦的报告中，他根本没提过与此有哪怕一丁点相似性的事件。实际上，在殖民主义编年史中，类似的故事还有很多。[29]

96

　　回看当初，科尔特斯被误认为神明的故事显然是一种为自我服务的，甚至是不难预见的说法，这不禁让人产生疑问：为什么人们在过去这么长时间里竟会相信这个说法？到 1560 年代和 1570 年代，又发生了一些非常有意思的变化，一些印第安人自己也开始把这个故事当作事实来讲。第一批这样做的人就是最初鼓吹这个想法的方济各会修士的学生们。这些年轻的原住民作者都出身于精英家庭，这些家庭就是在四五十年前，因为西班牙人的到来而失去一切的人。他们渴望找到一种解释。他们曾经无所不能的父辈和祖辈是如何沦落至此的？这些人对自己的墨西加人家庭和欧洲人老师都非常熟悉。他们对双方都太了解了，所以无法相信他们自己的同胞就是低人一等，就是比欧洲人软弱或愚蠢。他们自己的亲身经历告诉他们，事实绝对不是这样的。

然而，现在这里有了一个解释。上帝肯定一直站在基督徒一边；他们自己的直系祖先则受困于对盲目信仰的虔诚，从而可悲地成了过度宗教热忱的囚徒。从 1560 年代和 1570 年代开始，《佛罗伦萨手抄本》作者、方济各会修士贝尔纳迪诺·德·萨阿贡的学生就写出了一些原住民从未说过的话——他们说自己的祖先甚至早在 1519 年之前就因各种可怕的预兆而失去了勇气。有趣的是，他们讲的故事与方济各会学校图书馆中的某些希腊文和拉丁文作品讲的故事具有明显的相似性。[30]这些学生在讲述关于火柱和颤抖的国王的故事时越说越像么回事。但写了没几页，他们就转向一个新阶段，开始写一些实际经历过那些事件的老人要说的话，此时他们的写作内容和语气都发生了巨大的变化。他们变得更加具体，他们描述的原住民也更加务实。例如，有人回忆说："被第一炮击中时，城墙还没事，但被第二次击中后，它就开始崩塌了。"这里可没有人提到什么火柱。[31]

不过，这些学生并没有放弃有影响力的预言这个话题。他们部族的很多早期历史作品中提到过出现在古代的图拉的大分裂，所以他们很喜欢自己的老师们提出的一个想法，即那其实是一场真实的战斗，交战双方是信仰人祭的残忍领袖和不信仰人祭的和平领袖，后者实际上就是早期的基督徒，只不过连他自己都不知道这一点而已。有一群人追随着这位和平的领袖，一直漂泊到东方。如果他们不认定这个人的名字是无数古代历史中提到的休马克，而是他们曾经的老师托里比奥修士最先提出的查尔科阿特尔（羽蛇神），那这个故事还真能讲得通，因为一个被与羽蛇神联系在一起的年份标志恰好就对应着 1519 年，这可能意味着那个凡人领袖变成了神，且预计于这一年回归。但不幸的是，学生们在这一点上有些混乱。他们从本族人的记录里发现，之前的两年里已经有人登陆海岸，而且他们说第二个带队之人才被认为是从东方返回的羽蛇神。[32] 第二个人实际上是 1518 年航行至此的胡安·德·格里哈尔瓦（Juan de Grijalva），而不是 1519 年抵达的科尔特斯。不过，这些都不重要。故事的大意已经有了，之后的世世代代会接受这个主旨，未来的作者也会按照自己的想法随意发挥。

　　由最早一代学生在自己家中不受打扰地写下的纳瓦人的原始历史中没有提到任何这样的内容。实际上，根据我们了解的墨西加文化来看，以上元素中没有一个听起来像真的。墨西加人根本不相信人会变成神，也不相信神明只在某个特别的年份降临到世上，更不相信任何人是命中注定要征服他们的。他们不曾像乔卢拉人（Cholulans）那样把羽蛇神视为自己的主要神明，或将他与最初的令人憎恶的人祭联系在一起。如果再把我们实际上已经看到的，这个故事是如何在由欧洲人创作的和受欧洲人影响的作品中诞生并演变的过程考虑进来，我们似乎可以确定这完全是后人编造的内容。[33]

　　虽然墨西加人将科尔特斯误认作羽蛇神的观念不足为信，但他们在长达数年的时间里确实使用了"特乌尔斯"（teules）这个词来指代西班牙人。二三十年后的西班牙作者都为此感到高兴，因为这个词是纳瓦语中"*teotl*"（神明）一词的讹误。不过，这个词其实也有其他隐含意义。在宗教仪式中，"*teotl*"是神明的代表，是注定要被献祭的。但在其他一些语境中，这个词则暗示某些怪异和非自然的力量，如巫师或祭司可能拥有的那种。当时，欧洲人似乎是明白这个含义的：在一封写给科尔特斯的早期回信中，西班牙国王指示他要特别努力让印第安人的政治领袖及他们的祭司改信基督教〔国王在提及这两种人时分别使用的称谓就是"领主"（señores）和"特乌尔斯"〕。[34]不过，后来的几代人忘记了西班牙人本来知道的这个词的用法，这可能是因为他们没见过最初接触中出现的混乱和混淆。总体上说，纳瓦人费力地想要找出一个用来指代西班牙人的单词。在他们的世界中，所有人都是用他们来自的地方指代的，例如，从特诺奇蒂特兰来的是特诺奇卡人，从特拉斯卡拉来的是特拉斯卡拉人，从库尔瓦坎来的是库尔瓦人，等等。如果人们不了解一个人的地理起源，那么他们就不知道该如何称呼这个人。对新来者的命名问题就属于这种情况。唯一很快为人们所熟知的特点就是，这些外来人自认为是他们的神明的代表。这一点对于纳瓦人来说是可以理解的。外来人对这个神明的称呼也很多，在纳瓦人确定了新来者的神明的名字之后，使用一个能够表达出西班牙人是某种受尊敬神明的代表之意的词语来指代他们似乎是最合乎逻辑的选择。[35]

　　纳瓦人选择的这些称谓显然让他们自己的一些后代也忍不住相信白人真的曾被视为神明。这些后代仍然迫切地需要寻找一个能让他们甘心接受征服的理由。西班牙人有时会说他们的祖先是愚昧无知的野人，但他们知道这么说不对。不过，他们的祖先可能就是犯了一个愚昧无知的错误，如果真是这样，很多事就好解释了。[36]

16 世纪晚期的原住民年轻人没有了解旧大陆或新大陆的久远历史的途径。他们不可能知道，旧大陆上的人早在一万年前就开始全职务农了。欧洲人绝对不是最先务农的人，但他们毕竟是好几千年的定居生活文化的继承人。所以，他们拥有因此而产生的更多人口和更全套的技术——不仅是金属武器和盔甲，还有船只、航海工具、磨坊、制桶作坊、手推车、印刷机和其他许多能让他们比没有这些东西的人更强大的发明。在新大陆，人们开始全职务农才只有约三千年的时间。这几乎相当于文艺复兴时期的欧洲人与古代闪米特人面对面。美索不达米亚人已经非常令人赞叹了，但他们不可能击败与教皇联手的神圣罗马帝国皇帝查理五世。如果 16 世纪晚期的年轻原住民作者们知道所有这些，他们就可以长舒一口气。不过，他们被剥夺了松口气的机会，所以才会参与到描述过去事件的行动中，他们创作的版本会被蒙特祖马嘲笑，可惜已死之人是无法改变什么的。

* * *

在 1519 年的雨季，无论西班牙人还是墨西加人都不知道后来人会怎么讲述他们的故事。当时，双方都有自己迫切需要面对的现实问题。谁也没有富余的时间和能力对未来、对历史记忆或对真相的本质进行什么哲学思考。

最首要的问题是，西班牙人总在挨饿。玛丽娜已经在尽量有效地讨价还价了。她从住在附近的人手里买来了一笼笼火鸡，其他女人负责给火鸡拔毛，然后炖煮。玛丽娜还买来了玉米饼和盐，以及水果和蔬菜。本地人开始习惯与她打交道，也知道到哪儿去找她。因为本地人的语言里没有"r"这个音，所以在他们听来她的名字是"Malina"。后来，他们在这个名字后面加了用来表示敬称的后缀"-tzin"（钦），于是"玛丽娜"（Marina）就变成了"玛林钦"（Malintzin）或"玛林茨"（Malintze）。又因为西班牙人的语言里没有"tz"这个音，所以在他们听来，"玛林钦"又变成了"玛林奇"（Malinchi）或"玛林切"（Malinche）。就这样，当西班牙人不叫她堂娜玛丽娜的时候，他们就称呼她玛林切，自那之后，这也成了她在历史中被记住的名字。让西班牙人感到迷惑的是，在与自己打交道的各个群体眼中，这个女人似乎成了他们这群人中最重要的成员。本地人似乎对赫罗尼莫·德·阿吉拉尔视而不见，他们还用"玛林切"来称呼埃尔南多·科尔特斯，好像她的名字肯定也是他的名字一样，尽管在西班牙人心中，情况应该恰恰相反才对。[37]

科尔特斯知道自己离不开玛林切，而且他并不喜欢这种状态。在给国王的信中，他尽可能少地提及她。他其实根本不想提她，但那样会让他的整个故事都变得值得怀疑，因为在有些地方，要是没有翻译在场，事情就不可能如实际发生的那样发生。科尔特斯不希望其他人明白的正是如果玛林切不在场，他们就不可能获得成功。当然，如果她当时没有出现，后来可能也会有其他人来充当这个角色。毕竟，被从自己家中强行带走且对墨西加人毫无好感的女人，在整个美索亚美利加随处可见。不过，科尔特斯可以说是特别幸运了，他自己在某种程度上也知道这一点。不是所有憎恨墨西加人的女人都能够同时讲纳瓦语和尤卡坦玛雅语。就算那些能够讲两种语言的，也不都是贵族的女儿出身，所以不一定能像她这样派头十足，富有技巧，甚至有能力理解拥有自己独特语法和语言风格的贵族的语言。那些人还不一定能像她一样深刻地理解这种复杂的局势。人们很快就看出玛林切实际上具有一种独特的语言天赋。在既没有黑板也没有语法书的情况下，她开始向赫罗尼莫·德·阿吉拉尔学习西班牙语。没过几个月，她就完全不再需要这个老师了。[38]

与此同时，她还能帮助科尔特斯制订计划。蒙特祖马的信使又来了两次，每次都带着礼物，并承诺之后还会带来更多，但他们也直截了当地拒绝了护送科尔特斯和他的队伍前往特诺奇蒂特兰的要求。蒙特祖马的特使说那里发生了旱情，国王无法按照他们无疑已经习惯的方式接待西班牙人。然而，科尔特斯铁了心要前往特诺奇蒂特兰。他已经打定主意，可能的话就自己征服这个城市，不可能的话，就交换一些非凡的货物，并把关于这个地方的具体情报带回西班牙。不管结果是哪种情况，他都会被称赞为伟大的发现者。毫不气馁的科尔特斯考虑了他从附近的托托纳克人村民及玛林切口中得知的信息，也就是蒙特祖马有很多敌人，且这些人肯定愿意帮助他走这一趟。所以他可以先前往一个反叛的托托纳克人城镇，再去特拉斯卡拉，那里的人也都憎恨墨西加人。他的队伍在这些地方能够获得食物、水和其他支持。

然而，科尔特斯还面临一个重大阻碍。他离开加勒比海时并没有获得总督的许可，所以严格来说，他应该算是一个逃犯。[39]总督起初指定他进行一场探险远征，这也是为什么有四百多个没有土地的人会蜂拥而至加入他的队伍。然而在最后时刻，总督开始担心科尔特斯想超越自己的权限，在大陆上建立某种采邑，从而把总督排除在所有利益之外，于是总督派信使传达了自己要取消许可的信息。科尔特斯能做的只有装作自己从没收到这个信息，并立即出发。（至于那个信使，科尔特斯通过

100

贿赂说服他与自己一起前去寻找传说中的财富之地了。）因此，就算这次进入大陆腹地的探险获得成功，科尔特斯也可能在返回后被逮捕。连他还假装认定仍然有效的那份许可，其实也只给了他探索的权利而已，别无其他。

科尔特斯非常了解西班牙法律，有些历史学家甚至相信他上过几天法学院，而且他显然曾接受成为公证人的训练。他知道西班牙的法律体系是基于一个理念而建立的，即有目标的有机统一体能够将领袖和他的臣民团结在一起。如果一位领袖，甚至是一位国王，做出了不能被容忍的行为，那么"本国所有人民"就可以罢黜他。在这种情况下，本国人民就算拒绝遵守命令也不算叛国，而是在代表公共利益作为。因此，科尔特斯需要一群公民来请求他带领他们在这片土地上定居。他安排所有来到这里的西班牙人联合起来签署了一份文件，内容是坚称他们将建立一个西班牙人城镇〔该镇被取名为"属于真正十字架的财富之城"（Villa Rica de la Vera Cruz）〕，以及他将带领这些人前往他们真正想要前往的目的地——特诺奇蒂特兰。

101　　　不过在出发之前，他还有别的事要做。因为普埃托卡雷罗是这群人中社会地位最高，也最有影响力的人，所以科尔特斯要求他返回西班牙，当面向国王说明情况，以确保加勒比海总督不会使国王在这个案子上对科尔特斯产生偏见。这不仅仅是科尔特斯摆脱普埃托卡雷罗，好将玛林切据为己有的招数。更关键的在于，普埃托卡雷罗的高社会地位意味着他能够担负起送来更多人手、物资、马匹和武器的职责。五百个欧洲人无法打败墨西加人，但文艺复兴时期的欧洲可以。所以，科尔特斯需要确保欧洲大陆派遣更多人来支援他。此时，普埃托卡雷罗已经带着自己的队伍离开。最终，科尔特斯下令将剩余的船拖上岸。这些船只没有被彻底毁掉，但若想驾船离开，则起码需要先进行好几个星期的维修。这么做是为了避免不满足的参与者轻易打道回府。[40]

做完这些之后，科尔特斯就带领队伍从炎热的海岸地区进入了山区。两个托托纳克人领着他们前往特拉斯卡拉。队伍进入了一片松林，这里到了夜间非常冷。很多人没有准备适当的衣物，好几个被西班牙人从加勒比海地区带来的印第安人奴隶在一场夹着冰雹的大雨后冻死了。最终，他们开始沿下山路进入谷地。西班牙人在这里遇到了九英尺高的石头墙，墙壁向他们左右两侧一直延伸，长得看不见尽头。墙壁的形状像被拉长的金字塔：墙根地方有二十英尺宽，墙头则变成了仅有一英尺半宽的平坦走道。这似乎就是特拉斯卡拉的边界了。尽管拥有这样一条令人生畏的边界，但托托纳克人向导仍然坚持说一切都好。他们解释说，特拉斯卡拉人十分憎恨墨西加人，因为他们虽然还保持着独立，但在过去很多年里一直要参加针对他们的可怕的花朵战争。[41]

行进队伍很快就在墙壁上找到一个豁口，科尔特斯带着六个人一起骑马进去探查。他们没多久就看到前方大约有十五名勇士，于是向这些人呼喊起来。科尔特斯派了一名骑手疾驰回去通知其他人，以确保需要时能得到增援，然后他和剩下的人继续朝印第安人靠近。突然，数百名勇士仿佛凭空出现一般将他们彻底包围起来。科尔特斯在他寄回国的信中声称当时有数千人。每当遇到麻烦时，他总会夸大其词以获得戏剧性效果。考虑到特拉斯卡拉人的人口总数，他们根本不可能在入口处设置数千名守卫。总之，在更多西班牙骑手赶到，使特拉斯卡拉人撤退之前，已经有两匹马被杀死，马上的骑手也受了重伤。 102

科尔特斯在这里学到一个重要的教训：少数几个全副武装的西班牙人是不足以抵挡一场猛攻的，即便是骑在马背上也不行。他的人必须成群结队移动才能保持相对安全。

当天晚些时候，几个特拉斯卡拉人信使来到西班牙人面前。他们为发生的冲突而道歉，并将责任推到了生活在他们领地内的愚蠢粗暴的奥托米人（Otomí）身上。他们宣称自己希望获得西班牙人的友谊，并要求参观他们令人印象深刻的营地。玛林切对此心怀疑虑，她不知道接下来会发生什么。

一大批特拉斯卡拉人在黎明时分发起进攻。西班牙人早有准备，他们已经穿好铠甲，本可以给对手造成比他们已经遭受的更多的伤亡，但西班牙人因为长途跋涉而战斗力下降，又为受到这样的对待而心烦意乱。他们不得不在没有食物和休息的情况下战斗一整天，而周围的敌人则无穷无尽，直到天色黑得让人无法分清敌我时才肯撤退。当天夜里，科尔特斯带领剩下的十三名骑手飞奔过平原，到邻近的一片小山附近，燃烧的火堆证明那里有几个村庄。后来科尔特斯在给国王的信中说："我烧了五六个小村子，里面总共有大约一百个居民。"[42]

第二天早上，特拉斯卡拉人再次发动进攻，他们的数量多到直接冲入营地与西班牙人展开了肉搏战。穿着铠甲、拿着武器的西班牙人花了四个小时才将他们击退。这一次，西班牙人甚至开炮了，那是一种极小型的加农炮，虽然无法瞄得很准，但可以发出弹片四溅的葡萄弹，这种炮弹的杀伤力很强。西班牙人后来评论说："敌人太集中，数量也太多，这一炮给他们造成了重大伤亡。"[43]当天有很多特拉斯卡拉人丧命，死者被他们的同伴抬起来带离战场，而西班牙人方面则只有一人死亡。

第三天破晓前，科尔特斯再次带领骑手迅速冲出营地，这一次是朝着另一个方向飞奔。他汇报说："我烧了十多个村庄。"接下来的两天里，特拉斯卡拉人首领会不时派遣特使来求和，但他们听上去总是不令人信服，可能是因为他们没有带礼物前来。科尔特斯对特使之一实施了酷刑，并通过翻译玛林切要求他说出实情。玛林切早就知道基督徒的神不是一个和平的神。特使什么也说不出来。科尔特斯于是砍掉了好几位特使的手指，然后将他们放了回去。如他所说，这样"他们才能知道我们是谁"。[44]

印第安人再次发起攻击，然后再次被击退。接下来几天双方都没有动作，接着科尔特斯就带领获得充分休息的骑手们趁夜发动了袭击。"因为他们完全没有准备，所以人们手无寸铁地四处奔逃，女人和孩子赤身裸体地在街上跑，而我则开始伤害他们。"[45]他带着玛林切和自己同乘一匹马，并让她大喊如果人们愿意接受，西班牙人会提供和平和友谊。她的某些话说服了人们，因为当天夜里，战争就结束了。双方于第二天上午开始认真地展开了和平谈判。

特拉斯卡拉实际上是四国合并成一国的。整个大城邦由四个人口充裕的次级城邦组成。每个次级城邦都有自己的国王，但在面对外来者时，他们就成了一个被通婚和传统紧密联合起来的不可分割的整体，所以他们是唯一能够抵挡墨西加人侵略的城邦。在过去很多年里，特拉斯卡拉一直与邻近的乔卢拉（Cholula）和韦索钦科结盟；但近年来，这两个地方都面临着被蒙特祖马摧毁的可能，于是它们都加入了蒙特祖马的阵营，并与其联手攻打特拉斯卡拉。特拉斯卡拉人还骄傲地记得他们是在与韦索钦科叛徒进行球赛时得知对方变节的消息的，所以他们把对方打了个落花流水。特拉斯卡拉人在自己的编年史中吹嘘说："我们追着打到了他们的家门口。"[46]无论他们有多勇敢，特拉斯卡拉都已经被敌人包围，连交易路线也被切断。墨西加人无法打败特拉斯卡拉，那会让他们付出比自己能够接受的更大的伤亡，但他们其实并不需要这么做，因为他们还可以利用传统的敌意来给按惯例举行的花朵战争煽风点火，参与仪式的人往往也会以丧命告终。

多年来，特拉斯卡拉人能够幸存下来，都是多亏了他们的勇士不逊于任何人。虽然他们已经注意到一个超过四百名外来人组成的远征队在靠近，但他们并没有很多探子和信使能送回更具体的情报，也没有人提前向他们解释这些新来者的愿望是请特拉斯卡拉人帮助他们打败墨西加人。向他们说明这个情况的任务落在了玛林切身上。幸运的是，直到最近的战争切断他们的交易通道之前，玛林切在夸察夸尔科斯的族人和特拉斯卡拉人原本是交易伙伴。她显然表现出了一位宽厚和蔼又具有权威的贵族女士的样子，因为特拉斯卡拉人认定自己可以信任她。

特拉斯卡拉人将西班牙人带到了蒂萨特兰（Tizatlan）特拉托阿尼希科滕卡特（Xicotencatl, Shee-ko-TEN-kat）的宏伟宫殿中，蒂萨特兰是两个最大的次级城邦之一。特拉斯卡拉人在这里向新来者提供了很多女人，其中既有他们打算让对方的领袖们迎娶的公主，也有作为贡品的奴隶女孩。科尔特斯把最重要的公主，也就是希科滕卡特的女儿送给了佩德罗·德·阿尔瓦拉多（Pedro de Alvarado），后者是个蓄着浅金色络腮胡的有魅力的男人，也是科尔特斯的副手之一。另一位地位略低的贵族的女儿被送给了赫罗尼莫·德·阿吉拉尔。其余的女人也都被分给了陪同科尔特斯并向他证明了自己价值的那些男人。没过几年，特拉斯卡拉艺术家就在蒂萨特兰的宫殿墙壁上用图画记

录了这次具有重大政治意义的事件，同时也在树皮纸上绘制了
副本。他们希望人们能永远记住这次时间较早的结盟。根据图
画内容来看，大量年轻女孩被送给了西班牙人，其中一些人甚
至身份尊贵；她们象征了特拉斯卡拉人理解的与西班牙人结成
的那种联盟。[47]

　　与此同时，科尔特斯则通过这些女人进行了更多交易。他
想要几千名勇士和他一起前往特诺奇蒂特兰。特拉斯卡拉人同
意了。当他们将希科滕卡特的女儿献给外来人的首领之一做新
娘时，他们脑中设想的就是这样的联盟。当队伍出发时，其规
模至少比之前的大三倍。它能给人一种胜利之师的印象。[48]

＊ ＊ ＊

　　到了这个时候，蒙特祖马认为他已经不得不去做他十分不
想做的事了。他派信使去提议每年按照外来人的要求进贡，包
括金、银、奴隶和纺织品。唯一的条件是他们不能进入他的领
地，因为他不能接待这么多人。蒙特祖马和他的委员会认为这
种安排就是那些外来者想要的。如果是特拉托阿尼本人处在类
似情况下，他想要的无非就是这些。他之前为要不要提出这个
提议而犹豫，是因为这会严重消耗他的资源，他本希望能找到
另一种方法来避开这些新来者。从政治上讲，他绝对不能承受
在任何距离自己领地很近的地方与这样一支队伍正面对抗。他
从他的消息来源那里得知，外来人每次打仗都获胜了。即使蒙
特祖马能够集结一支强大的军队，并成功将外来者及其盟友击
败，届时自己的王国仍然会一败涂地，因为他们要遭受的伤亡
将十分巨大，远远超出了根据以往经验计算的结果。反过来说，
如果他不能在自己王国的中心地区取得一场轻松的胜利，那么

他的盟友就不会继续与他保持同一战线了。无论如何，墨西加人都不能在中央盆地中显露弱势，那对他们来说将是政治上的死亡。蒙特祖马承担不起战斗的代价，他甚至不希望外来人靠近到能让别人拿他们做比较的程度。后来的学者们乐于争辩说，蒙特祖马到此时什么也没做，因为他已经被这些学者注意到并明确详述过的他的文化中的某些方面麻痹了（比如，他依靠人与神的交流而不是人与人的沟通，或者他不能彻底理解什么叫誓死力争），但没有真正的证据表明蒙特祖马的做法是受到难以抗拒的宿命论影响。在他的整个成年期里，蒙特祖马的目标始终很实际。[49]

105 　　然而，蒙特祖马的计划失败了。外来人和他们的新朋友特拉斯卡拉人拒绝了他的进贡提议并继续逼近。他们在此时已经臣服于蒙特祖马的乔卢拉镇停驻。蒙特祖马命令乔卢拉人不得给外来人提供充足的食物。他似乎还命令他们在这群人离开城镇，为进入围绕着中央谷地的环形山而不得不穿过一条既深且狭的山谷时向他们发动攻击。反正科尔特斯说，这是玛林切从一个生活在城镇中的老妇人那里打听到的。蒙特祖马会这么做非常合乎逻辑：乔卢拉是进入中央谷地之前的最后一站，而且这个城镇只是个新近结盟的盟友。蒙特祖马并不在乎当地人的生死，就算攻击失败，他也可以轻松地在自己的族人和西班牙人面前与乔卢拉撇清关系。不过，我们并不能确定他是否下达过攻击命令，因为他可能已经谨慎到不敢在距离本国如此近的地方引发冲突。无论蒙特祖马是否想要交战，反正特拉斯卡拉人是按捺不住渴望了。他们还没有原谅乔卢拉人最近的背叛。如果他们能推翻此时的首领家族，改为扶植一个同情特拉斯卡拉人的家族，那么他们以后就能长久地受益。实际上，袭击计划的故事可能就是特拉斯卡拉人栽赃给蒙特祖马，好哄骗西班牙人的。无论个中原委究竟如何，反正西班牙人和特拉斯卡拉人联合起来大闹了一场。羽蛇神是乔卢拉人最主要的保护神，但羽蛇神的神庙和大部分房屋被烧毁了。一个西班牙人简洁地评论说："破坏持续了两天。"[50]

完成破坏之后，西班牙人和原住民的联合队伍继续前进。他们安全地通过了波波卡特佩特火山（Popocatepetl，意为"烟雾山"）和山顶被白雪覆盖的伊斯塔西瓦特火山（Iztaccihuatl，意为"白色女人"）之间的关口并进入谷地。当接近谷地中心的湖边城镇时，西班牙人和很多同行的印第安人都开始感受到一种敬畏之情。一个名叫贝尔纳尔·迪亚斯（Bernal Díaz）的西班牙人在很多年后写下了自己的感想："这些大城镇、金字塔和其他建筑都是用石头建造的，它们从水面上升起，就像阿玛迪斯（Amadís）故事中的魔幻场景。"（阿玛迪斯是一位传奇的骑士，一本关于他的书当时在西班牙非常畅销。）这个西班牙人还记得："实际上，我们的一些成员都在问这会不会只是个梦。"当队伍停在伊斯塔帕拉潘镇（town of Iztapalapan）修整时，他们完全被震惊了。当地首领的宫殿足以与西班牙的建筑媲美。在宫殿后面还有一个向着美丽池塘逐渐倾斜下去的花园："他们挖掘了一条水道，大独木舟也可以从湖上进入花园〔池塘〕……所有东西都泛着石灰的光芒，还装饰着各种让人移不开视线的非凡石雕和绘画……我站在那里看着这些，觉得整个世界上再也找不到像这样的地方了。"[51]

贝尔纳尔·迪亚斯是在晚年才写下这些内容的。他在想到自己逝去的青春以及随后发生的事情时难免有些伤感。在这段话的结尾，他几乎流露出了明显的羞愧。"我那时看到的一切

106

如今都被毁掉了，什么也没留下。"

* * *

1519 年 11 月 8 日上午，西班牙人和特拉斯卡拉人穿过了直通城市的宽阔而干净的堤道。科尔特斯骑马走在骑行队伍的前方，玛林切挺直瘦弱的肩膀在他旁边步行。蒙特祖马明智地决定将眼前的状况处理成两位平等君主会面的盛大典礼。岛屿边缘的大门前聚集了数百名高官，其中包括各个重要城邦的代表。每个人都要依次上前，做出触摸土地，然后亲吻地上泥土的动作。这种联合表演是纳瓦人作为一个团结国家展现强大力量的经典方式。首领们都很有耐心地进行着仪式。但科尔特斯不行。他怒气冲冲地说："我站在那里等了近一个小时，所有人才完成他们的仪式。"[52]

接下来，科尔特斯和他的队伍被领着穿过了一座桥。他们发现自己来到一条宽阔、笔直的大道上，道路另一头通向这个大城市的核心区域。这条大道让欧洲城市中的那些又窄又短、像迷宫一样混乱的街道相形见绌，也把特拉斯卡拉镇上的中心区域比了下去。对于新来者而言，他们一时有些疑惑，不知道这个场面意味着什么。但很快，一切都在他们眼前变得明了。阳光照耀下的道路前方不远处，有一支王室队伍正朝他们走来。队伍中的人都穿着镶了珠宝的斗篷，位于队伍中心的正是人民的代言人，他们的特拉托阿尼蒙特祖马。任何人都能看出他是至高无上的国王。他的侍从在他的头顶撑起了一顶漂亮的华盖，装饰在这个向上拱起的华盖上的黄金和宝石在太阳的照耀下闪闪发光。[53]这个景象看起来就好像他随身携带了一个太阳的倒影。

第五章
一场终结所有战争的战争(1520～1521年)

在战争中被烧毁的神庙

资料来源：The Bodleian Libraries, the University of Oxford, Codex Mendoza,
MS. Arch. Selden. A. 1, folio 6r.

107

尸体烧焦的气味弥漫在空气中。但比那更糟糕的
是"自己认识并喜爱的人的尸体"（*miccatzintli*）发出
的气味。地上这个可怜的女人死了好几天也无人处理。
她一直躺在那儿，因为宫殿中已经没人还有力气来做
这些事情。不受欢迎的外来者被赶出特诺奇蒂特兰后
不久，这种从未出现过的疾病就降临了。此时，蒙特
祖马的年幼女儿正看着和她一起躺在脏污席子上的姐
妹们。她们都还活着，当她们回看向她时，深色的眼
眸中映出了她的恐惧。她们的脸、手臂及身体各部分
都布满了可怕的疮口。但她们已开始恢复，她们似乎
已经脱离了生命危险。之前，当她因为发烧而神智不

清时，她曾以为自己确信她们都会死，都会消失——
在纳瓦语中，这两个意思是同一个词。[1]

王室的孩子此前从未体验过一天挨饿的滋味。即便是在这个灾祸时期，只要还有仆人服侍，他们也仍然被照顾得很好：命好是他们能活下来的重要原因。当时已经长大这一点也不无帮助。蒙特祖马的女儿后来发现，她那些更年幼的弟弟妹妹，也就是国王最后娶的妻子们最近才生下的孩子都死了。不止这些孩子死去了。[2]用她的话说，在疫情暴发几周之前，就有其他人被"抹去"了。西班牙人被驱逐的当晚，当她自己被从那些外来人手中救出来的时候，她的两个兄弟被意外地杀死了。[3]人们说她的父亲蒙特祖马本人被西班牙人像吊死一个普通罪犯那样吊死了。[4]这可能是真的。无论事情是怎么发生的，反正他死了，其他一些人也死了。像歌曲中唱到的英雄们一样，这些人再也不会回来了。歌手们总是说，人世间光阴似箭。当有人死去时，歌手高声唱道："我们能重生到世上吗？"听众会眼含热泪地齐声给出悲伤、愤怒的回应："不能！"如今，蒙特祖马的这个女儿也明白他们的意思了。

特奎奇波钦（Tecuichpotzin，Tek-weech-PO-tzin，意为"高傲的女儿"）当时大约十一岁。[5]她在过去的一年里经历了太多恐怖事件，她的大脑几乎肯定会选择遗忘其中一些，因为她需要使用剩下的智慧支撑自己活下去。西班牙人被赶出了这个充满怒火和怨恨的城市，他们为保住性命而不得不逃走。那一刻是令人愉快的。但如果她早知道厄运还远没有结束，最糟糕的事即将发生，她可能就找不到那种与自己的族人一起努力恢复他们原本生活的勇气了。她那时毕竟才十一岁，还拥有孩子对生活的热情，还有她挚爱的姐妹们的陪伴。她当然也不知道疾病正在偷偷接近他们。所以，当西班牙人离开时，她和所有女人一样拿起扫把开始进行神圣的打扫活动。[6]她把蜘蛛网扫出了门，这既是实际的行动，也是赶走西班牙人的象征。

* * *

如果有人问特奎奇波钦，她无疑会说，早在外来人和他们的特拉斯卡拉盟友穿过堤道进入她的世界之前，问题就已经出现了。在那一刻之前的好几个月里，她父亲一直脾气暴躁，因为他正纠结于最佳的方案。他无法承担在所有盟友面前，在离家如此近的地方，与新来者交战并遭受伤亡的后果。而无论是给哪位神明献上多么丰厚的贡品，也都无法让行进的大军调转方向。最终，他认定除了欢迎这些人，甚至表现出期待他们到来的样子，同时尽可能多地收集信息之外，自己没有别的选择。紧张状态从这些人到达的最初时刻就开始了，当埃尔南多·科尔特斯下马，向前走了几步，做出像要拥抱蒙特祖马的样子时，特拉托阿尼的仆人都震惊了。他们迅速上前阻止了这种明显不敬的行为。在交换礼物时，他们也在一边紧张地等待着。科尔特斯送上了一条由珍珠和雕花玻璃制成的项链。蒙特祖马示意仆人拿出一条红色蜗牛壳项链，上面挂着用金子制作的精美小虾。然后，他就下令让新来者跟他走，因为他要在室内与他们的领袖谈话。[7]

直到今天我们也不知道这些大人物彼此间说了什么。特奎奇波钦也没听到他们之间的对话，听到的人只有很少几个。一年后，科尔特斯令人震惊地宣称，蒙特祖马当时就满意地将自己的王国拱手让给了新来者，理由是他的一位好几辈之前的祖

109

先曾经远走他乡，所以蒙特祖马和自己的族人一直都在等待着这位祖先的后人返回这里主张对这个王国的所有权。科尔特斯还补充说，没过几天他就把蒙特祖马软禁起来，再也没有让他自由行动过（因为他不确定自己是否真的完全掌握了局势）。科尔特斯的说法自相矛盾——不过他当时肯定是要这么说的。当他于事发一年后开始书写这些事件的经过时，他和他的队伍已经被墨西加人赶出了这座城市。那一刻，他正绝望地尝试策划一场从海岸附近发起，联合原住民盟友和新抵达的西班牙人一起进行的征服活动。他不想让自己看起来像个失败者，而是要表现成一个忠于西班牙君主的仆人，一个已经实现了宏伟壮举且马上会做更多大事的人。根据西班牙法律，如果科尔特斯实际上是在尝试夺回王国中的某个叛乱地区……那么他只有以国王的名义发动战争才能算有理有据。他没有向一个驱逐他的国家宣战从而引发麻烦的权力。因此，让人们明白墨西加人一开始就接受了西班牙的统治至关重要，那样墨西加人此时的举动就可以被理解为叛乱。[8]

很多年后，当科尔特斯手下的那些人写到这些事件时，他们通常会忘了要支持他的说法。比如，科尔特斯曾主张他从一开始就全面控制了这个国家，还坚称自己终结了人祭的做法："我在那里的时候……没有一个活人被杀死或献祭。"不过，贝尔纳尔·迪亚斯则承认道："伟大的蒙特祖马持续向我们展示惯常的善意，但并没有停止每日献祭活人的行为。科尔特斯尝试劝阻他，却没有效果。"[9]另一个人似乎是说着说着才想起蒙特祖马此时应该已经成为西班牙人俘房的事："［他的族人］给他送来各种各样的河鱼和海鱼，还有各种来自海岸边和内陆地区的水果。他们带来的面包也有很多种……他没有用金银餐具吃饭，因为他此时是俘虏，我是说他很可能有很多金银餐具。"[10]

　　科尔特斯很可能从玛林切或其他人那里听说了墨西加人分裂和迁移的历史。蒙特祖马很清楚自己的祖先是入侵者，且除了他们之外，也有其他很多批入侵者，那些人中有的继续前行，有的则原路返回了。他会相信这些外来人是自己令人畏惧的祖先的另一群后代，或者至少是在他的族人面前表现出相信这一点的样子是说得通的。简而言之，这些来访者是他失联已久的亲戚，他们的存在并不令他意外。这种设想完全合乎情理，但我们还是无法确切知道墨西加人特拉托阿尼与欧洲人的初次会面的内容。原住民精英群体的后代唯一提到的只有，蒙特祖马在自称新来者的"贫穷家臣"前向他们详细叙述了自己的宗谱。如果他真的这么说了，那他也只是在通过使用被视为纳瓦人世界中的礼貌典范的反语来强调自己的巨大权势。这当然绝不是暗示他会毫不迟疑地放弃自己的王位。[11]

　　可以肯定的是，蒙特祖马在接下来的几个月里继续统治着自己的王国，他把外来人甚至特拉斯卡拉人领袖都当作尊贵的客人对待，尽管为这么多人提供食物必定会给他的资源造成很大压力。蒙特祖马频繁地通过玛林切向外来者提问。西班牙人在城中观光，走到哪里都会无礼地索要礼物。接待他们的人记得他们在看到蒙特祖马的私人仓库，并被告知可以随意拿走自己喜欢的东西时，是如何得意地大笑，甚至拍打彼此后背的。西班牙人拿走了美丽的黄金首饰，然后把它们熔掉制成金砖；特拉斯卡拉军队的领袖则偏爱打磨光滑的玉石。蒙特祖马向外来者展示了地图和进贡物品列表，为的是让他们提出自己的要求然后离开。他显然希望自己能说服他们离开，而且想在他们

110

离开时和他们建立起尽可能有利的关系。[12]

　　足以说明问题的是，蒙特祖马把特奎奇波钦和她的两个姐妹当成新娘的潜在人选送给了新来者。这是一个测试。如果外来者只把她们当成小妾而不是新娘，那当然是坏消息，但至少可以让蒙特祖马知道自己究竟是什么处境。身上穿着最华美服装的王室姐妹在长辈发表必不可少的辞藻华丽的演讲时一直低垂着眼，并保持着恭敬的沉默。[13]与此同时，玛林切从蒙特祖马的话中了解到他还有好几个年纪大一些的女儿已经嫁入查尔科、库尔瓦坎、特拉科潘和其他重要城邦的王室家庭。这三个女儿目前也达到适婚年龄。她们中两人的母亲是首席军事领袖奇瓦科阿特的女儿。[14]特奎奇波钦的母亲是前国王阿维特索特的女儿，所以她的婚姻具有重大的政治意义，因为她天生的身份能够将维齐利维特一脉和伊斯科阿特一脉这两个对立的王室分支联结在一起。[15]蒙特祖马对西班牙人隐瞒了特奎奇波钦还有一个妹妹的事，所以他们直到多年后才知道那个孩子的存在。也许蒙特祖马认为那个女儿在未来某天还能够被当作政治棋子，或者是她的特帕内克人母亲坚持要把那个女孩藏起来，又或者两个原因兼而有之。此外，蒙特祖马还对西班牙人隐瞒了一个由来自特奥蒂瓦坎附近村庄的女人生下的小男孩的存在。[16]

　　玛林切完全不了解政治婚姻在这个地方的复杂意义，但她成功地向外来人传达了一个信息，即特奎奇波钦是一位地位很高的母亲的女儿，因此是一位重要的公主。这是西班牙人能够明白的。在为她施洗时，他们给她取名为伊莎贝尔以致敬派出了前往新大陆的第一艘船的伊莎贝拉女王。另外两个女孩分别被取名为玛丽亚和玛丽安娜。[17]之后她们都被西班牙人带到了阿哈亚卡特之前的宫殿和西班牙人一起生活，那里此时已经成了西班牙人的营地。三个女孩在那里经历了什么是没有记录的，但一些西班牙人后来说，科尔特斯在最初几年里侵犯过多位公主；至于其他不如科尔特斯这样广为人知的人做过什么，就更是永远不会有人追究了。[18]

紧张局势持续了一周又一周。到1520年4月，情况发生了巨大变化。蒙特祖马从他的信使网络中得到消息说，有至少八百名西班牙人分别乘坐十三艘船抵达了海岸。[19]西班牙人还不知道这件事。特拉托阿尼最终决定告诉他们，好借机观察他们的反应。他把这个消息告诉了玛林切，玛林切又告诉了赫罗尼莫·德·阿吉拉尔，后者直接用西班牙语大声公布了这个消息。科尔特斯根本无法掩饰他在那一刻感到的恐慌。

* * *

当阿隆索·德·普埃托卡雷罗从韦拉克鲁斯起航时，他的计划原本是直接返回西班牙，但船上的一名西班牙人在古巴北部海岸上拥有土地和亲人。事实证明，在这个人的种植园短暂停留的诱惑让人不可抗拒。他们只停留了短短几天，但消息很快就传开了。愤怒的总督迭戈·德·贝拉斯克斯（Diego de Velázquez）想在公海上把这些无视法律的人抓回来的尝试徒劳无功，但他把所有在这艘船短暂停留期间获得过任何消息的人都叫来询问了一番。曾经领导了暴力征服古巴岛的贝拉斯克斯，此时却认定科尔特斯对玛雅海岸印第安人施加的暴力非常值得担忧。他给国王写信表达自己的关切，并向国王保证自己会立即派遣潘菲洛·德·纳瓦埃斯船长（Captain Pánfilo de Narváez）前去追捕叛徒。纳瓦埃斯是贝拉斯克斯占领古巴时的副手，此时持有到大陆上进行探索的合法许可。他说他不会像科尔特斯

112

一样，而是要与当地人建立恰当的关系。

普埃托卡雷罗于 11 月 5 日抵达西班牙海岸，随后不久，愤怒的古巴总督的书信也到了。普埃托卡雷罗和其他支持科尔特斯的发言者，如后者的父亲马丁·科尔特斯（Martin Cortés）在国王面前竭尽全力为他的行动进行辩护。他们把远征队伍从海岸沿线收集到的所有黄金和其他奇珍异宝都献给了国王。其中一些东西还被送到神圣罗马帝国领地中进行巡回展览。7 月，艺术家阿尔布雷希特·丢勒（Albrecht Dürer）在布鲁塞尔的市政厅参观了原住民用黄金制成的一些栩栩如生的小动物雕塑。他写道："在我的一生中，我从没见过像它们这么让我感到喜悦的东西，因为它们是精美的艺术品，我为这些遥远地方的人的精妙智慧而惊叹。"探险故事的传播速度当然比展览的巡回速度快，大部分故事还被离谱地添油加醋过。科尔特斯还不知道自己在欧洲已经成了名人。他的父亲立即开始为他筹备一船补给。其他船只和印刷机则确保了这些新闻在数周内就传遍欧洲的每一个港口，这在以前原本需要好几年的时间。传播速度加快带来了巨大的影响。仅仅几个月之内，西欧各地就都有人开始考虑对这片新被发现的大陆投资，甚至是亲自前往那里的可能性了。[20]

与此同时在海洋彼岸，科尔特斯和蒙特祖马都在忙着评估未来的各种可能。科尔特斯知道他的信使离开的时间还不够长，不可能这么快就派来这么多装备齐全的船只。所以，这支刚刚抵达的舰队无疑是由将成为他死对头的贝拉斯克斯总督派来的。至于蒙特祖马，他要么是从玛林切那里，要么是从其他学会了一些西班牙语的纳瓦人口中，甚至可能是从特奎奇波钦那里得知了科尔特斯的焦虑及其产生原因。国王察觉到一个让西班牙人分裂，甚至有希望击败他们的机会。于是他第一次下令让自己的人开始进行战斗准备，不过他还并不完全确定自己应该与哪一拨外来者站在一边。[21]

绝望中的科尔特斯豁出一切做了他之前只是宣称自己在做的事情：此时他才真的把蒙特祖马劫持为人质，将其关进了铁笼子。后者会在里面待上约八十天。[22]只有把刀架在蒙特祖马的脖子上，科尔特斯才能让新来的西班牙人相信他已经控制了这个王国，从而才有可能获得后来人的忠诚。也只有这么做，他才能延缓印第安人方面的激烈抗拒：这是一种在中世纪西班牙的战争中经过检验确定有效的手段。[23]西班牙人突袭了蒙特祖马，将他抓回自己的营地，派人时刻看守，还威胁说如果他命令族人反抗就杀死他。之后科尔特斯就带着玛林切和大部分手下匆匆赶往海岸地区了。[24]

科尔特斯一行人一到达海岸沿线就开始传递消息，并向纳瓦埃斯营地中的各个关键人物行贿，还保证说如果他们愿意，欢迎他们加入队伍，共同分享墨西加人的财富。5月底，科尔特斯在半夜突袭了这个营地。战斗很快结束，仅有约十人丧生，因为桀骜不驯的纳瓦埃斯一被俘，其他人似乎就失去了战斗的勇气。双方几乎立即就达成协议。科尔特斯的队伍如今一下多了约八百名全副武装的队员、八十匹马和几艘供他使用的满载物资的船。他觉得自己现在可以真正击败蒙特祖马了。他们甚至还有来自家乡的葡萄酒可用来庆祝。

不过，到了第十二天，当科尔特斯正在进行安排和计划时，一些特拉斯卡拉人给玛林切送来了令人震惊的消息。特诺奇蒂特兰的人公开叛乱了。那里的西班牙人已经将阿哈亚卡特的宫殿改造成堡垒，但他们不可能坚持太久。他们完全有理由相信

113

一切正开始走向终结。第二天，又有两个特拉斯卡拉人抵达，这一次他们送来了一封偷偷帮西班牙人传递的书信。科尔特斯记得信中的内容，那些人求"我看在上帝分上，一定尽快去营救他们"。[25]

科尔特斯立即出发了。进入山脉的旅途令人十分不安。科尔特斯写道："途中，蒙特祖马的人再没有像之前那样前来欢迎我们，一次也没有。整个地区都叛变了，一个人也看不见。这让我担心城中的西班牙人是不是都已经死了，所有当地人是不是都聚集在某个关口或其他什么他们能占据优势的地方等待机会发动突袭。"[26]后来他才得知，自己收到坏消息之前派出的一支单独行动的小队确实在一个山口遭遇袭击，队员被囚禁，最终连人带牲畜全被杀死了。这支队伍里还有一些西班牙妇女和儿童，以及被奴役的非洲人和其他负责抬重物和牵牲畜的仆从。虽然科尔特斯早知道人数多和有骑手保护是西班牙人保证安全的必要条件，但他还是让这些人先行出发了，因为他们走得慢，完成同样距离的旅途所需的时间更长。结果，这些人为其领导者的傲慢自大而付出了生命的代价。[27]科尔特斯自己的队伍则人数众多，在行进期间足以保证相对的安全。直到他们抵达特诺奇蒂特兰，也没有人尝试阻拦他们。他们轻松地穿过寂静的街道，进入了阿哈亚卡特的宫殿，在那里的西班牙人同胞为他们的归来而无比兴奋。这将是西班牙人在之后很长一段时间里最后一次一起欢笑，因为第二天一早，墨西加人就发动了进攻。

麻烦的征兆是从三周前开始出现的。当城中人停止给外来人送去食物时，他们的怨恨之情就已经表现得再明显不过了。一个之前曾有偿为西班牙人洗衣服的年轻女子被发现死在了距离他们驻扎地不远的地方，这对其他人来说显然是一个不要与西班牙人打交道的警示。西班牙人派了一群全副武装的男人到市场上获取食物，然后把能带回来的都储存起来。与此同时，城中人则在为重要的宗教节日做准备，他们要庆祝"托斯卡特"（Toxcatl），届时，本城邦中的勇士要在巨大的金质维齐洛波奇特利神像前跳舞。被留在这里作为西班牙人领袖的佩德罗·德·阿尔瓦拉多说他开始担心这些人要借着跳舞的机会发起战争。这种可能性似乎非常低；如后来的事情证明的那样，墨西加人要战胜西班牙人可以有很多比这更有效的方法。不过，阿尔瓦拉多本来也不是什么精明的人。他可能单纯地相信冲突即将爆发，谁先出手谁就会获得胜利。在这种情况下，他要找的只是一个借口，而这些天有人跳起好战的舞蹈这一点恰好为他提供了一个。[28]

接下来发生的事在随后很多年中一直刻在城邦居民的记忆里。三十年后，一名幸存者给一个年轻听众讲述了事情的经过：

> 人们举行了庆祝仪式，并跳舞唱歌，歌声越来越洪亮，好像一层层声音的波浪拍打在岩石上。当……西班牙人展开屠杀时，他们是做好战斗准备的。他们来到这里，逼近人们进出的每个［院子］……然后封闭了出口，他们在每个出口都安排人站岗，这样就没人能逃出去了。
>
> 完成这一步之后，他们就进入神庙的院子，开始屠杀里面的人。那些被安排来完成杀人任务的人都是走着去的，他们手里拿着自己的金属长剑和皮制盾牌……接着，他们就包围了那些在圆柱形的大鼓中间穿行、舞蹈的人。他们挥剑砍向鼓手的双臂，把他的两只手都砍了下来。然后，

他们又砍向他的脖颈，他的头颅滚到了很远的地方。再然后，他们还用铁质长矛和长剑戳刺和砍杀所有人，有的人被划开腹部，内脏都流了出来……那些想要逃跑的人根本无路可逃。任何尝试逃跑的人都会在门廊通道处被砍死或刺死。[29]

115

不过还是有一些人成功逃脱了，因为正是他们向后人讲述了当时发生的事。这些人藏在任何能够藏身的地方。"有的翻墙逃了出去。有的进入［周围］各个卡尔普利的神庙里躲了起来。还有的用其他已经死去的人做掩护，装死逃过一劫……勇士们的鲜血流成了河。"

当天晚上，墨西加勇士们大喊着为死者复仇的承诺。西班牙人和那些还在城里的特拉斯卡拉人则躲在他们的"堡垒"里等待。大批墨西加人发动了进攻，但他们无法冲破十字弩和钢铁长矛的防线。然后，他们就突然停止了进攻。墨西加人没再去打扰西班牙人，而是让他们在沉默和不确定中度过了接下来的二十多天。三十年后，一位老者回忆了墨西加人当时在做什么。"人们挖掘了更宽更深的河道，还把河道的边缘弄得更加陡峭。所有的改造都是为了让河道变得更难以通过。人们还在道路上修墙，房子之间的走道也变得不容易通行了。"[30]简而言之，人们在为一场灾难性的城市大战做准备。科尔特斯和他的队伍正是在这段时间里重新入城并返回了他们的驻扎地。

当勇士们做好准备，也觉得外来人应该已经被饿得够呛之后，墨西加人就发动了进攻。在战斗持续的七天里，特奎奇波钦和她的姐妹听到本族勇士们发出的低语和呼喊，接下来就听到西班牙人从营地里用小火炮朝他们发射葡萄弹的巨响和十字弩射出弩箭或任何能随手拿来发射的东西时发出的嘶嘶声。每天黎明，只要天色亮到人们能够看清事物，战斗就会打响。西班牙人无处可逃，但墨西加人也突破不了他们的防线。最终，蒙特祖马尝试站在房顶上向自己的族人讲话，一个声音洪亮的年轻人会像扩音器一样把他的话重复给听众。蒙特祖马传达的信息内容大致如下：

> 墨西加人听我说！我们打不过他们。愿人们不要［继续战斗］。愿人们放下战争的箭矢和盾牌。受苦的是可怜的老人和妇女，是平民，是只会爬或刚会走的幼童，是躺在摇篮里或板子上，还什么都不懂的婴儿。这就是为什么你们的统治者会说："我们打不过他们，所有人都不要战斗了。"[31]

后来，这些话会被断章取义地用来证明蒙特祖马是一个懦夫，只想救他自己。不过，所有古老的历史故事和祷告内容都明确指出，纳瓦人认为统治者有一个至高无上的责任，那就是保全他的族人，哪怕是最年幼的婴儿的性命，这样才能让城邦一直延续下去。一个不懂克制，或是傲慢顽固，以致让自己的族人投入不可能获胜的战争的统治者才是最不道德的。那种人没有首领的智慧，没有真正领袖的判断力。[32]蒙特祖马作为数万子民的领袖已经统治了长达十八年，他很清楚周围有多少对墨西加人充满憎恨的族群。此外，他在过去半年里与玛林切和西班牙人进行了深入交谈，他知道还会有更多外来人来到这里。他明白在这样的情况下，墨西加人取得的任何胜利都不能长久。他不过是要把自己看到的真相告诉族人而已。

116

不过，年轻的勇士们却不这样看待眼前的情况。他们的职责不是考虑周全，而是在必要时，不惜为了荣耀战斗至死。蒙特祖马的一个好战的同父异母弟弟——伊斯塔帕拉帕的奎特拉瓦克（Cuitlahuac）成了当时城中那些愤怒的年轻人的实际领袖。他们的行动会造成什么长远后果不是他们最关心的事。他们只知道自己再也无法忍受下去了。借助玛林切的翻译，奎特拉瓦克的信使措辞明确地向科尔特斯解释了此时的事态：

> 他们已经下定决心，要么死，要么把我们赶走，而且……我应该看看街上、广场上和房顶上有多少人。此外，他们估计，[就算]我们死一个人需要他们死两万五千人，我们也会比他们先死光，因为他们的人很多，而我们的人很少。他们告诉我，通往城市的堤道已经都被毁了，这是真的，所有都毁了，只剩一个——我们已经无路可逃，除非我们能从水上走过去。他们清楚我们的补给很少，淡水也不多，因此我们就算没被他们杀死，也会很快被饿死。[33]

科尔特斯明白，从岛上逃出去是让西班牙人保住性命的唯一希望。连通岛屿和大陆的堤道还剩一条，但连通该堤道各个独立路段的部分已经被毁了，所以这条堤道也是无法通行的。但他们不能因此就不想办法：一些人用了一整晚的时间，用他们能找到的所有木材打造了一条便携式架桥。其他人则将最重要的工具和最值钱的细软打包，其中包括他们为查理国王收集的黄金。科尔特斯组织了一支三十人的卫队，让他们把玛林切和特拉斯卡拉公主路易莎（贵族希科滕卡特的女儿，佩德罗·德·阿尔瓦拉多此时的普通法妻子）包围在中间并护送她们逃离，因为这两个女人此时就是西班牙人最宝贵的资产。科尔特斯还下令带上蒙特祖马的孩子们，也就是把伊莎贝尔和她的姐妹作为人质。据印第安人说，他就是在此时下令杀死蒙特祖马的，为的是防止特拉托阿尼成为对其族人具有号召力的人物。不过，科尔特斯从来不曾承认自己做过此事。他坚称是愤怒的年轻勇士们杀死了自己的国王。

第七天的午夜之前，西班牙人突然冲出宫殿大门，起初他们是一个有组织的整体，之后就变为尽可能悄无声息地沿着既是大街也是架在湖上的堤道的道路前行。他们制作的便携架桥在他们第一次走到开阔水面时帮了大忙，但他们通过后无法把桥收起来带到下一个需要用它的地方。所以他们继续前行时，手里就只剩一些从宫殿里拆下来的木梁，这就是他们下一次通过堤道断点时唯一可用的东西。后来有些人说，是一个女人最先发现他们，并大叫着发出警报。驾驶着独木舟的勇士从四面八方向逃跑的敌人发动了攻击：他们想要破坏这个临时凑合的架桥，还从下向上戳刺堤道上披着铠甲的战马，因为马的腹部没有铠甲保护。当天晚上，勇士们杀死了八十匹马里的五十六匹。到了堤道的第二个断点，逃跑的人已经没有架桥可用，而是只剩几块木板，所以很多西班牙人淹死了。墨西加人后来回忆时说出了西班牙人从不提及的东西："他们就像掉下了一个悬崖；特拉斯卡拉人……和西班牙人，还有他们的马匹和［他们带着的］几个女人全都掉了下去。河道里全是他们的人，从河底堆到河面。那些后来的人就踩着这些人……［墨西加人讲述者在这里为寻找恰当的词语而犹豫了一下］……这些尸体走过去了。"[34]

当天晚上，西班牙人死了大约三分之二，还留在城中的特拉斯卡拉人的死亡比例可能更高，所以死亡人数大概是六百个西班牙人及更多印第安人。科尔特斯估计的死亡人数是包括原住民在内共两千人。[35]几乎所有和纳瓦埃斯一起来的人都被杀死了，因为他们中的大部分走在后面。唯一有机会在这场灾难中幸存的人是那些最先离开的。他们占据了出其不意的先机，且临时架桥起初还能发挥一定作用。后来人面对的情况就完全是一场灾难了。贝尔纳尔·迪亚斯当时骑着马，他受命作为断后的护卫之一。在他年老时，每当想起这个被人们称为"悲痛之夜"（Noche Triste）的晚上，他都会感到良心不安，因为他显然没在可怕的结局到来时坚守岗位。"我断定如果骑手在每段桥上等待步兵先走，那我们就都完了，所有人都难逃一死。湖中全是独木舟……除了骑马冲锋，挥剑砍向所有试图［从下面］抓住我们的人，直到冲出这条堤道为止，我们还能做什么？"[36]西班牙人已经失去了一切——黄金、枪炮、大部分马匹。但活下来的几百人至少还穿着铠甲，还握着长剑。只要这些人聚集在一起，他们也不是那么容易被攻击的。而且他们还有玛林切和特拉斯卡拉公主。此时这些人要去的地方就是特拉斯卡拉。

科尔特斯被告知，包括伊莎贝尔与其姐妹在内的墨西加人质都在混战中被杀死了，但这不是事实。女孩们被认了出来，她们的同胞冲上前救了她们。实际上，伊莎贝尔的兄弟被杀死也是个意外。后来，当人们处理大量尸体时，"他们发现蒙特祖马的儿子奇马尔波波卡是被带倒钩的飞镖击中的"。[37]不过，伊莎贝尔和她的姐妹都被族人救走，并送到了奎特拉瓦克面前。

没过几周，天花疫情就暴发了。

* * *

天花病毒成了纳瓦埃斯某艘船上的隐形乘客，它也许存在于藏在某条毯子里的一块痂里面，又或许存在于某个登陆后才知道自己患病的男人体内，因为十天的潜伏期长于他从加勒比海到这里的航行期。总之，这种微生物也成了旧大陆积累的全套军事优势的组成部分。那时的人们总是和家畜生活在一起，始终暴露在众多细菌中，但后来，高度发展的贸易路线让病毒的传播变得非常致命。唯一的安慰是，那些没被某种有害之物夺去生命的人在其余生内会对这种毒物免疫。从这个角度来说，当旧大陆的人遇到新大陆的人时，他们的易受侵害性反而变成了一种力量来源。大多数欧洲人之前已经接触过天花病毒，实际上等于打过了预防针。但原住民是一群此前没有被暴露到病毒中的人，所以他们毫无免疫能力。[38]

每当天花疫情蔓延到一个新城邦，死亡的狂潮都会持续约六十天，在有些地方，疾病会夺走三分之一居民的生命。等所有人都接触到了病毒，已经没有更多人可感染之后，疫情就会慢慢消散。但此时病毒已经被传播到邻近的城镇，所以疫情又会在其他什么地方暴发。当西班牙人和他们幸存的盟友费力地返回特拉斯卡拉时，病毒也已经传播到了这里。这里的四个国王之一玛希希卡钦（Maxixcatzin，Ma-sheesh-KAH-tzeen）已经死于这种疾病，另有数千名族人也在劫难逃。那些还健康的领袖聚集到一起，开了一系列大委员会议，他们辩论了二十天。很多人将西班牙人视为在疾病时期到来的饥饿的蝗虫灾害，他们指出，由这些外来人鼓动的战争已经害死了数百名年轻的特拉斯卡拉勇士。这些领袖支持杀死西班牙人，把墨西加人开启的事业进行到底。不过，另一些人则提醒这些好战者说，他们的经验告诉他们，二十余匹马和几百名西班牙人也可以给他们造成极大的伤害。再加上已经嫁给佩德罗·德·阿尔瓦拉多，

119

如今被外来人称为堂娜路易莎的特拉斯卡拉公主告诉委员会成员，这些西班牙人不过是先行者，之后还会有数千名西班牙人到来。玛林切也认为坚持到底，巩固与西班牙人的盟友关系，用他们最终必将获得的胜利来确保特拉斯卡拉对特诺奇蒂特兰的优势才是明智的做法。最终，持这种观点的一方胜利了。[39]

西班牙人此时的状态很糟糕。墨西加人在好几个地点袭击了他们，所以他们不得不一直紧密地聚集在一起，由骑马者把步行者围在里面行进；即便是停下来休息时，也要安排人手瞭望各个方向的动静。他们发现很多村子里的人在他们到来前就逃走了。这不仅是因为他们惧怕西班牙人，也是因为担心墨西加人会因为认定他们帮助过西班牙人而对他们不利。深陷困境的赶路者只能吃在被废弃的城邦内找到的食物，甚至吃受伤后死掉的马匹。当西班牙人终于在特拉斯卡拉获得救助时，他们之中很多人的伤口已经化脓，所以又有更多人丧命。科尔特斯本人也不得不截掉左手的两根手指。

当他们在这里休整时，科尔特斯与自己的亲信们讨论了接下来该何去何从。有些人赞成到海岸边去，要么从那里离开，要么在那里休整。但科尔特斯坚信他们该做的恰恰相反，他们应该留在原地，并再展现一次自己的实力。墨西加人有很多敌人，但他们也有一些朋友；更重要的也许是，他们还能让在乡村中生活的所有人都惧怕他们。如果西班牙人想要获得并保住足够多的原住民同盟以确保永久的胜利，他们就必须被视为在墨西哥的最强大力量，即一个从长远来看最为人所惧怕的群体，而不是一群很快就会离开的人。他们不能只成为本地政治棋盘上的又一颗棋子，他们必须成为这个游戏中最令人恐惧的角色。

科尔特斯通过玛林切从特拉斯卡拉人那里搜集情报。只要

120

哪个附近的城邦接待了来自特诺奇蒂特兰的信使，科尔特斯就会召集自己的骑手们进行一次著名的凌晨突袭。墨西加人放话说，不加入外来人阵营的人可以一年不进贡。这也是在暗暗提醒所有人——墨西加人才是一直留在这里的领袖，在这些闯入者被赶走后，墨西加人不会忘记谁是自己的朋友，谁又是自己的敌人。不过，相较于墨西加人承诺的远期回报，骑着马的长矛手在城镇中无所顾忌地放火杀人的威胁则迫在眉睫。与此同时，西班牙人也向那些加入自己阵线的人许诺了回报。科尔特斯在这些事件发生时写道："他们看到那些这样做的人都获得了热情欢迎和我的青睐，而那些没有这样做的人则每天都在遭受毁灭。"[40]玛林切总是建议负责任的领袖要谨慎小心、和平友好地与强大的外来人接触，她还提醒所有听她讲话的人：如果人们宣誓效忠科尔特斯的国王，墨西加人就会被消灭，城邦之间无穷无尽的战争也会彻底停止。墨西加人只是强大到可以保证他们在中央盆地中的子民生活在和平中，但这些新来者比他们强大得多。西班牙人最终会取得胜利是可预料的必然结果，所以人们应该放下武器，因为西班牙人已经占据了优势，而且他们不会离开。他们的胜利将避免未来在比中央谷地更大的范围内再出现混乱和报复性战争。

越来越多的原住民开始渐渐理解玛林切和蒙特祖马在几个月前就已经明白的事——还有很多西班牙人要来到这里，他们会携带更多武器。在特拉斯卡拉休整时，科尔特斯强迫每个人将自己占有的所有黄金都交出来，这样他就可以用这些黄金到加勒比海地区购买马匹和武器。随后他又派了一些骑手到海岸边，让他们修一艘船，然后驾船前去购买这些东西。结果这些人高兴地发现，已经有七艘船抵达这里，其中一艘就是科尔特斯的父亲派来的，他在儿子的书信和普埃托卡雷罗一到达西班牙之后就开始筹备物资了。第二年年初，又有三艘满载着物资的船抵达岸边。科尔特斯越来越感到欢欣鼓舞："［1521 年］4月 28 日，我召集我的手下举行一次检阅，清点结果是有八十六名骑手、一百一十八名弓弩手和火枪手、七百名自带剑和盾的步兵、三门大炮、十五门小炮和十英担①火药……［我们］很清楚……上帝给我们的帮助比我们希望的还多。"[41]

121

关于西班牙人队伍此时实力的消息在本地群体中传播得非常快。我们知道这些人一直在根据各种事件来评估自己是否应当相信玛林切的论点。在战争实际爆发后的某个时刻，西班牙人输掉过一场战斗：几十个人被与大部队分离，成为俘虏并被杀死。某些原住民盟友于是立刻撤销了结盟，但很快又恢复了关系。西班牙人后来会说原住民与他们重修旧好是因为其祭司宣称在接下来的八天里，墨西加人会获得一场大胜，但这种情况并没有发生，因此原住民就不再信任自己的祭司了。这也许是原住民重新加入西班牙人阵线的部分原因。毕竟，他们自己的历史作品中确实存在这样的记录。一份创作于 1540 年代的作品也许是最早被写成文字的作品之一，其原住民作者还记得当时的人们有多么失望，因为一些祭司承诺他们将在第八十天时取得胜利，结果预言没有兑现，反而让他们损失了更多生命。不过具体到此时，还发生了其他一些促使原住民重新加入西班牙人阵营的事情：从海岸边返回的信使带来了又有一艘船抵达的消息，并带回了火药和十字弩作为证据。所有监视西班牙人的原住民都看到了。用科尔特斯的话说，"周围所有地方"的

---

① 十英担等于半吨。——译者注

人们几乎立刻就做出了与他们之前的盟友重修旧好的决定。[42]

许多城邦不需要多做说服就把自己的命运寄托在了外来人身上，更准确地说，这样做的人其实是这些城邦中的特定家族。鉴于原本的内部紧张关系，这些家族世系与他们的追随者愿意且早已做好了与强大的新来者并肩作战的准备。以特斯科科为例，蒙特祖马不久前才处理了一个他不满意的继承人，从而为自己的外甥卡卡马扫清障碍，而韦索钦卡钦则因为与来自图拉的女士一起唱歌而被处决。韦索钦卡钦的几个同父同母的兄弟接受了以土地为形式的贿赂。但早在老国王内萨瓦尔皮利去世几年前，这个城邦实际上已经分裂成了两部分。被处决的诗人韦索钦卡钦最年轻的那些弟弟形成了一股强大的势力，他们获得了，或者说自行夺走了王国的北半部。这些年轻弟弟中有一个名叫伊斯特利尔索奇特（Ixtlilxochitl，Eesh-tlil-SHO-cheet）的非常成功的勇士，他决定抓住机会与外来人结盟，从而将蒙特祖马的亲信卡卡马赶走，并将特斯科科重新团结在他和同父同母兄弟的控制下。科尔特斯很喜欢他，称他为"一位二十三四岁的非常勇敢的年轻人"，还说他会努力将"许多首领和他的兄弟们"拉拢过来。科尔特斯承认那些兄弟起初"对于这种关系并不如他们后来的态度那么坚定"。但多亏了伊斯特利尔索奇特的努力，成千上万的特斯科科人很快就加入了西班牙人的阵营。[43]

与此同时，西班牙人的队伍一边等待增援，一边努力与当地人结成更多联盟。马丁·洛佩斯（Martín López）是队伍中的造船匠，他教会了特拉斯卡拉人如何制造能在大湖中航行的双桅帆船。独木舟制造者、编织者、木匠、制绳匠，等等……都是被需要的人才。他们打造了十二条各不相同的船所需的部件，到了恰当的时候，就把这些部件运到大湖岸边就地组装。特拉斯卡拉人很快就学会了如何使用船帆，以及如何操控这些体型大、航行速度也快的船只。后来，当他们给自己的孩子讲述关于征服战争的事情时，这往往是他们之中一部分人最先提及并被记录在他们最早期的编年史中的内容。[44] 驾船是一种使人感觉有掌控权甚至让人兴奋不已的经历，它还会变成一种长久的重要记忆。不过在当时，它只意味着科尔特斯和他的队伍不用再依靠堤道了。

* * *

在特诺奇蒂特兰，特奎奇波钦每天都生活在恐惧中。她因为被从外来人手中营救出来以及看到他们逃离而感到的喜悦很快就逝去了。她获救后没多久，可怕的疾病就出现了，而疫情缓解带来的宽慰持续的时间更短。她父亲的弟弟、新特拉托阿尼奎特拉瓦克成为统治者仅八十天左右就死于天花。[45] 城中的所有家庭都遭受了重创，他们甚至顾不上按照宗教要求，为他们的统治者举行恰当的哀悼仪式。人们努力重新积聚力量并进行重建，每坚持一天都非常艰难。与此同时，委员会成员夸乌特莫克（Cuauhtemoc，Kwow-TAY-moc）当选为新的特拉托阿尼。他出身于王室家族的另一支，他的祖先是伊斯科阿特，他的父亲是前国王阿维特索特，他的母亲是特拉特洛尔科人，[46] 所以他拥有特拉特洛尔科人的支持。鉴于特拉特洛尔科人控制着岛屿北部的大市场，而很多本地人至此时还会把自己的产品送到这里，所以特拉特洛尔科人在这个动荡时期中还是具有相当实力的。起初，夸乌特莫克的当选对特奎奇波钦来说似乎是可以接受的，但没过几周，一种全新的恐怖又降临到了她的身上。

夸乌特莫克和他的顾问们很清楚墨西哥乡村地区此时的状况：尽管他们在 7 月获得了一场大胜，但四面八方的人仍然在考虑与外来人结盟。墨西加人认为在因瘟疫而不得不保持低调的这段时间里，自己不太可能受到攻击，因为乡村中的人此时也同样遭受着疫情侵扰，其中就包括西班牙人的所有盟友和潜在盟友。然而，随着幸存者逐渐康复并恢复全部力量，墨西加人就开始害怕了，因为战争即将重新爆发。如果他们不能阻止周围的大多数城邦叛变，那么他们就在劫难逃了。夸乌特莫克相信唯一的应对方法是进行一次残酷无情的力量展示。

此时还活着的蒙特祖马的儿子们对夸乌特莫克和他的政策来说是一种威胁。西班牙人撤退当晚，蒙特祖马的两个儿子已经在交战中丧生，但尚在人世的还有好几个。夸乌特莫克拥有绝大部分特拉特洛尔科人的支持，但蒙特祖马的儿子则可能拥有绝大多数特诺奇卡人的支持。更重要的也许在于，这些儿子都接受了他们的父亲蒙特祖马的教导，认为公开与外来人交战不仅徒劳无益，还会适得其反。因此他们代表的是与夸乌特莫克一派对立的思想：他们为这个城邦提出了战争的替代途径。对于夸乌特莫克来说，幸运的是，要攻击蒙特祖马的儿子们很容易。他们可以被说成软弱之人，以及之前发生的那些错误的象征。夸乌特莫克就是这么描述这些人的。随后，他很快就除掉了蒙特祖马的六个儿子，有些人甚至说其中之一是被夸乌特莫克徒手杀死的。一位特拉特洛尔科人贵族认为夸乌特莫克没有任何过错，他解释说："这些贵族被杀死的原因在于他们偏祖［渴望和平的］平民，并尝试确保被剥了皮的白玉米、母火鸡和鸡蛋都被收集上来并送给西班牙人。"在那些被杀死的人之中就有特奎奇波钦唯一同父同母的兄弟，他和曾经的国王一

123

样，也叫阿哈亚卡特钦（Axayacatzin）①。此时，特奎奇波钦只剩两个同父异母的兄弟还活着，他们虽然都熬过了天花疫情，但年纪太小，构不成威胁。[47]

在这场屠杀中，夸乌特莫克也没有放过"高傲的女儿"特奎奇波钦。不过他并不是想杀死她，而是要娶她并让她为自己生下子嗣。这样做会让他的统治在更多人眼里获得合法性，因为他的继承人将与两个王室家族产生关联。一位来自家族不同分支的新特拉托阿尼登基后，要迎娶被他取代的旧特拉托阿尼的女儿或近亲。正是通过坚持这一传统，统一才得以维持。眼下，让这个女孩加入自己的阵营对于夸乌特莫克来说尤其重要。自从她被送给外来人之后，乡村中的人有时会把特奎奇波钦的名字与他们的敌人科尔特斯的名字联系在一起；还有时，他们会把玛林切与科尔特斯联系在一起（原因是人们有时会把特奎奇波钦和玛林切弄混，这可能会让王室家族感到耻辱）。夸乌特莫克必须证明这个同时拥有两条王室血脉的具有象征意义的重要女孩属于自己，而不是别的什么人。就算没有和她明说，他也已经用行动让她明白了其中的深意。[48]

然而，在更广阔的世界中，夸乌特莫克的权力还远远算不上至高无上。尽管他非常残暴，也确实为自己的城邦获得了很多盟友，其中就包括一些忠诚的特斯科科人，甚至还有伊斯特利尔索奇特的几个兄弟，但夸乌特莫克还是无法让足够多的城邦持续支持自己。渐渐地，随着欧洲人凭借技术优势赢得了周围人的忠心，特诺奇蒂特兰城中的人发现自己越来越无法得到食物供应了。他们的孤立状态还不是彻底的，却在逐渐加深。

---

① "-钦"是原住民语言中表敬称的后缀，前文介绍玛林切名字演变时有所提及。——译者注

幸好他们还有奇南帕，以及禽类、鱼类和湖中的藻类，他们还要感谢那些仍然愿意聚集在他们旗帜下的人。当人们在夜晚围坐在篝火边时，他们会唱起赞美忠诚的歌曲。[49]几周过去了，几个月又过去了，人们能做的只有祈祷。

终于有一天，敌人真的来了。虽然墨西加人早有预料并有所准备，但实际情况仍然让他们震惊。外来人已经在这个地区四处游走了好几个月，人们还能看到他们在位于湖东部的特斯科科组装船只。尽管如此，墨西加人还是假定敌人接近岛屿的过程必然是缓慢的。他们还没意识到那些船在顺风满帆时速度有多快，也没意识到这样的船上能够搭载多少人。一天早上，多艘双桅帆船径直驶向了岛屿边沿一个名为索基阿潘（意为"淤泥平地"）的区域。那里的居民呼喊着自己的孩子，疯狂地四散奔逃。他们把年幼者扔上独木舟，然后划桨离开以求保命。湖上全是他们的小船，而西班牙人和特拉斯卡拉人则进入已经空无一人的居民区，抢光所有财物后又返回自己的船上。[50]

接下来的几周内出现了一种模式。外来人用他们的加农炮炸开墨西加人修建的作为障碍的围墙，有时甚至会毁掉整幢建筑。接着他们就派原住民盟友在可以远程攻击的十字弩和枪炮的掩护下，往河道里填埋碎石和沙子。一旦西班牙人获得了平坦、开阔的空间，他们就可以轻松地凭借马匹和长矛掌控局势。西班牙人每天都会杀死至少几十个墨西加人，有一天甚至杀死了几百个。一位勇士在年老时回忆说："他们一点一点将我们逼到［特拉特洛尔科的］围墙边，把我们像牲畜一样赶到一起。"[51]

这位老人还记得其他一些基本事实，尤其是他和自己的同伴如何拼尽全力抵抗西班牙人。他们争夺每一寸阵地，有时会在深夜把被敌人填实的河道再挖空。有些著名的勇士做出了蔑视死亡的英勇行为，偶尔能够掀翻马匹，将骑手摔倒在地。还有两次，他们设法将一大群西班牙人孤立起来并击败了他们（一次是十五人，还有一次可能是五十三人）。黑西加人将俘虏带到最高的金字塔顶端，在他们面如死灰的俘虏同伴的全程旁观下将他们献祭，然后把他们的头颅捆成一串可怕的链子挂在空中。勇士个人的英勇气概有时会令围观的年轻男孩震惊不已。有一次，西班牙人来到一个分区中，那里的人本以为他们最早也得第二天才能抵达，所以还没有逃走。于是西班牙人开始抓捕尚未撤离的女人和孩子。一位名叫阿霍肯钦（Axoquentzin,Ah-sho-KEN-tzeen）的勇士跑过来。他的狂怒似乎让他拥有了超人的力量。他跑到开阔地上，抓起一个西班牙人抡起来，直到后者不得不放开被自己抓住的女孩。接着，阿霍肯钦又抓起另一个人扔出去。不过这样的行为不可能永远继续下去。西班牙人最终击败了他："他们朝他的心脏射了一个铁箭头。他像睡觉时伸展四肢一样倒在地上死去了。"三十年后，这个故事依然留存在众人的记忆中，还会出现在他们吟唱的歌曲中。这些最伟大的勇士表现出的无所畏惧让他们感到非常骄傲。[52]

勇士们似乎从没有因外来人的武器而被震慑或吓呆。相反，他们用一种直白的方式解释这些东西：

> 弓弩手瞄得很准。他的弩箭直指他要射击的目标，当他放箭时，射出的箭矢会发出嘶嘶的啸鸣。他们的弩箭百发百中，总能射中什么人，甚至穿透某个人的身体。他们的枪也是指向和瞄准人的……子弹在人们毫不知情的时候射过来，在杀死人之前没有任何警告。任何被击中重要部

位，如额头、后颈、心脏、胸部、胃部或腹部的人都
会死。[53]

不幸的是，当墨西加人缴获一些厉害的武器，并尝试使用
它们的时候，他们却总不成功。有一次他们强迫被俘虏的弓弩
手教他们发射金属弩箭，但这种教学并没有什么效果，他们射
出的箭总是偏离方向。他们也很快明白在没有西班牙人才有的
火药的情况下，枪是不能使用的。还有一次，他们缴获了一门
加农炮，但知道自己既没有使用经验也没有能让其发挥作用的
弹药，所以最好的选择只能是防止大炮回到敌人手中，于是他
们将大炮沉入了湖中。墨西加人不仅学会制作超长的标枪来对
付西班牙人的长矛，而且意识到驾驶独木舟时要走"之"字
线，要快速且出其不意地变换方向，这样西班牙人就不能从他
们的双桨帆船上轻易瞄准自己了。然而，这些策略顶多可以拖
拖敌人的后腿，却不能给墨西加人带来胜利。这位老者在回忆
当时人们付出的努力时，不忍心直白地说出这个事实，但他概
括的大意相同："通过这种方式，战争持续的时间稍微长了
一点。"[54]

有一次，西班牙人决定造一台投石器，认为这足以把印第
安人吓呆。科尔特斯写道："就算它没有其他用——它也确实
没有——但它应该能引发巨大的恐惧，我们觉得敌人也许会就
此投降。不过，我们的愿望都没能实现。因为木匠无法成功操
纵他们的机器，而敌人尽管非常害怕，但依然没有投降。为了
掩盖投石器的无用，我们只好说自己出于同情决定放过他
们。"[55]科尔特斯在这里不过是自我安慰罢了。墨西加人根本
不可能相信他宣称是同情心阻止了他的说法；实际上，这件事在

126

他们看来几乎有些搞笑：

> 接着那些西班牙人在一个祭坛平台顶端放置了一台木
> 质投石器，这个机器可以向人们投掷石块……他们给绞盘
> 绞上劲，然后木质投石器的长臂弹起，但石块没有射向人
> 群，而是［几乎垂直地］掉到了索莫尔科（Xomolco）的
> 市场后面。为此西班牙人之间还出现了争吵。他们看起来
> 似乎是在用手指戳彼此的脸，还喋喋不休地说着什么。
> ［与此同时，］投石器仍在那里前前后后地摆来摆去。[56]

但勇士们能够取笑西班牙人的机会少之又少。墨西加人知
道自己要输了。他们没办法解释自己与敌人之间的实力差距，
他们不可能知道欧洲人是长达一万年定居生活传统的继承人，
而他们自己才仅仅有三千年的定居历史。但值得注意的是，墨
西加人似乎从这一切中获得了一种关于现状的切实领悟，他们
明白什么是解释问题的关键。他们不认为敌人有更好的美德或
更高的智商。在他们留下的描述中，他们其实主要关注了两个
因素：西班牙人对金属的使用，以及他们之间非凡的沟通工具。
那位老者在谈论自己的经历时，提到西班牙人时说的最多的就
是"*tepoztli*"（金属、铁）这个词："他们的战争装备都是铁
的。他们身上穿着铁，头上戴着铁，他们的长剑是铁的，他们
的弓弩也是铁的，他们的盾牌和长矛还是铁的。"这种描述还
会变得更加具体："他们的铁质长矛和战戟似乎会闪光，他们
的铁质长剑能够弯曲得像一股水流，他们的胸甲和头盔会发出
咔啦咔啦的声音。"[57] 当这位老者因为对事件感到惊奇而停顿时，
他想问的是关于自己的非凡王国的消息究竟是如何被那么高效

地传递给大洋对岸的那么多人的。[58]勇士们见过船只，但没见过
使征服成为可能的指南针、航海仪器、专业地图及印刷机。令
人震惊的正是他们极为迅速地意识到这些就是问题的核心。

* * *

交战持续了三个月，考虑到天花和饥荒最终对墨西加人的
削弱作用，这个时间远超过了西班牙人认为可能的长度。在战
争持续了四周多的时候，墨西加人勇士曾向特拉斯卡拉人喊话，
说希望与那个来自本地的女人对话。玛林切来了之后，墨西加
人提出只要西班牙人返回大洋彼岸，他们就愿意立刻实现彻底
的和平。科尔特斯回忆说："我们站在那里通过翻译与敌人争
论时，双方之间仅隔着一座已经坍塌的桥，一个老人在所有人
的注视下，非常缓慢地从他的小背包里拿出了某种食物并将其
吃掉了，好像是想让我们知道他们并不缺物资。"墨西加人继
续讲着条件，无非就是详细列出了他们愿意进贡的物品清单，
因为他们说了很长的一段话都没有停下来让玛林切翻译，而是
知道她最后会对这些内容进行概括总结。科尔特斯说："我们
当天没有再交战，因为他们的首领让玛林切把他们的提议转达
给我。"但科尔特斯第二天上午就拒绝了这些提议。[59]

墨西加人试图证明他们不缺乏无畏的勇士或食物补给的努
力并不能长久地掩盖事实。到 8 月 13 日，他们在城中仅剩的阵
地也几乎陷入瘫痪。"路上散落着碎骨头和头发。［被血］染红
的房子都没有屋顶了。蠕虫在路上爬，房屋的墙壁上因为有喷
溅的脑浆而变得滑腻。"[60]还活着的人已经把能吃的都吃了，包
括鹿皮、小昆虫和蜥蜴，甚至是被弄软的黏土砖块。痢疾在这
些人中间蔓延。夸乌特莫克带着几个重要顾问和妻子特奎奇波

钦，乘独木舟去向西班牙人投降。[61]他唯一的要求是允许他的族人到乡下去寻找食物。战争就这样结束了，人们听说自己可以离开了，如果有家人在其他城邦的可以去投奔，也可以用宝贵的财物去交换食物，或者干脆乞讨。当时还是孩子的人记得那种获得释放的感觉，他们满怀希望和喜悦，在已经损坏的堤道上疾走，或跟着幸存的大人蹚水或游泳穿过湖面。年纪还小的人听到远处传来悲痛的呼喊，那是一些成人在发泄他们的哀伤。还有人看到尽管双方已达成协议，但仍有年轻女子被西班牙人抓走。[62]不过，孩子们依然没法不为运气的转好而感到兴奋。他们还不明白，自己知道的那个世界正走向终结。眼神空洞的特奎奇波钦呆呆地看着他们离开了。

第六章
初期（1520 年代～1550 年代）

一个男孩划着他的独木舟

资料来源：The Bodleian Libraries, the University of Oxford, Codex Mendoza, MS. Arch. Selden. A. 1, folio 63r.

当火舌已经吞没木质房梁时，黏土房屋的墙壁却燃烧得很慢。不过，潮湿土坯的阻挠也无法有效地延缓这场灾难。因为茅草屋顶直接着起了熊熊大火，然后向房屋内坍塌下去，毁掉了下面房屋中的一切。骑着马的西班牙人放火烧掉了他们的村子，村子里的居民尖叫着从藏身之处跑出来。他们站在那里看着自己的财物被烧得噼啪作响，最终化为乌有。有些人哭了，有些人被吓呆了。而隆隆的马蹄声则渐行渐远。所有

人都知道，骑在马上的那些人是附近的方济各会布道
团派来的。[1]

以上事件发生于 1559 年，地点是在墨西哥城东部的一个镇
子里。西班牙人已经在这个地区待了三十多年，但他们的存在
对于大多数村民来说并没有什么意义。附近的一位老者已经盲
得看不见什么东西了，但声音和气味足够让他明白一切。他是
位上了年纪的首领，此时仍被他的族人称作奇马尔波波卡
（"烟雾盾牌"，与古时候的墨西加人国王同名），不过很多年
前，他就接受了堂阿隆索·德·卡斯塔涅达（don Alonso de
Castañeda）这个取自最早一批西班牙征服者之一的名字作为自
己的正式姓名。奇马尔波波卡和其他群体的几位领袖把过去两
年中的大部分时间用来劝说本地村民相信，西班牙人说到做到，
他们是真的要让所有人都离开自己的小村庄，搬到规模更大的
库奥蒂坎镇去，这样人们就可以被更有效地改造成基督徒、被
征税，以及被统一管束。拒绝前往的人会被用火逼走。此时，
这样的情况就出现在这个名叫阿莫索克（Amozoc）的小村子
中。在这个可怕的日子里，奇马尔波波卡回想了自己的整个人
生，包括西班牙人到来之前和之后的日子。与他同一代的很多
人当然也面临过类似的危急时刻，但奇马尔波波卡的独特之处
在于，他为我们留下了关于他的经历，甚至某种程度上，也是
关于他的思想的记录。其他一些在西班牙人到来前成年的人说
的话被更年轻的作者引用过，而奇马尔波波卡却是亲自创作了
一本流传至今的作品。[2]

这个男人此刻一定感到非常痛苦，因为在过去这些年里，
奇马尔波波卡或者说堂阿隆索·德·卡斯塔涅达一直与西班牙

人密切合作的前提是，他相信如果他这样做了，持续出现的地方战争就会终结，他的族人也将不再受苦；而烧毁阿莫索克显然不是他脑海中战争结束的样子。不过，奇马尔波波卡并没有因此一蹶不振。他已经活了很多年，拥有很多记忆；他知道每天都是新的一天。他还会继续帮助自己的族人度过这些艰难时刻。无论他们在自己的村庄中失去了什么，他们的孩子和孩子的孩子仍然可以构成城邦的未来。

西班牙人没有到来之前，这里也有政治危机和战争，而且这也不是堂阿隆索第一次见证苦难。对他产生重大影响的记忆之一是他父亲和叔叔被杀死，那些事发生在"我们这里的人眼中的外来人"到来很久之前。他从不介意在漫天繁星的夜晚给他人讲述这个漫长的故事。[3]他的祖先来自遥远的北方，他们是受到其他已经与长期定居的乔卢拉人通婚的纳瓦人邀请而来的。奇马尔波波卡的族人帮助乔卢拉人击败了他们的敌人，作为回报，他们被许可在乔卢拉以东仍是荒野的地方定居，那里有雄鹰盘旋，但几乎还没有人居住。他们干脆给自己的新家园取名为库奥蒂坎，意思就是"鹰之家"。大部分家族继续与乔卢拉人通婚，但少数一些生活在新定居点最东边的人则与生活在更东方的皮诺梅人建立了紧密联系，后者不讲纳瓦语，而是说皮诺特语（Pinotl）。这些东部次级城邦中的人在库奥蒂坎成了少数派，并渐渐为自己的从属地位感到厌烦。最终，在 15 世纪下半叶，东部人的领袖之一与特拉特洛尔科的墨西加人结成了战略联盟，并要求后者前来进行干预。于是皮诺梅人首领很快占得上风，他的群体开始占有其他所有人的土地，并要求他人进贡（贡品的一部分自然要被转送给他们的新教父特拉特洛尔科人）。[4]

131

奇马尔波波卡的父亲科塔特钦（Cotatzin）出生于一个讲纳瓦语并与乔卢拉人关系紧密的领袖家族，他们就属于因为东部的发迹者联合墨西加人而实力受到削弱的群体。1510年，科塔特钦刚刚从父亲那里继承了一系列村庄的首领地位，他被皮诺梅人首领特斯科科尔利（Tozcocolli）邀请到家中，后者此时已经成了整个库奥蒂坎最重要的首领。特斯科科尔利派来的信使态度极其谦恭，乐观的科塔特钦于是前往了特斯科科尔利的村庄。结果证明这是个错误。他的儿子后来回忆说，"杀他的人已经等在那里"，他们把他勒死了。科塔特钦的一个兄弟显然对此做出了激烈的回应，结果遭遇了更凄惨的下场。他被送到切割石上，但并不能获得被献给神明的真正祭品应获得的荣耀。当时还是个孩子的奇马尔波波卡一直记得："他们划开他的胸膛，却没有马上取出他的心脏，而是中途停了下来，所以他先是抽搐了一阵，然后才死去。"被谋杀的首领的另一个兄弟，也就是奇马尔波波卡的叔叔特库阿尼特钦（Tecuanitzin，意为"食人者"）接替了这个次级城邦的领袖之位，并明智地对特斯科科尔利侵占土地或杀死他兄弟的事保持了沉默。特库阿尼特钦与科塔特钦应该不是同一个母亲所生的，所以他比较容易接受这种情况。实际上，他甚至可能是与特斯科科尔利勾结在一起的。[5]

又过了十年，特库阿尼特钦也去世了，但不是因为他的背信弃义，而是死于一场在神秘的外来人抵达这个大陆不久后就开始蔓延的可怕疾病。[6]到他去世时，奇马尔波波卡周围的人实际上还都没见过这些新来者，因为疾病传播的速度比外来人移动的速度更快。然而，关于他们的传闻早已传遍了这个地方。人们听到的第一个确切消息是外来人联合特拉斯卡拉人一起摧毁了他们热爱的乔卢拉，也就是奇马尔波波卡祖母和外祖母的家乡。接下来，新的敌人移师特诺奇蒂特兰，最终从那里被赶走。关于这件事的消息传播得很广。乔卢拉人和库奥蒂坎人一起为此而庆祝。但没过多久，大规模的天花疫情就暴发了。库奥蒂坎有数千人丧命，其中就包括首领特库阿尼特钦。奇马尔波波卡当时还是一个强壮的年轻人，他熬过了疫情，并在这个混乱时期中接替了叔叔的位置，成了他的家族统治的一系列村庄，也是库奥蒂坎最重要的次级城邦之一的首领。

不到一年之后，特诺奇蒂特兰被西班牙人攻陷的消息于1521年传来。像墨西哥中部的许多人一样，库奥蒂坎人也在紧张地等待着，想要弄明白这对他们而言意味着什么。没过几个月，西班牙人就来了，一起前来的还有接受了战争历练的特拉斯卡拉人盟友，后者正在给新来者指明通往所有关键城邦的路，只有把这些城邦都打败，西班牙人的胜利才能被认定为高枕无忧的。[7]有些地方首领可能会为墨西加人的覆灭而庆祝，但他们不会庆祝特拉斯卡拉人的到来，因为后者曾向乔卢拉发动无比残暴的战争。本地区不少城邦中的人们聚集起来表明立场。这是奇马尔波波卡在后来的日子里不愿多想的一件事。他简洁地说了一句："我们被击败了。"而且他在这里使用的动词形式是暗示绝对毁灭的那一个。① 他还说："我们都撤回了沼泽地。"[8]过去的纳瓦人在战败时经常会做的一件事就是躲进沼泽地，盾花的父亲在1299年被击败时也是这么做的。纳瓦人在那里选出了一些前去向特拉斯卡拉人和外来人求和的特使。他们已经听说自己的敌人身边有一位来自东部的女人，她不仅能够把本地

①　"polihui"，参见第二章注释43、第五章注释1及本章注释8。——译者注

人的语言讲得很完美，还能和那些外来人交流。但这并不能让他们安心，因为根据他们的经验看，沟通并不总能有效地带来和平。有时候，特使随便就被杀了。

和自己的幸存族人一起藏在芦苇中的奇马尔波波卡也在等待。信使终于返回了。他们宣布说，只要所有人同意每年向一位领主进贡，他们就都可以回家。这个领主也是新来者中的一员，他们都来自那个名叫卡斯蒂利亚的地方。人们询问道："要进贡什么？"答案是一定数量的织毯、黄金、火鸡和大量玉米。奇马尔波波卡考虑了自己的选项。他派特使回去询问贡品的具体数量，以及玉米的精准计量单位，直到双方就篮子的正确尺寸达成协议为止。[9]当这些条件都被明确之后，奇马尔波波卡接受了进贡的要求。这个数目对他的族人来说是能够承受的。幸存者于是返回自己的村庄，他们对于在哀悼过死者之后，生活就能够恢复正常并继续下去充满希望。随后的几年中，他们和在墨西哥的其他大部分人也是这么做的。

* * *

1520 年代初，动荡的中心不是内陆农村地区，而是被西班牙人称为墨西哥城的特诺奇蒂特兰及其周边地区。当时西班牙人仍驻扎在与特诺奇蒂特兰隔湖相对的科约阿坎镇（Coyoacan），因为特诺奇蒂特兰城内此时还一片狼藉。一个生活在岛屿市场附近的人后来回忆说："我们的基督徒老爷们还没有到这里定居，他们留在科约阿坎算是对我们的安慰。"[10]外来人统治的最初几个月，其混乱程度令人惊骇。西班牙人只能通过本地精英进行统治，才能获得一些恢复秩序的假象；在墨西哥城，这意味着他们要通过夸乌特莫克进行统治。后者被锁在房子里，如果他宣称自己不知道祖先把黄金存放在哪里，西班牙人就会用烧红的铁棒烫他的脚底。特奎奇波钦，也就是伊莎贝尔，此时还是个小女孩，但她已经被迫迅速成熟，如果说她曾经惧怕自己的丈夫，那么此时她对他只有同情。这两个人听说在美丽的特斯科科和索奇米尔科，西班牙人放出他们的大狗，甚至让这些獒犬咬死了一些说自己不知道财宝囤积在哪里的人。每到一个城邦，西班牙人都会让玛林切站在矮墙上大声喊出把财宝送来的命令；如果西班牙人认为命令没有获得执行，她就得看着人们遭受惩罚。[11]

　　征服者似乎陷入了一种囤积财富和满足自己一切愿望的纯粹疯狂中。当没有足够的黄金和珠宝被送来时，他们就开始用烙铁给他们抓到的俘虏烙印，然后把这些人送到海岸边当作奴隶运到加勒比海地区，其中无疑也会包括在库奥蒂坎的战斗中抓到的奇马尔波波卡的同胞。1522 年，这种做法产生收益的五分之一要被留作给查理国王的贡品（一丝不苟的记录中明确写下的数目是 5397 比索）。西班牙人把最漂亮的年轻女俘虏留给自己；还有一些家人全都丧命，剩下自己只能被饿死的女孩也会主动来投靠他们。至少在一个例子中，一群这样的女孩被锁在一栋建筑中强制卖淫。受良心谴责的旁观者在返回西班牙后，向人们讲述了自己看到的这些女孩的遭遇。于是在 1523 年 6 月，国王发布了恳求他的臣民约束自己，停止虐待原住民妇女的文件。[12]

　　到了这个时候，局势已经略微平静下来；科尔特斯开始在下达命令和组建新的政治机构方面有所进展。在特拉特洛尔科的市场重新开放了，相对常规的城市生活也得以恢复。西班牙人工匠开始培训特诺奇蒂特兰的原住民男子群体——但他们要靠夸乌特莫克和翻译的道德权威才能确保这些人前来接受培训。这些人以惊人的速度学会了如何建造欧洲文艺复兴风格的建筑。特诺奇蒂特兰的中央广场被取名为大广场（Plaza Mayor），广场两侧是新建造的大教堂和一栋两端都有带墙垛的塔楼的政府办公场所。人们从早到晚都能听到锤子的敲打声。到 1524 年，西班牙人终于可以将他们的管理中心从科约阿坎镇转移到墨西哥城了。[13]

当城中的墨西加人被强迫建造欧洲风格的大城市中心区时，科尔特斯则在将周边农村地区中的各个城邦作为礼物分配给自己的追随者。尽管他在 1523 年年底才收到正式许可，但早在那之前很久，科尔特斯就已经开始这样做了。[14]每个征服者都能获得某个特定城邦或次级城邦包含的各个乡村作为回报，这些乡村被称为一个"包裹"（encomienda）①。这并不意味着生活在这些地方的人成了征服者的奴隶。理论上说，这意味着征服者要保护这些人的精神和政治福祉，作为交换，这些人要向他进贡，并在每年的部分时间里为他提供劳务。[15]以库奥蒂坎为例，这个地方被分配给了一个名叫胡安·佩雷斯·德·阿特亚加（Juan Pérez de Arteaga）的征服者，他花了很多时间向玛林切学习纳瓦语，以成为一名助理翻译。[16]玛林切在这段时间里总是需要帮助，因为她经常被叫去协助一些比战争本身导致的问题更复杂的协商。西班牙人要求的已经不仅仅是服从和提供食物，她此时要传达的还有西班牙人的政治和经济要求的确切本质，并尝

① 这个西班牙语单词字面的意思是"包裹"，根据上下文可以被理解为"领地、封地""领主权、领主的收益""（拉丁美洲殖民地时期划归殖民者管辖的）土著居民村落"等。作为一种法律制度时，通常被译为"监护征赋制"。——译者注

试向西班牙人说明原住民的政治和经济现实的本质。他们经常
要决定选择哪个主要家族来进行统治，哪个家族需要被罢黜。
能够获得支持的当然只有那些明显赞同西班牙人事业的家族。
比如，特斯科科的伊斯特利尔索奇特的势力就得到了维护，其
他家族则都被削弱了。[17]

西班牙人在这些安排中占据着上风，但科尔特斯和他的同
伴们一刻也不曾忘记这种和平有多么脆弱。在这块广阔的大陆
上，印第安人毕竟比欧洲人多出好几百万。到1524年年初，科
尔特斯颁布了一条新命令，要求所有西班牙人必须保有全套盔
甲。每个人必须拥有一把匕首、一柄长剑、一杆长矛、一面盾
牌、一个头盔和一副胸甲。任何不能在六个月内获得这些物品
并听令参加军事检阅的人，都将受到重罚。此外，那些管辖范
围中包含不超过五百名印第安人的征服者必须安排购买一把十
字弩和一些弩箭，买不到弓弩的也可以买一杆燧发枪和足够射
击两百次的弹药。如果管辖范围中包含五百至一千名印第安人，
获得该封地的征服者还必须拥有一匹马。管辖范围中包括更多
印第安人的征服者必须购买更多以上物品。如果征服者不照办，
就可能失去被授予的所有权益。[18]

1524年，也就是对全体西班牙人下达这条新指示不久之
后，本地的原住民领袖都被召集到特诺奇蒂特兰，与新抵达的
"十二使徒"见面。这十二名方济各会传教士的任务是让墨西
哥人改变宗教信仰。印第安人第一次听到别人向他们宣讲基督
教教义时有何感想，这一直是一个引发人们极大兴趣的问题。
欧洲人一般是在没有多少证据的情况下就做出了自己的假设。
起初，最先抵达的修士们充满热情地报告说原住民深受感动，
还说他们当即就为数千人施洗了。后来，修士虽然收回了关于

135

所有印第安人自修士向他们洒圣水那一刻开始就真成了虔诚皈依者的说法，但整体上依然相信自己已经获得全面成功。传教士还让全世界相信，他们用相对较短的时间就让墨西哥人改信天主教了。直到 1990 年代，学者们才普遍达成了关于这个假定其实不成立的共识——实际上，原住民并没有轻易抛弃祖传的信仰，也没有毫不质疑地接受基督教教义。[19]

在这些更近期的讨论中，学者不得不依赖间接证据。比如说，如果纳瓦语中根本没有一个对应"撒旦"的词，那么纳瓦人怎么可能立刻就相信他的存在？在修士努力劝说改宗的过程中，他们只能使用"特拉卡特科洛特"（tlacatecolotl，tla-ka-te-KOL-ot）这个词来指代一般的"恶魔"。在征服战争前，纳瓦人本来用这个词指一种恶毒的萨满（shaman）①，他能变形为一种长角的猫头鹰，飞到各处对人下咒，从而给毫无戒心的人造成巨大伤害。特拉卡特科洛特通常在夜间降临，人们一定要不惜一切代价避开它。这种人与路西法完全不在一个水平上，但修士们决定只能用这个词了，因为根本不存在更符合他们本意的选择。关于这种文化信仰中的不匹配的例子还有很多。[20]一位历史学家提出，双方都过于草率地假定对方明白自己的意思，从而导致了某种"双重错误认同"，这使真正的基督教很难以修士希望的速度迅速传播。[21]以上虽是原住民对强加于他们的欧洲世界观的心理抗拒的间接证据，但这种抗拒无疑是真实存在的。

实际上，现存的一份资料引用了笃信自己宗教的墨西加人在 1524 年那次会面中说的话，这显然能够直接证明他们在最初

---

① 某些宗教和社会中被认为能和善恶神灵沟通及治病的人。——译者注

的时候是怎么想的。著名的方济各会修士贝尔纳迪诺·德·萨阿贡会讲纳瓦语，并创作了《佛罗伦萨手抄本》，他还留下了一份被他称为《对话》的关于这次会面的记录。不过，这份资料有点问题。首先，萨阿贡本人并未出席这次会面，所以他肯定是参考了其他人的记录。其次，印第安人曾多次被召集起来，而这份流传至今的文件据称是某一天做的记录，但它实际上似乎代表了观察者在几次不同的会面上听到的内容的结合。最后，记录肯定是用西班牙语做出的，很多年后又被翻译成了纳瓦语，因为在 1524 年，还没有一个在世之人能够写出这份文件中这样流畅的纳瓦语。简而言之，欧洲的文献编辑者有很多机会可以对记录内容进行修改。尽管存在这些问题，这份文件在本质上依然是可信的，因为其中引用的双方观点与他们在其他场合提出的主张一致。更何况，这份文件中记录的印第安人说的话绝对不是西班牙人希望听到的。[22]

　　当修士一连好几个小时详细解释基督信仰的基本信条时，翻译尽力对他们的话进行了翻译，在场的翻译几乎肯定是玛林切，尽管是她的某个学徒的可能性也存在。当修士结束布道后，在场的原住民领袖之一会上前用最恭敬的纳瓦语表达对远道而来的外来人的欢迎，并感谢他们宝贵的话语。他会使用墨西加人最喜欢的比喻，将这些话比作宝贵的玉石和羽毛。接下来，他讲话的内容就会过渡到表达自己的苦恼，因为很多曾经统治这个城市的智者都去世了，而这些人的继任者在知识和经验方面不及他们。他还说最好的办法是召唤幸存者中最明智的祭司，并让他们决定如何应对这个情况。[23]

　　当天晚上，贵族统治者与祭司谈话，并做出了必要的安排。他们肯定坚称自己需要帮助：他们本来就是在一种几乎不可能成功的环境中尝试让自己的族人保持秩序，所以他们绝不能冒险做出任何有政治煽动性、危险性和宗教性的声明。如果墨西加人要保卫自己的信仰，那么某些不担任政治要职的人就得承担起这个责任。于是第二天上午，前来聆听基督徒宣讲信仰的换成了一群属于过去政权的祭司。他们要求从头听起，也就是把前一天已经讲过的再讲一遍，方济各会修士当然求之不得。"十二个人之一借助翻译把他们前一天给各位首领讲过的一切重复了一遍。"没人提及翻译是否对此感到厌烦。最终，纳瓦人祭司中的领袖站起身开始讲话。遵从习俗，他以最礼貌的语气说自己为与新来者见面而感到无比荣耀。但接下来，他终于改变了讲话的方向：

> 你告诉我们，我们还不认识那位主宰天地并赐给我们生命和存在的神。你还说，我们崇拜的那些都不是神。这种说法对我们来说闻所未闻，而且令人无法接受。我们为这些话感到恐惧，因为生养我们、统治我们的祖先从没说过这样的话。相反……正是他们教会我们如何敬拜众神……他们告诉我们，我们就是通过我们的神明生存和存在的，我们要对他们心存感恩……他们还说，我们崇拜的这些神明给我们提供了肉体存在需要的一切。我们向这些神明求雨好让地上的作物生长。[24]

祭司讲明了他们必须感激自己神明的无数理由，并得出结论说："对我们来说，打破最先在这片土地上定居的人留下的最古老的律法和习俗，是靠不住和愚蠢的表现。"他还补充说，如果西班牙人大胆到坚持要摧毁他们的古老神明，那么他们就是在挑动政治灾难。祭司表现得像是在提出友好的建议，实际上是做出了一个威胁。他说："如果我们告诉平民，一直被他们当作神明崇拜的其实根本不是神，我们就要当心他们造反了。"最终，祭司的讲话达到高潮："我们这些人都认为，战败已经让人很难承受了；我们的芦苇席，我们的王位［即政治权力和王室的管辖权］被夺走也让人很难承受。至于我们的神明，我们一定会宁死也不放弃侍奉和敬拜他们的权利。这是我们的决心，你们想对我们做什么就做吧。这就是我们对你们的话的回应和驳斥。大人们，我们没有别的要说了。"另一个更加完全依照原文的对最后一些话的翻译版本是："对于你的呼吸、你的话语，我们的回应就是这些，我们的答复就是这样，哦，我们的大人们。"这是一种结束政治演讲的典型方式，它不再如讲话开头那样彬彬有礼，而是变成了演讲者实际上想要做出的直白且愤怒的声明。多年后，在另一份文件中，一位墨西加人囚犯会代表自己和一个朋友，带着同样的情绪，以同样的方式，但更简洁地结束对审判自己的西班牙人法官的演讲："我们要说的就这些！"[25]

十二位修士中的一人小声抱怨了一句，大意是他们不得不等这群老顽固死掉；年轻人才是更好的听众。[26]西班牙人接下来也差不多就是这么做的。他们决定避免因为折磨这些桀骜不驯的异教徒而引发大规模动荡。实际上，他们提醒自己，印第安人实际上没有拒绝耶稣。有些人似乎完全愿意把他添加到自己的众神中。印第安人只是坚决不肯用耶稣替换掉他们原本的那些神明。修士们得出结论：等一等是最合理的做法，与此同时，他们也会继续进行传教和阐述。所谓的十二使徒于是在西班牙人控制力最强的四个地方组建了布道团，这四个地方分别是特

138

诺奇蒂特兰和邻近的特斯科科，还有特拉斯卡拉和邻近的韦索钦科。传教士在这些地方将更有效地展开劝说墨西哥人改宗的工作，主要方式就是从年轻人着手。

* * *

1524 年年中，精疲力竭的玛林切也在为远行做准备，但她不是要陪同修士前往他们的某个传教区，而是陪同科尔特斯经陆路前往洪都拉斯。科尔特斯听说，自己的一位船长，即本来被派遣去进行探险活动的克里斯托瓦尔·德·奥利德（Cristóbal de Olid），在中美洲建立了一个敌对政府，所以科尔特斯下定决心要把他除掉。夸乌特莫克和其他几位原住民贵族被迫作为人质随行，这样他们的族人就不会趁科尔特斯不在时起义了。然而，特奎奇波钦被留在家中负责保护墨西加王室家庭的利益。如果特奎奇波钦在玛林切为远行做准备的几周里见过后者，就算她通常不太会同情别人，她也一定会觉得这个比自己大一些的女孩很可怜。因为两个年轻女人都知道这次远行不会有什么成果，还可能让人搭上性命。

特奎奇波钦确实不曾同情玛林切，因为在过去的三年里，特奎奇波钦与身处困境的丈夫一起几乎完全被囚禁了起来，这让她长期备受煎熬。相比之下，出身于东部进贡地区，原本只是一个情妇的玛林切却变得令人吃惊地有权势。这不仅是因为她作为翻译，成了人们展开的所有协商的核心，而且因为征服战争的巨大压力一减轻，玛林切就给科尔特斯生了个儿子。这是科尔特斯的第一个儿子，被取名为马丁，与科尔特斯的父亲同名。在给别人的书信中，科尔特斯提到了他多么爱这个孩子，甚至有一段时间还考虑过让他成为自己的继承人。不过，他并没有和孩子及孩子的母亲生活在一起。玛林切被送到了她自己的房子里，因为科尔特斯在古巴有一名西班牙人妻子。和平一实现，她就来到墨西哥和丈夫团聚了。他们的婚姻似乎并不美满，科尔特斯和堂娜卡塔利娜（doña Catalina）在公开场合或私下里都经常吵架。后来卡塔利娜突然去世，人们悄悄议论是科尔特斯把她勒死了。但他从没就这一罪名受到起诉，也没有证据证明他真的这么做了。

　　玛林切本人可能也不知道这件事的真相。她有其他事要操心，根本没怎么想过这些，当她不再和脾气火爆的科尔特斯住在一起之后就更是如此了。玛林切要在不分高低的各种场合进行翻译，还要尽心尽力地培训其他翻译。此外，她还要顾好自己的家庭，挣钱养活自己、孩子以及她雇用的人手。她挣钱的途径是通过她的语言技能和人脉获得的一切可以让她做一些小生意的机会。她身上穿着带有精美刺绣的短上衣（huipilli）和精制的裙子，与其他大多数女性不同的是，她还穿上了凉鞋，而别的女人通常赤脚。所有这些都显示了她的地位，但她从不会飞扬跋扈或自吹自擂，也从没改穿西班牙人的服饰。与她有接触的人都喜欢她，可能只除了赫罗尼莫·德·阿吉拉尔。因为他在这位年轻姑娘熟练掌握西班牙语以后就失去了作为翻译链条一环的作用。在她去世后，他曾愤怒地指责玛林切滥交，但没有任何人支持他的说法。其他人只记得她是一个活泼、可敬，而且特别有能力的人，在最初那几个几乎毫无法纪可言的月份里，她竭尽全力帮助人们恢复了秩序。人们还记得有一次，科尔特斯曾因为怀疑赫罗尼莫·德·阿吉拉尔在色眯眯地打量玛林切而暴跳如雷。[27]

　　当科尔特斯来找玛林切，要求她把儿子留在家中，作为翻译陪同自己踏上陆路远行，穿越她曾作为奴隶被囚禁的玛雅人领地中的丛林和山区时，玛林切是绝不可能为此感到欣喜的。参加这次远行会让她失去很多东西，却得不到任何好处。对于科尔特斯来说也是如此，他可能损失的远远大于能够得到的，但他要么是不能，要么是不愿认清这个事实。有人假定玛林切疯狂地爱上了这位征服者，所以他想要什么，她就做什么。然而，在她所处的那个世界中，情妇都知道自己不该去期待和主人之间的长久浪漫爱情。更何况，科尔特斯在这几个月里不知和多少女人发生过关系，为此而怒不可遏的母亲和丈夫不计其数。所以，玛林切不可能认为自己和科尔特斯之间有什么特别的感情。如果玛林切真的曾以他们的儿子为理由要求科尔特斯与她结婚，那么后者肯定会明确告诉她，自己已经下定决心要从西班牙迎娶一位贵妇人，所以不可能娶一个原住民女奴；那样做是让他能确保维持此刻的权势和影响力的唯一途径。至于他们的儿子马丁，科尔特斯可以通过向教皇请愿来赋予其合法地位。[28]

也有人认为科尔特斯可以直接强迫玛林切陪同他远行，但事实未必如此。所有关于这次远行的记录都显示，玛林切不是在敷衍了事。因为在接下来的两年里，她一直积极主动、精力充沛、令人愉快地为这支队伍寻求最有利结果，连科尔特斯都不同寻常地在书信中隐晦地表达了对她这种奉献精神的感激之情。她为什么要这么做？一个纳瓦人妇女想从满足一个显然头脑糊涂的征服者的一时心血来潮中获得什么好处呢？

玛林切和征服战争时期的其他原住民一样没有留下任何日记或书信，也没有关于她的动机或她要求的特权的明确记录。不过，后来发生的事件告诉我们，她强硬而精明地为她自己、她的孩子和她的族人争取到了他们可能得到的最好保护。远行初始阶段要先穿过她的出生地夸察夸尔科斯。具有重大意义的是，在他们跨过这个地区边界的那条河之前，规模巨大的车马队先停驻了整整一周。玛林切突然在那里与科尔特斯的一个名叫胡安·哈拉米略（Juan Jaramillo）的高级别副手结婚了。后者是科尔特斯圈子里当时仍然单身的少数人之一，除哈拉米略外，只有两个与他级别相同甚至略高的男人，且其中之一更喜欢与一个被其称为"侄子"（或外甥）的人一起生活。嫁给哈拉米略后，玛林切就可以获得西班牙女士才享有的法律保护。除此之外，科尔特斯还赠送了一份有重大意义的结婚礼物，这种姿态绝对不是他会自愿做出的，所以只可能是玛林切自己提出了要求。礼物的内容是：玛林切将获得她的出生地村庄奥卢特拉（Olutla）作为封地。所以，这个地方将由她，而不是一个西班牙人来统治。相关法律文件都被签署完毕，但后来在这次灾难性的远行中遗失了。[29]

这些安排一完成，车马队就立即继续前进了。河水比他们以为的要深，所以有大部分行李被水冲跑，但好在无人丧命。没过几天，玛林切就遇到了自己的亲戚。贝尔纳尔·迪亚斯后来说那场会面令人动容。[30]我们已经无法知道她说了什么，就像我们无法知道很多原住民在征服战争后的直接动荡中经历了什么。在美洲的历史中，这样的现象无处不在。例如，另一个战争俘虏萨卡加维亚（Sacajawea）也被卖给了新来到这里的白人，后来当她和刘易斯及克拉克①一起进行陆上的艰难跋涉时，

---

① 刘易斯与克拉克远征（Lewis and Clark Expedition，1804~1806 年）是美国人进行的首次横跨大陆、西抵太平洋沿岸的往返考察活动。领队为美国陆军上尉梅里韦瑟·刘易斯（Meriwether Lewis）和威廉·克拉克（William Clark），该活动由杰斐逊总统发起。——译者注

她也与自己的家人重逢了。当然也不会有人记录下她的感受，而且她很快就被催着继续作为翻译陪同探路者向太平洋方向出发了。书信和日记有时能让我们近距离体验欧裔美洲人历史上的重大时刻或感人场景，但要想聆听没那么有权势的群体的思想和感情，我们得到的只有一片寂静。

不管怎么说，在分别了这么多年之后，玛林切与家人和朋友重聚的时间是短暂的，因为她对科尔特斯还有承诺；为了她自己、她的孩子和她的族人，她绝不会打破这个承诺。没过几天，大队人马就继续向着目的地洪都拉斯前进了。这将是一次漫长的艰难跋涉，他们在阴暗的森林里一走就是几个月。

141　　阿卡兰镇（Acalan，意为"船之地"）位于墨西哥湾内陆约五十英里处，属于坎德拉里亚河（River Candelaria）的上流区域。科尔特斯就是在这个地方做出了一个让墨西哥人伤痛至今的决定：他处决了夸乌特莫克。关于事发过程的叙述各不相同。科尔特斯后来宣称，有原住民线人揭发墨西加人统治者正在酝酿一个阴谋：据说夸乌特莫克建议印第安人在丛林中起义，通过反抗西班牙人来重获自由，之后他会秘密返回中央谷地，并在当地继续鼓动人们叛乱。包括一些西班牙人在内的其他人都相信这其实是一个误会。夸乌特莫克和他的同伴只是在一起庆祝，因为他们听到一个传闻说，科尔特斯终于找回理智，决定打道回府。他们也许开了一些不该开的玩笑，比如，说自己宁可马上死去也不愿慢慢饿死，然后任由尸体被扔在这次受诅咒行程的沿途。科尔特斯分别对每个人实施了酷刑。玛林切不得不去翻译他们在遭受极度痛苦时说出的话。当科尔特斯得到了他想找的证据后，他就把夸乌特莫克和他的至少一名堂兄弟（也是特拉特洛尔科的统治者），可能还有一位贵族女性一起吊死在了一棵木棉树上。科尔特斯当时真的陷入恐慌了吗？玛林切和其他人把他们理解的话翻译成单纯的讽刺和玩笑的做法是让另外至少十几个人免于一死的唯一原因吗？又或者，科尔特斯是不是早就计划，要在远离特诺奇蒂特兰的地方处理掉这两个被征服前的墨西加人统治者，这样他们的死亡就不会在群众中间引发暴乱和动荡？无论是哪种情况，玛林切和很多原住民都被强迫观看，甚至参与了处决。之后被创作出来的多份原住民资料都直接或隐晦地提及了这次事件并不令人意外。科尔特斯没有留下任何书面内容来说明当时的情况。实际上，这次行程没有留下任何书面文件，因为几乎所有行李都丢失了。很多人死在途中，就像夸乌特莫克明显是讽刺的预言中说到的那样。[31]

当车马队中仅剩的幸存者终于抵达大西洋岸边时，他们发现克里斯托瓦尔·德·奥利德在几个月前就已经被忠于科尔特斯的西班牙人杀死了。结果证明，这场远行完全是无必要的。更糟糕的是，生活在岸边的西班牙人几乎和刚刚熬过从墨西哥城前来的艰难跋涉的这群人一样食不果腹。科尔特斯于是开始再次强迫当地的印第安人承诺向他们进贡食物和其他宝贵物品。他派这个定居点仅有的一条船到加勒比海地区传信寻求支援。没过多久，他又得到消息说，在墨西哥首都的权力真空已经导致了一段时间的混乱，西班牙人内部出现了同室操戈的局面，印第安人则充满兴趣地旁观。关于科尔特斯已死的谣言更是传遍了全城。

因为迫切需要现金解决自己面临的诸多问题，科尔特斯命令手下把一些本地原住民卖到加勒比海地区做奴隶。为了避免因为这种恶行而受到指责，他坚称他们出售的仅仅是在征服战争前就已经被其他原住民奴役的人。为了实现这个目的，他们在没有翻译的情况下，用西班牙语要求原住民说明身份。[32]玛林切是在为哈拉米略生下一个孩子的时候才得知这些计划的，那时他们已经抵达大西洋岸边约九个月了。这一次，玛林切生了一个女儿并给她取名为玛丽亚，这也是圣母的名字。那之后不久，她和女儿就乘船前往韦拉克鲁斯，然后从那里返回了首都。其他一些同样从这里起航的船则满载着"人类货物"，这些被打上标记的奴隶都会被送到加勒比海地区出售。玛林切知道，自己和女儿本来也很可能遭遇那样的命运。如果她曾经对自己的所作所为有过任何怀疑，这件事也足以说服她相信，鉴于自己有限的选项，她一生中做的决定都是正确的。如果玛林切刚出生的女儿能活下去，她至少永远不会被墨西加人或者欧洲人卖作奴隶。

* * *

在此时的特诺奇蒂特兰，征服战争后的政治风暴正愈演愈烈。科尔特斯一回到城中就发现自己被卷入了重获自己曾拥有的权势的争斗。就连属于他的土地和归他管辖的印第安人也都被其他人接管了，因为临时政府相信了关于他已经死亡的传言。科尔特斯采取的最初行动之一就是向此时被称为伊莎贝尔女士的特奎奇波钦正式传达她丈夫夸乌特莫克的死讯。接着他又安排伊莎贝尔与另一名征服者阿隆索·德·格拉多（Alonso de Grado）结婚。科尔特斯授予格拉多一个"印第安人保护者"的官职，考虑到格拉多一直以在征服活动中对印第安人冷酷无情而出名，这个头衔可以说相当讽刺了。科尔特斯还把特拉科潘作为封地送给伊莎贝尔，这个地方是所谓的阿兹特克三方联盟中的三个城邦之一，也是她的母系亲属生活的地方。这对夫妻就此可以过上有权有势的生活了。科尔特斯的如意算盘是这样可以同时讨好印第安人贵族和西班牙王室，还能拉拢到忠诚又富裕的格拉多为己所用。但仅仅过了一年半，年长妻子许多的格拉多就于 1528 年年初去世了。[33]

科尔特斯觉得自己越来越陷入了敌人和诋毁者的包围。他尚不确定国王最终究竟会支持他，还是会为他跑到洪都拉斯去继续自己的冒险，最终导致这场骚乱而惩罚他。科尔特斯在给父亲的信中十分焦虑地说："我如同身在炼狱，我还没有下地狱的唯一原因是我还有纠正过错的希望。"[34]绝望使科尔特斯变得更加桀骜不驯、鲁莽冲动。当格拉多去世后，他告诉蒙特祖马年仅十八岁的美丽女儿，因为她是一位富有且很受追捧的寡妇，所以为了"保护她"，他要安排她搬到自己家里来。科尔特斯仍然坚称蒙特祖马是被自己的族人投掷的石头击中而身亡的，他还喜欢对西班牙人讲述蒙特祖马临终前曾眼含泪水地请求他保护自己女儿的故事。[35]所以，他会在伊莎贝尔面前以她的保护者自居也不是什么特别让人意外的事。

伊莎贝尔实在没有什么选择，她在原住民世界中的朋友和家人都惹不起科尔特斯。可能是相信了他说的和他在一起，自己会很安全的承诺，伊莎贝尔带着自己的一些财物搬进了科尔特斯家。一旦她住了进去，她就没有任何抵抗能力了。科尔特斯的一个密友曾经简洁地评论说："他并不比一条狗更有良知。"[36]伊莎贝尔几乎是一搬进去就怀孕了。[37]

科尔特斯认为自己应当亲自返回西班牙，当面向国王解释这些事。他会带着年幼的马丁，也就是玛林切生的儿子一起回去，并请求教皇赋予这个孩子合法身份，以防他以后不再有其他男性子嗣。之后他会将马丁留在西班牙，给年轻的费利佩王

143

子（Prince Philip）做侍从。在离开前，先解决伊莎贝尔怀孕这个尴尬的问题至关重要。他不会认真考虑娶她的可能。科尔特斯的梦想是迎娶一位西班牙贵族女士，但除此之外，还有一个原因。如果说他觉得有任何原住民女性的社会地位配得上自己的话，那么这个人一定是伊莎贝尔，但也正是因为她的地位太高，所以娶她可能会让人们更加确信科尔特斯想在墨西哥建立采邑的传闻。这很可能影响他和国王之间的关系。佩德罗·加列戈·德·安德拉德（Pedro Gallego de Andrade）是科尔特斯的追随者，他表示自己愿意迎娶怀孕的伊莎贝尔，前提是她能够如科尔特斯保证的那样继续拥有特拉科潘的大片封地。实际上，对于西班牙政府来说，让她保有这片封地很重要，这代表的是西班牙人承认墨西加王室家族，同时墨西加人王室也接受西班牙人对自己和族人的法律管辖。科尔特斯看着伊莎贝尔嫁给了加列戈，然后就带着年幼的儿子启程了。[38]

四个月之后，伊莎贝尔的孩子即将降生。她认为自己要面对的是"我的死亡时刻"（nomiquizpan）。在这个充满疼痛和不确定的时刻，好在她的仆从中还有一些纳瓦人女性。她们会用本民族的语言安慰她："受宠的女儿，你要用尽全力！我们能拿你怎么办？母亲们都在这里陪你。这是你的责任。抓住这个盾牌。我的女儿，年轻的孩子，做个勇敢的女人。面对它……全力以赴。效仿勇敢的女神奇瓦科阿特。"[39]在她的一生中，伊莎贝尔·特奎奇波钦一直认为生孩子的女人就像有机会赢得荣耀的勇士，而不是西班牙人想的那种，在一个给所有女性施加了一种巨大惩罚的神明面前祈求怜悯的人。① 不过就她自己而

① 指上帝对夏娃说要增加她怀胎的苦楚，参见《创世记》3:16。——译者注

言，骄傲并没有伴随她展示的勇气而来。她不是在抓住一个灵魂，并把它带回自己的家族，好让它延续传统。她的女儿一出生就被从她身边带走，送去了科尔特斯的表亲家，后者承诺会替他把孩子养大。[40]

痛苦的伊莎贝尔惊讶地发现，她的丈夫佩德罗·加列戈竟然对她很体贴，还很有同情心，于是她也越来越珍视他。第二年，她为他生了个儿子，取名为胡安。人们为蒙特祖马的第一个在基督教合法婚姻中诞生的孙辈举行了盛大的洗礼仪式，这个孩子将生活在西班牙人的世界中。教堂敲响了钟声，人们点燃篝火庆祝。但孩子出生两个月后，佩德罗·加列戈突然去世，伊莎贝尔悲痛欲绝，只能更加把心思都放在这个孩子身上。在她的一生中，她爱胡安超过爱其他的孩子；她之后又嫁给了一个叫胡安·卡诺（Juan Cano）的西班牙人，这段婚姻持续了二十多年，看起来似乎是幸福的，但她其他的孩子永远也比不上胡安。[41]

在那些居住在城中的原住民心中，伊莎贝尔永远都是特奎奇波钦，[42]她为人熟知的还有她低调的举止风度。她始终没有完全适应西班牙人为她打造的象征性角色。她把从自己的封地上获得的收益尽可能多地捐给了一个受她偏爱的奥古斯丁会修道院。她还悄悄建议自己的两个女儿，如果她们愿意，就可以去做修女，而不是做西班牙人的妻子，后来她的女儿也确实遵循了她的建议。在她的遗嘱中，她赋予所有在她丈夫家服务的印第安人奴隶自由。[43]我们不知道她是否羡慕那个被取名为弗朗西斯卡的姐妹，后者没有被送给西班牙人，而是被送回其母亲的出生地阿斯卡波察尔科附近的埃卡特佩克。西班牙人在最初几年甚至不知道那个王室女孩的存在。弗朗西斯卡的命运更能代表大多数原住民的，他们在不直接接触西班牙人的地方过着自己的生活。毕竟，大多数人没有像玛林切和特奎奇波钦这样，从一开始就被卷入这场大动乱。

然而，随着西班牙人逐渐分散到乡村中去，每个群体最终都要面对自己的危急时刻。1529 年，玛林切最终也因为欧洲人的病毒而丧命；[44] 1530 年，当伊莎贝尔用纳瓦语给刚出生的儿子唱摇篮曲时，库奥蒂坎面对这种危机的时刻降临了。

* * *

在奇马尔波波卡的带领下，他的族人在 1520 年代的大部分时间里没有遇到什么大事。西班牙人在邻近的特皮卡镇（Tepeaca）建造了一座小教堂，还安排了一位神父尽可能多地到访此处。神父让库奥蒂坎的人们去参加在特皮卡举行的弥撒。几乎没有人照做，可也没人来为此找麻烦。真正逐渐成为问题的其实是日益增长的进贡要求。奇马尔波波卡相信如果他们无视这些命令，那么麻烦就真的要来了。到 1520 年代末，库奥蒂坎承诺每四年提供两万四千张编织毯、二十只火鸡、六千蒲式耳玉米、十六筐豆子、八十筐辣椒、十六筐鼠尾草和十六筐盐。[45]

除此之外，还要有三十名印第安人为封地领主和各种西班牙官员提供家政服务；原住民内部可以按照自己希望的方式进行轮换，只要确保身体强健的劳动者按时出现在需要他们的地方就行了。这些任务变得越来越繁重，超过了城镇能够承受的范围，当很多人因为新的疾病而丧命之后就更是如此。原住民要种植和收割属于自己的庄稼都变得愈加困难，因为缺乏食物，他们的孩子都要挨饿，而且变得对疾病更加缺乏抵抗力。[46]

就在奇马尔波波卡不得不考虑以某种方式提出异议的可能性时，一大群全副武装的西班牙人来到这个地区并建起了营地，这让奇马尔波波卡不得不放弃了心中存在过的任何叛变野心。当时是 1529 年，努尼奥·贝尔特兰·德·古斯曼（Nuño Beltrán de Guzmán）刚刚被指定为掌管特诺奇蒂特兰高等法院的人，他很快还将在墨西哥西部发动征服战争。[47]科尔特斯此时身在西班牙，谁将被任命为代表国王的总督还是个未知数。于是，古斯曼成了大权在握的人。他决定逮捕特斯科科贵族伊斯特利尔索奇特，后者的家族曾因为西班牙人的到来而受益。在整个 1520 年代，伊斯特利尔索奇特充分利用了与科尔特斯的同盟关系，随意向自己的邻居发动战争。此时伊斯特利尔索奇特被投入了一座方济各会修道院的地牢，他在那里忍受痛苦并最终丧命。[48]接下来，古斯曼又派自己的亲信到城镇以东的乡村地区，他们的任务是去那里征召数千名原住民勇士参与古斯曼计划的军事行动。

在库奥蒂坎，西班牙人要求当地贵族出席一场会议，并通过翻译向他们表明，只有立即皈依基督教并承诺合作的人才能保住自己的地位。虽然奇马尔波波卡没有在他后来创作的历史作品中提到这件事，但其他资料显示，当地首领当时确实决定接受洗礼。[49]奇马尔波波卡接受了西班牙人队伍中一个名叫阿隆索·德·卡斯塔涅达的人作为自己的保护人和教父。（此时改名为阿隆索的）他低下头；一名神父一边向他和他的同伴洒水，一边祈祷，从而将他们全都转变成了西班牙人的同名者。奇马尔波波卡想必是一位不错的演员和有天赋的协商者：当西班牙人队伍出发前往下一个目的地时，他成功避免了自己的大部分族人被征召，所以本族的人口没有被大幅削减。他还带领

146

自己的族人去教堂，并尽量表现出感兴趣的样子，因为他明白，这样做是能让西班牙人对他的族人展露哪怕一丁点尊重的关键。他的一位亲戚后来回忆说："但谁也不明白自己在做什么，也不知道［新日历上的］'星期天'是哪天。我们对此还不熟悉……我们不知道这是什么意思。"[50]

随着基督教的传播，贵族开始感受到要在自己的众多妻子中选择一个的压力——好像他们会心甘情愿地将没被选中的妻子们都赶走似的。起初，他们无视了这些暗示和要求，但不清楚这样的状况还能维持多久。下一代人中的编年史作者只是非常谨慎地提及了夫妻不合的主题，不过从没有给出任何细节。这一整件事都让人极度痛苦，痛苦的不仅是那些被抛弃的女人，更有她们的孩子。从长远来看，几代人的改变才让贵族接受了一夫一妻制。与此同时，需要人们艰难应对的公共问题还有很多。[51]

1531年，两位蓬头垢面、精疲力竭的首领来到库奥蒂坎寻求帮助。他们是十九个从绝望处境中逃出的家庭的领袖；他们原本的首领在规避西班牙人征服造成的影响这件事上显然不如奇马尔波波卡做得好，又或者他们只是倒霉而已。这些人来自不同的社会背景，有些甚至不是纳瓦人，而是奥托米人或皮诺梅人，但他们都是因为同样的需求而接受了这两个有号召力，并承诺会尝试照顾所有人的男人的领导。二人的名字分别是埃洛韦韦（Elohuehue，Eh-lo-WAY-way）和阿皮安卡特（Apiancatl，ah-pee-AHN-kat）。第一个名字的意思是"像一根新鲜玉米的老者"，第二个名字是一种典型的传统头衔，其含义如今已经无人知晓，但它能传达出一种威严的感觉。奇马尔波波卡回忆说："他们都是来自远方的遭受苦难的人。"[52]根据习俗，库奥蒂坎的所有领袖聚集到一起决定要怎么做。他们同意给新来者提供一些无人占据的土地，土地的位置就在通往特皮卡镇的道路起点处。像在很久以前一样，通过各方公开重复宣布这些安排，其内容就成了永久有效的协议；接下来，一个被指定的人会画一幅代表这份协议的图，图中有水、山和路等暗示土地边界的符号。然而就这些人来说，他们的协议里如今加入了一个新的元素：首领带来参加会议的人中间，有一个从基督徒那里学会了罗马字母的年轻人，他用这种他已经熟练掌握的符号把人们的声明写了下来。奇马尔波波卡使用的是他的纳瓦语姓名，但他在前面加上了"阿隆索·德·卡斯塔涅达"，还加上了西班牙人告诉他的，能够显示他是一名贵族的称谓，所以最后就变成了"堂阿隆索·德·卡斯塔涅达·奇马尔波波卡"。[53]

堂阿隆索和其他首领向新来者解释，为了让协议在基督徒当局眼中产生效力，他们需要建造一座有茅草屋顶的神庙，好在里面敬拜基督徒的神；很快还会有一位神父从特皮卡镇前来为他们的事业祈福。感激不已的定居者称自己的新村子为阿莫索克，并承诺永远不会舍弃这个地方。他们的决心将给他们带来严重损失，因为方济各会修士后来会要求所有人离开农村，搬到库奥蒂坎镇上去。1558年，被从点着的房子里逼出来的正是这些固执地守护自己的新家园的阿莫索克村民。

然而，这些还都是后话。此时，堂阿隆索面对的是另一个危机。1532年年初，一位同为库奥蒂坎贵族的名叫韦拉卡皮特钦（Huilacapitzin，Wee-la-ka-PEE-tzeen，意为"蜗牛壳之心"）的首领被西班牙人指控举行人祭，并遭到处决。堂阿隆索不久前还和韦拉卡皮特钦见过面，他们都参加了向阿莫索克定居者赠送土地的会议。在会上，韦拉卡皮特钦也同时使用了他的纳瓦语名字和新取的西班牙语名字"堂托马斯"。至少从表面上看，他也像奇马尔波波卡一样适应了这些新方式，但私下里的情况显然就是另一回事了。韦拉卡皮特钦是重要的皮诺梅人王朝的继承者，是大约二十多年前安排谋杀奇马尔波波卡父亲的那个家族的成员。不过，奇马尔波波卡似乎并没有因为这个事实而仇恨他，至少从他们在保卫库奥蒂坎不受外来者侵犯的失败尝试中并肩作战之后就没有了。当奇马尔波波卡提到韦拉卡皮特钦时，他会在他的名字后面加上纳瓦语中的敬语"钦"；而对于实际上下令杀死他父亲的那个人，他就不会使用这个敬称。奇马尔波波卡会尽量避免提及 1532 年的事件；后来，当他开始口述自己族人的历史时，一个提问者显然迫使他回过头去重新叙述了该事件，因为这段内容看起来好像是后插入的。他的评论很简洁，只说了堂托马斯是在那一年被吊死的。[54] 如果他的孩子们还想知道更多，那他们就只能去问别的涉事者了。原来向正在被推行的新宗教的代表告密的人，是一名西班牙人修士的特拉斯卡拉人年轻助手。方济各会修士于是逮捕了韦拉卡皮特钦，他们坚持称呼他为"托马斯"，并对他进行了审判和处决。

　　方济各会修士命令库奥蒂坎所有次级城邦的和其他邻近地区的贵族都必须前来观看绞刑，他们在那一天看到的景象深深地刻进了他们的记忆。被处决者一直在蹬腿，直到他全部的生命力都从身体中彻底消失为止。即便到了那时，至少有一个哀悼者仍不肯放弃希望："他养的白底带黑斑点的狗一直趴在被吊死的主人身边。"[55] 随后，还有两个被指控为托马斯提供了协助的人也被吊死了，他们大概都是本地的祭司，连他们的尸体都被拖走并切成了四块。最终，据称参加了该献祭仪式的男男女女也被捆起来，带到烈日下遭受羞辱。

奇马尔波波卡和堂托马斯的其他邻居可能并不知道具体发生了什么。每个村庄，或每个由联系紧密的村庄组成的集合体，都在费力地设法弄懂这个新宗教，以决定如何才能在顺从当局要求的同时不冒犯古老的众神。在乡村地区盛传着各种关于西班牙人就不同活动做出的不同回应的传言。堂托马斯·韦拉卡皮特钦不是唯一因为被指控与宗教相关的罪行而遭处决的墨西加人原住民贵族。仍然在举行敬拜古老神明仪式的人还有很多。[56]

在这样的环境下，堂阿隆索·奇马尔波波卡接到了他和他的族人要在库奥蒂坎建造一座石砌教堂的指示。他们充满热情地参与了这个项目，他们决定如果要做，就要展现出自己城邦的骄傲。他们的教堂要比特皮卡镇的好，因为那个邻近城镇一直是库奥蒂坎的竞争对手。一个名叫胡安·德·里瓦斯（Juan de Rivas）的修士向人们解释说，建筑的造型不像古老神庙那样是金字塔形的，而是一个巨大的立方体，上面还要有一个耸立的高塔。人们在教堂内部绘制了螺旋形的花朵图案，还在最醒目的地方画了一只美洲豹和一只鹰。这些都是古代纳瓦语传说中的形象，也就是勇敢地跳进创造第五个太阳的烈焰中的寻常动物，从那以后，它们一直象征着勇士的品质。[57]

1536 年的一个星期日，当库奥蒂坎人还忙着建造教堂时，一位曾经来给他们布道的方济各会修士告诉他们，自己要宣布一个重要的公告。[58]他的命令是要为原住民贵族的儿子们建立一所学校。学校地点在墨西加的特拉特洛尔科，因为方济各会修士的大修道院（convento）就在那里。他们想要招收的是年龄在十至十二岁的男孩——这个年纪的孩子已经不像幼儿一样需要不间断的看护，但还来得及按照基督教传统被塑造和教育。在学校里，他们会学习宗教戒律和读写，还要学西班牙文、拉丁文、音乐，以及为手抄本绘制彩图。

就这样，奇马尔波波卡的儿子（或者是他年幼的堂弟）克里斯托瓦尔[59]发现自己和一群男孩中的其他人一样，都要接受特拉特洛尔科的方济各会机构中的一位修士的指挥。克里斯托瓦尔是旧大陆上一位圣人的名字，他是一位皈依基督教并帮助其他旅人穿过河流的迦南人。要去上学的克里斯托瓦尔把自己最宝贵的财物都装进一个带锁的木箱，还带了一张卷起来的席子用来睡觉。当男孩们到了学校之后，他们被告知要将自己的物品放在长长的宿舍房间里，然后就可以到食堂吃点东西。[60]

在接下来的几个月里，克里斯托瓦尔显然发现自己很喜欢学校的课程。修士向他们展示了由虔诚教徒亲自抄写的字母启蒙读本（Cartilla），之后他们会获得印刷出来的课本。男孩们很快学会了与表音符号（ba be bi bo bu, bam bem bim bom bun, fa fe fi fo fu, fam fem fim fom fum）对应的发音。几周后，他们之中的一些人就可以阅读这种新的表示语音的代码了。他们的教师之一，贝尔纳迪诺·德·萨阿贡修士，向一些最优秀的学生承诺，如果他们继续努力，他们很快就可以开始学习拉丁文。那样他们就能掌握了解古代世界一切知识的途径。萨阿贡还向他们展示了被收藏在学校图书馆里的珍贵书籍，并许诺给予他们通向知识王国的钥匙。绘画教师尖刻地斥责了原住民祖先创作的图画，这伤害了学生们的感情；但在一些男孩眼中，他教授的关于透视法的知识足以算作补偿；男孩们很快就开始把描绘真实的动物当作消遣，他们画狗、鸟和马匹。对于克里斯托瓦尔来说，学习基督教理论被证明是一件比他的长辈以为的简单得多的事。教师们的眼神中闪烁的对教义的坚信让他相信这些内容与他在家接受的宗教教育一样值得学习。每当男孩们被带到一起，以唱歌的方式感谢上帝时，他就会觉得自己仿佛被长时间地提升到了另一个世界中：他听到的是神的音乐。[61]

当然，学校生活也不总是令人振奋的。有时候，学生们会争吵或用纳瓦语讲下流的笑话。让他们惊讶的是，有些修士真的能听懂并为此而惩罚了他们。[62]还有些时候，他们的老师会以对欧洲政治说三道四为乐。仅仅几年前，英格兰国王亨利八世被激情冲昏了头脑，把自己的基督徒妻子——西班牙国王费尔南多和伊莎贝拉女王的女儿凯瑟琳抛在一边，偏爱一个被修士们形容为寡廉鲜耻的年轻英国女人安妮·博林。此时传来的新消息说，亨利厌倦了安妮·博林，把她关进监狱并砍了她的头。他做这一切都是为了证明自己可以摆脱教皇的罗马天主教权威；作为国王，亨利成了一种非常恶劣的反面教材，他做的事是这些教师希望自己的学生长大成人、当上首领之后永远不要做的。他们永远不应像英国君主一样行事；有时候，教师们还会补充一句，也不能像他们的祖先一样行事。我们不知道这些学生会为欧洲政治有时与他们自己的政治相似感到受侮辱还是受激励，他们在日后的作品中没有就此明确表态。[63]

几年后，克里斯托瓦尔回到家中，此时他已经成了一位文笔流畅的作者，能写一手漂亮的字，还是语法和标点方面的专家。[64]他向基督徒的神祈祷，穿着打扮都和西班牙人一样。他当然也毫不意外地被拖进了不同家庭之间的对立：有些家庭选择按照西班牙人的方式教育自己的儿子们，而有些家庭拒绝这种方式。他的一位亲戚用西班牙语在一本书的边缘写了一句狡猾的评论："不识字的名门贵族没有智慧，他们不过是高贵的牲畜。"[65] 被驯服的、能为人类所用的动物通常被称为"高贵的牲畜"，它们应该获得人类的同情和善待，但称原住民贵族为"高贵的牲畜"实际上是一种恶毒的侮辱。这比直接说他们是动物更糟糕。西班牙语单词"牲畜"（bestia）同时还有"愚钝"的意思，因此这是个双关语，可以理解为"高贵的牲畜"，也可以理解为"愚钝的贵族"。有时候，这些对立不仅会出现在家庭和家庭之间，甚至会出现在同一个家庭的几代人之间。年轻的堂费利佩·德·门多萨（don Felipe de Mendoza）出身于一个皮诺梅人家族，他与被吊死的堂托马斯是亲戚。他会被邀请到另一位贵族的家中，而他受人尊敬的父亲却被排除在外，就是因为只有他和邀请他的主人一样是"（征服战争）之后，接受了教会教育的人"。[66] 只有自己受欢迎，家族中的长辈却不受欢迎，这显然会让年轻的费利佩很受伤，因为他后来还记得并转述了前面那句话。

没过多久，一场更大的危机就盖过了这种社会分裂引发的任何痛苦。1520 年的可怕瘟疫已经过去二十多年，如今又有新一代缺乏免疫力的群体逐渐成长起来。1544 年，虫灾导致的玉米减产引发了饥荒；随后的 1545 年，史上最可怕的瘟疫给这个大陆造成了毁灭性重创。所有人都在这场灾难中失去了亲人，克里斯托瓦尔和他的父亲肯定也失去了亲人，但没有关于死者姓名的记录留存下来。[67]

库奥蒂坎郊区的耕地都被闲置了，因为被安排种地的人不是已经死了就是命不久矣。人口稠密的特皮卡镇决定让一些本镇人进入并定居在那些地方。特皮卡与库奥蒂坎一直为敌，这些人的做法让奇马尔波波卡无比气愤。某种程度上，他很想在半夜突袭，将闯入者赶走。这是过去的他会做出的选择，但那样的时代已经一去不复返：如今他成了堂阿隆索·德·卡斯塔涅达。1546 年 3 月，他和其他领袖决定不发动战争，而是充分利用他们的儿子们掌握的新式读写能力。他们要在西班牙人的法庭上起诉特皮卡人。本质上，这个概念很好理解，因为墨西加人首领在过去很多年里也一直是地方事务的仲裁者。[68]

　　堂阿隆索和他的随从于是前往墨西哥城。征服战争前的老路还可以通向这个依然被他们称作特诺奇蒂特兰的城市。首领们对于这些道路很熟悉，但从其他方面来说，这里的地形地貌却变得陌生了。赶路者不用再担心被视他们为敌人的人突袭。强盗总是存在的，但没有人会再认为来者的目的是发动战争。堂阿隆索一行人进入中央谷地，穿过湖面抵达岛屿城市。虽然城镇周边区域依然属于原住民渔民和奇南帕耕种者，但在热闹繁忙的城市中心区，随处可见新的西班牙风格建筑拔地而起。堂阿隆索的小队伍去了特拉特洛尔科，那里还有一些他们在儿子到这里上学时结识的熟人。一行人找到了可以接受的住处，但很快就发现在大都市中维持生活的成本非常惊人。不过，他们没有因此退缩，而是提起了诉讼，并决心不把官司打到可以放心地交给一名代表处理就不离开。[69]

　　1546 年 5～8 月，这一行人会定期前往法庭。他们第一次走进那栋建筑时，高耸的石砌墙壁和晦暗的室内光线曾让这些人感到胆怯，但他们很快就适应了。第一天，管理库奥蒂坎的市民代表议会代表这群人发言，不过堂阿隆索本人更有说服力，所以他很快就亲自出马了。在西班牙人做的法庭记录中，库奥蒂坎一方被称为"堂阿隆索和其他贵族"。正是堂阿隆索提出了让某些来自特皮卡的证人出庭的要求，也是他安排了本方证

152　人的到场。当所有证人的证言都被记录下来后，他还会要求法庭翻译将证言记录念给他听，直到他点头认可为止。[70]

堂阿隆索渴切地吸收了关于欧洲世界的经验。墨西哥城确实是一个富丽堂皇的地方，显然也是权力的中心。在高等法院的法庭上，他亲眼见证了权力在这个欧洲人创造的世界中如何被行使。就像在他的世界中一样，权力也是通过以仪式性的语言做出的公开、严肃的声明来发挥作用的，然后这些内容会被记录在纸上。不过，他也注意到一个明显的不同之处。这里的决定是通过一种特定方式被书写出来，从而永久存在的。这与他非常熟悉的象形文字书写不同，就连他的世界中的年轻人也已经无法轻易读懂那些图案了。堂阿隆索观察了字母书写，以及将话语转录成表音文字的过程。这些被写在纸上的符号能够被译成人的声音。在法庭上，他的原话可以被流畅地念给他听。克里斯托瓦尔这样的年轻人向他保证，任何人都能学会如何解释这些文字的声音。这种知识和祭司花几十年才能记住并创造更多的成百上千的象形文字符号是不同的。而且那些特别的知识大部分都被祭司带进了他们的坟墓，可是就算一场可怕的瘟疫降临，明天就让高等法院里接受过特殊训练的人都丧命，其他人依然能够充分地理解这些文件，几代之后的人也依然能够听到他的原话。这件事绝对值得一个人深思。[71]

8月，堂阿隆索终于准备好将诉讼事宜交给一名律师，他自己则带着随行人员返回家乡去了。之后，他就将自己的注意力放到了一个新项目上：他决定要就本族人的历史创作一份使用新字母书写的巨著。从某种意义上说，堂阿隆索设想的是一部古代风格图画文件的合集，它能够用象形文字和图画代表历史中的重要时刻，说明已经确立的各个城邦的边界。但在其他方面，它又是完全不同的，因为它能够成为按年份记录本民族历史的完全的文字资料。所有那些原本要在公共篝火旁大声讲给所有人听的东西，都将被用新字母写到纸上。他的儿子和其他年轻人会帮助他。他和他这一代中的其他人提供信息，年轻人负责书写。至于图画部分，则可以由他们共同创作。这部作品将包含所有托尔特克-奇奇梅克人的历史，并着重讲述那些最终在库奥蒂坎定居的人的故事。[72]

多年来，堂阿隆索设想了这份资料能发挥的具体作用——比如，它能在西班牙法庭上为土地所有权的传统安排提供证据，或者作为一件圣物被带到原住民庆典上，为仪式程序的确凿性提供依据。但堂阿隆索一家把数不清的时间奉献给这一事业的原因比这些还要深刻。他预计到了本民族关于象形文字含义的记忆将会衰退，他们的群体已经陷入西班牙人的各种要求必然导致的贫穷困境，他们的眼界越来越窄，被迫局限于维持生计，随之而来的将是大规模的社会性健忘。如果他们连过去都忘了，他们又怎么能够表达对未来的要求？

克里斯托瓦尔拿起羽毛笔，做好了书写的准备。堂阿隆索·德·卡斯塔涅达·奇马尔波波卡开始叙述。他讲了古代的故事，讲了几个世纪前一个幸福群体的分裂。那是他的民族从他们还是漂泊者的时代就开始讲了很多很多年的故事。"当休马克长成一位年轻人之后，他命令诺诺瓦尔卡人来为他料理家务。诺诺瓦尔卡人对他说：'好的，大人。希望我们能让你满意。'于是诺诺瓦尔卡人就来为他料理家务。接着，他又要求诺诺瓦尔卡人进献女人来服侍他。他对他们说：'你们要给我提供女人。我要求这些女人的臀部有四掌宽。'"堂阿隆索讲到这里时，肯定会停下来嘲笑这个荒唐傲慢的人。但接着，他也要面对开始在他和他的后代中间出现的文化分歧。年轻的克里斯托瓦尔的纳瓦语水平还能确保他理解这个笑话的含义吗？堂阿隆索是不是需要向这些在不同时代中成长起来的年轻人解释每一句话？他有没有告诉年轻人，这个故事特别有深意的原因是休马克这个名字的意思是"大礼物"？他其实是一个弃婴，本应被视为来自神明的礼物。结果他变成了一个什么样的礼物啊！就是他造成了祖先们最初的分裂，这份礼可真不轻！他根本不是什么礼物，但他确实带来了意想不到的事——生活不就是这样，堂阿隆索肯定会这么想。他是目睹了一个世界被另一个世界取代的人，他是在这样的经历后仍然保持了自己的幽默感的人。他还是自己和自己的族人身处其中的这个"新世界"并不能抹去关于旧世界的记忆的活生生的证明。

后来，当阿莫索克的房屋被烧毁时，堂阿隆索·德·卡斯塔涅达·奇马尔波波卡已经准备好安慰那些受折磨的人了。代表族人承担责任是一个纳瓦人领袖的职责：他不会在自己的职责面前却步。他坚信自己的族人会熬过这个艰难的时刻。

第七章
危机：印第安人的反抗（1560年代）

一位文书在撰写历史

资料来源：The Bodleian Libraries, the University of Oxford, Codex Mendoza, MS. Arch. Selden. A. 1, folio 70r.

1568年1月7日深夜，狱卒来提审玛林切和埃尔南多·科尔特斯的儿子堂马丁。巨大的金属钥匙在锁孔中转了一下，沉重的大门在被推开时发出嘎吱嘎吱的声音。这个囚室位于墨西哥高等法院的地下室。堂马丁清楚这些守卫是来干什么的。根据法律规定，法官批准对他用刑的判决已经在几个小时前被公开宣读，听完后，他要回答自己明白这个公告的含义并表示接受。他给出了肯定的回答，他明白自己被指控的是背叛国王的叛国罪，但他没有犯下这些罪行，也不会认罪。他明白这样做将受到怎样的对待。[1]

堂马丁能被用"堂"称呼是因为他的父亲是国王封的侯爵。此时他被押送到一个摆放着拉肢刑具的房间里。整个欧洲的法官们都认为，通常情况下，仅靠向被指控有罪的人展示这些刑具就足以获得理想的效果。一位法庭代表再次询问堂马丁是否要坦白自己密谋背叛王室的罪行，但他回答说："我已经说出真相，我没有别的要说了。"一位文书记下囚犯的话，并做好了记录他接下来可能会说的任何话的准备，只有他在受刑时因为疼痛而发出的尖叫和呻吟等会被忽略不计。狱卒脱下了堂马丁的衣物，从刑具两端绑住他赤裸的身体，然后就推动杠杆，把犯人双臂和双腿的骨头都拉扯得错了位。

在场的高等法院法官询问堂马丁谁是和他一起背叛国王陛下的同谋。文书记录了囚犯再次表示自己已经说出真相，没有别的要说。法官示意狱卒再次推动杠杆。他们照做了。囚犯依然表示自己无话可说，但法官还是没有泄气。所有因为据称图谋造反而被带到这里的人最终都会坦白并供出几个人名。他觉得是时候上水刑了。狱卒于是将堂马丁调整为头低于身体的姿势。一个人捏着他的鼻子，并把一个动物角插进他的嘴里，甚至直抵喉咙。另一个人则用水桶朝角里倒水，速度由慢至快，且从不间断，所以如果他继续下去的话，受刑者最终会窒息而死。施刑过度导致囚犯死亡的情况是出现过的，但通常情况下，用刑的法官会在闹出人命之前示意狱卒停止。

此时，法官就做出了这样的示意；他再次询问堂马丁。后者急促地喘息，甚至无法说话。审问者等待着，最终他开口道：
"我已经说出真相，我没有别的要说了。"狱卒随后又对他实施
了两次水刑，他给出的回答始终是这句话。于是狱卒第四次将
水从他的喉咙灌进肺中，这次持续的时间很长。法官一直等着，
让他们继续灌水。最后他们终于停下来，此刻就是堂马丁真正
面对危机的时候了。

　　他可以说话。虽然他没有参与任何阴谋，但他可以编造任
何这些人会相信的谎话。其他被带到这里的人就是这么做的。
那些人都是西班牙贵族的儿子，出身高贵，高傲自豪，一心想
着维护自己的荣耀，结果却很快就屈服了。那些人习惯的是灿
烂阳光和公开竞赛，他们根本没想象过自己有一天也可能被孤
零零地关押在阴暗无光的地方、毫无反抗之力地面对着可以毫
无顾忌地杀死自己的人。

　　不过，堂马丁与那些人不同。他童年早期的记忆是关于他
的母亲玛林切，也就是西班牙人口中的堂娜玛丽娜的，她曾两
次成为俘虏，但总是能熬过艰难时刻，所有男人都说她是最勇
敢的女人。堂马丁八岁的时候，父亲把他带回西班牙并把他留
在了那里，为的是让他成为费利佩王子的侍从。后来他独自弄
明白了侍从是什么意思。在西班牙宫廷中，他成了身边人眼中
的"印第安人混血儿"。他靠沉默和疏远熬过了这样的日子，
但他没有因为人性的冷漠而不知所措。如果有人无视他、贬低
他，或是让他感到自己无足轻重，那他就会让这些人知道他是
谁。在他的世界里，荣耀不仅来自出身，也来自勇气。他的荣
耀是他仅剩的一切，所以他会在所有人面前捍卫自己的荣耀。
他是埃尔南多·科尔特斯和堂娜玛丽娜的儿子。他深信他父亲
的同胞信仰的那个神明：耶稣的故事触动了他心中最隐蔽的地

157

方。他低声说道："我已经说出真相，以为我受难的上帝的圣名，从此刻开始直到死亡降临，我不会再说一个字。"他可能会死，但他已经做好了准备。狱卒又倒了两次水，最终法官认定这没有用，于是示意停止。[2]

当黎明到来时，发生在堂马丁身上的事已经传遍城中的大街小巷。人们悄悄议论着科尔特斯的儿子。对于一些西班牙人来说，他忍受了他人施加给他的折磨，是沉默、坚忍的印第安人传奇的化身。在另一些人眼中，他是一个勇敢、正直的人，是每个男人都想成为的样子。印第安人用纳瓦语低声交谈，他们说特克潘，也就是王室办公场所，又一次被全副武装的人封锁了，这一次是为了对堂马丁实施酷刑。[3]

* * *

玛林切为她的孩子做了自己能做的一切，她还让他们获得了西班牙公民的身份，所以他们在面对自己的未来时就不致完全无能为力。但堂马丁和其他很多第一代梅斯蒂索人一样，还是要经历一段艰难的人生。载着这对父子的船于 1528 年 3 月起航，从韦拉克鲁斯驶向西班牙。当时堂马丁只有七岁。他和其他几个有贵族父亲的孩子一起住在西班牙宫廷中，为比他小五岁的王位法定继承人费利佩王子提供陪伴和娱乐。堂马丁的父亲是最著名的征服者，他不仅为自己赢得了"侯爵"的头衔，还向教皇请愿并收到了教皇颁布的授予马丁合法婚生子身份的诏书。[4]无论人们在背后如何议论这个男孩，但书面文件是齐备的。起初，在父亲返回墨西哥，同时有母亲玛林切的死讯传来的那段时间，堂马丁自己也因为淋巴结感染而病入膏肓。人们确信他会死，但他活下来了。在堂马丁长大成人的过程中，他偶尔会收到生活在墨西哥的父亲的讯息，后者会向他保证自己很爱他，还会给负责监督堂马丁教育情况的表兄弟写信说："我实话告诉你，我爱他并不比我爱上帝赐给我的侯爵夫人生的其他［儿子］少，因此我总是想知道他的情况。"[5]科尔特斯在西班牙短暂停留期间娶了一位公爵的女儿，她后来为他生了一个出自合法婚姻的儿子，这个儿子也被取名为马丁。他将取代玛林切的儿子成为科尔特斯的遗产继承人，还会继承侯爵的头衔。有一半印第安人血统的马丁清楚地知道，另一个马丁才是公认的埃尔南多·科尔特斯的儿子。他已经学会了接受这一切。

　　1539 年，堂马丁年满十八岁了。同年，他的父亲返回西班牙，还带回了注定要继承他的头衔和地产的另一个马丁。第二个马丁也要成为费利佩王子的侍从。于是，十八岁的堂马丁把这个八岁的弟弟纳入自己的羽翼之下，并尝试爱他。当他们的父亲、著名的征服者到西班牙各地办事的时候，兄弟俩也会随行。1540 年年初，堂马丁决定与父亲和弟弟分道扬镳，他不是要回归自己在王宫里的生活，而是要前往自己童年时的家乡——墨西哥。我们永远无法确认这是出于什么原因，但可想而知，年轻人的向往在这里一定发挥了重要的作用。到了大洋彼岸之后，堂马丁似乎去拜访过自己同母异父的妹妹玛丽娜，也就是玛林切和哈拉米略生的女儿。他暂住在父亲位于库埃纳瓦卡的房产中，大约过了一年，堂马丁承认自己已经变成了另外一个人，不再属于这个地方了。于是他返回西班牙，重新承担起自己在王宫中的职责。作为一名骑士，他要前往任何王室家族需要自己的仆人进行战斗的地方。他在意大利的皮埃蒙特（Piedmont）打过几次仗，还去过柏柏里海岸（Barbary Coast，

158

又译巴巴里海岸）、德意志和法国。⁶

在随后的很多年里，堂马丁一直与身为继承人的弟弟保持着联系，他们也都在父亲临终时陪伴于他的床前。这对兄弟之间的关系不算和睦。他们会向对方借钱，有时还，有时不还。他们还不止一次吵架又和好。最终他们之间爆发了一场巨大的争执，结果是哥哥起诉弟弟，要求对方一次性结清自己应得的遗产，而不是以年金的形式支付，因为他再也不想与弟弟有任何关系。弟弟马丁肯定是个特别难打交道的人：他的母亲也在大约同一时间起诉过他，目的是迫使他为自己的姐妹提供嫁妆。于 1556 年成为国王的费利佩被请来为都曾是他的童年玩伴的兄弟二人进行调解。可能是哥哥堂马丁感到懊悔，也可能兄弟俩都这么觉得，于是他们和解了，还计划与名叫路易斯的另一个同父异母兄弟一起前往墨西哥。他们要到父亲征服的传说之地去，住在他们自己的房子里，像富人一样生活。⁷

堂马丁当时刚刚娶了个名叫贝尔纳迪娜（Bernardina）的妻子，他们的相识显然非常浪漫，他是在前往圣地亚哥德孔波斯特拉（Santiago de Compostela）的朝圣之旅中遇到她的。堂马丁几年前和一个贫穷女子生下的私生子与这对新婚夫妇生活在一起，他的名字叫埃尔南多，取自他著名的祖父。不久之后，贝尔纳迪娜生了一个女儿。1562 年，堂马丁和妻子决定，他先前往墨西哥，妻子则带着两个孩子回娘家暂住。等一切顺利了，他再把妻儿接走。事实证明，幸亏他们这么决定了，因为载着科尔特斯家三兄弟的船在尤卡坦半岛海岸附近受损。虽然没在海难中丧命，但他们沿陆路前往墨西哥的行程让他们蓬头垢面、精疲力竭。

墨西哥城热热闹闹地欢迎了埃尔南多·科尔特斯的合法婚

生子及他的两个同父异母兄弟。然而，年轻的侯爵很快就耗光了人们的欢迎热情。他行事放荡鲁莽，他的傲慢自大也让潜在同盟疏远了他。堂娜玛丽娜·巴斯克斯·德·科罗纳多（doña Marina Vázquez de Coronado）是一个曾经领导对新墨西哥的征服活动的人的女儿，也是侯爵一个好朋友的妻子，但是马丁与堂娜玛丽娜之间发生了一场龌龊且人尽皆知的婚外情。一篇讽刺文章随后传遍了大街小巷："一位伟人在圣母的保佑下征服了这片大陆，如今一个和他同姓的男人却要因为一个和圣母同名的女人而失去这些地方了。"[8]与此同时，堂马丁则再次去寻找自己的妹妹——玛林切的女儿玛丽亚。那个他曾在 1540 年见过的年轻姑娘此时已经变成身心俱疲的中年妇女，因为多次怀孕却只有两个孩子活下来而受到身体上和心灵上的双重打击。令人哀伤的是，和自己的哥哥重聚不过几个月之后，玛丽亚就去世了。这意味着，堂马丁与童年早期的最后一点人际关联也被斩断了——那些纳瓦语儿歌，或关于他们的母亲的共同记忆都会被遗忘。他的妻子和孩子此时还没有抵达，他感到极度抑郁，还和其他人谈论了返回西班牙的可能。他经常去忏悔，因为他觉得自己可能也离死不远了。[9]

　　贝尔纳迪娜迟迟不能到来的原因是她要为几位来自她家乡的年轻姑娘获取旅行许可，这样她们才能陪同她一起前往墨西哥。这些人中有一个理发师的女儿、一个年轻的私生女，等等。她们都希望去墨西哥找结婚对象，因为在那里她们也许能找到比自己在西班牙能找到的身份地位高得多的人。贝尔纳迪娜的丈夫曾经是国王的玩伴这一点对于她获取许可有所帮助，最终，她和自己的随行人员于 1565 年抵达墨西哥城。堂马丁为见到妻子和孩子而无比欣喜，不过此时，他正深陷于另一个巨大的困境中。[10]

　　墨西哥城已经变成一个政治的火绒盒。首先，在 1564 年，当墨西加人居民听说自己要像墨西哥中部的其他原住民一样进贡时，他们的怒火就爆发了。从 1521 年起，城中居民的任务一直是为建造城市建筑和其他项目提供无偿劳务，这里没有成为任何西班牙人的封地，城中人也不需要像农村人一样缴纳现金贡税。因为堂马丁被授予了警长的职位，所以让愤怒的原住民人口平静下来的责任自然就落到了他的头上。[11]与此同时，封地领主们也越来越担心费利佩国王计划使用自己的王权限制他们作为个人从原住民身上榨取财富的能力，甚至是限制他们将自己的封地永久性留给继承人的权利。西班牙国王确实希望阻止这个在墨西哥权势滔天的贵族阶级继续扩大。不幸的是，合法婚生子马丁侯爵像他惯常做的那样到处发表了一些不得体的评论。他公开坚称新西班牙的绅士阶层有权自行做出决定，自行管理他们的生活。他当然很重视国王这个儿时的朋友，但他也热衷于扮演心怀不满的年轻男子们的领袖。1564 年 7 月，一直担任总督的堂路易斯·德·韦拉斯科（don Luis de Velasco）突然去世。在出现权力真空的情况下，骚乱和不满都迅速加剧。到贝尔纳迪娜于 1565 年抵达时，她的丈夫正在把大量时间花在向别人解释自己弟弟发表的一些无法无天的评论并无造反之意上；与此同时，堂马丁还要尝试说服弟弟去告诉他的那些同伴，说他相信费利佩国王很快就会处理他们的不满。

　　虽然已经尽了最大努力，但玛林切这个机智圆滑的儿子依然无法避免灾难的降临。1566 年 7 月，在一场为庆祝年轻侯爵的夫人生下一对双胞胎而举行的马上长矛比武现场，墨西哥审问院的警卫逮捕了堂马丁。同一天，审问院还逮捕了侯爵本人和路易斯。科尔特斯家的三兄弟被指控与他人共谋，企图以武力占领审问院，然后公开宣布放弃效忠西班牙国王，并让侯爵成为墨西哥的统治者。在接下来的几周里，三个人都受到了审问。堂马丁承认自己听到过很多愤怒的抱怨，但他认为那顶多是男孩之间的吹牛皮而已。于是他后来受到的正式指控变成了虽未参与，但明知存在阴谋活动长达数月却没有采取任何行动。

　　短短几个星期之内，另外一个贵族家庭的兄弟俩，希尔·冈萨雷斯·德·阿维拉和阿隆索·德·阿维拉（Gil González and Alonso de Avila），被认定是某种尚不成熟的"阴谋"的核心。他们被审判、定罪，然后被立即绞死了。墨西哥城的居民大为震惊。他们从没想到这种事也能发生在出身高贵的西班牙人身上。[12]接下来，审问院的法官就把注意力全部转移到了科尔特斯兄弟身上。他们在两个马丁的案子上含糊其词，但很快就判处路易斯死刑。后者像年轻侯爵一样傲慢自大，也一样到处树敌，却没有必要的财富和人脉来保护自己。

　　就在这时，科尔特斯兄弟突然获得了喘息的机会。新任总督法尔塞斯侯爵（Marquis of Falces）堂加斯东·德·佩拉塔（don Gastón de Peralta）终于抵达。他是个好相处且很现实的人。新总督下令暂停所有审判和处决，直到自己弄清情况为止。没过多久，他就认定法官夸大了危险的程度，并决定将侯爵和路易斯送回西班牙由国王判定他们的罪过。玛林切的儿子也被释放，但仍被软禁在家中，等待总督对他的案件做出进一步考量。堂马丁肯定希望这整件事能够快点被人遗忘，因为他显然是完全忠诚的，而且他希望留在自己的出生地墨西哥。

　　然而，1567 年 11 月，由一群特别检察官组成的特别法庭带着重审此案的命令从西班牙来到墨西哥。因为有人在国王耳

161

边说，新任总督也许是在有意掩盖一场针对王室的阴谋，所以法尔塞斯侯爵将被送回西班牙，而贝尔纳迪娜则不得不看着丈夫于 11 月 15 日再次被逮捕。很多人遭受了酷刑和审讯，其中两人被处决。到 1568 年 1 月，堂马丁也被绑上了拉肢刑具，然后还被用了水刑。当他宁可受刑也不认罪后，他的律师成功介入了。他们第一次正式提到了他的母亲，请求法庭看在她的面子上仁慈地对待她的儿子。结果，堂马丁被永远驱逐出墨西哥。没过多久，他就死在了国王派他去西班牙南部镇压反叛穆斯林的任务中。大约是在他和贝尔纳迪娜带着孩子启程返回欧洲的同一时间，又有两名特别法官来到墨西哥。国王已经得知墨西哥城再次陷入血雨腥风，所以他派代表来一次性终结大屠杀。

西班牙人要过很长时间才能醒悟。他们为什么会因为过分恐惧而失去理智？如果躺在监狱里的堂马丁能和他去世的母亲对话，他们肯定会一起苦笑。他们知道这个问题的充满讽刺意味的答案，让西班牙人恐惧的正是印第安人。

* * *

发生在 1560 年代墨西哥城中的一切比人们看到的表象要复杂得多，除了各个强大的西班牙人群体之间的冲突外，还有其他很多事也在悄然发生。在关于这一时代的传统叙述中，阿兹特克人角度的历史是缺失的；把这部分内容包含在内能够让这段混乱的时期更容易被理解。那些表面上是随机的暴力冲突和无缘由的相互仇恨的故事，实际上都是一场可以预见的政治危机。此时距离最初的征服战争已经过去四十年。当时还是孩子或是在随后的动荡十年中出生的那些人，如果没有被瘟疫夺去生命，那么现在都正好处于壮年。他们对自己的父母生活的那个世界还很了解，但他们自己在完全不同的时代中长大成人。结果就是，他们在应对一些紧迫问题时偶尔会左右为难，而且总是准备用西班牙人能够理解的方式回应他们。

特诺奇蒂特兰的王室家族作为一个政治上仍然可运行的实体存在了下来。战争、瘟疫和一夫一妻制的实行使王室家族的规模有所缩减，但阿卡马皮奇特利的后代仍然在延续自己的悠久历史。到 1520 年代晚期，当夸乌特莫克被杀死之后，西班牙人开始委任那些自己认识并喜欢的印第安人来担任其他印第安人的领袖。纳瓦人使用"库瓦皮利"（鹰贵族）这个古老的称谓来指代这些人，这个词的意思是凭借功绩而不是出身获得显赫地位的平民或外来者。墨西加王室家族成员仍然享受着大部分人基于传统而对他们继续抱有的尊重，也还保有对之前的一些物质财富的使用权，不过这两种特权的源泉都在日益缩减。陷入贫困的前景压迫着他们，而且他们有时还要面对其他同胞说他们在征服战争中一败涂地的指责。[13]到 1530 年代中期，新总督带着王室的完全授权来到这里，接管了对新西班牙的管理。让埃尔南多·科尔特斯恼火的是，他自己也被迫退居二线，成了一位单纯的富有市民。新总督堂安东尼奥·德·门多萨（don Antonio de Mendoza）决定从特诺奇卡人统治家族中选择一人担任省长（gobernador），即市民代表议会的领袖。这个机构将负责维持秩序和抽调必要的劳动力并将其组织起来。总督的目标是在每个城邦里组建一个这样的机构，因此在特诺奇蒂特兰，或者说在此时被称为墨西哥城的这个地方先建成一个恰当的样板就显得尤为重要。总督认为印第安人能够比任何外来者都更有效地管理自己人；而且许可自治也是一种表达善意的方式，因为印第安人说自治正是他们想要的东西。[14]

　　唯一的问题是，该选择谁为首都的王室省长。蒙特祖马的儿子们大多已被夸乌特莫克杀死，只剩两个最小的儿子躲过了他的暴怒。一个儿子名叫内萨瓦尔特科洛特（Nezahualtecolotl，意为"饥饿的猫头鹰"），这个名字能让人想起内萨瓦尔科约特（饥饿的郊狼）和内萨瓦尔皮利（饥饿的王子），几乎可以确定他的母亲正是特斯科科人。在城市被占领之初，他可能就和西班牙人一起在城中了，所以他们都认识他。几乎是在征服战争刚一结束时，内萨瓦尔特科洛特就成了受科尔特斯保护的门徒。征服者让他受洗，还给他取了和自己儿子们一样的名字——马丁·科尔特斯。之后他被送到西班牙，接受符合他作为去世的墨西哥国王之子身份的基督教教育。接下来的十五年里，内萨瓦尔特科洛特，或者说"马丁"，往返于大西洋两岸，变成了一个适应西班牙文化的人，他很快就只使用自己的教名，后来还娶了一位身份高贵的西班牙女士。不过，马丁年纪轻轻就去世了，而且就死在另一位王室家族成员即将被任命为省长的时候。人们用纳瓦语悄悄议论，说他是被其他墨西加贵族毒死的，因为他们不希望让这个实际上已经变成西班牙人的人获得统治他们的权力。这个故事肯定不足为信，因为传言中说到的与他的死有关的人本身死得比他还早。[15] 蒙特祖马最小的儿子叫堂佩德罗·特拉卡韦潘特利（don Pedro Tlacahuepantli，Tla-ka-way-PAN-tli），他的母亲来自图拉，征服战争发生时，这个孩子只有七八岁。他可能是玛林切的儿子堂马丁的朋友，因为二人在 1528 年曾乘坐同一艘船前往西班牙。科尔特斯打算把年轻的王子当作一个王室道具，并带着他进行自己计划在西班牙开展的巡回宣传。后来堂佩德罗返回了墨西哥，他几乎没有任何文化资本，因为他父母的婚姻在图拉本来就不受欢迎，首先那是墨西加人强加给图拉人的婚姻，其次他的母亲也不是什么重要人物。实际上，图拉的原住民贵族似乎都很讨厌他。有记录显示，他们曾对他说："回墨西哥城去，那里才是你的地方。把图拉留给［我们］，这里什么也没有你的。"堂佩德罗一生都在争取自己在图拉应获得的遗产，尽管他最终在西班牙人的法院上打赢了官司，但他在墨西加人面前根本没有任何威严。[16]

＊　＊　＊

幸运的是，堂佩德罗不是王室省长的唯一可能人选，因为蒙特祖马还有一些活下来的侄子，而且他们远比这些儿子更受墨西加贵族欢迎。其中一个最受尊敬的人是瓦尼特钦（Huanitzin，Wa-NEE-tzeen）。他在西班牙人到来之前还非常年轻，但已经被蒙特祖马推上了埃卡特佩克的特拉托阿尼之位，他统治了一个重要的特帕内克人城镇，而特帕内克人曾经是阿兹特克三方联盟中的关键组成部分。可以预见，在战争期间，瓦尼特钦是与夸乌特莫克并肩作战的紧密盟友之一，在停战后，他和后者一起被抓走并囚禁在了科约阿坎镇。再后来，他还成了被科尔特斯强迫前往洪都拉斯并返回的人之一。[17]返回之后，他娶了自己的堂妹堂娜弗朗西斯卡，后者就是蒙特祖马那个幸运的女儿，她没有被和受尽苦难的伊莎贝尔一起交给西班牙人，而是被送到其母亲在埃卡特佩克的族人身边。（瓦尼特钦在此之前已经和至少一个女人生下过几个孩子，但他们都没有被视为他在这个新的基督教世界中的合法子嗣。）[18]

西班牙总督认定瓦尼特钦是成为市民代表议会领袖的最佳人选。他的族人也认为他的地位很高。[19]他能讲一些西班牙语，在他被囚禁期间，可能还和方济各会修士佩德罗·德·甘特

164

（Pedro de Gante）打过交道。他获得的教名是迭戈·德·阿尔瓦拉多（Diego de Alvarado），但他也使用自己的原住民名字，所以他自称"迭戈·德·阿尔瓦拉多·瓦尼特钦"。在王室家族于1538年重掌权力之后，[20]新的特拉扎阿尼想要代表自己的族人表明某种态度。瓦尼特钦和佩德罗·德·甘特一起找到城中最有天赋的羽毛制品工匠，他们曾经用羽毛装饰华丽的盾牌，此时则被要求制作一幅描绘圣格列高利做弥撒的闪烁微光的羽毛装饰画——这位早期的教皇就是在这场弥撒中向一群充满怀疑的观众证明了变体论（即弥撒中使用的饼和酒转变成基督的肉和血的奇迹）。这幅画被当作对基督徒父亲们在墨西哥实现的成就的完美比喻。之后，瓦尼特钦又公开做出了一个巨大的示好姿态，他将这幅画送给了罗马的教皇，还在画中镶嵌了一句拉丁文献词，内容是："献给保罗三世教皇。基督纪元1539年，由省长堂迭戈在方济各会修士佩德罗·德·甘特照管下，创作于印第安人的伟大城市墨西哥。"[21]

瓦尼特钦没过几年就去世了。在他身后，原住民委员会计划遵循过去的习惯，将权力轮换给家族中的对立分支。堂迭戈·德·圣弗朗西斯科·特韦茨基蒂钦（don Diego de San Francisco Tehuetzquititzin，Tay-wetz-kee-TEE-tzeen）是蒂索克的孙子，后者曾在1480年代进行统治，但掌权时间很短。特韦茨基蒂钦此时获得了领袖之位，并一直统治他的族人近十四年。特韦茨基蒂钦整体上似乎是受人爱戴的，他的纳瓦语名字意为"他让人发笑"，不过，他的统治时期也和所有墨西加人特拉托阿尼的一样充满了紧张和不安。他在统治初期陪同西班牙人西征，参加了米斯通战争（Mixton War）。在墨西加人的历史中，特韦茨基蒂钦的族人把他描述成一位像所有新国王一样去战斗的勇士。当他返回时，1540 年代中期的严重瘟疫已经暴发。城市和乡村都因此遭受重创。特韦茨基蒂钦在随后几年里一直在尝试避免本群体的资源被贪婪的西班牙人夺走，同时还要尽量避免自己的家族财富流失，没有这些财富，他就不能发挥一个领袖的作用。他积极地参与当时的各种事件，这让他招致了一些批评，但他也获得了一些重大成功。他非常努力地将特诺奇蒂特兰城中和周边的贵族家庭团结起来，并取得了一定效果。 165
他去世两年后，家族领袖们于 1554 年聚集在一起签署了一份请愿书，请求西班牙王室为保护印第安人的利益指派一名保护人；这个受过教育的群体推荐了巴托洛梅·德·拉斯·卡萨斯（Bartolomé de las Casas），他的文章曾引起人们对新大陆情况的关注。[22] 从 1554 年到 1557 年，西班牙人没有认可新的王室省长人选，这一职位一直被空置。可能是因为原住民如此坚定地发声让他们感到紧张，所以西班牙人没有接受推荐，而是从索奇米尔科引入了一位受人尊敬的贵族进行统治（这又是一个鹰贵族的例子）。最终，瓦尼特钦的长子堂克里斯托瓦尔·希希特钦（don Cristóbal Cecetzin）同意出任这一职务并当选。当他于 1562 年意外去世后，权力的钟摆又再次摆向了家族中的伊斯科阿特一脉。1563 年，阿维特索特的孙子堂路易斯·德·圣玛丽亚·希帕克钦（don Luis de Santa María Cipactzin）被选为省长。

事实证明这不是一个成为墨西加人领袖的好时期。从 1550 年代起，西班牙人开始讨论让岛屿城市原住民像墨西哥的其他原住民一样进贡的可能性。区别在于，他们的贡品要上缴王室，而不是某个私人领主。在 1520 年代，当西班牙式的国家机构第一次建立起来时，墨西加人不进贡的事实从理论上可以用他们的历史做解释：他们在西班牙人到来时本就不是进贡者。但另一个决定这种结果的现实是，城市人已经像任何挣扎求生的群体一样被要求付出他们能付出的一切了。他们虽然没有缴纳现金形式的税费，却要被迫去修建墨西哥城市中心的建筑，还要为重要的王室官员及修士提供食物、马匹饲料和劳务。城中人已经习惯了以上要求，他们按照处理公共劳务的一贯方式来处理这些：城中区域的划分仍然对应着原本的各个卡尔普利，所以这些劳务也由各个卡尔普利轮流承担。如今，西班牙人却说要增加现金和实物形式的贡品，于是人们开始变得不耐烦，他们解释说自己是工匠和商人，并不拥有土地，所以他们无法接受这些要求。西班牙人中也有一些坚定支持城市居民的人，比如，方济各会修士和总督堂路易斯·德·韦拉斯科就相信，向印第安人要求更多是不切实际的。[23]

然而，此时的西班牙已不再是刚刚征服这里时的西班牙，它对印第安人的控制力变强了。费利佩国王根本没有心情迁就新大陆上的印第安人。他此时很缺钱，实际上，他后来也确实宣布破产了。[24]遵照历史悠久的西班牙传统，国王派来一位督察员（visitador），这个人拥有完全授权，可以调查这里的情况及总督之前的所有作为。赫罗尼莫·德·巴尔德拉马（Jerónimo de Valderrama）于 1563 年 9 月抵达墨西哥城。他招摇地将自己的住处设置在年轻侯爵马丁·科尔特斯的大宅中，而不是政府办公场所的建筑群内，好以此来和总督保持距离。巴尔德拉马很快就向西班牙汇报说，印第安人和他们的朋友，也就是那些修士，正是国王资金短缺的症结所在。具体来说，他提出，人们觉得自己很穷，是因为他们把多得不合理的钱财提供给了自己的贵族和宗教监护人。"从印第安人那里获取的和积欠国王陛下的一切都被原住民省长和贵族，以及修士们消费了。省长和贵族们把自己得到的份额都换酒喝掉了。至于修士，我肯定他们会把这些钱用在给自己的教堂和修道院买银器及其他装饰的正道上，但在违反财物所有者意愿的前提下这样做仍然是错的。"[25]巴尔德拉马还坚称自己有可靠消息证明，普通人愿意向国王支付人头税，但作为交换，他们应当被免除修建公共建筑和供养原住民贵族的义务。

督察员对韦拉斯科总督此时执行的政策的攻击太尖锐了，而且都是打着国王的旗号，所以到1564年1月，总督只能无奈地屈服。尽管预计到会有一场危机，他还是签署了国王的命令，使之成为正式法律，因为这显然是国王迫切想要实现的目标：新法要求城市原住民每年向王室金库缴纳一万四千比索，还要进贡大量玉米。法律立即生效，分三次支付的年度款项的第一笔在7月就要支付。[26]韦拉斯科签字三天后，文件副本被送到了市民代表议会，并被正式提交给议会中的领袖们。此时担任省长的堂路易斯·希帕克钦立即提出申诉，但一切都是徒劳的。他被威胁说如果不服从王室政府的要求，就可能被投入监狱。最后他于2月签署了这份文件。[27]

巴尔德拉马和他的同事们决心设法将公众的怨恨从自己身上转移到墨西加人贵族身上。到了3月，他们鼓励市民提起针对堂路易斯·希帕克钦和其他议会成员的诉讼。该案件是由一群来自附近的次级城邦阿察夸尔科的工匠提起的。这些人中的领袖是面包师傅胡安·丹尼尔（Juan Daniel）和裁缝佩德罗·马西亚斯（Pedro Macías）。王室家族几乎都居住在次级城邦莫约特拉，所以从表面上看，胡安·丹尼尔和佩德罗·马西亚斯的不满似乎是基于相邻次级城邦之间的竞争性，或者可能是为贵族对平民有过多要求而愤怒。但如今，我们可以看出，宣称

167

为胡安·丹尼尔和佩德罗·马西亚斯记录他们声明的西班牙人律师在其中发挥了巨大的引导作用。他们就认定现任原住民省长不应被授予统治权提出了很多奇怪的理由：这些人不认识西班牙文；这些人喜欢在庆祝宗教节日时跳老式舞蹈，甚至佩戴羽毛做装饰；这些人不在乎谁有多个配偶，或城中有多少酒馆。这些抱怨都不像是普通的原住民面包师傅和裁缝会说的。只在声明最后，他们才提到了贵族通过向平民提出过高的进贡要求而掠夺了他们的财富。这两个人当然也可能确实提出过类似的不满，而且可能从好几十年前就在提了。[28]

堂路易斯·希帕克钦做出了反击。在法庭上，他的律师否认了部分指控，并且创造性地为自己的当事人进行了辩护。比如，他们温和地指出，据他们理解，即便是在西班牙，市政府的官员也不总是具有完全读写能力的。更重要的可能是，堂路易斯在本族人面前为自己进行了辩护。他在6月刚刚迎娶了堂娜玛格达莱娜·奇奇梅克奇瓦特（doña Magdalena Chichimecacihuatl, Chee-chee-me-ka-SEE-wat，意为"奇奇梅克女人"），后者显然是前省长堂迭戈·特韦茨基蒂钦的被监护人（他的侄孙女），也就是蒂索克一脉中最年轻的成员。通过这场婚姻，堂路易斯让所有人想起了他们令人骄傲的共同祖先，也是第一位墨西加人国王阿卡马皮奇特利之子——伊斯科阿特。堂路易斯本人在众人面前穿着传统的装饰了鸟羽的服装，击打着涂成金色的鼓，跳着夸张的舞蹈，以此让人们回想起数不清的世代的人们都曾这样庆祝节日和仪式，以及国王跳舞具有的重要意义。[29]

婚礼之后没几天，堂路易斯就派遣使者去与各个关键群体谈话。为方济各会修士工作的原住民教堂画家和文书都饶有兴趣地接待了他们。来者是两位此时在市民代表议会中就职的老

者。他们用古老的比喻提醒听自己说话的人，说他们应当投身
于维持墨西加人政体存活且可运行的事业，他们的讲话正式而
充满诗意，就像他们的祖先曾在艰难的政治环境中做出的演讲
一样。"城邦的呼吸、城邦的话语，不都是常年血祭的结果
吗？"[30]这些向智慧的修士学习的教堂工匠和文书都是古代政权
中的工匠的后代，如果他们想要做出不和谐的反叛行为，那么
就不会再有什么城邦值得人们为之斗争了。城邦会从内部崩塌，
然后西班牙人就可以毁掉任何仅剩的政治组织。这些特使提醒
大家，堂路易斯和他的贵族同事们不会对这些问题掉以轻心。
他们会严肃地对待自己的责任，就像好的首领总会做到的那样。
"他们每天晚上忧心忡忡。他们连吃饭都不踏实，总是在担心
该怎么照顾好翅膀和尾巴［指平民］。"

168

在 1564 年 6 月的最后几天和 7 月的最初几天里，墨西加人
几乎无暇顾及其他事情。他们与修士交谈，还把与他们的争论
记录下来，西班牙人自己则从未提及这些争论。墨西加人之间
也在互相辩论，甚至大吵大嚷。他们都觉得自己根本承担不了
法律规定的每四个月支付一次的新人头税。大多数人并没有像
巴尔德拉马希望的那样将法律上的变化归咎于堂路易斯（他们
不认可是他或他前任的腐败造成了这一切的观点），但也有许
多人相信自己的统治者本可以采取更多行动来避免这一灾难。
堂路易斯的纳瓦语名字"希帕克"意为"鳄鱼"，但此时人们
开始称他为"纳纳卡希帕克"（Nanacacipac），意为"蘑菇鳄
鱼"，因为他像在夜里长出的蘑菇一样无足轻重，就是一只
"纸老虎"。[31]人们还常常简单地称他为希帕克，而不加表示敬称
的后缀，但在提到不远的过去中的其他王室人物时，人们还是
会加上敬称。能多少体会到双方对他施加的巨大压力的人寥寥

无几。

7月3日星期一，市民代表议会中有七名成员被捕。西班牙王室办公室在收集贡品的同时，还要求大众为公共建筑出力，在此期间，这些代表将被扣为人质。到了星期五，王室办公室又宣布，如果城市居民不合作，政府就要随机逮捕三百人卖作契约奴仆。7月10日星期一，全副武装的西班牙人开始挨家挨户强征"志愿者"。为了阻止这种事态发展，堂路易斯·希帕克召集人们于星期四举行一次大型公共集会。[32]

当天下午两点，人们涌入特克潘（原住民政府办公地点），然后爬上二楼。堂路易斯·希帕克和其他市民代表议会成员坐在中间；那些遭扣押的人都被释放，以便参加集会。伊莎贝尔·蒙特祖马的西班牙人丈夫胡安·卡诺也出席了，这能让集会显得更具权威性。几乎所有的群体领袖和工匠师傅都在现场，还有包括几十名女性在内的众多普通市民。如果税收不被废除，实际上将是妇女们通过向西班牙市场提供更多纱线和纺织品来支付这笔钱，因为她们的丈夫的收入是真的不够用了。堂路易斯让市民代表议会文书大声朗读了他准备的一份声明，内容是说明他为抗议新法律所做的徒劳的努力；文书最后还总结了新贡品的内容，并表示不得不马上收齐第一笔分期支付的部分。

169　　发言结束之后，人们大声抱怨道："我们去哪儿弄这些东西?!"一位老妇人说了一些充满感情的话，然后就哭了起来。在公开场合流泪对墨西加人来说是具有象征意义的：这只发生在一些意义重大的时刻，并且充满了深刻的政治含义。[33]老妇人就好像触碰了多年积怨的核心一样，集会现场开始群情激愤。一个在场的人后来回忆了当时发生的事：

　　人们变得愤怒，并开始大喊大叫。他们辱骂省长本人……［市民代表议会成员之一］佩德罗·马克韦基（Pedro Maceuhqui）跳起来把人们分开并控制住。他把象征自己职务的权杖扛在肩上。人们突然抢过权杖并打算杀了他。一群人拉帮结伙地开展行动，扯掉他的衣服，让他赤裸地躺在那里。人们还把胡安·卡诺揪了出来。他不得不抽出自己的长剑才让他们［退后并］放他离开，否则他很可能会死在这些人手里。人们一边大喊大叫，一边聚集到屋顶上。西班牙人也跑到了自己的屋顶上。有些人跑来看特克潘里发生了什么，也有些人躲得远远的。在市场上做生意的人都来了。在房子里的人都出来了，有老人，有孩子，城邦里的所有人。人们向特克潘的二层扔石头。他们破坏了建筑墙壁上的花卉雕刻。随后来了一位西班牙官员，他举着剑追赶众人。西班牙人和一些在场的梅斯蒂索人也都拔出长剑驱散人群。人们被赶到院子里，妇女们推倒了左侧的墙壁，人们互相踩踏着要翻过墙壁，结果却尖声叫喊着摔了下来。很多人受伤，还有人狠狠击打了一位老妇人的脸。西班牙官员很快就集结起来追捕并驱散人群。他们立刻就抓了很多人，并把他们带到楼上交给省长，后者殴打了这些被抓住的人。他们挨打的时候，双手都被捆着。西班牙人又去封锁了所有道路。沿路各处都有人被捕。西班牙人则用长矛、盾牌和其他武器把自己武装起来。[34]

　　写下这些话的人还记得，随着夜幕降临，"响起了《万福马利亚》的音乐"。西班牙人的警长抵达。人们大声呼喊起来，可能是因为知道这个人是埃尔南多·科尔特斯和原住民玛林切

女士的儿子。1564 年的这一天，出现在此的确实是堂马丁本
170　人，此时他才刚抵达墨西哥城不久。在调查初期，巴尔德拉马
暂时剥夺了总督手下官员的职务和权力，改由临时人员代管。
就警长一职，他任命了堂马丁。玛林切的梅斯蒂索人儿子眼下
面对的是一大群愤怒的原住民。他几乎不会说纳瓦语，因为他
还是个小男孩时就与母亲分开了，所以他需要通过翻译来讲话。
像母亲做过的那样，堂马丁劝告大家维持和平，并要求人们为
自己的性命和财产着想。他说如果人们不回家，他就会下令逮
捕他们并把他们卖作奴隶。"所有人都必须回家。回家吧，墨
西加人。"无论他心中有什么感受，也无论他失去了多少用纳
瓦语表达自己想法的能力，仍然可以肯定，堂马丁听懂了翻译口
中这最后几句话，那正是从他说的西班牙语翻译过去的。
"*Xicallaquican*, *mexicaye*.（Sheekal-ah-kee-kan, Mesh-ee-ka-ye.）"
（回家吧，墨西加人，回屋里去。）他提醒他们，既然无法扭转大
势，就应该设法保住自己生活中还能保住的东西。[35]

　　最终有四十六个男人被逮捕，其中包括三十一个特诺奇卡
人和十五个特拉特洛尔科人。几天之内他们就迅速接受了审判
并被认定有罪。7 月 21 日，他们都被剃了光头以示羞辱，还被
带到街上游街，一边走一边接受两百鞭的抽打。最后，这些人
都被卖作奴隶，受奴役期限分别为两年或五年。城镇中的街头
公告员在每个街角宣读了对他们的惩罚，好让城中所有人都知
道他们的罪名。记录这些事件的原住民仔细记下了这些人的名
字，好让后世永远铭记他们的遭遇。[36]

　　这位记录者还提到，7 月 23 日星期天，人们组织了一场
《查尔科女人的歌》的公开表演。很多年前，名为火烈鸟蛇的
音乐家就是唱着这首歌来婉转提出抗议的，那时他希望提醒墨

西加人注意自己用来压制查尔科人的过度严酷的措施。"在这里，我气愤，我心痛。我担忧，我烦躁。我整个人陷入了狂怒。在我的绝望中，我突然说道：'嘿，孩子，我马上就要死了。'"熟悉的曲调回响在各条街道上。这让当局感到紧张。星期一上午，西班牙人在原住民市场周围立起了八根长杆，并宣布任何批评当局的人都会被绑到这些长杆上。[37]

与此同时，督察员巴尔德拉马则陷入了震惊。他真心以为原住民愿意通过直接向国王缴纳款项加入现金经济，而不是继续维持现状。他在给费利佩二世的书信中指责了修士。"如果没有人煽动他们，这几个印第安人不可能发动暴乱，因为他们本质上非常忠顺，更何况［新］税对他们有很大好处。当别人做了对其有好处的事情时，没有思考能力的动物都比这些有一点点思考能力的人更能明白和识别这种好。我十分努力地想要理解他们［指墨西加人］，但局势还没有变得明朗起来。"[38]督察员显然从没想过，在仅仅四十年前还统治着美索亚美利加世界的阿兹特克人的后代，会为迅速变成一无所有且还要缴税的平民而提出抗议。

总督堂路易斯·德·韦拉斯科对此则毫不意外。他知道实际的情况，而且预料到会发生这样的事。然而，他不能利用近期这些事件为自己重新获得之前的权威，因为他已经时日无多。长期疾病让他的肾开始衰竭。他把过去的十四年都花在了不知疲倦地将新殖民地中的各个部分凝聚在一起上，如今他只能看着自己的成果分崩离析，局势陷入混乱。他已经失去了斗争的意愿，到 7 月 28 日就去世了。[39]审问院高级法官弗朗西斯科·塞诺斯（Francisco Ceynos）成了殖民地的临时掌权者。他是一个极度冷漠的人，曾经对一群抱怨西班牙政策的原住民请愿者发

171

出尖刻斥责："蒙特祖马当政时，人们难道没有把自己的孩子交出去被开膛破肚，好献给他们邪恶的神明吗？"[40]另外，他还是督察员巴尔德拉马的好朋友和支持者。玛林切的儿子堂马丁一得到堂路易斯·德，韦拉斯科去世的消息就坚决辞去了警长的职务，他显然是无法承受让自己去执行塞诺斯和巴尔德拉马的命令的前景。[41]

堂马丁这样做是非常明智的，因为塞诺斯和他的同事们马上就开始全力在印第安人之间挑拨不合。他们尝试让愤怒的群众去与他们自己的贵族斗争。8月，为多明我会工作的教堂画家胡安·阿瓦克（Juan Ahuach）因为要求调查省长接受征收新税的法案的做法而被捕。塞诺斯判处他和他的同伴绞刑。尽管阿瓦克仍在叫嚣说自己就算死也要推翻省长，但堂路易斯·希帕克将个人的愤怒放在一边，反而带领整个市民代表议会和多位修士前去请求宽恕这两名持异议者的性命。最终，请愿者获得了成功，那两个人也被释放了。不过，麻烦并没有结束。审问院领袖在阿瓦克离开时把他拉到一边，暗中鼓励他继续控诉原住民当局，甚至邀请他创作一幅展示原住民贵族滥用权力的绘画作品。[42]

9月，最初起诉堂路易斯·希帕克和市民代表议会的两名原告的律师不得不在审问院法官面前承认，他们的委托人面包师傅胡安和裁缝佩德罗都失踪了。二人在7月的动荡中跑到了乡下，之后再没有回来。被传达给他们的亲戚的消息也没能促使这两个人重新露面，他们似乎不想再跟这个官司扯上关系了。塞诺斯和巴尔德拉马感到失望，但很快就有人对希帕克和他的同伴提起了新诉讼。这一次，带头的原告名叫托里比奥·卢卡斯·托托科克（Toribio Lucas Totococ），是被判卖作奴隶的四十六名暴乱者之一。他突然获得自由的交换条件很可能就是参与这样一场针对堂路易斯·希帕克的诉讼——他当然会欣然接受。堂路易斯厌恶这个人，说他是"煽风点火、令人恼怒的外来者"。托里比奥·卢卡斯·托托科克在过去很多年里一直在抱怨市民代表议会对人们的要求过高，如今他的抱怨终于得到了认真的对待，这完全是因为此时的审问院法官想要把群众的怒火引到希帕克，而不是他们自己身上。[43]

与此同时，也有一些人仍在继续抗议税收本身，而不是把精力花在针对自己的省长和他所谓的阴谋串通或不负责任上。这些人的领袖之一是为方济各会工作的教堂画家马科斯·特拉奎洛克（Marcos Tlacuiloc）。他可能就是那个因为创作了圣母像而闻名的人，那幅非常受欢迎的瓜达卢佩圣母像（Virgin of Guadalup）被供奉在墨西哥城北部特佩亚克（Tepeyac）的一个古老喷泉圣地附近的小教堂中。圣母像吸引了众多到访者，以致方济各会修士们变得紧张，并产生了一种严重的焦虑。[44]（到17世纪时又出现了一个故事，说这个地点之所以出名，是因为一个名叫"胡安·迭戈"的印第安人在征服战争的几年后，在瓜达卢佩看到了圣母显圣。[45]）马科斯和其他许多人一样拒绝支付法律要求的四比索，并因此被关进了监狱。修士显然是花钱把他赎了出来，或至少是为他进行了请愿，因为他们曾关切地向他的教友询问他怎么样了，而且他随后就被释放了。[46]当马科斯被关在监狱里时，他见证了一系列他永远不会忘记的对话。塞诺斯亲自到监狱中试图说服（也可能是威胁）这些被囚禁的抗议者。其中一个名叫佩德罗·阿卡卡约尔（Pedro Acaçayol）的人是这么反驳殖民地当权者的：

173　　　　塞诺斯说："你们还等什么。你们没法保留已经被喝下去的龙舌兰酒。看看你们周围！一切都明朗了。你们已经被关在这里三个星期。你们经历的一切不让你们痛苦吗？你们是来这里表明什么立场的吗？"接着他又对佩德罗·阿卡卡约尔说："你听着。[你被要求]缴纳四比索。为了交差，你可以先交一比索三汤明（tomín）①，外加一筐玉米。因为你没有农田，一筐玉米也可以用三汤明代替。这就是你一年要交的全部[玉米]了。"对此，佩德罗的回答是："这是不可能的。哦，国王。我要去哪儿凑够这些？我只攒下了一个半比索和十个可可豆。求你听我说。哦，国王。就算我能[为我的作品]获得四比索，但那也不足以[解决所有问题]。我需要用这些钱养活我的孩子们。"

"你就只为你的孩子们服务吗？"

"不然为谁呢？他们是主赐给我的……[你问]如果我有钱呢？是的，如果我有钱，我会交的。但这一切是为了什么？我要到哪儿去弄这些钱？"

塞诺斯说："好吧，那你将被卖到金属加工厂。"

"好吧，你知道该做什么，毕竟你是国王。"[47]

佩德罗·阿卡卡约尔最后的话显然是充满讽刺意味的。对纳瓦人来说，国王被定义为知道做什么对他的族人最好，并且会为他们的将来考虑的人。然而，塞诺斯完全不理解这个他只是暂时管理的群体，并且执意提出鲁莽的要求，从而引发了社会动荡并导致了贫困。尽管阿卡卡约尔的话被记录下来并反复

---

① 八汤明等于一比索。——译者注

引用，还可能给他和其他人带来了一些欣慰，但这对他本人来说并没有什么实际好处。最终，他如西班牙人威胁的那样，被送去金属加工厂服劳役了。[48]

另一位尚未被关进监狱的坚定抗议者要求获得堂路易斯·希帕克和其他市民代表议会成员的接见。他提出了一个他认为非常精明的想法，目标是要将贵族和平民团结在同一事业之下。平民因为贵族没有保护他们，以及税收对贵族的影响不像对普通人的那么大而愤怒；贵族则因平民不理解他们作为普通民众和冷漠无情的强大政府的中间人的苦楚而抱怨。此时，这个人建议让一个墨西加人贵族和一个墨西加人平民一起挺身而出，为整个群体的利益牺牲自己。他们要一起大声拒绝缴纳税费。 174
这二人可能会被处决，但他们将让西班牙人当局明白墨西加人的立场，让他们知道不能无限度地剥削墨西加人。到时西班牙人就会停止，他们会被迫调整自己的要求。省长和他的同事听完这个人的建议后只能你看看我，我看看你，所有人都为这个建议者的天真而感到惊讶。他们非常了解欧洲人，所以他们发出了刺耳的冷笑："你建议［只让］两个人死？等他们死了，就轮到你死了。"[49]

到 9 月底，堂路易斯·希帕克本人也因为没能说服族人顺从而被捕入狱。他被关了三天，于 9 月 30 日获得释放，但他得到的命令是必须立刻开始收集税款。这样的压力显然影响了他的精神状态。被释放的当天，他听到一位老妇人在高喊税费的不公。于是他探出窗口大喊："把她带进来！把她捆起来！"然后，他又让人鞭打这个老妇人和至少另外一名妇女。一位观察者带着厌恶之情描述了从她们被打得皮开肉绽的身体上流出的鲜血。[50]关于省长被捕和他鞭打妇女的消息传遍了城中。10 月的第一周，原住民官员开始在城中挨家挨户地收税，至少是能收多少收多少。城中妇女如今要纺纱织布到深夜。当这个城市处于权力巅峰时，织布纺纱本来是妇女的荣耀，那时她们有权选择购买布料还是要求别人进贡布料，如今，织布却成了她们不得不做的苦差事。

10 月 14 日星期天，市民代表议会成员公开统计了他们收上来的全部税费，结果是三千三百六十比索。这还达不到法律要求的一万四千比索的三分之一，但至少算一个不错的开端，足够让人们先喘口气。官员们看起来精疲力竭，他们在所有人面前把钱币摞成摞，整理好，数清楚，再数第二遍加以确认，他们确实辛苦得让人很难再指责什么。城中居民不禁自问："我们还有什么不明白呢？我们已经是被征服的民族了！"[51]接下来，市民代表议会成员排成长队将这些钱送到了西班牙王室金库。当他们返回特克潘后，他们又召开了一次公开会议。四个次级城邦的代表分别发表了讲话。其中两个还流下了眼泪，这足以标记这个历史时刻的重要性。莫约特拉的堂马丁·艾斯马林（don Martín Ezmallin of Moyotlan）是阿维特索特的外孙，他年事已高，还记得征服战争之前的日子。他哭着讲述了让不拥有土地的人产出更多收入的不公，好像他们能凭空变出钱来似的。他还提到不得不让妇女靠纺织挣钱的悲剧。但接下来，他也愤怒地批评了那些反对权威的人。"你们这些长者，你们这些阅历丰富的人，你们的对抗和叛乱伤害了这个城邦。是这里的人提出这些要求的吗？这都是西班牙人提出的。"[52]他认为，长者不应当像天真冲动、不谙世事的年轻人一样行事。他提醒长者别忘了税收背后是强大的西班牙，在墨西哥没有任何人有任何办法阻止他们收税。他的结论是今年以及以后的每一年，如果他们不想办法凑齐西班牙要求的一万四千比索，那么政治劫数就不可避免，因为西班牙人还没有使出他们全部的力量。

* * *

在这几个月里，一位原住民年轻男子一直带着一种既着迷又恐惧的心情关注着人们谈论的一切。他的名字叫帕基基内奥（Paquiquineo），但人们通常会用他的西班牙名字称呼他，也就是堂路易斯·德·韦拉斯科，这个名字取自他的教父——总督韦拉斯科。帕基基内奥是来自位于遥远北方的切萨皮克湾（Chesapeake Bay）的印第安人［他与宝嘉康蒂（Pocahontas）的父亲是亲戚］。此时他和包括那位愤怒的画家胡安·阿瓦克在内的为多明我会修士工作的教堂工匠们住在一起。1560 年，帕基基内奥和一个同伴一起被劫持到一艘正在探索北美洲海岸线的西班牙船上，自此远离了家乡。因为他是一位首领的儿子，所以船长一回到西班牙就把他献给了宫廷，想必是认为这个男孩也许可以在令人生畏的北方荒野中发挥某种中间人的作用。虽然在那里还没发现像墨西加人一样完全定居的民族，但这个人也许可以成为像玛林切一样有效的沟通者。在西班牙，费利佩国王充满兴趣地与这个年轻人进行了交谈，因为后者已经学会了足够与人对话的西班牙语。事实证明，他仍然是个顽固不化的异教徒，而不是热切的中间人，他提出的唯一要求就是返回家乡。出于将他拉拢为盟友的希望，以及考虑到无论他多么野蛮，至少也同样是位王子，理应受到礼遇，所以费利佩同意了他的请求。他下令让帕基基内奥跟随下一支舰队返回墨西哥，再从那里跟随返程的舰队，顺着风向回到北美洲海岸。[53]

帕基基内奥与科尔特斯兄弟乘坐的是同一艘船，他也像他们一样于 1562 年经历了那段让人蓬头垢面的艰辛陆路行程。在等待有船队起航的这段时间里，他被安置在墨西哥城的多明我会修道院中。无论他本人的感觉为何，他并不能算是生活在彻底的与世隔绝中，因为他不仅已经学会了一些西班牙语，还在最开始把他抓走的那艘船上向一个名叫阿隆索的墨西加印第安人学过一些纳瓦语。和他同时从家乡被劫走的同伴也一直和他在一起。他们两人几乎是刚一来到这个熙熙攘攘的大都市就都得了重病。多明我会的一位负责人写道："他们病得非常重，可以说是病入膏肓，没人觉得他们还有救。"[54] 在这种情况下，帕基基内奥最终接受了洗礼和新名字，这个名字来自他的贵族保护人堂路易斯·德·韦拉斯科总督。他受到了悉心照顾，并恢复了健康。

直到这时，帕基基内奥才知道，凭借自己的勇气和智慧给多明我会地方管事佩德罗·德·费里亚修士（fray Pedro de Feria）留下深刻印象对他来说是一件多么糟糕的事。修士突然认定，自己在帕基基内奥身上看到了修会的未来。纳瓦人大多与方济各会修士交好，由于方济各会能够对纳瓦人施加巨大影响，所以它成了墨西哥的主要修会。此时，多明我会修士打算与这个年轻人合作，好让自己的修会在迄今尚未被控制的北美地区获得类似的影响力。地方管事向同样属于多明我会的大主教谈了这个情况，从而获得了一份禁止帕基基内奥返回家乡的文件。多明我会修士显然推定，如今帕基基内奥是个基督徒了，那么国王肯定不希望他独自返回家乡，因为如果他在那里重新堕落，他的灵魂就要被打入地狱。修士们决定，帕基基内奥必须等到多明我会准备好在北方发起伟大事业时才可以回去，到时他可以作为翻译和向导。帕基基内奥进行了争辩，但都是徒劳的。地方管事圆滑地告诉他，如果他为这个处境而难过，那么他应该返回西班牙，再去拜见国王。但年轻人表示反对，如果回西班牙是他唯一的选择，那他宁愿留在墨西哥。这里至少和家乡属于同一片大陆。[55]

这就是为什么一个来自切萨皮克湾的讲阿尔冈昆语（Algonkian）的年轻印第安人，能够了解到所有于 1564 年发生在墨西哥城的纳瓦人抗议的情况。他看到了当时出现的暴力行为，听到了所有尝试说服西班牙人领主改变主意的计划，但最终一切都没有任何效果。1566 年年初，国王直接下令将帕基基内奥送到古巴去，并在那里帮助发起前往他家乡的远征。他就这样离开了墨西哥，但最终又等了四年才终于在耶稣会传教士的陪同下于切萨皮克湾区域登陆，那里距离他的故乡不远。[56]在弗吉尼亚的詹姆斯河（James River）上游，他的族人对他的归来表示欢迎。但护送定居者的船只离开不久，帕基基内奥就立刻将所有来这里的西班牙人都杀了，只有一个小男孩逃过一劫，他就是后来讲述这个故事的人。西班牙人的结论是，如果一个受他们喜爱的门徒都能做出这种事，那么北方的印第安人一定是天生就残暴野蛮的；所以他们在随后很长一段时间里都避开了北方大陆，这也让英国人在被取名为詹姆斯敦（Jamestown）的地方站稳了脚跟。不过，帕基基内奥可能只是从他在墨西哥的日子里学到了一些非常重要的教训，那就是，一旦欧洲人获得了稳定的立足点，再做任何反抗都是徒劳的。

* * *

在局势紧张的 1564 年和 1565 年之交，墨西哥审问院的西班牙当局虽然有很大权力，却非常惧怕任何形式的社会动荡，或者也可能正因为他们是掌权者，所以他们当然害怕。关于动乱的全面报告已经被送到国王手中，这无疑是怀有同情心的方济各会修士的功劳。巴尔德拉马发现自己如今成了要防备批评和攻击的一方。他在给国王的书信中抱怨说："我写到的所有情况都是真实的。在我抵达这里之前，国王陛下在此的利益完全没有得到保障。"[57] 为了重获权威和影响力，他也尝试发动攻击，所以他与多明我会大主教联手，通过审问院宣布，（此时由方济各会修士管理的）各个教区（doctrina）都将被从方济各会手中夺走，改由教区教士接管。

希望能博得君主欢心的巴尔德拉马和审问院还尝试将没有男性继承人继承的封地收归王室所有。正是这最后一系列举措让领主们陷入了狂怒，他们都跑到科尔特斯的儿子面前，希望年轻侯爵能够领导他们。领主对生活在他们管辖范围中的印第安人享有很大权力，而西班牙的当权者则与他们隔着一片宽广的海洋。有些人开始说他们应该考虑分离，因为在新西班牙的人对他们的祖国已经没有任何需求。玛林切的儿子堂马丁很了解这些年轻人，所以当他说这些人并没有计划和执行复杂政变的能力，而不过是像男孩一样在吹牛时，他说的很可能是真话。不管怎么说，在当局没有采取任何切实限制领主权力的措施后，这样的叫嚣很快就销声匿迹了。

1566 年 3 月，失去国王信任的巴尔德拉马被迫登上了带走帕基内奥的那艘船。他一直很喜欢科尔特斯的法定继承人——年轻自大的马丁侯爵。但此时他离开了，审问院高级法官塞诺斯成了独掌大权者，他一点也不喜欢年轻侯爵。没过几周，他就拿科尔特斯兄弟开刀，指控他们在一年前的 1565 年年中犯下叛国罪。据说他们曾与方济各会修士和印第安人合谋计划起义。一位原住民评论者写道："逮捕他们的人带着毛瑟枪来到特克潘，进入建筑中央的院子，一支西班牙军事卫队做好了准备，每名队员都携带了武器。"[58]塞诺斯显然相信印第安人可能会起义来保护受指控的叛乱者，所以他不打算冒一丁点风险。

随后开始的就是简易审判、酷刑折磨和处决。塞诺斯胆敢如此迅速和草率地对付贵族家庭的子弟（其中甚至不乏国王的儿时玩伴）的做法似乎令人疑惑，但放在当时的背景下，这也是不难解释的。整个新西班牙都知道，审问院在前一年里见识了城中原住民发起的大规模群众起义。1564年7月那个可怕的星期四，墨西加人带着所有他们能找到的武器，成群涌上街头。各地的西班牙人此时再想到那一天仍会不寒而栗。

然而，没有任何切实证据能证明，这些所谓的西班牙人叛国者对任何印第安人谈论过自己的计划。审判只揭示了存在这样的传言。[59]他们肯定也没有定期与堂路易斯·希帕克磋商，因为原住民记录显示，后者当时已经因为压力过大而精神失常。1565年4月，他开始出现幻觉；到5月，他精神崩溃，半夜跑上屋顶，与一个想象中的敌人用长剑打斗，结果掉下来摔断了几根骨头，精神也更加萎靡；[60]8月，他刚一恢复，塞诺斯就因为他少支付了一百七十比索而逮捕了他。[61]起初堂路易斯宣称自己不欠国家这些钱，但几周后，为了确保获得释放，他设法付了这笔钱。从监狱出来后，他比之前明显衰弱了很多，到12月，一场针对他和市民代表议会的诉讼最终被驳回，但消息来得太晚，没能促成堂路易斯的康复。当月底，他就去世了。之后很长一段时间里，省长之位一直空置着。到希帕克为止，阿卡马皮奇特利一脉的墨西加国王就走到了尽头；原住民在编年史中记录了这些事件。1565 年至 1567 年这段关键时间里，当西班牙人也在经历他们自己的大灾难时，堂路易斯的族人似乎没有将精力放在酝酿新的起义上，而是在想尽办法应对毁灭性的新税收政策带来的后果。有些人在努力计划并开展新的人口普查，希望以此说明根据人口数定下的总税额过高，因为它没有把在最近一场瘟疫中死亡的人数考虑进去。另一些人则在努力弥合 1564 年危机中出现的阶级和区域之间的裂痕：传统的领袖家庭开始在一定程度上许可其他人加入市民代表议会，与他们一起议事。[62]贵族无法就应由他们之中的哪个人进行统治做出决定，于是最终接受了再请一位鹰贵族就任特拉托阿尼的前景。所以，特诺奇蒂特兰的省长自此之后都将由外来者，也就是西班牙人任命的来自其他城邦的贵族担任。[63]

179

还有其他人打算尽可能完整地记录这段充满灾难事件的历史。就像那些根据记录了过去多年历史的古老太阳历进行的口述表演一样，这份编年史也确保了从不同角度发出的一个又一个声音都能够被人们听到，不过这一次不再是通过表演，而是通过书面记录。作者们仔细地将不同区域中的人的声明转录成文字，这些区域也仍然是按照古老的卡尔普利为依据划分的。在他们看来，真相必须是多种多样的；他们知道没有哪一个人能够完整地叙述整个重要时刻。他们还希望后世明白他们受到的约束，以及他们最终默许这些限制的原因。他们写满了一页又一页纸，记录了对话、细节，还有人们的愤怒和希望。[64]西班牙人仍然惧怕非凡的阿兹特克人，而墨西加人自己在夜晚感到的恐惧则是另外一种。在曾经拥有过那么大的权力之后，他们惧怕的是自己拥有的关于那个他们生活于其中的世界的真知终将失传。这种被遗忘的前景才是他们夜不能寐的原因所在。

第八章
孙辈 (1570 年代~1620 年代)

祖辈在和孙辈讲话

资料来源: The Bodleian Libraries, the University of Oxford, Codex Mendoza, MS. Arch. Selden. A. 1, folio 71r.

1612 年 5 月 3 日星期四傍晚六点，人们开始聚集到西班牙王室会计办公室。[1]门锁已经打开，二十九具被斩首的黑人尸体就堆放在一楼的石砌大会议厅中。这些尸体都是从绞刑架上取下来的，他们就是在那里被执行绞刑的，他们的头颅也被钉在了带尖头的长杆上。当天早些时候，死者的亲属被许可给尸体盖上布，但苍蝇仍然成群结队地围着尸体飞。在人们口头约定的时间来到这里的黑人男女、西班牙修士和不少印第安人都是来提供帮助的，他们刚看到这个情景时都震惊了，不过他们什么也没说。在附近教堂工作的印第安人堂多明戈，也就是奇马尔帕因，发现他们无法给这么多人提供合适的棺材，但死者穿属带了从床上、地上或墙上取下的草席，用以搬运尸体。[2]他们开始朝慈悲圣母医院走去，因为他们被告知可以把死者埋葬在那里。也许是为了表达自己的感受，也许是为了防止任何充满敌意的西班牙人来阻止自己，队伍中的修士们开始唱歌。基督教赞美诗的歌声回荡在夜晚的空气中。

奇马尔帕因是一个内向、自立的人，但他也是一个敏锐的观察者。他的祖先中就有人是观察家和社会批评家，他的一位祖先的亲戚——科丘尔科瓦特钦，就是那位在一个多世纪前，从查尔科来到这个地方，就墨西加人对待查尔科人的方式提出抗议的火烈鸟蛇。[3]查尔科人虽然也是中央谷地的居民，却遭受着和最普通的战争俘虏一样的对待，甚至会被毫不荣耀地献祭；他的祖先对这种状况感到不满，于是到这里来演唱了一首表示抗议的歌曲。此时的西班牙人的行为也和墨西加人的一样：他们滥用命运赐给他们的权力，显然毫不为此而感到羞耻。这一次，人们可用的武器依然只是一首圣歌，歌词充满暗示意味："我们知道这是错的，而你们也知道。"

这绝不是身为纳瓦人的奇马尔帕因第一次和黑人并肩前行。最早在1570年代，也就是他出生的那个十年中，非洲奴隶被贩卖到墨西哥就已经成了一个主要现象。随后那些年里，越来越多受奴役者被从那个遥远的大陆带到这里。（好学的奇马尔帕因在一本流行的年鉴上读到过关于非洲的内容。）[4]实际上，直到 1600 年前后，从非洲被带到墨西哥的奴隶仍然比被带到新大陆其他任何地方的都多。[5]他们会在韦拉克鲁斯的港口上被拍卖出去。绝大部分奴隶将被送到银矿或甘蔗种植园中，但也有不少被卖给了墨西哥城或邻近的二级城市普埃布拉（Puebla de los Angeles）的精英阶层。到 17 世纪初，墨西哥城已经成了世界上最富有、最令人印象深刻的大都市之一，每个有权势的西班牙人都想有一长串统一着装的黑人仆从跟在自己身后。更重要的是，因为原住民人口的数量下降，以及他们连养活自己都很困难，所以城市商人发现自己可以在刚出现的制鞋和纺织作坊，以及发展兴旺的炼铁厂和建筑业（包括制砖、制瓦和石工）中改用奴隶。[6]人们正在建造的是一座宏大、优美的巴洛克风格城市，它需要的劳动力已经不是深陷困境的印第安人群体能够提供的。在 1570 年代，墨西哥城中的男性非洲人和男性非洲人后裔数量已经与男性西班牙人数量相当，大约各有八千人。[7]西班牙人定居者数量的增长是与时间成正比例的，但因为这几十年中的奴隶贸易规模之大，所以黑人城市居民所占的比例始终很高。到 17 世纪初，墨西哥城中至少有一万两千名非洲人和黑白混血儿，西班牙人的数量则是他们的三倍。[8]

与此同时，在 1570 年代至 17 世纪初这段时间里，无论是墨西哥城中的，还是整个新西班牙的原住民人口数量都在直线下降。1570 年，城中可能还有六万名印第安人，但 1560 年代发生的税法上的变化耗尽了他们的资源，使他们陷入了比以往任何时候都更无力自保的境地。1576~1577 年，又暴发了一场可怕的瘟疫。出血性天花导致病人身体上所有外孔出血，甚至连眼睛也不例外。天花疫情后，其他疾病也在这些变得衰弱的人口中疯狂传播。奇马尔帕因后来写道："新西班牙到处都在死人，我们印第安人在丧命，一些黑人也死了，但西班牙人没死几个。"[9]这场瘟疫之后跟着还暴发过几次流行病。到 1610 年，曾经被称作特诺奇蒂特兰的这座城市中只剩下约两万至两万五千名印第安人。[10]简而言之，城中的主要人口已经不再是原住民。

日益减少的墨西加人口可能每天都要与黑人劳动者打交道。无论是在街上还是在工作场合，他们与黑人接触的频率都比与数量更多的西班牙人的高。从某种角度说，非洲人在墨西加人眼里是一个兴旺的群体，他们显然都是技术娴熟的工人；他们在几个特定的教堂里敬拜神明，还形成了他们自己的团体，并通过这些团体一起庆祝宗教节日或为特别贫穷的同伴支付葬礼费用。[11]并不是所有非洲人或非洲人后代都受奴役。在这个世界性的大城市中，很多黑人男子得到的激励之一就是如果努力工作，他就能够赎回自由身；也有些黑人选择与自由人身份的原住民女性生孩子，那样他们的孩子就能摆脱奴隶身份。[12]在最初的混乱时期过后，人们最终决定孩子的法律身份将取决于母亲。对于奇马尔帕因和其他印第安人来说，这是一种新形式的奴役：母亲遭遇的被奴役的灾难将被延伸至她所有的后代。在被西班牙人征服之前，这样的事对他们而言是不可想象的。但如今，他们开始渐渐习惯了这个理念，即"那些黑人"（in tliltique）会因为母亲是奴隶而获得奴隶身份。墨西加人和这些新来的非洲人邻居一起生活和工作，有时会讨厌某个个人，有时会尊重这个群体，有时会同情他们，还有时会喜爱他们，但可能几乎从未质疑过这个将所有人都牢牢控制住的新秩序。[13]

奇马尔帕因几年前就明白，这种城市黑人亚文化的活力有时恰恰会成为加剧其脆弱性的东西。1608 年圣诞节前夜，城中的几十名黑人居民参加了一场给一位黑人国王和王后举行的模拟"加冕仪式"，在仪式中，他们会得到纸做的王冠和有装饰的王座，然后大家会通宵举行派对。这是一种符合在西非和欧洲都十分普遍的狂欢节传统的活动。但心惊胆战的白人居民本来就在为身边日益增多的非洲人而紧张，所以他们没法接受任何人向一个本地非洲人国王鞠躬的想法。于是他们展开了一场调查，但无法证明任何人真的计划创立一个非洲人的君主制国家（monarquía Africana），他们不过是在闹着玩而已。[14]

　　不过，主导这次调查的西班牙人并没有就此作罢。没过几个月，墨西哥的执政委员会就突然决定组织一支队伍到乡村地区搜捕所谓的"马龙人"（maroon）群体。"西马龙"（cimarrón）这个词原指跑走的牲口和其他不安分的农场动物，此时这个词的缩写被用来指代人。在过去几年里，从甘蔗种植园逃跑的奴隶从最初的几十人发展到数百人。他们与其他逃跑者一起生活在相对无人知晓也无人定居的土地上，尤其是东部的低地区域。这些人靠抢劫特定道路上的过路人，捕捉野兽，以及在隐藏于荒野之中的小面积地块上种植一些作物为生。1609 年年初的几个月里，西班牙当局决定派人将生活在普埃布拉城附近的马龙人逼出来。巡逻队由数百名男子组成，包括从农村地区征募的印第安人，后者依然将传统弓箭作为武器。每当西班牙人去征服新地区的时候，与他们同行的一直是这样的盟友。经过在乡村地区持续数月的毫无结果的追捕，当局决定宣布行动成功，并许可那些背叛者建立一个小规模的定居城镇，条件是他们不能允许新的逃跑奴隶加入他们。这是欧洲人对这种情况的标准处置方式。[15]

184

　　1611 年年底，墨西哥城的一名非洲女奴在被自己的主人殴打折磨了四年之后，最终死在了他的手上。这个主人名叫路易斯·莫雷诺·德·蒙罗伊（Luis Moreno de Monroy），来自一个著名的富人家庭；我们如今已经无法知道那个被残忍虐待的女人的名字，但当时的人是知道的。许多黑人在此时已经获得了监工和领班之类有很大权力的职务，人数众多的黑人群体差点在这个女人的葬礼当天发起暴动。据说抗议的组织者是慈悲圣母教堂（Nuestra Señora de la Misericordia）的一个黑人教友会的成员。数百人组成的游行队伍来到西班牙王室宫殿，要求谋杀这个女人的主人为自己的行为负法律责任；接着人们又行进到莫雷诺·德·蒙罗伊的房子外面，朝他大喊了几个小时，但没有伤害任何人。高等法院没有按照人们的要求下令对这个女人的死进行调查。相反，当局为了尝试安抚白人的恐惧而下令鞭打抗议者领袖。对于这些领袖来说幸运的是，他们有权势的主人介入并阻止了这样的刑罚被付诸实施。[16]

　　墨西哥城的西班牙人依然战战兢兢。在乡村和城市中都还有愤怒的黑人。1612 年 2 月 22 日，总督堂加西亚·格拉修士（don fray García Guerra）因为感染疾病而去世。[17]没有一个高度负责的领导，这个城市又会像 1560 年代中期堂路易斯·德·韦拉斯科意外去世之后那样，陷入一群渴望权力的残暴之人的操控。审问院成员组成的执政委员会在总督缺席时掌握了最高统治权，该委员会此时开始听取各种白人宣称自己偷听到黑人谈论发动叛乱的举报。在这样说的人中间，有一些是宣称自己能听懂安哥拉语的葡萄牙奴隶贩子。[18]4 月 1 日星期天，执政委员会派遣卫队前往慈悲圣母教堂，在那里逮捕了几名黑人礼拜者，理由是怀疑他们在酝酿针对自己西班牙主人的叛乱。奇马尔帕因是从一个目睹了这件事的人那里得知所有细节的。他评论说："官员到达时，修士正在布道。"[19] 两周后，街头公告员在全城各地大声宣读了几份法令。自此，黑人男性不得佩长剑或穿戴西班牙式衣领，黑人女子不得佩戴面纱。另外，拥有两个以上黑人奴隶的人要出售多余的奴隶，以确保一个家庭中的黑人居民不超过两名。没有哪个在位的总督会采取这种破坏与富有白人关系的举措，但此时当权的是一些满怀愤怒、气度狭小的人。最终，执政委员会在城市所有主要入口设置了守卫，以防生活在东部或西部的马龙人返回城中解救他们在城中的亲属。奇马尔帕因从自己住的地方就能看到南边道路上部署的守卫。[20]

两天后，也就是 1612 年的圣周星期一，当局又发出一个公告：圣周期间将不再举行任何游行或公共庆祝活动。采取这一防范措施的原因是有传言说黑人将于圣周星期四发动起义。奇马尔帕因对此开始感到非常不耐烦。他的一个好友最近刚刚申请建立一个新的教会组织，即一个属于生活在特拉特洛尔科的墨西加人的原住民宗教团体。他们花很多时间计划和筹备了一场盛大的游行，希望借此为特拉特洛尔科人带来荣耀。结果所有的努力都白费了。奇马尔帕因说："这些计划都被毁了。"[21]（后来他还注意到，墨西哥城城区的印第安人是这里唯一遵守宗教信仰，并按照习俗将耶稣的混凝纸雕像从吊着他的木质小十字架上取下并埋起来的人。他们不得不在被围墙围绕起来的原住民小教堂的花园里偷偷做这些事，因为所有仪式本来都应该被取消。）[22]

到了圣周星期三，西班牙人被自己的恐惧搞得几近疯狂。奇马尔帕因回忆说："那天空中乌云密布，天色很暗，还下了雨，没法弄清是谁在墨西哥城中各处大喊大叫——会不会只是

186

淘气的西班牙青少年的恶作剧？反正有人在大喊，还跑到各栋房子的墙角处说黑人已经来了，说他们就在不远处，说每个人都该拿起武器准备战斗……西班牙人整夜不睡并安排人值守。"[23]很多年后，一个不想责怪那些搞恶作剧者的西班牙人会说，起初是几头四处游荡的猪吓到了一些人，从而引发了人们的警觉。[24]就算那是真的，奇马尔帕因还是忍不住想笑："我们原住民可不会为这而害怕，我们只是看着和听着，我们为西班牙人如何被自己的恐惧摧毁而惊讶，他们看起来［其实］并不像什么伟大的勇士。"

不过，如果奇马尔帕因知道实际上发生的事，他也许就不会觉得这个情况可笑了。在王室审问院的地下室里，数十名于圣周期间被逮捕的黑人男女正在拉肢刑具和水刑板上遭受玛林切的儿子曾遭受的那些酷刑折磨。然而，堂马丁·科尔特斯对此更有准备，而且他仍然有自己的荣耀和较高社会地位需要维护，所以他没有让折磨他的人得到他们最想要的认罪。而这次，很多受刑者显然为了终止自己遭受的折磨而说了折磨他们的人想让他说的话，即他们进行了密谋。没有关于这场快速审问的记录被留存下来，可能根本就没有人做过记录。但我们知道这样的事通常会如何发展：当折磨他们的人主动告诉他们各种细节时，受害者只需要回答"是"就行了。高等法院法官在最后的总结中写道，这些黑人中既有自由人也有奴隶，他们一起策划了一场阴谋，内容是向他们之中的一些人授予"公爵"和"侯爵"的头衔，并把各个印第安人村庄作为封地分封给这些新贵族。一个名叫伊莎贝尔的女人将成为女王。（这个受指控的女人可能是一名治病术士，因为西班牙人后来提到阴谋中还涉及巫术。）据说所有西班牙人男子都会被杀死，他们的妻女将被分配给黑人男子——这种颠倒总是会让这个半球上的男女白人奴役者都感到恐惧。[25]

　　随着"坦白"内容开始在墨西加人中间传开，这个故事显然带上了一种征服战争前风格的反转。似乎是反叛者在想象未来会出现的危机，这种危机是以一个人的母亲是谁，以及她的血统是否得到了应得的尊重为中心的。据称年轻的西班牙女子会被分配给获胜的黑人，年长的则会被杀死或送去修道院。西班牙女子生下的男孩要被带走杀死（但女孩不会）。这样做的必要性在于"当摩里斯科人（moriscos）［即混血儿童］的数量增加时，他们可能会记得自己的母亲是西班牙人，也就是母系血脉来自极好的家族、极好的世系，是比父亲一方的黑人血脉好得多的，到时他们可能就会准备向父亲们发起战争，也许还会杀死他们的父亲，也就是那些黑人"。有趣的是，原住民八卦坚称黑人会让三个宗教修会的成员活命，还会让他们做老师，这三个修会是谦卑的赤足加尔默罗会和赤足方济各会，以及博学的耶稣会。不过，散布谣言者还说，就连这些修士也都要被阉割。[26]

　　然而，奇马尔帕因似乎并不相信这些传言。没有任何内容暗示他不相信黑人会感到愤怒。[27]他理解他们的愤怒。他只是不相信有这么多人会参与策划这么一个令人难以置信的阴谋，他也不相信这些人会打算发起一场打不赢的战争。相反，他把他们视为受害者，并开始使用一个似乎只有他使用过的名词"in tliltzitzin"来指代他们，它的意思接近于"可怜的黑人们"。在日常生活中，"钦"这个后缀不一定是敬称，更多的是表达一种同情和喜爱。从语法层面说，"可怜的黑人们"应该写作"in tliltiticatzitzin"，但既然这个词是他创造的，那他当然想怎么写都可以。到了 5 月 2 日星期三，也就是展开调查仅几周之后，二十八名男子和七名女子就在同一天全部被执行了绞刑。奇马尔帕因说："他们用了整整三个小时才绞死这些人。"[28] 为了行刑共搭建了八座新的绞刑架。奇马尔帕因注意到，当被宣告有罪的这些人面对死亡时，哪怕是到了最后一刻，他们也没有咒骂这个对他们如此残忍的世界；他们更没有选择通过忏悔来获得一张有望通往天堂的门票，因为他们并不相信那个不知真假的故事。实际上，他们完全否认自己参与了这场阴谋。他们大喊着："我们不知道自己被指控的罪名，也不知道我们为什么受惩罚。"他们到死的时候还在"向我们的主耶稣基督大声疾呼"[29]。奇马尔帕因说当局的计划是将他们全部分尸，再把尸体碎块展示在从城市向外延伸出去的各条道路上，但一群神父和医生向高等法院提出抗议，提醒他们这样做可能会危害公共卫生。奇马尔帕因不以为然地指出，这就是当局第二天决定只对六个人的尸体进行分尸的唯一理由。另外二十九具被砍头的尸体则被停放在附近的王室会计办公室的会议厅里。[30]

星期四晚上，奇马尔帕因帮忙将尸体安葬在慈悲圣母医院的墓地里。然后，他返回了自己在位于城市南门的圣安东尼奥院长教堂的房间中。他很想相信自己生存于其中的这个世界基本上是好的，他已经大体上接受了被征服的事实，实际上也已经在朝前看了。不过在这样一个日子里，当他目睹了人们以法律的名义、以国王的名义、以上帝的名义做出这样的暴行时，他还是无法不怀疑法律的公正，以及执行法律之人的道德。他没有写下什么充满激情的声明，但他的文字婉转地向后代表明，他对统治世界的欧洲人的道德权威评价不高。

* * *

要理解这个善于观察的纳瓦人的反应，理解他有评判西班牙人的能力却又不情愿表达对他们的愤怒的原因，我们需要对他从童年起的人生经历有一个全面了解。奇马尔帕因于 1579 年 5 月 26 日出生在乡村地区。[31]他的家乡阿梅卡梅卡镇世世代代属于大城邦查尔科的一部分。早在墨西加人在满是芦苇的岛屿上立足之前，查尔科就已经存在了。奇马尔帕因的族人也是来自北方的纳瓦人移民，他们与墨西加人拥有相同的语言、宗教和各种文化感受力。然而，他们比墨西加人更早来到中央谷地。奇马尔帕因这一代人依然记得这些。13 世纪，他们的祖先从北方南下，征服了谷地中央的大湖以南的地区作为自己的王国，随后也一直成功地守卫着自己的领地，直到 1460 年代才被墨西加人击败。

教名为多明戈的奇马尔帕因在 1580 年代逐渐长大，墨西加人征服查尔科的故事占据了他的全部想象，甚至比西班牙人征服查尔科的故事更令他着迷。他是听着关于过去的故事长大的，这既包含了不久之前的过去，也包含了遥远的过去，因为他的家族一直为他们的贵族血脉而骄傲，他们对最早于 13 世纪抵达这里的前九代人的故事都记得清清楚楚。奇马尔帕因的父亲出生于 1550 年，他亲爱的祖母出生于 1535 年，[32]也就是西班牙人政府在这个地区完全确立起来的时候。他的祖母显然认识且几乎肯定与被取名为"堂赫罗尼莫"的阿梅卡梅卡音乐家有亲属关系，后者当时已经六十多岁，在征服战争前为人所知的名字是科丘尔科瓦特钦（火烈鸟蛇）。[33]奇马尔帕因很喜欢听关于这个曾经是著名鼓手、歌手和舞者的人的故事：火烈鸟蛇曾经在阿哈亚卡特任国王期间帮助查尔科重新获得权力。有些关于过去的故事是十分悲伤的，比如，在1450年代因为饥荒而离家的青少年的故事，他们后来都饿死在路边，连他们的尸体也成了秃鹫的大餐。尽管这些故事如此悲伤，但奇马尔帕因觉得自己从那时起就能够与之产生共鸣，并且能够记住它们。他还年轻的时候就了解了太阳历（"纪年"或"年报"）的传统。于是他也开始在自己的脑海中构建一条能串联起许多故事的时间线。[34]

奇马尔帕因从小在多明我会修士管理的教区中长大，某位修士很可能还成了他的老师，或者是某位受过修士教导的原住民成了他的老师，因为到此时，罗马字母表在原住民世界中已经能够不依靠欧洲人而广泛传播了。受过教育的西班牙人家族和原住民贵族的世界绝不是完全分开的：实际上，另一个只比奇马尔帕因年轻一点，并选择成为多明我会修士的人就是混血儿，他的父亲是西班牙人，母亲则是一位重要的阿梅卡梅卡首领的孙辈。[35]无论奇马尔帕因是从哪里接受的教育，反正他学得很快，并给认识他的人都留下了深刻的印象。十一岁的时候，他被送到墨西哥城，可能是和亲戚，也可能是和修士住在一起，但几乎可以肯定这样做是为了让他继续接受教育，并准备成为神职人员。[36]他当时写了一份记录，与其说是日记，倒不如说是像太阳历一样的年报。根据其中内容可以断定，他从那个年纪起开始生活在城中心附近。他经常去圣弗朗西斯科教堂（Church of San Francisco）附近的圣约瑟夫原住民小教堂（San Josef de los Naturales），还喜欢去原住民社区中心的动物园。1592年4月26日星期天，他记录了两只生活在动物园里的美洲豹将被送到西班牙；还有一天，他记录了一群蝗虫在四点整时飞到这里。[37]

1591 年，随着这个城市的迅速扩张，在老特诺奇蒂特兰边缘的索洛科区（Xoloco），人们在一条通往伊斯塔帕拉帕和查尔科的道路起点处修建了一座新教堂。[38]这条路同时也是条堤道，因为它是跨湖而建，然后才继续延伸向远方的。而且它就建在蒙特祖马走出来与抵达的埃尔南多·科尔特斯会面的那条路的原址上。这个新教堂是用曾在沙漠中游荡的圣安东尼①的名字命名的，其资助人堂桑乔·桑切斯·德·穆尼翁（don Sancho Sánchez de Muñón）是大教堂委员会的重要成员，还在 1580 年代短暂担任过代理大主教。通过教会的关系网，这位杰出的神职人员听说了这个有前途的印第安人男孩：他可以帮助自己处理迅速增多的与管理一个忙碌礼拜场所相关的事务。于是在教堂被祝圣两年之后，十四岁的奇马尔帕因写到自己"进入圣安东尼奥院长教堂"。他会在这里生活和工作很多年。来到这里之后不久，也就是他大约十六岁时，他成了处理所有原住民会众相关事务的管事（mayoral），可能也是所有设施设备的管理者。教堂信任这个少年，他已经表现得像个男人一样了。人们 190 称呼他为堂多明戈·德·圣安东（don Domingo de San Antón），学者们后来称他为奇马尔帕因，这是他在自己的常用名上添加的一个家族姓名，所以人们就记住了这个名字。

奇马尔帕因到城里没多久就第一次见证了可怕的瘟疫。这场麻疹流行病暴发于 1595 年。瘟疫情况会减轻再反复。1597 年，瘟疫卷土重来且势头更汹。"瘟疫横行，死亡人数很多。

---

① 埃及的圣安东尼（Saint Anthony of Egypt，约 251~约 356），据传为早期基督教隐修院创始人。生于埃及，约二十岁时弃家至旷野隐修，后组织追随者创立多所隐修院，从而建立了早期基督教隐修制度。——译者注

能站的和会爬的孩子、少男少女、青年人、中年人、老年人，全都死了。"[39]在这个哀伤的时刻，奇马尔帕因的文字呼应了他世世代代同胞的祈祷。他的话语也让人想起人们在饥荒时向特拉洛克（雨神）祈求的内容："［各年龄段］的孩子——那些已经能够蹒跚移步的，或是刚学会爬的，或是能坐在原地玩泥巴和陶土碎片的，或是只会坐在地上或躺在板子上的，或是还在摇篮里的孩子们——他们都目光黯淡地活着。"[40]对奇马尔帕因来说，作为一个资金充足的教会群体的成员，他幸运地获得了很好的照顾和不错的食物。所以他熬过了这场灾祸，没有像其他很多人一样丧命。

这个年轻人肯定经常会觉得脆弱无助，不仅因为疾病和死亡，而且因为他独自生活在一个节奏很快的大城市中，远离所有还生活在查尔科的血亲。但与此同时，他显然也会觉得自己获得了很大的能力，能够掌握自己的命运。他笃信基督教，笃信在上帝面前所有灵魂都是完全平等的，而且他为自己是世界范围的基督教王国与自己的同胞合并形成的新世界中的一分子而感到骄傲。无数勇敢的基督徒为了世上所有人的利益离开故乡，到遥远的地方传教，他也将自己看作这个遍布各处的网络中的一部分。他还提到，特拉斯卡拉人从征服战争时期起就自诩为西班牙人最能干的副手，数百名特拉斯卡拉人于 1591 年动身到北方的荒野中，参与了后来征服新墨西哥的行动。他们本身并不想去，而且他们在自己留下的文字中表达了他们遭受的痛苦，[41]但奇马尔帕因的文字是乐观的："特拉斯卡拉人启程前往新墨西哥……人们前来观看和欢迎他们，还用丰盛的食物款待他们。"[42]他以同样的愉快口吻描述了 1598 年修士收到成功建立圣菲（Santa Fe）的消息时的情景。实际上，有三名他认识的印第安人就去了北方，其中两人是音乐家，还有一位是平信徒。最后一个人和他一样来自阿梅卡梅卡。[43]几个月后，他还带着崇敬之情汇报了几位在更遥远的日本殉教的基督徒的死讯：

> 1598 年 12 月 6 日，星期天下午，在中国那片地区的日本去世的赤足修会的神父的骸骨已被送回。修士抵达的时间是下午，他们带着封闭的箱子。在墨西哥的所有虔诚之人都来迎接他们；当他们抵达圣迭戈［教堂］时，人们鸣枪致敬。他们为何去世，以及在当地发生了什么故事，都被绘制在四块布料上，这些布料都被挂在［原住民的］圣约瑟夫教堂里；无论是西班牙人还是原住民都来观看和赞美这些布料上的内容。[44]

在随后的几年里，奇马尔帕因热心地记录了西班牙人在日本和菲律宾进行的所有接触。随着太平洋贸易的增长，这样的接触也很多。而且奇马尔帕因似乎相当了解亚洲那一部分地区的政治状况。有一次他甚至使用了描述本民族作为原住民的身份的术语来指代菲律宾的"原住民"。[45]他称他们为"马塞瓦尔廷"，这个词一度被用来表达"平民"的意思，但在此时也可以被用来特指那些没有最高级别政治权力，且拥有本地血统的人，以区别于那些拥有最高级别政治权力及强大的新来者或入侵者血统的人。奇马尔帕因也许能够听懂西班牙神职人员圈子中流传的大部分消息，因为他自己也认识一些亚洲人。在那些年里，有很多不幸的印度人或菲律宾人遭劫持，并被送到马尼拉的奴隶市场上出售，之后他们会被运到墨西哥西部的阿卡普尔科（Acapulco）港口。这些人被称作奇诺人（chinos），在墨

191

西哥城，有数百名这样的奴隶成了家庭仆役。还有些甚至成了一家多明我会修士管理的修道院的工作人员。[46]

奇马尔帕因肯定不会认为基督徒到世界各地做的所有事都是正面的好事，但他确实相信上帝的圣言是值得人们聆听的。他为所有帮助传播圣言的基督徒感到骄傲，无论他们的肤色为何。他从不认为西班牙人或其他欧洲人是唯一能够理解上帝的真理的人；相反，人类灵魂价值的普遍性似乎才是吸引他的东西。他反复坚称所有人都是亚当和夏娃的后代，所有人都是被上帝有意创造出来的。他最喜欢的书之一是《忏悔录》（The Confessions of Saint Augustine），其中第一卷是他的最爱。该卷的结尾这样写道：“创造了我的上帝一定是善的，在我里面的善都是他的。我一生一世都要感谢他，赞美他。”[47]

一个生活在征服战争一个世纪之后，且拥有深刻思考能力的原住民会觉得生活总是令人满足、鼓舞人心且让人兴奋的，这也许会让我们感到惊讶。但世上可有哪个民族会允许自己因为一场危机就永远垂头丧气？反正美洲原住民肯定没有。在墨西哥城，奇马尔帕因周围都是墨西加人和像他一样从农村地区来到这里的其他印第安人，他们每天工作、欢笑、争吵，这样的日子和他们一直以来的生活并没什么两样。印第安人的数量不如以往那么多了，严重的瘟疫是罪魁祸首之一。只能勉强维持生计的印第安人的比例也比以前高得多，造成这一状况的是西班牙人实施的榨取式税收政策。不过，不管是最艰难的1520年代还是1560年代，终究都没有变成世界末日。人们还生活在这里，还知道如何寻求幸福。他们对于新生活中的一些具体事物甚至是喜爱有加的，比如，他们有时会提到鸡蛋、牛奶、蜡烛和带锁的盒子之类的东西。[48]还有一些细微的改变也受到很多人欢迎，比如，在街上表演的来自非洲和欧洲的新音乐，以及人们第一次见识的新颜色，那是用马尼拉大帆船运来的亚洲丝绸才有的颜色。[49]有的人肯定喜欢这样身处事物中心的感觉：一座拥有宏大建筑的优雅城市正在他们身边拔地而起，城市的统治者还能与欧洲和亚洲的统治者时刻保持联系。

然而，奇马尔帕因和他的同伴们也会怀旧，且经常能体会到一种失落的感觉。1600 年年初，奇马尔帕因在还不到二十一岁的时候，突然获得了一次与过去面对面的体验。胡安·卡诺·德·蒙特祖马（Juan Cano de Moctezuma）决定举行一场盛大的古装游行。他有四分之一的印第安人血统，是被西班牙人称作伊莎贝尔，但依然被印第安人称为特奎奇波钦的蒙特祖马的女儿[50]的孙子。西班牙人想要以一场盛大的仪式来纪念新世纪的开始，胡安·卡诺就是特别热心地赞助这场能够强调其家族非凡历史的人之一。他想要展现一幅属于一个世纪前的静态画面，其中还当权的蒙特祖马被众人围绕在中间。为了找到扮演这一关键角色的人，胡安·卡诺向尚在人世的王室家族成员求助。谁能够完成这个任务，并且得到众人的认可？[51]

自从堂路易斯·希帕克身败名裂之后，王室家族中就没有人再被许可担任特拉托阿尼一职了；但王室家族的血脉仍然延续着。1566 年，在西班牙人经历政治危机期间，已故统治者堂迭戈·特韦茨基蒂钦的儿子堂佩德罗·迪奥尼西奥（don Pedro Dionisio）表达了继任的愿望，但他很快就受到了在自己家中猥亵女子甚至女孩的指控。[52]混乱中，城中居民决定接受一位来自特卡马查尔科镇（Tecamachalco）的鹰特拉托阿尼（quauhtlatoani）为统治者，这个人的名字叫堂弗朗西斯科·希门尼斯（don Francisco Jiménez）。

虽然他们不再统治，但王室家族的其他后代仍然生活在城中。他们之中有些人是王室血脉中第一位就任省长的堂迭戈·德·阿尔瓦拉多·瓦尼特钦的后代。瓦尼特钦是蒙特祖马的侄子，后来娶了埃卡特佩克的堂娜弗朗西斯卡，也就是蒙特祖马那个被藏起来而没有被西班牙人知晓其存在的女儿。瓦尼特钦于1541年去世，他有好几个孩子，最小的儿子埃尔南多·阿尔瓦拉多·特索索莫克当时应该只有几岁。[53] 这个名字的每个部分可能依次取自埃尔南多·科尔特斯、他的父亲阿尔瓦拉多·瓦尼特钦和他的祖父（蒙特祖马的兄弟）特索索莫克。祖父特索索莫克本人的名字也取自其祖父，即伊斯科阿特之子特索索莫克。1600年，这位特索索莫克仍然生活在墨西哥城，他当时已经至少六十岁了，而且算得上一位名人：从他母亲一方算，他是蒙特祖马的外孙；从他父亲一方算，他是蒙特祖马的侄孙。胡安·卡诺于是邀请他扮演古代政权中的蒙特祖马，特索索莫克接受了。他穿着全套传统国王服饰，坐在一个带华盖的轿子上，被轿夫抬着在街上游行。走在他前面的是音乐家和舞者队伍。他们已经不能熟练地跳出古老的舞蹈，如1560年人们在堂路易斯·希帕克的婚礼上跳的那些就无法被重现了，但此时的舞者发挥自己的才华，即兴创造了新舞步，他们的表演同样让奇马尔帕因和其他所有围观者印象深刻。[54]

不过，观众中的一些人无疑会想到，特诺奇蒂特兰已经覆灭八十年了，这意味着突然之间，世上几乎再没有一个能够清楚记得1519年前的类似庆典是什么样子的人，也没有一个听自己的父母亲口描述过那些大场面的人了。那些了解过往时光的人都已经或快要死了。就连年纪轻轻就开始和修士一起工作，并在那之后一直指导本族人的征服战争后的第一代人也在一天天减少。瓦尼特钦的几个女儿之一，特索索莫克的姐妹伊莎贝尔，就嫁给了一个来自阿斯卡波察尔科的贵族安东尼奥·巴莱里亚诺（Antonio Valeriano），巴莱里亚诺曾师从最初到来的修士，是最有天赋的学生之一，他因自己的西班牙语、纳瓦语和拉丁语著作以及音乐作品而出名。他曾经在特拉特洛尔科的学校里工作。堂弗朗西斯科·希门尼斯离开后，巴莱里亚诺成了墨西哥城的省长，这种安排令所有人感到满意，如果存在过完美的鹰贵族的话，那么他就是一位。他确实是一个外来者，但他是来自三方联盟内部的贵族，又娶了瓦尼特钦的女儿，还是受西班牙人爱戴的学者。此时他年事已高，听力也衰退了，所以必须找一个年轻人在各方面协助他。[55]

　　很多年来，奇马尔帕因一直这样生活着。直到 1606 ~ 1607 年，一系列事件的发生似乎让他确信，自己应该开始撰写纳瓦人的历史了。首先是在 1606 年，中央谷地暴发了斑疹伤寒疫情，成千上万人因此丧生。7 月，他的父亲被这种疾病夺去了生命；10 月，他的祖母也没能幸免。[56]到了 1607 年的雨季，人们又遭遇了一场大洪水。位于盆地中的墨西哥城总是受到洪水困扰，但这一年的灾害比人们经历过的任何一次都严重得多。市中心区域的积水高出街面一英尺，这让运输物资和处理废物都成了不可能完成的任务。生活在城镇边缘的平民受灾最严重。奇马尔帕因解释说："土坯房的根基被泡在水里，导致房屋向内塌陷。"[57]房子里的人不得不离开自己的家，成了这个肮脏且到处都是水的世界中的漂泊者。

　　面对这样的紧急情况，西班牙政府决定分步骤采取措施，为中央谷地建造长期的排水设施。[58]这个工作将由印第安人来完成。每个城邦都要贡献材料、食物和劳动力。这个被称为"韦

194

韦托卡排水"（Desagüe of Huehuetoca）的巨大项目几乎立即就
启动了。首先，西班牙人让数千名印第安人去挖掘一条能够将
周围山脉顶峰的冰雪融水引向别处的大水渠。然而，这个工程
很快就被证明是无效的，进而被废弃了。接下来，工程师们又
提出了挖掘一个巨大的"V"形沟渠的计划，这样在特定年份
的特定季节里，过多的洪水就可以流进这条沟渠。如奇马尔帕
因描述的那样："人们进行了挖掘工作，山被劈开，人们在山
体上挖了个洞。人们会把发现的白骨移走，有些骨头看起来像
是曾生活在世上的人类的……太多原住民死在［排水工作现
场］，还有来自各个城邦的人在那里得病或受伤。"[59]有传闻说，
成千上万的人挣扎在生死边缘。墨西哥原住民的终结似乎已经
到来。

　　在死亡人数不断上升的同时，奇马尔帕因还继续做着自己
在教堂中的工作。他碰巧发现了两本于 1606 年在本城一家印刷
厂印制的书。[60]从 1539 年起，墨西哥的修士就开始出版一些主要
以满足他们在当地工作的需要为目的书籍，比如，原住民语言
字典和语法，以及一些教义文本，其中不仅包括用原住民语言
写的教义，还有忏悔手册和布道文集。[61]修士在纳瓦人助手的协
助下撰写和编辑这些作品，但助手的名字通常不会被提及。到
16 世纪末，这样的作品逐渐减少了，因为反宗教改革的想法变
少了，而且教会的教父们也不再鼓励人们使用本国语言，认为
那样对无知者的灵魂来说太危险。不过最近，这样的警告似乎
都被遗忘了，至少在墨西哥是如此。虽然在遥远北美的第一个
英国殖民地詹姆斯敦还只是一个原始、简陋的要塞，但在属于
西班牙的美洲殖民地上，人们已经掀起了新一场出版热潮。[62]

　　有两部最新出版的作品让奇马尔帕因印象深刻。其中一本

与他习惯阅读的那些宗教作者的作品完全不同。该作品的作者是刚来到这里的西班牙人恩里科·马丁内斯（Enrico Martínez），他利用自己在欧洲年鉴和百科全书方面的知识，就自己的新家乡创作了一部类似作品——《关于新西班牙人文历史和自然历史的报告》（*Reportorio de los tiempos e historia natural de esta Nueva España*）。该书内容包罗万象，但都比较浅显，作者关于美洲历史的知识与奇马尔帕因相比更是非常有限。理论上说，这是一本关于新大陆的知识汇编，不过其中没有任何从原住民视角出发的内容。另一部作品是由一位（奇马尔帕因很熟悉的）多产作家，即方济各会修士胡安·包蒂斯塔·比索（friar Juan Bautista Viseo）创作的《墨西哥语布道集》（*Sermonario en lengua Mexicana*）。光滑的书页上印刷的是一个接一个的纳瓦语单词，胡安修士在引言中感谢了与他一起工作的八名纳瓦人，奇马尔帕因几乎肯定与他们都很熟悉，其中还有安东尼奥·巴莱里亚诺。[63]

1608 年，奇马尔帕因开启了这个撰写本族人历史的大项目。[64]这将是一部遵循古老传统的太阳历形式的作品，或者说是多部太阳历的汇编。他将记录墨西加人、查尔科人和其他任何他可以找到资料的族群的历史，比如，阿斯卡波察尔科人、特斯科科人等就有可能被写到。他要赶在一切还来得及之前完成这件事。

从某些方面来说，奇马尔帕因已经为这个项目进行了好几年的研究。他一直对本族人的过去很感兴趣，他的朋友和熟人也总会向他展示各种资料或给他讲各种故事。可能从他了解自己家族已知的九代人时起，他就开始研究了。当他开始写作的时候，他称自己为"堂多明戈·德·圣安东·穆尼翁·奇马尔帕因·夸特瓦尼钦"

（don Domingo de San Antón Muñón Chimalpahin Cuauhtlehuanitzin）。
其中的"圣安东"和"穆尼翁"是为了向他的教堂和资助人致
敬，最后两个名字则是为了纪念他自己的家族。"奇马尔帕因"
的意思是"举着盾牌奔跑"，这也是他高祖父的名字，这位高
祖父是一位特拉托阿尼的弟弟。夸特瓦尼钦的意思是"像鹰一
样起飞"，这就是他高祖父当时身为特拉托阿尼的哥哥的名字，
而奇马尔帕因的母亲又是这位国王的后代。

奇马尔帕因一直在收集自己家族的宗谱信息，还认真聆听
了家族成员中的年长者给他讲述的故事，此外他也会去寻找书
面文件。在其伟大著作的最后一部分中，奇马尔帕因写了很多
关于自己在哪里获得这些资料的内容——他说这是因为他觉得
他的读者有一天也许会像身为学者的他自己一样想要了解这些
内容。[65]阿梅卡梅卡贵族中的一些朋友和亲戚能够出借或赠送他
一些年代久远的对开本，这些几十年前创作的文本都是这里人
才刚刚开始使用罗马字母表时，由一些年轻的学生迫切记录下
来的他们的长辈告诉他们的故事。其中最好的内容来自一个名
叫堂比森特·德·拉·阿农西亚西翁（don Vicente de la
Anunciación）的人，他是奇马尔帕因外祖父的亲戚。文本的内
容是他从自己的岳父堂罗德里戈·德·罗萨斯·韦卡钦（don
Rodrigo de Rosas Huecatzin）拥有的一本书上抄下来的。堂罗德
里戈是第一代学会字母表的原住民之一，那时他还是个孩子。
到了1540年代，成年不久的他成了阿梅卡梅卡人的文书。后来
这一点被证明十分重要，因为城邦的五个次级城邦当时正为究
竟由来自哪个次级城邦的人担任这个征服战争后的新世界中的
大城邦的特拉托阿尼而争论不休。1547年，时任总督堂安东尼
奥·德·门多萨从索奇米尔科派遣了一位原住民法官来调解这

196

个纠纷。人们为解决这个问题召开了一次公开大会。

> 为了让法官弄清全部五个次级城邦的古老宣告，那些曾是贵族长老的人在公众集会上仔细讨论了这个问题，然后提出了特定的古老声明。他们还把五个次级城邦是如何组织起来的过程记录在一本书中，为的是将其呈现给法官。长老们打算提交的是一份关于事件本来面目的真实叙述，因为在他人面前撒谎是不可能的。[66]

堂罗德里戈就是这场重要会议的文书。奇马尔帕因通过他获得了关于过去的口述历史的丰富而详细的记录。城邦的每个部分遵循传统，按顺序讲述了自己记住的历史。不过这一次，他们说的话被按照发音转录成文字并记录在了一本书中。因此，奇马尔帕因才得以置身于1540年代，也就是连他的祖母都还是个孩子时发生的这场大事件的现场，并听到长老们的讲话，这让他获得了一个几乎独一无二的了解过去的途径。

堂比森特只复制了这本书的一部分。与奇马尔帕因的沟通让他意识到他拥有的东西多么有价值。于是他回到岳父的房子里，想要找出曾经存放在阁楼中的原书。但令人遗憾的是，在他上次见到这本书之后的这些年里，有人把这本已经散落且可能也被蛀蚀得不成样子的书扔掉了。所以留存至今的只有堂比森特抄下来并交给奇马尔帕因的那一部分。[67]

与此同时，在墨西哥城的奇马尔帕因告诉自己的众多墨西加人朋友，他正在创作一部宏大的历史著作，如果能够借阅或复制人们拥有的任何文件记录，他将非常感激。于是很多人向他提供了文件，他也不知疲倦地将这些内容都抄了下来。1609

年，在这一项目才刚开始不久的那段时间里，奇马尔帕因还去拜访了王室家族成员特索索莫克，也就是在 1600 年庆典中扮演蒙特祖马的那个人。[68] 特索索莫克也是个爱读书的历史记录者。在他的脑海中，以及在一个个装着纸卷的盒子和篮子里，有他详细记下来的一些非常具体的 16 世纪墨西加人族谱，其中既涉及征服战争之前的，也涉及征服战争以后的。他知道哪些内容确凿无疑，哪些有缺漏。如果他想不起诸如某人的第三个女儿叫什么名字，或者她嫁给了什么人之类的问题，他会直说而不是胡编乱造。特索索莫克还知道很多故事，即便是那些古老的、真实性可疑的传闻也具有另一种意义，它们也许不是真正精确的事实，但对于解释人们的信仰仍很重要。特索索莫克已经把自己知道的一些东西写了下来，有时他会这样记录："本人，堂埃尔南多·德·阿尔瓦拉多·特索索莫克写于今日。"他此时至少七十岁了，他知道这些文件需要被存放在一个安全的地方，好让看到它们的人意识到它们的价值和用途。但还有其他很多东西是只记在他脑海里的，他需要的正是一个重视历史记忆的代笔人。[69]

当奇马尔帕因和特索索莫克见面时，两个人一定都带着浓厚的兴趣打量了彼此。他们一个是身为墨西加王室后裔，且凭借自己的能力获得了财富的富人；另一个是从曾经的臣服城邦查尔科来的低级贵族兼本地教堂管事。他们的祖先曾是交战的双方，来自阿梅卡梅卡的科丘尔科瓦特曾经跪在阿哈亚卡特面前。但那样的日子已成过往，而且这两个人实际上发现了一个共同目标。他们都不希望在欧洲人到来前曾存在于中央谷地的那个复杂的纳瓦人世界被遗忘，或者用他们祖先的话说是不希望它"被抹去"。在他们的文字中，两个人都做出了饱含激情的承诺，那几乎就是重申了过去的伟大历史表演者们用极具传统性的比喻说出的那些话。奇马尔帕因说："它永远不会被遗忘。它会被永远保存下去。我们会保护好它，我们是年轻的兄弟，是儿女，是孙辈，是曾孙辈，是玄孙辈，我们是［家族的延伸］——是头发，是眉毛，是指甲——我们有同样的肤色，流着同样的血，我们是后代……我们是出生并生活在这个所有被珍爱的古代奇奇梅克国王生活和统治过的地方的人。"[70]特索索莫克也喃喃低语过同样的内容："祖先们来做的事，祖先们来创立的一切，他们的文字、他们的声望、他们的历史、他们的记忆，在未来的日子里，永远不会消亡，永远不会被遗忘……我们要永远保留这一切，我们是儿子、孙子、弟弟、重孙子，我们是他们的后代……还有那些尚未活过、尚未降生的人，也会一直讲述这一切、一直赞颂这一切。"[71]

198

　　这两个男人的祖辈的宗教信仰是基于对一份关于一连串世界崩塌再重生的详细记录的信念而产生的，这些世界中的任何一个都不会被彻底遗忘。他们此刻生活于其中的这个世界不是最初的世界，而是在第五个太阳照耀下的世界，而且从第五个世界出现时起，人们就一直记着这个世界是如何诞生的故事，并且通过反复诉说曾经存在的世界的故事来面对这个新世界中的变化。人们并不仅仅通过口头复述来完成这个任务，而且依靠有文字指引的口述历史。"那些关于古代生活方式的故事，关于古代王权的用图画记录的内容将在这里被讲述。"这是一种不能打破的传统，除非先打破过去世世代代人的信仰。"他们给我们留下了口头和图画记录，他们的古老话语。那些老者，那些国王和贵族，我们的祖父母、曾祖父母，我们曾经在这里生活的祖先。这就是他们创造的故事，他们留给我们的故事。

这个关于城邦和城邦王室血脉的故事，是用红色和黑色墨水记在纸上的，它永远不会丢失，永远不会被遗忘。它会被永远保留下来。"[72]

这两个人可能就是以这种方式一起祈祷的；也可能他们都太忙、太现实，根本不在意这些。但不管怎么说，他们一定是理解彼此的。

* * *

当奇马尔帕因开始坐下来撰写他的伟大著作时，他脑海中的读者不是西班牙人或其他欧洲人，而是未来的美洲原住民。他想象的读者是土生土长的、面临无法了解自己祖先在世上经历的危险的人。他对未来读者说，他知道如果他们来读他的作品，那么他们可能已经成了基督徒。他还承认基督徒带来了大量科学和技术的知识（比如，他提到了日食和月食）。但是，他们自己的族人也曾拥有丰富的知识，他们最初也尽力把这些知识保存了下来。他会解释自己是如何发现这些内容的，"那样你们这些已经成为基督徒的读者就不会怀疑或动摇了"。[73]随着内容的推进，他有时还会解释一些术语和现象。比如，他提到了一个名叫"奥梅托奇特利"（Ome Tochtli，意为"二兔"）的神明，他知道一位 17 世纪的读者，哪怕是一位原住民读者，可能也不会知道他说的是什么。他要求他的读者回想一下自己上学的日子，并将奥梅托奇特利比作酒神巴克斯（Bacchus）。[74]他希望通过采取这种支架式教学方法让自己的作品更容易被读懂。他不会使用太多西班牙语，他的作品将主要用属于他的民族的纳瓦语写成。

在最终将他的各种作品汇编在一起时，奇马尔帕因用亚当和夏娃的故事作为开头。他能够想象一些读者可能会就其相关性提出反对意见，但他坚定地认为自己应当从这里讲起：

> 就算在这里提这个似乎是不相关的，但我们所有人，我们这些来自新西班牙的原住民，我们应当知道最先被用泥土造出来的人是谁，而且只有他们是被创造出来的，我们所有人都是由他们生出来的。尽管世上出现了异教徒和偶像崇拜者这［两类］人，但所有人都是最先一代的后代，［包括］那些生下了我们的人，我们这些在墨西哥的特诺奇蒂特兰的人，以及在新西班牙所有城邦的人。[75]

在接下来一段中，奇马尔帕因对旧大陆的历史做了简单概括，他尽情地引用了《圣经》的内容，以及柏拉图、圣托马斯·阿奎那（Saint Thomas Aquinas）、圣奥古斯丁（Saint Augustine）的著作及其他西方基础性文献的内容。他推论说，欧洲边缘和波罗的海各国的人在中世纪基督徒想要征服他们的过程中做出了最顽强的抵抗，他们可能就是纳瓦人的祖先。[76]他确信一些来自旧大陆的人曾经造船并乘船抵达了（当时还不为人知的）新大陆。无论这些事是如何发生的，反正他们设法来到了"阿兹特兰"，来到了"七个洞穴"，并从那里继续向南进发。

自此以后，奇马尔帕因就可以开始写他非常了解的那段历史了。没过多久他就写到了盾花向劫持自己之人怒吼，问他们敢不敢杀了她。她警告那些人说她的族人永远不会动摇，包括那些还未出生的。个人终有一死，但她的民族永远不会灭亡。他们会经历失败，但失败不是永恒的。生活虽然艰难，但也有深刻的美好。认为哪个敌人能够给这片大地带来纯粹的邪恶或彻底的毁灭是一种过分简化的想法，哪怕这个敌人是欧洲人。

* * *

然而在 1612 年 5 月的一个晚上，奇马尔帕因坚定的使命感
200 和永恒的乐观精神似乎都被动摇了。早在这次导致三十五个人
被野蛮杀害的事件之前，他就已经陷入了思想斗争。在那段时
间里，原住民的圣约瑟夫教堂来了一位冷酷腐败的专职教士，
即赫罗尼莫·德·萨拉特修士（fray Gerónimo de Zárate）。他多
年来一直在折磨城中的原住民。在 1612 年 1 月的一天，专职教
士决定从一个名叫胡安·佩雷斯（Juan Pérez）的教友会领袖那
里诈取钱财。"萨拉特让患着重病的佩雷斯赤身裸体地靠在一
根石柱上，然后命人抽打他。佩雷斯被抽得昏死过去之后仍被
丢在原地，差点死掉。［专职教士］站在小讲坛上就这个人进
行布道，说他把给教友会的钱都挥霍了。然后萨拉特又命人把
他带进监狱关起来，这样他就会把钱还回来了。"[77]胡安的妻子
得知发生的一切之后无比愤怒，她鼓足勇气前往总督的办公室。
在她之后，也有其他人前去讲述自己与萨拉特打交道的可怕经
历。奇马尔帕因把他知道的事情写了下来，并概括说"［萨拉
特］从不为墨西加人着想。甚至当西班牙人代表什么人恳求他
什么事时，他也从不为那些西班牙人着想。"奇马尔帕因还对
胡安的妻子表露了极大的敬佩："人们认为［萨拉特］非常邪
恶，尽管墨西加人因为神职人员这样对待他们而感到愤怒，他
们却很有耐心，一直隐忍，没有人敢公开表态，或向王室审问
院提出控告。"在 17 世纪，能说出这样的话是非常引人注目的，
这是在公开表达一种隐藏情绪，即他们"一直隐忍，没有人敢
公开表态"。奇马尔帕因还补充说，"如果不是因为玛丽亚·洛

佩斯（María López）勇敢地在法官大人面前指控他"，这种情况还会一直延续下去。最终又过了好几个月，专职教士才被永久革职。而且到了那时，总督已经去世，黑人市民开始遭到逮捕，所以也没什么人为此庆祝了。

奇马尔帕因在他的作品里总会反复谈起的一个理念是：世界大体上是善的，大体上是仁慈的上帝的创造，但在这个世界中，总有某些邪恶的个人。他就是这么看待萨拉特的。他补充说："让他自己向上帝解释［自己的行为］。我们不要谈论他。"[78] 他说的"谈论他"的纳瓦语有"纪念他、知道他"的意思。奇马尔帕因的希望是把萨拉特从人们的记忆中抹除；他相信上帝会根据他的所有作为，在他死后惩罚他。

但到了 1612 年 5 月，奇马尔帕因似乎走到了一个转折点。他已经不满足于让人们尽快遗忘那些仅用一天时间就处死三十五名黑人的高等法院法官。这一次他采取了一个对他来说独一无二的做法，他非常仔细地列出了参与定罪的全部十四名西班牙王室官员的名字，好像是希望把这些人记录在案，以期总有正义得到伸张的一天，就算不是在人间，至少也是在上帝面前。列出人名和职务的一栏非常长，占满了大部分页面。在名单的结尾他写道："这些是对那三十五名黑人执行了法律，并判处他们于这天被绞死的法官。"[79] 奇马尔帕因的脑海中充满了《圣经》中的那些景象，他肯定记得《启示录》中那些会萦绕在人们心头的文字："我又看见死了的人，无论大小，都站在宝座前。案卷展开了，并且另有一卷展开，就是生命册。死了的人都凭着这些案卷所记载的，照他们所行的受审判。于是海交出其中的死人，死亡和阴间也交出其中的死人。他们都照各人所行的受审判。"[80]

201

* * *

然而，奇马尔帕因也许并没能从创作他的记录作品中获得足够的慰藉，因为没过几年他就停止了这个项目。问题不仅仅是存在某些邪恶的个人，毕竟他们终有一天会在他们的创造者面前为自己的罪孽付出代价。更深刻的问题其实是从西班牙人征服他们后就一直存在的权力的极端不平等。印第安人、自由黑人、混血后代甚至奴隶在日常生活中往往可以过得很开心——他们相亲相爱，会争论，也会讲故事，会为好笑的笑话而开怀大笑。但当他们生活中的欧洲人选择侵害他们时，这些被剥夺了权力的人几乎没有任何求助的途径。这样的事随时可能发生，反击有时还会让情况更糟。所以，人们只能像奇马尔帕因评论专职教士萨拉特事件时说的那样"一直隐忍"。查尔科人奇马尔帕因知道事情从古至今都是这个样子，早在外来人到来之前就是如此，但因为此时存在更严重的不平等，所以情况更加恶化了。人祭已经如承诺的那样不复存在，但其他形式的虐待大量涌现。从某种角度来说，此时充斥的暴力反而比以前更严重了，因为一小群人天生拥有了将大多数人踩在脚下的合法权力。

无论奇马尔帕因是不是有意识地这样看待这个问题，反正在曾经的特诺奇蒂特兰的一些印第安人肯定这么想了。在奇马尔帕因还是个孩子，可能就是在他刚来到城中的那段时间里，特拉特洛尔科的学校里的原住民学生们表演过一出剧目。当时学校里剩下的学生已经不多，因为公众对于学校的支持态度在学校建立之后不久就转变成了反对，于是学校渐渐失去了继续维持下去的资金。[81]学生们自己创作了剧中的对白。其中一个角色评论说：

"在很多人看来，我们这些新西班牙的印第安人都是冒充者，就像麻雀和鹦鹉一样，虽然努力学习说话，但很快就忘了学到的东西。"[82] 这位年轻的剧作家很愤怒，而且他没有"一直隐忍"。然而，其他把自己的愤怒表达出来的人就极少了。不表达是更安全的选择。哪怕是在自己的私人作品中，奇马尔帕因做过的最大胆的行为也不过是评论某些梅斯蒂索人而已："他们努力成为西班牙人，像某些西班牙人一样贬低我们，嘲笑我们。"[83] 但随后他又提醒自己，无论这些高傲自大的人怎么想、怎么做，亚当和夏娃都是我们所有在世之人的祖先。

1624 年，奇马尔帕因离开了自己工作三十年的圣安东尼奥院长教堂。教堂本身也关闭了，教堂的资助人已经去世，随后就是关于继承权问题的激烈诉讼。[84] 也是在这一时期，整个城市陷入了如今被称为"1624 年骚乱"的动荡。农作物歉收和百日咳疫情导致死亡人数上升，儿童死亡的情况尤其严重，于是人们纷纷走上街头。这场危机把最高统治阶层之间的政治分歧推到了台前：总督和大主教发现自己几乎要和对方开战。[85] 除了这些事之外，当年还发生了严重的洪灾。一位原住民作者挖苦地评论说"总督变成了一条鱼"，因为他去哪儿都只能乘船。[86] 我们不知道奇马尔帕因对这一切做何感想，因为他已经停止记录了。从他关于本民族古代历史的伟大著作中的注释可以看出，他在整个 1620 年代仍在推进古代史项目，他写的最后一条标明时间的评论是 1631 年。但似乎从 1615 年起，他就完全放弃记录自己所处时代发生的事了。[87] 可能他没有时间和精力同时创作两部作品，也可能是他觉得记录当时发生的事件太令人沮丧，而关于纳瓦人过去的内容则能让人充满干劲。

从奇马尔帕因之前写的内容来看，他显然预计到了某些危险，并设想了几场他希望爆发的战争。像在他之前去世的一些人一样，他害怕群体性的遗忘——到时候消失的将不仅是纳瓦人的文化知识，更是关于他的民族曾经拥有复杂的历史或对此做出过精妙和多变的应对的真诚信念。为了避免这一情况的发生，他用自己的羽毛笔抄录并整理了所有他能找到的故事。

* * *

奇马尔帕因去世后，他的作品被交给了特斯科科国王内萨瓦尔皮利的一个直系后代。内萨瓦尔皮利统治时，全神贯注的观众能听到表演者为他们演唱的优秀诗歌。他的这个后代名叫堂费尔南多·德·阿尔瓦·伊斯特利尔索奇特（don Fernando de Alva Ixtlilxochitl）。这个名字指的是一种兰花藤蔓。像奇马尔帕因一样，伊斯特利尔索奇特也在自己作为青少年受洗时所取的教名后面加了一个阿兹特克祖先的名字。这个名叫伊斯特利尔索奇特的祖先是内萨瓦尔皮利的儿子之一，他拒绝被特诺奇蒂特兰中意的继承人收买，而是选择了与西班牙人联手的权宜之计。此时在世的这个伊斯特利尔索奇特的母亲就是征服战争时期那位著名人物的曾外孙女；他的父亲是西班牙人，曾在一段时间内担任墨西哥城建筑项目的监工。作为一个富有的西班牙人生下的梅斯蒂索混血儿，伊斯特利尔索奇特主要生活在西班牙人的世界中，但他为母亲的祖先感到非常骄傲，并将他们视为自己的祖先。伊斯特利尔索奇特也是一位历史作家，但他的作品都是用西班牙语写给西班牙人读者的。他一直想对自己讲西班牙语的老师和同学们表明一个观点："我从青春期开始就有一种想要知道这片新大陆上发生过的事情的强烈渴望，那些事和发生在罗马、希腊、米底或其他非犹太人共和国的那些举世闻名的事件一样重要。"[88] 为了了解这些知识，伊斯特利尔索奇特从还活跃的纳瓦人知识分子圈子中寻找各种作品。奇马尔帕因是最多产的作家，但他绝不是唯一一个。伊斯特利尔索奇特收集了他能找到的所有文件，并根据它们创作了多卷历史作品。[89]

虽然这两个人从没在自己的作品中提到过对方，但有一些间接证据能够证明伊斯特利尔索奇特和奇马尔帕因是相互认识的。两人年岁相仿，但一个是土生土长的原住民并一直被这样看待，而另一个则几乎完全过着西班牙人的生活。奇马尔帕因说他认识并喜欢伊斯特利尔索奇特的西班牙人外祖父。这两个人还都是方济各会修士和学者胡安·德·托克马达（Juan de Torquemada）的好朋友。另外，伊斯特利尔索奇特的孩子称奇马尔帕因为"多明戈好先生"。伊斯特利尔索奇特能在奇马尔帕因死后得到他的作品，这一点更加证明了两人之间存在某种友谊。[90]

伊斯特利尔索奇特的儿子堂胡安完全生活在西班牙人的世界中，所以当伊斯特利尔索奇特去世后，他的作品被转交给了自己长期以来的朋友——西班牙知识分子卡洛斯·西贡萨-贡戈拉（Carlos Sigüenza y Góngora）。是他让奇马尔帕因的作品为欧洲学者所知，而且那些学者随后马上就开始钻研所有关于阿兹特克人的事了。他们对这些资料的理解相对浅薄，起初他们只是从奇马尔帕因、伊斯特利尔索奇特或其他人的文字中寻找自己想要的片段。他们使用这些零碎的内容来为自己的目标服务，从而创造出一种完全脱离现实的关于古代墨西哥的幻象。[91]比如，科尔特斯被误认作羽蛇神的说法就是因为这些人而获得了顽强的生命力。要是奇马尔帕因知道这件事，他可能又会给

204 出一句他一贯的干巴巴的评论，不过他也可能根本不会在意。奇马尔帕因有一种对讽刺的杰出理解力，而且除非遭遇最严重的危机，他总是那么处变不惊。他可能还会告诉自己，只要有人照管和保护他的作品，有些个人一时地歪曲他文字的真实意思也不是什么大事。等到人们准备好聆听由古代纳瓦人自己讲述的关于他们曾生存于其中的世界时，他的作品会依然摆在那里。

届时，盾花会再次从烧死她的柴堆上呼喊，伊斯科阿特也会解释城邦崛起的政治策略。阿哈亚卡特国王和火烈鸟蛇也许会在某个充满创造力和喜悦的时刻一起跳舞击鼓。蒙特祖马会挺直脊背走上高耸的金字塔，举行一场旨在让其他所有人感到恐惧的可怕仪式，而玛林切则会从远方向他喊出一句警告。墨西加人为保卫自己的领地付出的巨大努力终将徒劳无功，至高国王和他的族人将输掉一场大战。蒙特祖马的女儿特奎奇波钦会留下苦涩的眼泪，有些是为自己而流，有些是为从燃烧的房子中逃出的族人而流，还有些是为新来到这里的非洲人而流。接下来的一代人会为子孙后代而尽己所能，他们会想一切办法避免被征服带来的最糟糕的结果，其中之一就是永无止境的贫困。最后一位特拉托阿尼堂路易斯·希帕克，以及聪明的女奴玛林切的儿子堂马丁·科尔特斯都遭遇了悲剧性的结局，但他们的故事被保留了下来，尽管残缺不全，但依然流传至今。再后来，王室后裔特索索莫克和来自被征服城邦查尔科的奇马尔帕因会一起创作一些与所有人的预期相反的历史书，只要第五太阳纪还没有终结，这些书籍就会顽强地作为它的一部分存在下去。

后 记

一只起飞的鸟

资料来源：The Bodleian Libraries, the University of Oxford, Codex Mendoza, MS. Arch. Selden. A. 1, folio 46r.

17 世纪初，特索索莫克和奇马尔帕因担心子孙后代可能会 205
不再记得阿兹特克人和他们的成就。他们在那个时候会有这样
的担忧是合情合理的。他们发现自己周围的年轻人都读不懂象
形文字，也不拥有任何用字母撰写的编年史，还不了解本民族
的历史，更不懂得那些历史的背景。这样的情况在特索索莫克
和奇马尔帕因去世后变得更加糟糕了。到 17 世纪末，只有来自
特拉斯卡拉的人还清楚地知晓如何编制太阳历，也只有他们还
能用纳瓦语写出一份太阳历。特拉斯卡拉人之所以拥有这种文
化存续方面的优势，是因为作为对从一开始就与埃尔南多·科

尔特斯结盟的群体的回馈，王室下令不将这里作为封地分封给个人，所以生活在特拉斯卡拉人中间的西班牙人相对较少。不少人仍然在记录传统的编年史，还有个名叫堂胡安·布埃纳文图拉·萨帕塔-门多萨的作者倾尽一生撰写了成百上千页的内容。可惜这些人就是最后这样做的人了。到18世纪下半叶，差不多已经没有一个人记得如何撰写（甚至是阅读）太阳历了。实际上，当原住民群体需要一份"老式"文件来保护自己的土地权益时，他们通常不得不付钱给某个代笔作坊，让后者代为撰写这些文件。很多此类文件都制作得非常漂亮，而且肯定是原住民样式的，但它们已经与曾经的原住民撰写的历史毫无相似之处。所有关于一种令人惊叹的生活方式和一个复杂的思想体系的详细知识似乎都已经消失殆尽。[1]

人们会问，这有什么特别的意义吗？其他生活在北美洲和南美洲的人都是跨过大洋抵达那里的，有的是自愿前往的（殖民者），有的是被锁链锁起带来的（奴隶），无论属于哪一种情况，这些人的后代对自己祖先的世界都并不了解，但他们不都依然能为自己的家乡感到骄傲吗？

对墨西哥人来说也是这样。从某种程度上说，特索索莫克和奇马尔帕因完全没什么可担忧的。他们的族人拥有的作为原住民的自我意识从未出现过将要磨灭的情况。在整个殖民地时期，本地人的民族意识反而增强了。西班牙王室创设了一种"两个共和国"的体系：由克里奥尔西班牙人[1]和原住民各自进行自我管理的两个政治实体。理论上说，原住民要生活在他们自己的群体内，并向西班牙人世界提供一定数量的劳务。起初，

---

① 在16～18世纪讲西班牙语的地区，这个名称指出生在美洲，父母都是西班牙人的人，以区别于出生在西班牙，后迁往美洲的移民。——译者注

这种劳务提供是在监护征赋制体系内进行的，后来则改为通过其他机构和途径。有时候，这些义务会变得过于严苛，甚至到了具有毁灭性的程度。在这种时刻，可能会有一两个原住民家庭背井离乡，为了自己的孩子而冒险踏上旅程，希望找到一个他们能够享受和平并靠辛勤劳动过上好日子的地方。有时候他们会选择前往城市，也有时候是前往某个私人大庄园。无论是哪种情况，如果他们在那个地方长住下来，他们就会渐渐西班牙化。但继续留在自己村庄中的原住民还有数百万人，他们会继续使用自己祖先使用的语言，并至少在一定程度上继续遵循传统的精神路线。[2]

在曾经被称为特诺奇蒂特兰的墨西哥城，大多数人渐渐不再拥有一种身为墨西加人的具体意识，但是作为一个曾经拥有大量充满生机的人口的大帝国的后裔的意识并没有消失，哪怕是在又有好多种文化在这个城市中生根发芽之后也依然被保持着。原住民人口仍然很多也很重要。非洲人很乐意与美洲原住民通婚，以致他们自己的表型特征几乎都消失了；他们的后代也主要将自己视为印第安人。家境富裕的原住民依然住在城中。他们成了西班牙人的邻居，会把儿子送到大学里，让他们成为神父，还会为女儿建立修道院。[3]

当时的梅斯蒂索人和克里奥尔西班牙人都为把自己的城市想象成阿兹特克传统的继承者而感到高兴。到 17 世纪中期，前往瓜达卢佩圣母像朝圣已经成了一种全面发展的现象，人们会讲述圣母在 1528 年第一次于市郊在一个名叫胡安·迭戈的阿兹特克印第安人面前显圣的故事。这个故事当时才被编造出来没多久，但这并不重要；重要的是，无论穷人还是富人都希望这个故事是真的。到 17 世纪晚期，那个时代最伟大的墨西哥思想家之一胡安娜·伊内斯·德·拉·克鲁斯修女（Sor Juana Inés de la Cruz）为自己创作的纳瓦语诗歌感到骄傲。她的语法其实非常糟糕，她显然从没能讲好这种语言，但她尝试的决心令人着迷，她的西班牙语读者也为读到这些作品而感到愉悦。[4]

可以说，原住民的身份认同感是在墨西哥独立战争（1810—1821年）之后才真正受到伤害的。沉重打击了墨西哥原住民的恰恰是追求人道主义和进步的自由主义者，这可以算是历史上最大的讽刺之一。当所有民族突然在法律面前实现平等时，坚持鼓励原住民使用他们自己的语言似乎与此背道而驰。所以，原住民在法庭上再也找不到翻译，而是必须讲西班牙语；原住民不能再说自己倾向于过去那种在家接受父母教育的方式，而是必须去学西班牙语；原住民也不能说他们喜欢土地公有并由首领来决定如何分配，而是被告知，个人拥有家庭农场才是最好的办法。如果他们需要确认所有权，他们可以去法院——用西班牙语解决问题。[5]

身处这样的环境中，原住民在19世纪变得更加贫穷了。最终，一个甚至都懒得假装自己关心普通人权利的政府掌握了政权。当反对独裁者波菲里奥·迪亚斯（Porfirio Díaz）的运动扩展到整个地区时，很多原住民加入了反对他的战斗，并为推翻他的统治做出了贡献。墨西哥革命中最伟大的英雄之一就是来自莫雷洛斯（Morelos）的讲纳瓦语的埃米利亚诺·萨帕塔（Emiliano Zapata）。他带领人们取得胜利或召集议会为人民立法的照片至今仍然出现在教科书中，还会被挂在酒吧、餐馆的墙壁上。在革命之后的几十年里，人们没能一直推动进步——但也多少实现了一些目标，而且原住民总是进步的先锋。从森林中走出来的玛雅人曾在1990年代反对北美自由贸易协定（NAFTA），他们称自己为萨帕塔主义者（Zapatistas），这个名字就来自革命者埃米利亚诺·萨帕塔。在即将进入21世纪时，墨西哥原住民也像其他被剥夺权力的民族一样，彻底投身于努力探索本民族历史和保护祖先遗产的运动中。

今天，有超过一百万墨西哥人仍然使用纳瓦语。他们之中的一些人致力于推广纳瓦语的学术研究，比如，他们甚至编纂了一本用纳瓦语解释纳瓦语的词典。他们不希望自己工作的唯一目的仅仅是将纳瓦语翻译成其他欧洲语言。他们更希望在自己语言许可的范围内，用它本身进行有创造性和批判性的思考。讲纳瓦语的人之中不仅有学者，也有艺术家和作家。他们会上演戏剧，发表小说，出版图书，有些人是完全在用自己的语言创作，有些人则同时使用纳瓦语和西班牙语。这些人会组织写作研讨班，也会独自创作；他们可以选择在传统的龙舌兰纸上绘画，也可以在键盘上打字。有些诗人说，考虑到所有已经发生的改变，我们如今可能是生活在第六个太阳之下了。[6]

然而，世上不仅有创作充满挑战精神的诗歌的纳瓦语作者，也有那些还生活在令人窒息的贫穷中，根本无暇顾及诗歌的人；有能够在任何国际会议上提交一份纳瓦语文件的人，也有一心只想离开家乡，找个地方从头开始的人。这些人可能会前往某个墨西哥的大城镇，墨西加人曾经在那里的商业路口建立交易站点，后来站点就变成了一个城市。这些人也可以选择向北，到他们古时候的祖先，也就是盾花和伊斯科阿特的祖先的土地上去，那些祖先就是从美国西南部地区南下的，但今天想回那里去的人要祈祷自己不会被遣返。无论如何，对于这些人，以及所有认识他们、尊敬他们的人来说，了解他们的深刻历史，了解那段能够展现他们人性的一面，并将他们想象成世界历史大戏中一个平等参与者的清晰过往，都是十分有益的。

附　录
学者如何研究阿兹特克人？

　　很多年来，学者们都接受了可用来研究古代美洲原住民的资料非常有限这个观点。他们认真检查了考古挖掘中发现的建筑和物品，[1] 也仔细阅读了欧洲人几乎从刚一遇到印第安人时就开始撰写的文字。以哥伦布为例，1492 年 10 月在加勒比海地区第一次遇到泰诺人（Taino）时，他就在自己的日志中留下了记录。而前往墨西哥的埃尔南多·科尔特斯也几乎没有浪费任何时间就开始向祖国寄送书信。[2] 仅依靠这些信息是远远不够的，但研究人员不得已而为之，是因为他们曾经以为自己别无选择。这些曾经就是人们能获得的全部信息来源。

　　多年来，有两类学者比其他人更深入地了解了古代美洲，至少是古代美索亚美利加的原住民的真实情况。研究玛雅文化的金石学家通过孜孜不倦的工作，试图理解刻在古代石碑和建筑物上的象形文字。最终，他们意识到某些元素是表音的，因此他们需要学习玛雅语才能理解这些内容。[3] 曾经被认为是由艺术家和祭司做出的高度个性化的精神性表达的那些内容，后来被证明其实是关于国王和王后的出生、婚姻和死亡的政治性记叙。例如，有一段篇幅很长的陈述是这样开头的："卡盾公主（Lady Katun Ahau）在亚斯金月（yaxkin）① 十四日的二十九天后

———————
① 玛雅人历法的第七个月。——译者注

［公元 674 年 7 月 7 日］出生，她是来自一个叫马恩（Man）的地方的贵族女性。"[4] 与此同时，艺术史学家和人类学家仔细研究了 16 世纪阿兹特克人（及其他美索亚美利加人）创作的带图手抄本，这些作品通常是在好奇的欧洲人的要求下被创作出来的，一般都会附带西班牙语文字说明。[5] 这些学者也发现了对各个国王和征服活动的政治性记叙、对过去的漫长迁徙旅程的详细描述，以及关于西班牙人到来之前本地人的穿着或他们使用的物品的图画。这些内容中还包括对新来者提出的问题的回答。西班牙人会问："你们用什么人献祭？什么时候献祭？"纳瓦人会回答："这一章讲述的是他们在第一个月的第一天举行的宴席和血祭"，或"那一章讲述了在第二个月进行的祭奠和血祭"。[6]

　　无论是精心设计的古代石刻，还是与西班牙人合作编写的 16 世纪手抄本，都没有使用完整的、无限制的或自发性的语言。这里面没有提供任何情节曲折、发人深省的故事，只记录了极少的珍贵诗歌、笑话、最隐秘的恐惧或一闪而逝的愤怒。这些文字大体上讲述了玛雅国王希望后世了解的关于他们家族的内容，以及 16 世纪西班牙人一厢情愿认定的关于被他们征服的民族的一切。尽管如此，可供有才华的学者们使用的材料还是很多的。他们将自己对手抄本的了解与考古学研究成果和西班牙人的叙述内容相结合，由此创作了一些关于各个美索亚美利加民族的令人印象深刻的著作。他们的许多作品都值得强烈推荐。[7]

　　然而从西班牙人那里学会罗马字母后，阿兹特克人在 16 世纪的确写下了很多东西。从 1950 年代和 1960 年代开始，许多学者开始重视此类作品。[8] 最初，学者们研究了原住民学生如何使用表音字母来回答西班牙人向他们提出的有关其宗教的问题，或是如何帮助修士创造能够被用来向纳瓦人传授基督教概念的纳瓦语短语（比如，圣母玛利亚就被解释成了"永远不结婚的女儿"），又或是如何撰写诸如纳瓦语忏悔手册和宗教剧本之类的东西。没过几年，学者们就将目光投向了宗教题材之外的作品，并意识到原住民作家也会帮助他们的族人记录许多平凡的内容，例如，对转让土地时举行的公共仪式的记录，或替垂死之人写下如何将自己的土地分配给孩子的临终遗言。掌握了纳瓦语的历史学家和人类学家可以阅读这些资料。在 1980 年代和1990 年代，他们开始就原住民如何与基督教信仰和基督徒[9]，以及西班牙人的政治体系[10]相互影响做出了有见地的研究。之前，人们认为原住民被西班牙文化的这两个方面彻底压制，甚至已经灭绝。可一旦学者们翻译了最初几代人在与新来者打交道的过程中表述的真正想法后，他们便知道原住民在面对改变时其实采取了一种相当务实的方式。

211

　　然而，即便是在这种修正主义的氛围之中，也很少有人去探寻阿兹特克人私下里会谈论什么，比如，他们对自己的历史有什么看法，或对自己的未来有什么希望。简而言之，抛开他们的西班牙对话者后，他们本身是什么样的？这个研究项目一直被忽略了。其原因不是缺乏资料，因为能够解答此类问题的文件是存在的。太阳历（也就是"纪年"或"年报"）的出现可以追溯到许多世代之前，一些学会使用罗马字母的年轻纳瓦人也热心地记录了一些例子。有数十份对太阳历的转录得以流传下来，最终成为图书馆中的一些珍本，并在 18~20 世纪逐渐为人们所发现。从一开始，学者就将这些文本称为"编年史"，因为它们与被用这个名称称呼的中世纪欧洲文学体裁很相似。这些内容很难理解，而且并不总是与外来者感兴趣的问题直接相关，所以研究人员很少研究这些文件。在 20 世纪末 21 世纪初的多元文化世界中，人们可能曾期望这些资料会迅速得到利用，并被大声朗读和翻译出来，使其能够向更广阔世界中的人们揭示自己的秘密。但这样的设想并不能立即转化为现实。首先，要想取得重大突破，外来者必须先理解这种几乎没什么人知晓的语言中的从句之间关系如何。[11] 其次，学者必须能足够熟练地阅读纳瓦语，才能够翻译出无法预测且涉及范围广泛的陈述（这不同于内容千篇一律的遗嘱或基督教经文）。最后，这些学者还必须阅读足够多的写法完全不符合西方惯例的历史记录，这样才能够理解自己研究的东西是什么。所以，获得真正的进展是要花很多时间的。[12]

　　另一个问题是，就连很多学者似乎也认为纳瓦语不值得一学，还认为我们已经掌握了足够多的知识，因此不必再进行这项工作。我们确实了解了很多东西，但这些东西都是通过研究物体和图案，以及研究西班牙人的叙述或回答西班牙人问题的印第安人的叙述得来的。从很多方面来说，我们已经预先决定了阿兹特克人是什么样的。也许我们并不需要去挖掘他们在私下里的对话，至少有些人就是在暗示这个意思。而他们明确表达的想法是，使用仅有的留存至今的少数具体文件，是对这种曾经充满活力的作为一个整体的口述传统的不敬，甚至是一种帝国主义行径。但鉴于人们从未停止过谈论阿兹特克人，且仍在继续依赖前一种资料，所以，真正的原因也许是人们不愿挑战自认为已经知道的一切。[13]

212

* * *

　　现在已经清楚的是：对于处理一系列棘手问题的最佳方法

是什么，学者有时也会持不同意见。他们对各个主题的重要性的看法，以及对既有资料能提供的信息的理解也不尽相同。对任何一段历史的研究都是充满矛盾对立的。历史学家大卫·罗温索（David Lowenthal）给自己如今已被奉为经典的著作取名为《过往即他乡》。[14] 我们回看过去，就像到遥远的地方一样，要面临多重文化障碍，有些是我们正在寻找的，也有些是我们意料之外，因而难以辨识的。我们都是自己年轻时所接触的一种或多种文化的产物，要我们去设想其他思维方式，我们就会遇到困难。然而，"遇到困难"究竟意味着什么，就是一个经常让历史学家产生不同意见的领域。有些人认为，从空间和时间上对我们来说陌生的那些人一定永远是不可知和遥不可及的。我们可以设法按照他们的方式理解他们，但从某种程度上说，我们会始终受限于自己的世界观，因而无法真正把握他们的世界观。另一些学者则认为，尽管人们的文化之间存在无穷无尽的区别，但我们毕竟都是人。例如，能让我们感到被爱的东西可能有所不同，但对被爱的渴望没什么不同。再比如，使我们感到恐惧的可能有所不同，但寻找某种程度的安全感的需求则始终未变。在本书中，我自然而然地认为这两种思想都是绝对正确的，且好的历史研究就是要探索它们之间的矛盾和对立。我所了解到的阿兹特克人与我和我的民族既迥然不同，又无比相似。[15]

历史学家不仅应该探索这两种真理之间的矛盾对立，还要在自己的作品中决定自己和读者最需要什么样的提醒，然后时常做出这种提醒。如果我写的是美国开国元勋，那么我理应督促所有人记住，限制他们的生活和思考方式的那个框架与我们面对的完全不同，因为在提到他们时，我们往往对此考虑不足。

然而，我并不是在写一个我们已经熟悉的题材，而是在写蒙特祖马及他的族人。我们习惯于惧怕阿兹特克人，不认同他们，甚至觉得他们令人厌恶。因此，我们可能更需要不时提醒自己，他们其实也像我们一样喜欢开怀大笑。[16]

历史写作在某些方面与历史研究一样复杂。历史学家可以在很多种语域中工作。一种极端情况是，学者通过他们的期刊和论文进行书面交流，在其中共同探讨他们的资料——他们在哪里找到这些东西、他们如何解释这些东西，以及过去的理解如何受到预先存在的假设的影响，从而导致人们忽略了一些特定因素。学者们在其中不仅包括了一种论述（它能提供有关一个主题的知识），还包括了大量的元话语（它能提供关于他们如何知道自己知道的有关该主题的一切的分析）。与此相对的另一种极端情况是，历史学家在大多数教科书或通俗历史著作中，直接且带有权威地讲述一个故事，其中绝对不包括任何"元话语"，就好像关于一个领域的知识的当前状态是一直存在的。在后一种情况中，我们已经假定自己不需要在作品里说明自己是如何知道自己所知道的一切的思考过程。这两种写作都具有其价值。就本书而言，我像许多历史学家一样，试图在这两种极端之间取得平衡。

我发现人们在阅读一本关于自己不了解的主题的著作时，往往更加不能接受没有元话语的情况，这可能恰恰与我们的直觉相反。而当我们阅读关于我们认为自己已经非常了解的主题的著作时，我们会倾向于偏爱一种顺畅连贯、具有权威性的论述，并且可以自行决定是否相信该作者。至于那些我们没有足够专业知识来自行评判论述正确与否的主题，我们就需要一些指示牌来说明不同方面的相对重要性，以及某些要素为什么需要被加以考虑，否则我们将看不懂书中的论述，或是无法确定要不要相信该作者。在创作本书时，我假设我的许多读者对阿兹特克人几乎一无所知，那么如果我以教科书一样的方式讲述他们的故事，效果将大打折扣。因此，我试图介绍足够的关于我们拥有的资料的信息，以及我阅读这些资料的方式，希望以此获得读者的信任。

但与此同时，我也尝试尽量不要花太多时间在这些内容上，以免让读者觉得难以招架。那些希望确切知道任何特定段落提出的断言是从何而来的读者，可以参考注释（我很希望你们这么做），我在其中直接处理了比较难的问题。本附录最后有一个关于既有编年史的附注释书目索引。这些编年史并不是普通读者接触不到的神秘"古代文献"。每一份编年史都是一份用纳瓦语写成的真实存在的手稿，它们都被保存在某个图书馆或档案馆中，几乎每一本都已经被翻译成某种欧洲语言并至少出版过一次。有些翻译版本比其他的好一些，有些版本比其他版本更易找到；我在此列出的就是这些版本。

有一个关于阿兹特克人的学术争论是我必须直接强调的，因为我对此问题的态度会贯穿全书。传统上，对阿兹特克人的研究仅基于考古学成果和欧洲资料，以致一些在一定程度上被误解的纳瓦人历史被带有偏见或特殊目的地收录于某些作品中，这种情况在 20 世纪下半叶尤其严重。因此，对纳瓦语编年史的使用本身也有一段历史。起初，学者们很高兴能接触到这些内容，还大量引用其中文字，并按照字面意义全盘接受，即便是对那些叙述发生在几百年前的事件的，或讲述显然真实性可疑的故事的部分也不例外。之后，学术界的态度则变为完全不接受原住民文本的字面意思，这种变化也是可以理解的。秉持这种观点的人认为这些资料能够揭示文化观念和出于特定目的的宣传，却无法阐释历史事件。[17] 人们开始认为，除了从考古学研究中收集到的信息之外，我们已经不可能知道阿兹特克人统治期间的真实情况了。

然而如今，一些历史学家提出，纳瓦人的编年史其实记录了关于征服战争之前约一百年间的大量历史。[18] 具有讽刺意味的是，虽然一些学者有时不肯将纳瓦语编年史当作历史，但他们仍在不自觉地恣意引用西班牙人［尤其是迭戈·杜兰修士（friar Diego Durán）］创作的和受西班牙人影响的（《佛罗伦萨手抄本》和《门多萨手抄本》之类的）资料。实际上，这些来自西班牙人的资料通常才是在文化上自相矛盾，因而会令人产生怀疑的东西。然而，我们就是根据这些内容得出关于纳瓦人被征服前的政治模式或文化信仰的结论的，因为纳瓦语证据极少，甚至完全不存在。[19] 在历史领域，当出自迭戈·杜兰之类作者笔下的资料与一系列纳瓦语编年史的内容相互矛盾时，我们通常会得出这样的结论：这些资料令人困惑，所以没有办法知道真正发生了什么。但是，如果我们抛开西班牙人的资料带来的干扰，只专注于 16 世纪原住民编年史中的内容，我们会发现，他们就核心问题的说法其实大体上一致。

有些时候，细节确实会使我们感到困惑。例如，编年史在谈到阿兹特克人的第一位统治者阿卡马皮奇特利时，会提及他生命中一位名叫依兰奎伊特（老妇裙）的女人。有人说她是他的母亲，有人说她是他的妻子，也有人说她为他生过几个孩子，还有人说她不能生育。但我们不应该纠结于这些无足轻重的细节；所有资料都认可的观点是，她来自该地区中最强大的城邦，只有在获得这个城邦许可的前提下，漂泊的阿兹特克人才有可能建立他们的小规模定居点。这样我们就对当时的政治情况得出一些了解，即同盟是通过联姻建立起来的。如果把这块拼图与另一块合适的拼图拼在一起，一个可被理解的画面就开始浮

215 现出来。过去这些年里，我已经很清楚地知道，人们实际上可以详细描述出征服战争之前的几代阿兹特克人的相对准确的历史，我在这本书里已经这样做了。

关于特别古老的那个时期，除了从考古学成果和对编年史揭示的文化倾向的研究中得出的知识之外，我不认为我们能够确切描述出那段历史。但我坚信，通过认真的研究，我们已经能够得出对西班牙人到来之前约一百年的这段历史的连贯叙述。在每一个问题上，我都对比了所有关于该时期的，且是在征服战争后约八十年内撰写的那些编年史，如果我在它们之中找到了被一致认可的东西，那么我就可以假设我们了解到的是一些可以被视为"真实"的东西。[20] 如果一份资料坚持认为一场特定的战斗或婚姻非常重要，而其他资料则不这么认为，那么我也不会选边站队；但如果这种意见分歧是具有启发性的，那么我可能会提及这个问题。关于征服战争之前的资料，我小心地排除了来自西班牙人的内容，因为它们几乎总会描述出一种不同的景象。关于征服战争后的那些年，我通常会使用部分西班牙语资料，但仅限于这些资料对于发生的事件具有启发性时。关于原住民的思想和观点，我一直是从那个时代的纳瓦语资料中寻找答案的。

长年累月的耐心阅读带来了巨大的回报。我尝试研究所有留存至今的编年史，尽管我无疑会有所遗漏，但这样的尝试使我获得了对阿兹特克人生活的更广阔背景的了解，有时可以反过来帮助我理解在某些特定的编年史中提到的具体事件。如果

我们小看这些文件作为信息来源的价值，那么我们将继续错过很多东西。它们是非常值得研究的内容。下面的指南旨在帮助读者自行展开研究。

关于纳瓦语编年史的附注释书目索引

说明：所有主要的、包含了大量类似编年史内容的纳瓦语文献，以及一些早期的西班牙语文献都被记录于此，后者实际上是对类似编年史的象形文字资料的注释。关于文献使用的语言，除非特别说明为西班牙语的，均为纳瓦语。所有条目按照字母顺序排列：如果作者是众所周知的名人，就按照作者姓名首字母；如果作者没有名气，则按照文献标题的第一个主要单词。[冠词及通常几乎所有文献名称开头都会使用的诸如历史（"history"或"historia"）、书（"book"或"libro"）、编年史（"annals"或"anales"）和手抄本（"codex"或"códice"）之类的单词可忽略。]关于这些文献的更多信息和这里提及的作者身份认定问题，可参见 Camilla Townsend, *Annals of Native America: How the Nahuas of Colonial Mexico Kept Their History Alive* (New York: Oxford University Press, 2016)。

《匿名墨西哥人》(*Anónimo mexicano*)

这份无人署名的 18 世纪早期纳瓦语历史文献描述了一批批纳瓦人移民抵达墨西哥中部的情况。该文献采取了欧洲风格的章节体，而非纳瓦语编年史的形式。不过，该文献是从包括胡安·布埃纳文图拉·萨帕塔 – 门多萨先生的编年史在内的众多纳瓦语资料中汲取信息的。尽管标题如此，但近期有研究证明，它的作者很可能是一个名叫堂曼努埃尔·德·洛斯·桑托

216

斯·萨拉萨尔（don Manuel de los Santos Salazar）的人。这个人出身于特拉斯卡拉的原住民贵族家庭，读过大学，后来成了一名神父。该文献被收藏于巴黎的法国国家图书馆，编号Méxicain 254。已出版版本为 Richley Crapo and Bonnie Glass, Coffin, eds., *Anónimo Mexicano* (Logan: Utah State University Press, 2005)。

《奥班手抄本》（*Codex Aubin*）

以一位法国收藏家的名字命名，但该文献更恰当的标题应该是《墨西加人编年史》（*Annals of the Mexica*）之类的。墨西哥城圣胡安·莫约特拉区（San Juan Moyotlan quarter）的一名原住民居民，在1560年代和1570年代创作了一份同时包含图画和用字母拼写的文本的作品。我们对这个作者知之甚少，但作品中的文本内容表明，他显然是一个泥瓦匠，并且有一个西班牙语姓氏［洛佩斯（López）］，还是由方济各会修士（或者受过方济各会修士培训的人）培训出来的。这位作者似乎不属于《胡安·包蒂斯塔编年史》的作者所属的那个贵族圈子。他从墨西加人的古代历史开始写起，然后写到了自己生活的时代。

该文献原件被收藏于大英博物馆，作品中的美丽彩色图案已被图书馆制成可在网上免费浏览的图片。附带相关文件的该作品的影印和抄录版本是 Walter Lehmann and Gerdt Kutscher, eds., *Geschichte der Aztekan: Codex Aubin und verwandte Documente* (Berlin: Gebr. Mann, 1981)。该文献有西班牙语译本，但人们需要更新的版本，也需要完整的英文译本。目前最好的版本可能是 Charles Dibble, ed., *Historia de la Nación Mexicana* (Madrid: Porrúa, 1963)。

《班克罗夫特对话集》（ *Bancroft Dialogues* ）

1570 年代，一名受过良好教育的特斯科科居民将在不同场合上做出的各种正式演讲转录成文字——这些场合包括新首领就职、贵族嫁娶、孙辈前来拜访祖辈等。用詹姆斯·洛克哈特 217 的话说，几乎可以肯定该作品是为"被派驻到特斯科科的具有语言学思维的方济各会修士"而写的。后来，著名的耶稣会士奥拉西奥·卡罗奇（Horacio Carochi）使用了这份文献；我们今天拥有的副本可能就是属于他的，因为上面带有他做的各种记号。可能会有人争辩说，该文献不应被归入编年史类资料的清单，这不无道理。但我要说，我将它归入其中是出于两个原因：第一，作为讲述者之一的一位老妇人讲述了自己记得的某些历史事件，她是像进行太阳历口述表演一样讲述的，同时还加上了具有自己特质的评论；第二，许多仪式性演讲都是在纪念通常会被记录到编年史中的那类事件（例如，首领就职或嫁娶）。

该手抄本被收藏在加利福尼亚大学伯克利分校的班克罗夫特图书馆。已出版的绝佳版本是 Frances Karttunen and James Lockhart, eds., *The Art of Nahuatl Speech: The Bancroft Dialogues* (Los Angeles: UCLA Latin American Center, 1987)。洛克哈特后来就自己早期的译本进行了修正，调整后的内容有电子版可供查阅。

《墨西加人之歌》（ *Cantares Mexicanos* ）

1560 年代，贝尔纳迪诺·德·萨阿贡修士开始鼓励纳瓦人将他们的一些歌曲的歌词转录成文字。他厌恶这些歌曲的异教本质，因此想必是打算等纳瓦人完成这项任务后，他就可以和其他语言学家一起研究歌词的内容，好使用它们从根本上破坏古老的宗教信仰。然而他在这条路上并没能走得太远，因为这些歌词对他来说很难翻译（对于今天的我们来说仍然如此）。奇马尔帕因在他的《第七份报告》（"Seventh Relation"）中解释说，在征服战争之前的时代里，歌曲是会被循环利用很多年的；如果某首老掉牙的歌曲适合某件时事的主题，那么只要改改名字就可以拿来再用。这就是为什么这些歌曲中偶尔会提到上帝（Dios）、圣母马利亚或某个西班牙人的名字。就因为提到了这些，再加上它们是在方济各会修士的要求下才被人们写成文字的，因此那些对传统不太了解的人常常会错误地认为这些歌曲深受基督教影响。然而这个想法实在是大错特错了。在目前留存下来的纳瓦语文本中，从语法和隐喻层面来说，没有什么比这些内容更能展现广泛的古老形式了。尽管这些歌曲绝对不是编年史，但它们和编年史具有很强的互补性，因此经常在相同的场合，就类似的主题被一起表演出来，例如，特定领袖的兴衰历史、对一个城邦的自豪之情，以及对未来的关注。

218　　　现存的手抄本有两部：一是被收藏于墨西哥国家图书馆（Biblioteca Nacional in Mexico）的《墨西加人之歌》，二是属于得克萨斯大学奥斯汀分校妮蒂·李·本森藏品（Nettie Lee Benson Collection）的《新西班牙领主罗曼史》（Romances de los Señores）。约翰·比尔霍斯特（John Bierhorst）出版了这两部作品的优秀抄录版本，并附有部分内容的可用英语译文。参见 John Bierhorst, ed., *Cantares Mexicanos: Songs of the Aztecs* (Stanford, CA: Stanford University Press, 1985); *Ballads of the Lords of New Spain; The Codex Romances de los Señores de la Nueva España* (Austin: University of Texas Press, 2009)。可惜，比尔霍斯特坚信这些歌曲与北美大平原的鬼歌（ghost songs）一脉相承，而且他为了保持统一样式，就在需要的时候相应调整了自己的翻译。米格尔·莱昂-

波蒂利亚（Miguel León-Portilla）也出版了完整的抄录本，并附有西班牙语译文。参见 Miguel León-Portilla, ed.,*Cantares Mexicanos*, 3 vols. (Mexico City: UNAM, 2011)。莱昂－波蒂利亚和 20 世纪中叶的学者安赫尔·玛丽亚·加里贝（Angel María Garibay）一样，认为这些歌曲应像西方诗歌一样被划分为短句，而且它们也都是由个人创作的。彼得·索伦森（Peter Sorensen）目前正在着手对一些关键歌曲进行更现代的翻译，并对这种体裁进行全面研究。

克里斯托瓦尔·德·卡斯蒂略（Cristóbal de Castillo）

我们对这位 16 世纪纳瓦语历史文献作者了解甚少。他的作品不是按时间顺序，而是分章节书写的，并且就他的祖先犯下的宗教错误进行了深刻思考，由此可见他一定接受过修士的教育。然而，他的大部分语言都体现了古老的纳瓦人传统，比如，政治差异就是通过对话形式来表述的。他的文字一度暗示他的族人来自特斯科科，但他作品的大部分内容都是关于墨西加人的。简而言之，尽管卡斯蒂略在作品上署名，并说自己是在 1599 年 7 月于垂暮之年才完成写作的，但他几乎没有透露任何关于自己的背景信息。我们如今唯一拥有的只是他作品残篇的抄录本，这些内容都被收藏于巴黎的法国国家图书馆，藏品编号 Méxicain 263 等。包含了对此作品的杰出研究、转录和西班牙语译文的作品是 Federico Navarrete Linares, ed., *Historia de la venida de los mexicanos y otros pueblos* (Mexico City: INAH, 1991)。

堂多明戈·德·圣安东·穆尼翁·奇马尔帕因·夸特瓦尼钦（Don Domingo de San Antón Muñón Chimalpahin Quauhtlehuanitzin）

这位原住民历史学家自称"奇马尔帕因"（与他的一位祖先

219 同名），与他同时代的人称他为堂多明戈·德·圣安东。他来自阿梅卡梅卡的一个贵族家庭，阿梅卡梅卡是查尔科的次级城邦之一，但年轻的奇马尔帕因于 1590 年代就到墨西哥城生活，并很快成了圣安东尼奥院长教堂的管事。他利用业余时间进行研究，创作了大量历史著作，这些作品可以分为如下四大类。

（1）《日记》（*Diario*），又称《他所处时代的编年史》（*the Annals of His Time*）：这是一份 1570 年代至 1615 年的按年记录的墨西哥城大事记。

（2）《八份报告》（*Eight Relations*）：这是一系列详细的文字记叙，其实应被称为"关于查尔科和中央谷地的各种编年史"。

（3）《奇马尔帕因手抄本》（*Codex Chimalpahin*）：这是一本被装订在一起的各种作品的合集，其中有些是他创作的，有些是他抄录的，这些文件曾经由伊斯特利尔索奇特的家族保管。

（4）将一本由埃尔南多·科尔特斯的秘书撰写的关于科尔特斯的传记完整地翻译成纳瓦语，并附评注。

令人难过的是，在奇马尔帕因去世后的一个世纪内，他的作品流散到各处。《日记》（更恰当的名称是《他所处时代的编年史》）的大部分如今被收藏于巴黎的法国国家图书馆，藏品编号 Méxicain 220。但该内容的开篇部分被收藏于墨西哥城的国家人类学与历史研究所（Instituto Nacional de Antropología e Historia, INAH），藏品编号 Colección Antigua 256B。《八份报告》也被收藏于法国国家图书馆，藏品编号 Méxicain 74。《奇马尔帕因手抄本》中包含的作品于 1980 年代出现在剑桥大学的大英圣书公会图书馆（British and Foreign Bible Society Library）；2014 年，剑桥大学将这些书出售给墨西哥国家人类学与历史研究所，它们在那里被完全合理地认定为国宝。拉斐尔·特纳就大部分内容创作了杰出的西班牙语译本，参见他编辑的作品：
Ocho relaciones y el memorial de Colhuacan, vols.1 and 2 (Mexico
City: Conaculta, 1998); *El Diario de Chimalpahin* (Mexico City:
Conaculta, 2001); *Tres crónicas mexicanas: Textos recopilados por
Domingo Chimalpahin* (Mexico City: Conaculta, 2012)。苏珊·施
奈德（Susan Schroeder）率先将其中两部主要作品翻译成了
英文，参见 James Lockhart, Susan Schroeder, and Doris Namala,
eds., *Annals of His Time: Don Domingo de San Antón Muñón
Chimalpahin Quauhtlehuanitzin* (Stanford, CA: Stanford University
Press, 2006); Arthur J. O. Anderson and Susan Schroeder, eds.,
Codex Chimalpahin, vols.1 and 2 (Norman: University of Oklahoma
Press, 1997)。目前还没有《八份报告》的英语译本。留存至今
的奇马尔帕因翻译的科尔特斯传记被收藏于芝加哥的纽贝里
图书馆（Newberry Library of Chicago）；一个非常优秀的版本
是 Susan Schroeder, Anne J. Cruz, Cristián Roa-de-la-Carrera, and
David Tavárez, eds., *Chimalpahin's Conquest: A Nahua Historian's
Rewriting of Francisco López de Gómara's La conquista de México*　　220
(Stanford, CA: Stanford University Press, 2010)。

《奇马尔波波卡手抄本》（*Codex Chimalpopoca*）
参见《库奥蒂特兰编年史》。

福斯蒂诺·加利西亚·奇马尔波波卡（**Faustino Galicia Chimalpopoca**）
参见 J. F. 拉米雷斯（J. F. Ramírez）。

《库奥蒂坎编年史》(*Annals of Cuauhtinchan*)

参见《托尔特克－奇奇梅克史》(*Historia Tolteca-Chichimeca*)。

《库奥蒂特兰编年史》(*Annals of Cuauhtitlan*)

《库奥蒂特兰编年史》中的参考文献暗示，该作品是在 1560 年代和 1570 年代，由某个居住在（墨西哥城以北不远处的）库奥蒂特兰，且对贝尔纳迪诺·德·萨阿贡修士的研究非常熟悉的人创作的。符合这一描述的人确实存在，而且很可能正是这部作品的作者。他就是萨阿贡曾经的学生，在搬到库奥蒂特兰之后仍与老师保持书信往来的佩德罗·德·圣布埃纳文图拉（Pedro de San Buenaventura）。这部极其详尽的编年史将整个中央谷地的各族历史编织在了一起，并着重介绍了库奥蒂特兰和特诺奇蒂特兰的情况。

留存至今的《库奥蒂特兰编年史》之前被收藏于墨西哥城的国家人类学与历史研究所。它之前是与另一部纳瓦语作品装订在一起的，那里面讲的是如今被称为"太阳传奇"（Legend of the Suns）的起源故事。两本书后面还附有一份西班牙语声明，题为《众神之间关系的简述和异教徒的宗教仪式》（"Breve Relación de los dioses y ritos de la gentilidad"）。该文献的笔迹和某些文体元素表明它是制作于 17 世纪的抄本。在被装订起来的文献之中还夹着一份特斯科科作家堂费尔南多·德·阿尔瓦·伊斯特利尔索奇特的家谱，这表明他的家人可能在某个时候拥有过此书。一条标记时间为 1849 年的批注将这套总共 84 页的作品称为《奇马尔波波卡手抄本》，该名称已经在某些圈子中成了对该作品的固定称呼。到 1940 年代初，墨西哥学者普里莫·费利西亚诺·贝拉斯克斯（Primo Feliciano Velázquez）

给该作品的每一页拍摄了照片，然后出版了影印版 *Códice*　221
Chimalpopoca: Anales de Cuauhtitlan y Leyenda de los soles (Mexico
City: Imprenta Universitaria, 1945)。到 1949 年，该作品的原件丢
失，因此后续所有对该文本的研究工作都是依赖于该影印版进
行的。近期又出版了该作品的英文版 John Bierhorst, ed., *History
and Mythology of the Aztecs: The Codex Chimalpopoca*（Tucson:
University of Arizona Press, 1992）和新的西班牙语版 Rafael Tena,
ed., *Anales de Cuauhtitlan*（Mexico City: Cien de México, 2011）。

《佛罗伦萨手抄本》（*Florentine Codex*）

　　这是迄今为止留存于世的 16 世纪纳瓦语资料中最著名的。
该手抄本中包括十二部百科全书一样的作品，旨在创造一份关
于阿兹特克文化的不朽记录；创作它的本意是为了利用这些信
息更有效地促使原住民改变宗教信仰。方济各会的地方管事弗
朗西斯科·德·托拉尔修士（fray Francisco de Toral，参见《特
卡马查尔科编年史》）于 1550 年代命令贝尔纳迪诺·德·萨阿
贡修士开展这项工作。后者最先在特佩阿普尔科（Tepepolco）
启动了这个项目，他在那里与许多原住民助手一起工作，其中
有一名来自库奥蒂特兰、名叫佩德罗·德·圣布埃纳文图拉的
年轻人（参见《库奥蒂特兰编年史》）。萨阿贡及其随从人员在
接下来的三十年中一直忙于手抄本的创作，他们收集信息，组
织材料，编辑和誊抄内容，将材料编排成不同栏目以添加翻
译和注释，还绘制了插图。特伦托公会议（Council of Trent，
1545~1563 年）之后，这项工作被认为是危险的并因此被搁置。
这些作品于是被王室收藏，在当时一直没有出版。其中的几册
里有类似编年史的内容。在第十二册的下半部分里，讲述西班

牙人征服活动的内容实际上就是一种以太阳历形式做出的逐月记录。

近年来，学者们针对《佛罗伦萨手抄本》作为关于纳瓦人文化的信息来源的价值展开了激烈争论。一方面，它整体上无疑是欧洲人想象的产物，而且可以看出萨阿贡在其中使用了问卷调查，并对内容进行了很多编辑。另一方面，它也是一套由数十名纳瓦人提供了细节丰富的集注的作品，这些人都是还记得四十年前的"旧时光"的人。文本中有时会出现明显是为满足西班牙人期望而做出的声明。（嗜血的邪神是否无度地索要人类祭品？是的，他们确实是这样做的。你们的医生是否参与了可怕的迷信活动？是的，他们确实是这样做的。）但在其他地方，这些文字中也包含了欧洲人绝对没想到会从纳瓦人口中探出的内容。只要能够审慎地，并结合其他完全由纳瓦人撰写的作品来使用《佛罗伦萨手抄本》，它具有的价值是不可估量的。只是因为太多学者在某些问题上几乎完全依赖于它，才使之变得值得怀疑了。

手抄本的原件被收藏于佛罗伦萨的老楞佐图书馆（Biblioteca Medicea Laurenziana）（该作品现在的标题就是因此而来的）。之前已经出版过原件的影印版，但原件于 2012 年被收入世界数字图书馆（World Digital Library）后，人们就不再使用影印版了。因为萨阿贡在书中加入了西班牙语注释，所以一直没人尝试将纳瓦语部分认真地翻译为西班牙语。这很令人遗憾，因为这些注释仅能部分地解释纳瓦人实际说了什么，而且还经常会误导学者。詹姆斯·洛克哈特在他的 *We People Here: Nahuatl Accounts of the Conquest of Mexico* (Berkeley: University of California Press, 1993) 中强调了这一点，所以他将第十二册中的纳瓦语和西班牙语分别翻译成了英语。将纳瓦语的内容完整翻译成英语的是 Bernardino de Sahagún, ed., *General History of the Things of New Spain: The Florentine Codex*, vols. 1–12, edited by Arthur J. O. Anderson and Charles Dibble (Salt Lake City: University of Utah Press, 1950–82)。安德森（Anderson）和迪布尔（Dibble）在他们的译文中采用了一种文绉绉的腔调，比如，在翻译"你"的宾格和主格时使用了"尔"和"汝"这类的古语，而纳瓦语中并不存在这些说法。尽管如此，他们的作品仍然算是非常出色的。萨阿贡及其助手收集的许多早期笔记仍然被收藏于马德里的皇家学院图书馆和皇家宫廷图书馆（Libraries of the Real Academia and Real Palacio）。这些早期材料本身也非常稀有，其中一部分的影印版可见于 Francisco del Paso y Troncoso, ed., *Historia de las Cosas de Nueva España: Códices matritenses*, 3 vols. (Madrid: Hauser y Menet, 1906–7)。早期作品的一小部分，包括所有的图画内容和很少部分的书面文字也已被出版，可见于 Thelma Sullivan et al., eds.*The Primeros Memoriales* (Norman: University of Oklahoma Press, 1997)。

《修道院长之书》（*Libro de los Guardianes*）

该作品的全称是《库奥蒂坎修道院长兼省长之书》（*Libro de los guardianes y gobernadores de Cuauhtinchan*）。该文件在 19 世纪末期被发现于库奥蒂坎的市政档案馆中，外面有用旧生皮做的封面，在由私人收藏了一段时间后，它被捐赠给墨西哥城墨西哥国立自治大学法学研究所（Instituto de Investigaciones Jurídicas at the Universidad Nacional Autónoma de México），并一直收藏于此。这是一套编年史的原件，于 16 世纪下半叶开始由

《托尔特克－奇奇梅克史》的作者熟知的人创作，之后被一系列人（因为笔迹各不相同）主要用纳瓦语，有时也用西班牙语，续写至 1630 年代。抄录本及西班牙语译文可见于 Constantino Medina Lima, ed., *Libro de los guardianes y gobernadores de Cuauhtinchan (1519-1640)* (Mexico City: CIESAS, 1995)。

堂费尔南多·德·阿尔瓦·伊斯特利尔索奇特（Don Fernando de Alva Ixtlilxochitl）

出生于 1580 年前后，父亲是西班牙人，母亲是特斯科科贵族，堂费尔南多从小在西班牙语和纳瓦语的双语环境下长大。他接受过良好的教育，成年后致力于用西班牙语撰写关于特斯科科的广泛历史著作（因为他的目标是吸引西班牙语读者）。有些学者相信了他的话，并单纯地称他为"原住民"；而另一些人则暗示他实际上是西班牙人，因此有冒充原住民之嫌。真实情况其实很复杂：他确实为自己的原住民血统感到自豪，并在某种程度上遵循着传统的生活方式。他还收集了所有他能找到的原住民图画资料和纳瓦语资料。（关于他生活情况的已知信息的详细研究，参见 Camilla Townsend, "The Evolution of Alva Ixtlilxochitl's Scholarly Life," *Colonial Latin American Review* 23, no.1［2014］: 1–17。）近来，学者们开始用"阿尔瓦"这个名字称呼他，是因为他们认为这个名字是从他父亲的名字衍生而来的。但实际上，这个名字也是他后取的，是在他人生后期为纪念一位教父而增添的；而他父亲的姓氏其实是帕拉莱达（Paraleda）。这个人显然希望别人称自己为伊斯特利尔索奇特，我们应该尊重这一点，就像我们尊重奇马尔帕因选择称呼自己奇马尔帕因一样。

　　与《佛罗伦萨手抄本》的情况一样，只要审慎地使用，伊斯特利尔索奇特的作品也会非常有用。一方面，当他说一位拥有数十名妻子的老国王去世时只有一位可能的继承人，我们知道他是在通过调整对这件事的说法来分散西班牙读者对于他的祖先实施一夫多妻制的注意力。另一方面，当他以特别能够激发人们情感的语言提及诸如某场激烈战争之类的情节时，我们没有理由不相信他一定是依据了某份古老的资料，或是曾经听到别人这样给他讲述该内容。伊斯特利尔索奇特还为后世留下了现存的最令人赞叹的图画版纳瓦人历史，即《索洛特手抄本》。人们普遍认为他的作品深受该手抄本的影响。不过，这份文献实在太不同寻常了，与纳瓦人普遍采用的传统时间线形式截然不同；而伊斯特利尔索奇特显然是本民族文化的倡导者，所以人们不免会想，会不会就是他创作了这部通过精巧而有创造性地使用古代样式的象形文字来讲述他从之前的研究中得知的（或他以为自己知道的）事件的作品。关于《索洛特手抄本》，参见 Jerome Offner, "Ixtlilxochitl's Ethnographic Encounter: Understanding the Codex Xolotl and Is Dependent Alphabetic Texts," in *Fernando de Alva Ixtlilxochitl and His Legacy*, edited by Galen Brokaw and Jongsoo Lee (Tucson: University of Arizona Press, 2016)。

　　几个世纪以来，伊斯特利尔索奇特手抄本原件的下落一直不为人知。学者们仅能够使用在各个图书馆中发现的副本。到 1980 年代，该原件与奇马尔帕因的一些作品集（参见奇马尔帕因）一起出现在英格兰。这些文件如今都已经被送回墨西哥，收藏于国家人类学与历史研究所。值得注意的是，较早出版的基于已知副本编纂的 Don Fernando de Alva Ixtlilxochitl, *Obras Históricas*, 2 vols., edited by Edmundo O'Gorman (Mexico City:

UNAM, 1975–77) 被证明是非常值得信赖的，其中仅有少量错误，且仍在被学者广泛使用。伊斯特利尔索奇特更引人注目的记叙作品之一的英文译本是 Amber Brian, Bradley Benton, and Pablo García Loaza, eds., *The Native Conquistador: Alva Ixtlilxochitl's Account of the Conquest of New Spain* (University Park: Penn State University Press, 2015)。

《胡安·包蒂斯塔编年史》（*Annals of Juan Bautista*）

这部格外精彩的历史著作为直接了解墨西加人的思想打开了一扇不同寻常的窗口。在 1560 年代，墨西哥城的特诺奇卡人居民正在努力避免不得不接受对他们所有人征收新人头税的窘境，那将使他们实际上沦为一个被彻底征服的民族。此编年史的作者们按照传统编年史口述表演的形式，将墨西哥城圣胡安·莫约特拉区（墨西哥城中曾经由王室家族支配的地区）中不同群体的观点和记忆并排罗列出来。该作品不是什么简明扼要的记录，而是一份文笔优美、辞藻华丽、能够唤起人们对往昔记忆的文献。这些作品的作者们在 1520 年代和 1530 年代正好是接受培训的适龄儿童，后来都成了为修士工作的文书和工匠。但他们绝对无意向自己的基督教教务主管展示自己的作品。这些内容显然是为他们的后代创作的，好让后代能就他们无法避免自身法律地位的变更这件事原谅他们。"胡安·包蒂斯塔"是一个被错用的名称：它本来是一个收税人笔记本的所有者的名字，结果该笔记本被用来抄写这套编年史了。

作品原件被收藏于墨西哥城瓜达卢佩圣母堂的洛伦佐·博图里尼图书馆的档案馆（archive of the Biblioteca Lorenzo Boturini）。带有西班牙语译文的影印版是 Luis Reyes García, ed.¿*Cómo te confundes? ¿Acaso no somos conquistados? Anales de Juan Bautista* (Mexico City: CIESAS, 2001)。塞尔索·门多萨（Celso Mendoza）正在创作一份针对该精彩作品的完整英文翻译和详尽研究。

《阿兹特克创世说》（*Legend of the Suns*）

它不能算作一套编年史，而是一份描述五个太阳纪的起源 225 故事；但故事的结尾是一段关于各个墨西加国王的类似编年史的内容。该文本非常重要，而且经常被引用。但它被创作出来的实际年份可能比人们通常假定的年份晚；它的风格是常有缩短删节，好像作者找不到某些更早的口述表演了。在《佛罗伦萨手抄本》中可以找到这里叙述的一些片段的更充实版本。关于此文件的下落，参见《库奥蒂特兰编年史》。

《门多萨手抄本》（*Codex Mendoza*）

在 1540 年代或 1550 年代，新西班牙皇家审问院中有人提出让城中的原住民创作一部类似配图百科全书一样的作品，内容是关于他们过去的生活，其中要加上西班牙语注释，然后由每年的春季船队送往西班牙，供皇室细读。这项努力的结果就是被称为《门多萨手抄本》的西班牙语文献。传统上，人们一直认为是（任职至 1549 年的安东尼奥·德·门多萨）总督最先提出了这个要求，但并没有文件证据支持这个说法。全书三部分中的第二部分使用精美图画描绘了墨西加国王从各个被征服地区获得的贡品，其中的象形文字都是征服战争前风格的；第三部分提供了一种可以算作认识旧政权下不同类别人群的人类学指导的内容，这样的体裁会让人想起欧洲风格而不是原住民风格。不过，书中的第一部分确实是一套编年史。书页左侧边缘有一条标记着代表年份的象形文字的循环往复的时间线。每位墨西加国王都被画在了自己登基年份的旁边，随后还用象形文字表明了该国王在其统治期间征服的所有城邦。这一部分极好地展示了人们曾经使用的那种图画体系是什么样子的。有些时候，书中还会记录除征服城镇之外的戏剧化事件，比如，莫基韦斯特利从特拉特洛尔科的金字塔上掉下来，或是独木舟组成的大船队从查尔科的四个城邦驶来。作品原件被收藏于牛津大学图书馆（Bodleian Library at Oxford），牛津大学已经将这份优美的文献上传到网上供人们浏览。丹妮拉·布莱克马尔（Daniela Bleichmar）正在对该文件进行全面研究。

《普埃布拉编年史》（*Annals of Puebla*）

在 1670 年代和 1680 年代，一个名叫堂米格尔·德·洛斯·桑托斯（don Miguel de los Santos）的原住民工匠写下了一份留存至今的最充满趣味的纳瓦语编年史。他是普埃布拉的居民，也是特拉斯卡拉人后代，因此既熟悉在特拉斯卡拉人中间留存下来的高端纳瓦人文化（参见《特拉斯卡拉编年史》），又了解在他居住的城市中蓬勃发展的（以音乐、艺术、传教和著书为表现形式的）西班牙巴洛克文化。他的文本同时反映了两个世界的特征，关于 1680 年代的材料是一份独特而生动的记录。

堂米格尔显然是在 1692 年那场席卷墨西哥的流行病中去世的，他死后有很多亲戚或其他熟人誊抄过他的作品。有四个版本被视为 19 世纪抄本（参见拉米雷斯），另有两份被视为原件，它们都得以流传至今。其中一份被收藏于墨西哥国家人类学与历史研究所档案馆，藏品编号 GO 184（该原件已经被转交给国家保险库）；另一份原件被保存在普埃布拉大教堂的尊贵的市民代表议会档案馆（archive of the Venerable Cabildo of the Cathedral of Puebla），藏品编号 vol.6 of Colección de Papeles Varios。前一份原件已经被抄录并翻译成英文，参见 Camilla Townsend, ed., *Here in This Year: Seventeenth-Century Nahuatl Annals of the Tlaxcala-Puebla Valley* (Stanford, CA: Stanford University Press, 2009)；后一份原件的影印版可见于 Lidia Gómez García, Celia Salazar Exaire, and María Elena Stefanón López, eds., *Anales del Barrio de San Juan del Río* (Puebla: Benemérita Universidad Autónoma de Puebla, 2000)。第一份原件中的文字描述更长、更丰富，第二份原件中的图画元素更令人赞叹。

何塞·费尔南多·拉米雷斯（José Fernando Ramírez）

这位 19 世纪的国家人类学博物馆（Museo Nacional de Antropolgía e Historia）馆长收藏了原住民学者福斯蒂诺·加利西亚·奇马尔波波卡抄录的编年史。拉米雷斯将这些内容归入被他取名为《墨西哥古代编年史及其概要》（*Anales Antiguos de México y Sus Contornos*）的大部头作品中。这些资料至今仍然被保存于国家人类学与历史研究所图书馆。由于这些编年史是 19 世纪制作的抄本（有时甚至是抄本的抄本），因此部分资料中充斥着错误或无法解释的元素。不过，编年史的大部分内容看起来相对完整，而且似乎就是在其提及的时代中被创作出来的。其中的若干文件已经被使用在墨西哥的出版物上，但这些版本与原件的差别就更大了。

《特卡马查尔科编年史》(*Annals of Tecamachalco*)

这套编年史的作者是堂马特奥·桑切斯(don Mateo Sánchez),一位来自(中央盆地东部的)乔卢拉附近的特卡马查尔科的贵族。他用一生的时间撰写了这部著作,在他去世后,还有一些年轻的亲戚进行了续写。堂马特奥出生在征服战争的几年后,从方济各会修士那里接受教育,并与弗朗西斯科·德·托拉尔修士关系密切。因为这部编年史从个人角度评述了绵延多年的历史,所以它能提供一种独特的见解,比如,对 16 世纪流行病幸存者失去亲友的经历的描写等。

该作品原件收藏于得克萨斯大学奥斯汀分校妮蒂·李·本森藏品。影印版和西班牙语译文参见 Eustaquio Celestino Solís and Luis Reyes García, eds., *Anales de Tecamachalco, 1398-1590* (Mexico City: CIESAS, 1992)。关键段落的英语译文可见于 Townsend, *Annals of Native America,* 99–105。

《泰利耶-兰斯手抄本》(*Codex Telleriano-Remensis*)

在征服战争后的几年中,墨西哥作家和艺术家们创作了许多配有纳瓦语或西班牙语集注的象形文字时间线,有的人是自愿创作的,有的人则是遵循西班牙人的指示来做的。艺术史学家已经仔细研究过这些作品[例如,《阿兹卡提特兰手抄本》(*Codex Azcatitlan*)、《墨西哥手抄本》(*Codex Mexicanus*)和《十字架手抄本》(*Codex en Cruz*)]。《泰利耶-兰斯手抄本》是此类作品中内容最广泛的一个,因此作为唯一的例子被纳入此书目索引。该作品成书于 1560 年前后,也就是在那场震动整个墨西加人世界的政治大灾难之前(参见《胡安·包蒂斯塔编年史》)。手抄本开篇是两段历法内容,接着是一些内容丰富的编年史片段（共包括二十三张正反面都有内容的对开页）。书中的图画令人着迷，然而注释是用西班牙语写的，说明了该作品是为一位西班牙人资助者定制的，而且这里提供的解释都是缩减版的，与用表音字母记录的纳瓦语编年史中那种复杂的历史叙述完全不同。但鉴于书中的文字部分是西班牙语且比较简单，再加上插图丰富，因此《泰利耶 – 兰斯手抄本》对初学者来说依然是一个不错的入门作品。它能够让人明白时间线绘本是什么样子的，它们曾经在口述历史表演中被历史讲述者用作帮助记忆的工具。手抄本原件被收藏于法国国家图书馆，藏品编号Méxicain 385。完整的带集注的影印版是 Eloise Quiñones Keber, ed., *Codex Telleriano-Remensis: Ritual, Divination, and History in a Pictorial Aztec Manuscript* (Austin: University of Texas Press, 1995)。

《特斯科科人对征服的叙述》（*Texcoca Accounts of Conquest*）

奇马尔帕因收集的资料中包括一些非常宝贵的，由特斯科科人在 16 世纪中期撰写的陈述。他们详细描述了西班牙人征服期间发生的事件，以及很多分裂的城邦面临的复杂情况，还收录了被取消继承权的贵族堂胡安·德·圣安东尼奥（don Juan de San Antonio）写的一封信。特斯科科人贵族堂加夫列尔·德·阿亚拉（don Gabriel de Ayala）创作了一套经典的编年史作品，但他是墨西哥城的居民，而且他的作品实际上聚焦于特诺奇卡人。参见奇马尔帕因条目下的《奇马尔帕因手抄本》。

堂埃尔南多·阿尔瓦拉多·特索索莫克（Don Hernando Alvarado Tezozomoc）

特索索莫克是墨西加王室的子孙。他的父亲是征服战争后的墨西哥城的第一位原住民省长堂迭戈·瓦尼特钦，外祖父是蒙特祖马二世。他撰写（或可能口述了）墨西加王室的详细家谱，然后将其交给奇马尔帕因保存，并供其在自己的作品中使用这些内容。奇马尔帕因去世后，他的作品也散落到各处，其中由特索索莫克使用第一人称叙述的那部分内容被抄录下来，并得名《墨西加人编年史》（Crónica Mexicayotl，这个标题是西班牙语和纳瓦语的奇怪混合物）；阿德里安·莱昂（Adrián León）在1949年出版了该作品的一个著名翻译版本，从而巩固了人们认为特索索莫克就是原著作者的观点。到1980年代，人们在英格兰发现了相同内容的原件，该原件被严丝合缝地装订在一部由奇马尔帕因装订的长篇作品中。今天的学者们针对这两个人究竟谁才是真正的作者还有争论。陈述这些内容的人显然是特索索莫克，他可能是手写的，也可能是口述的，但我们不知道这一整部作品中，有多少内容来自他；更何况，试图挑出奇马尔帕因作品中的每一个原本由其他人撰写的陈述是毫无意义的，因为他的写作手法就是遵照古老的纳瓦人传统，将各种记叙汇总到一起。参见 Susan Schroeder, "The Truth About the Crónica Mexicayotl," *Colonial Latin American Review* 20 (2011): 233–47。关于作品的展示地点，参见奇马尔帕因条目下《奇马尔帕因手抄本》。

《特拉特洛尔科编年史》（*Annals of Tlatelolco*）

这可能是第一套使用罗马字母撰写的纳瓦语编年史。有些人认为它的创作时间是1528年，因为有一本留存至今的抄本上写了这个时间（但是以另一种笔迹，在这之后的某个时间写上去的）。这个日期不可能准确，因为那时的修士们还没有完全

掌握纳瓦语，也没有开始系统地培养一批骨干学生，所以这个　229
日期一定是后来的抄写者做出的猜测。大量的间接证据证明该
作品的创作时间应该是 1540 年代。其作者显然是特拉特洛尔科
的方济各会学校学生，或者是向这些学生学习了如何书写的其
他特拉特洛尔科人。除此之外，我们就无法推断出更多信息了。
该作品中包含非常传统的语言和素材，还总能展现出对西班牙
语概念和事物的细致理解（例如，使用"espada"这个西班牙语
单词表达"剑"的意思）。

　　现存的两个抄本都被收藏于巴黎的法国国家图书馆，藏
品编号分别为 Méxicain 22 和 Méxicain 22bis。前一个是被写在
当地制造的纸张上的，因此是唯一真实的编年史。后一个显然
是一份复制品，笔迹是 17 世纪风格，该版本中还增加了早期
版本中不存在的内容。两份作品的影印版是 Ernst Mengin, ed.,
Unos annales［sic］de la nación Mexicana (Copenhagen: Einar
Munksgaard, 1945)。西班牙语的近期版本是 Rafael Tena, ed.,
Anales de Tlatelolco (Mexico City: Conaculta, 2004)。詹姆斯·洛
克哈特抄录了关于西班牙人征服部分的内容，并将其翻译成英
文，可见于 Lockhart, ed., *We People Here: Nahuatl Accounts of the
Conquest of Mexico* (Berkeley: University of California Press, 1993)。
洛克哈特在这部作品的序言中就日期较早的这份手抄本的创作
时间问题进行了详尽的论述。

《特拉斯卡拉编年史》(*Annals of Tlaxcala*)

　　在中央谷地东部的特拉斯卡拉周边地区，有一个特别活跃
的原住民学者群体，这些学者在整个 16 世纪和 17 世纪一直坚
持撰写编年史作品。堂胡安·布埃纳文图拉·萨帕塔 – 门多萨

（参见萨帕塔）是唯一在自己作品上署名的作家，但其他许多男性作者（可以想象应该也有一些女性作者）会互相交换编年史作品，并按照自己认为适当的方式进行抄写和增补。在更广阔的地域范围内，已发现了二十三份文献，其中八份出自特拉斯卡拉。所有八份作品中，在 1538 年之前撰写的内容大部分相同，因此，很可能是有一位作者在征服战争后不久开启了这一传统。除萨帕塔的作品外，有六部留存至今的作品被认定为 19 世纪抄本（参见拉米雷斯），还有一份原件被收藏于墨西哥国家人类学与历史研究所档案馆，藏品编号 Colección Antigua 872。该作品已被抄录并翻译成英文，参见 Camilla Townsend, ed., *Here in This Year: Seventeenth-Century Nahuatl Annals of the Tlaxcala-Puebla Valley*(Stanford, CA: Stanford University Press, 2009)。

《托尔特克 - 奇奇梅克史》(*Historia Tolteca-Chichimeca*)

230　　这是一本内容丰富、具有美学价值的作品，涵盖多种体裁，包括一个起源故事和一份城镇边界记录，但主要还是一套跨越了四百多年的编年史，它关注的对象是库奥蒂坎这个位于中央盆地东部的城邦。该作品是在 1550 年代由库奥蒂坎人贵族堂阿隆索·德·卡斯塔涅达（他的原住民名字是奇马尔波波卡）精心创作的。卡斯塔涅达的儿子或其他年轻亲属曾在特拉特洛尔科的方济各会学校读书。1540 年代在西班牙法庭上的一段经历似乎让卡斯塔涅达确信，他的族人需要使用表音字母转录体系来记录过去的历史。他还在自己的作品中收录了一些精美的插图，其中大部分体现了原住民风格，但并非全部如此。

　　该作品的原件被收藏于巴黎的法国国家图书馆，藏品编号分别为 Méxicains 46-50、51-53，以及 54-58。影印版和西班牙语译文可见于 Paul Kirchoff, Lina Odena Güemes, and Luis Reyes García, eds., *Historia Tolteca Chichimeca* (Mexico City: INAH, 1976)。以艺术史学家的眼光对该作品进行的出色研究是 Dana Leibsohn, *Script and Glyph: Pre-Hispanic History, Colonial Bookmaking and the Historia Tolteca Chichimeca* (Washington, DC: Dumbarton Oaks, 2009)。

《图拉编年史》(*Annals of Tula*)

该文本使用了带传统象形文字年份符号的时间线，起止时间是 1361 年到 1521 年。时间线上方和下方有时会出现更多象形文字及欧洲风格的插图，同时有用纳瓦语书写的对该年份发生事件的解释。实际上，这套编年史准确记录了图拉的统治家族与（特诺奇蒂特兰的）伊斯科阿特，以及（特斯科科的）内萨瓦尔科约特之间的联系，他们在 15 世纪初都成功获得了权力。作品中的图画和文字内容均显示出方济各会的教导对作者产生的影响。

该文件被收藏于墨西哥国家人类学与历史研究所档案馆。附有部分图画内容的抄录版及西班牙语译文可见于 Robert Barlow, "Anales de Tula, Hidalgo, 1361–1521," *Tlalocan* 3, no.1 (1949): 2–13。

《索洛特手抄本》(*Codex Xolotl*)

参见堂费尔南多·德·阿尔瓦·伊斯特利尔索奇特。

堂胡安·布埃纳文图拉·萨帕塔 – 门多萨 (Don Juan Buenaventura Zapata y Mendoza)

萨帕塔于 17 世纪初出生在一个特拉斯卡拉人贵族家庭。他 231

从 1650 年代开始撰写一份详尽的编年史。其作品内容始于古代，作者还使用了各种通过家庭人脉获得的纳瓦语资料，之后他又比较具体地记录了自己生活的时代，以及他在本城邦的市民代表议会的工作情况。可能是因为在特拉斯卡拉定居的西班牙人相对较少，所以包括太阳历相关知识在内的纳瓦人高端文化中的许多方面在该地区延续的时间似乎比一般情况更长。萨帕塔去世后，他的作品被交给了一名年轻的家族友人，这个名叫堂曼努埃尔·德·洛斯·桑托斯·萨拉萨尔的人是一名原住民神父。他给这部作品添加了一些元素，包括一幅题为《最杰出的贵族和忠诚城市特拉斯卡拉的编年史》（"Chronología de la Muy Insigne Noble y Leal Ciudad de Tlaxcala"）的卷首插图。

萨帕塔的这本长达两百页的著作被收藏于巴黎的法国国家图书馆，藏品编号 Méxicain 212。已出版的带西班牙语译文的抄录版是 *Historia cronológica de la noble ciudad de Tlaxcala*, edited by Luis Reyes García and Andrea Martínez Baracs (Tlaxcala: Universidad Autónoma de Tlaxcala, 1995)。以 1675~1676 年这两年的内容为示例的英文译文可见于 Townsend, *Annals of Native America*, 175–180。

注 释

关于术语、翻译和读音

1. 从地理角度上说，这里是由一圈山脉围成的，没有河水外流出口的盆 233
地（basin）。然而，很多资料都称这个地方为谷地（valley），我有时
也会使用这个词。

2. 关于殖民地时代的纳瓦语的简短介绍，参见詹姆斯·洛克哈特的教
科书 *Nahuatl as Written* (Stanford, CA: Stanford University Press, 2001)。
想对该语言进行深入研究的门外汉，可咨询约翰·沙利文（John
Sullivan）的语言学校 El Instituto de Docencia e Investigación Etnológica
de Zacatecas (IDIEZ)，该校在美国、墨西哥都开设系列课程，同时提
供线上教学 (http:// www.macehualli.org)。

引 言

1. Fray Bernardino de Sahagún, *The Florentine Codex: General History of
the Things of New Spain*, ed. Arthur J. O. Anderson and Charles Dibble (Salt
Lake City: School of American Research and University of Utah Press,
1950–1982), 7:4–7.

2. Camilla Townsend, *Annals of Native America: How the Nahuas of
Colonial Mexico Kept Their History Alive* (New York: Oxford University
Press, 2016) 是一部致力于研究这些杰出资料的作品。

3. 附录（《学者如何研究阿兹特克人？》）介绍了之前的学术研究的深度
和广度，同时也是一份二手文献指南。读者从中可以看到对既有研究
的概述，具体文献信息见注释。

第一章　始于七洞穴的路（1299 年之前）

1. 所有留存下来的涵盖这一时期的 16 世纪墨西加人编年史几乎都提及了这个故事。描写最详细的版本可能要数其中时间最早的一套 *Annals of Tlatelolco* (fol, 8 and 8v), in *Unos annales [sic] de la nación Mexicana*, ed. Ernst Mengin (Copenhagen: Einar Munksgaard, 1945)。该故事的其他版本可见于 *Codex Aubin,* ed. Charles Dibble, *Historia de la Nación Mexicana* (Madrid: Porrúa, 1963), 32; *Codex Chimalpahin*, ed. Arthur J. O. Anderson and Susan Schroeder (Norman: University of Oklahoma Press, 1997), 2:76。后两份资料中的部分内容是一字不差的。关于这三份资料的更多相关内容，参见附录中关于纳瓦语编年史的附注释书目索引。

2. 编年史中有证据证明，这是一种非常古老的联想。然而，后来人在回顾既往时自行添油加醋的可能性也存在，因为 15 世纪中期的一场严重干旱似乎就发生在这个名字的年份里。可以肯定，不同的历史讲述者会按照自己假定的特定事件发生时间调整对应年份，只为能够更好地顺应听故事之人的期待。

3. 这个故事可见于迭戈·杜兰修士创作的西班牙语文献。杜兰会讲纳瓦语，但他不是纳瓦人，而且他写的某些内容几乎完全不符合纳瓦文化的常态。参见 Fray Diego Durán, *The History of the Indies of New Spain*, ed. Doris Heyden (Norman: University of Oklahoma Press, 1964), 37。

4. 关于这些材料的学术研究的入门读物，参见 Hanns Prem, *The Ancient Americas: A Brief History and Guide to Research* (Salt Lake City: University of Utah Press, 1997 [1989])。一份对有关该主题的考古学知识现状的精彩综述是 Susan Toby Evans, *Ancient Mexico and Central America* (New York: Thames and Hudson, 2013)。

5. 考古学家之间关于蒙特沃德考古遗址的争论一直很多，但所有人如今几乎都相信年代测定的这个久远结果是准确的，也相信确实有渔民曾在大陆桥出现之前沿海岸线航行至此。参见 David Metzer, *First Peoples in a New World: Colonizing Ice Age America* (Berkeley: University of California Press, 2009)。

6. 那时的人完全不知道细胞，也不知道组成人体各部分的氨基酸，但他们并不需要了解什么生物学知识也能够知道自己的食物是否提供了足够的营养物质。

7. 这些论点是讲给非专业人员听的，可见于 Jared Diamond, *Guns, Germs and Steel* (New York: Norton, 1997)。历史学家对于戴蒙德作品中的某些方面一直存在很多争论。戴蒙德是一位生物学家，他使用放射性碳定年法检查了可食用植物的年代，从而得出一些重要结论；我在这里提到的是我认为从科学角度来说确凿无疑的那些。

8. 那时的人不可能知道玉米中缺乏两种形成完整蛋白质所必需的氨基酸，也不可能知道豆类刚好含有玉米缺乏的这两种氨基酸。

9. Evans, *Ancient Mexico.* 关于介绍征服战争之前美索亚美利加农业状况的优秀作品，可以先看看 Robert West and John Augelli, *Middle America: Its Land and Peoples* (New Jersey: Prentice Hall, 1989 [1966])。

10. 参见Richard Diehl, *The Olmecs: America's First Civilization* (New York: Thames and Hudson, 2004)。关于奥尔梅克人后代的文化的重要作品，参见 John Justeson and Terrence Kaufman, "A Decipherment of Epi-Olmec Hieroglyphic Writing," *Science* 259 (1993): 1703–11。 ₂₃₅

11. 有些学者已经开始质疑奥尔梅克文化影响力的重要性，并强调产生于其他地方的文化主题的创造力和创造热忱。（比如，称最初的书写内容可能出现在墨西哥西部。）然而苏珊·托比·埃文斯（Susan Toby Evans）及其他人则强调，在东部和西部都能发现不计其数的受奥尔梅克人影响的例子，而邻近地区对奥尔梅克人区域产生影响的例子则相对较少。整体来说，我认为奥尔梅克人仍是我们理解美索亚美利加历史的关键。

12. Dennis Tedlock, *2000 Years of Mayan Literature* (Berkeley: University of California Press, 2010). 特德洛克在这里雄辩地论证了我们在谈及玛雅人的象形文字时为什么应当使用"翻译"而不是"破译"这个术语。不过，关于实际上属于"破译"的必要前期准备工作，参见 Michael Coe, *Breaking the Maya Code* (New York: Thames and Hudson, 1992)。

13. 参见 Evans, *Ancient Mexico*。有些读者可能会对这种基础性的著作感兴趣，另一本由考古学家团队撰写的更倾向于技术层面的著作是：William Sanders, Jeffrey Parsons, and Robert Santley, *The Basin of Mexico: Ecological Processes in the Evolution of a Civilization* (New York: Academic Press, 1979)。

14. 地名的词源通常是不确定的，这里提到的名字也是如此。"特奥蒂瓦坎"（Teotihuacan）往往被解释为"*teoti*"（成为神）的被动结构，于是就有了"人变成神的地方"或"神明被创造出来的地方"的解释。

然而，从非人称动词而来的地名应当以 "*yan*" 而不是 "*can*" 结尾。我认为这个词应当被翻译为 "那些拥有伟大神明的人的地方"。这个地名中插入的名词是 "*teotiuhtli*"（意为 "年长的或伟大的神"）。我们看到这后面接的是表被动的 "*hua*"，然后是表示 "……的地方" 的后缀 "*can*"。关于这种词语构成和一些常见错误的更详细解释，参见 Richard Andrews, *Introduction to Classical Nahuatl* (Norman: University of Oklahoma Press, 2003), 498。

15. Fray Bernardino de Sahagún, *Florentine Codex: General History of the Things of New Spain,* ed. Arthur Anderson and Charles Dibble (Salt Lake City: School of American Research and the University of Utah, 1950–1982), 7:4. 这个故事的更精简版本可见 *Códice Chimalpopoca,* ed. Primo Feliciano Velázquez (Mexico City: Imprenta Universitaria, 1945) 中的《阿兹特克创世说》（参见附录）。

16. 参见 Esther Pasztory, *Teotihuacan: An Experiment in Living* (Norman: University of Oklahoma Press, 1997); Geoffrey Braswell, *The Maya and Teoitihuacan: Reinterpreting Early Classic Interaction* (Austin: University of Texas Press, 2003)。

17. 参见 Michael Foster and Shirley Gorenstein, eds., *Greater Mesoamerica: The Archaeology of West and Northwest Mexico* (Salt Lake City: University of Utah, 2000)。在该著作中，迈克尔·斯彭斯 (Michael Spence) 的 "From Tzintzuntzan to Paquime: Peers or Peripheries in Greater Mesoamerica?" 一章概述了该地区的某些考古学家表现出的对接受墨西哥中部影响的抗拒。例如，他们认为来自特奥蒂瓦坎的难民可能是造成我们看到的这种建筑上的相似性的根源。不过这似乎有些异想天开，如斯彭斯承认的那样，无权无势的难民通常不会成为文化的塑造者。

18. 关于特奥蒂瓦坎在政权解体之后仍具有非凡的、多层面的影响力的证明，参见 David Carrasco, Lindsay Jones, and Scott Sessions, eds., *Mesoamerica's Classic Heritage: From Teotihuacan to the Aztecs* (Boulder: University of Colorado Press, 2000)。

19 关于这一主题的一篇重要文章是 John Blitz, "Adoption of the Bow in Prehistoric North America," *North American Archaeologist* 9 (1988): 123–45。

20. 来自特拉斯卡拉的征服战争时期的编年史最初创作于 16 世纪，后来在 17 世纪由原住民历史学家堂胡安·布埃纳文图拉·萨帕塔－门多萨抄写；参见 *Historia cronológica de la noble ciudad de Tlaxcala,* ed.

Luis Reyes García and Andrea Martínez Baracs (Tlaxcala: Universidad Autónoma de Tlaxcala, 1995), 84–85。

21. 索洛特的后人在特斯科科地区定居。堂费尔南多·德·阿尔瓦·伊斯特利尔索奇特用西班牙语撰写了他们的部分历史。这位混血历史学家与其母系家族的祖先很有共鸣。要了解这位殖民地时代作家的丰富著作，一份入门级读物是 Colonial Latin American Review 23, no. 1 (2014)，这是一期特刊。

22. 读 者 可 以 在 Carrie Heitman and Stephen Plog, Chaco Revisited: New Research on the Prehistory of Chaco Canyon, New Mexico (Tucson: University of Arizona Press, 2015) 中发现关于这个北美洲最令人惊叹的遗迹的最新研究成果；最好的关于目前已知信息的概述，参见 Stephen Lekson, ed., The Archaeology of Chaco Canyon: An Eleventh-Century Pueblo Regional Center (Santa Fe: School of American Research, 2006)。在该著作中，可特别注意 Ben Nelson, "Mesoamerican Objects and Symbols in Chaco Canyon Contexts" 就影响力问题做出的深刻且细致的分析。

23. 对于地区和地区间的基本共性和细微区别的探索，可见于 Munro Edmonson, The Book of the Year: Middle American Calendrical Systems (Salt Lake City: University of Utah Press, 1988)。

24. 随着墨西哥的玉米和豆类被推广到密西西比河流域，土丘文化绝对也和新的农业文化集丛一起出现在了那里。然而，有些学者认为这里提到的仪式性比赛是单独发展起来的，它并不是文化集丛输出的一部分。对此我们自然是永远也不可能找到绝对确切的答案了。

25. 要查看包含了所有差别的留存至今的编年史内容图表，可以参考 Federico Navarrete Linares, Los orígenes de los pueblos indígenas del valle de México: Los altepetl y sus historias (Mexico City: Universidad Autónoma de México, 2015)。涵盖部分此内容的英文资料是 Elizabeth Hill Boone, Stories in Red and Black: Pictorial Histories of the Aztecs and Mixtecs (Austin: University of Texas Press, 2000)。

26. 读者可能会觉得语言学文献太过专业。Terrence Kaufman, "Native Languages of Mesoamerica," in Atlas of the World's Languages (New York: Routledge, 1994) 是一份不错的入门读物。

27. 关于"图拉"和"托尔特克"这两个术语用法的复杂情况的优秀讨论可见于 Hanns Prem, The Ancient Americas。

237

28. *Historia Tolteca Chichimeca*, folio 2, in *Historia Tolteca Chichimecca* ed. Paul Kirchoff, Lina Odena Güemes and Luis Reyes García (Mexico City: Instituto Nacional de Historia e Antropología, 1976). 更多关于这一资料的信息，参见附录中关于纳瓦语编年史的附注释书目索引。

29. *Annals of Tlatelolco*, folios 8 and 9, in Mengin, *Unos annales*（在其他 16 世纪编年史作品中可以看到关于这个故事的更简略版本。）

30. "Tenochtitlan" 中的词根也许是 "nochtli"，即梨果仙人掌果实，但 "tenochtic" 的意思是 "被染色的东西"。这两个词源都涉及语法问题，因此我们无法确定这个名字的起源。也有人提出了其他理论，但同样无法被有效证明。

第二章　谷地之人（1350 年代~1450 年代）

1. 本段中描述的事件实际上可能发生在 1428~1432 年。各个编年史中的内容并不完全一致，因为不同村庄的历法是从不同的日期开始的（比如，这个村庄的一芦苇之年是我们的 1424 年，另一个村庄的一芦苇之年则是我们的 1425 年）。还有的情况是，不同的历史讲述者可能就是记错了。尽管如此，各份历史记录自身的内容大体上是前后一致的。例如，就此处提及的事件来说，人们认为伊斯科阿特是在阿斯卡波察尔科的特索索莫克去世大约四年之内开始感到自己的势力足够稳固的（本章中也会讲到后者的故事）。大部分资料将特索索莫克去世的时间认定为我们历法中的 1426 年，我也认可这个时间。这件事的实际发生时间按我们的历法来说早一年晚一年并不重要，重要的是焚书确实发生在此几年之后。

2. Fray Bernardino de Sahagún, *Florentine Codex: General History of the Things of New Spain,* ed. Arthur J. O Anderson and Charles Dibble (Salt Lake City: School of American Research and the University of Utah Press, 1950–1982), 10:191. 手抄本只是向我们叙述了这一事件，我们需要了解更多伊斯科阿特和墨西加人的历史才能理解他为什么要这么做；本章会把这个问题说清楚。

3. 参见 Elizabeth Hill Boone, "The Physicality of the Painted Books," in *Stories in Red and Black: Pictorial Histories of the Aztecs and Mixtecs* (Austin: University of Texas Press, 2000), 23–24。

4. *Florentine Codex*, 6:239.

5. 这种观点贯穿殖民地时代作者特索索莫克的作品，他是王室家族中特拉卡埃莱尔一支的后代。参见 Don Domingo Chimalpahin, *Codex Chimalpahin,* ed. Arthur J. O. Anderson and Susan Schroeder (Norman: University of Oklahoma Press, 1997), e.g., 1:40–47 and 2:36–37。关于特拉卡埃莱尔的完整故事，参见 Susan Schroeder, *Tlacaelel Remembered: Mastermind of the Aztec Empire* (Norman: University of Oklahoma Press, 2016)。　238

6. *Codex Chimalpahin*, 1:36–37, 112–17, 206–9; 2:90–91, 82–83. 其他编年史在记录这个故事时内容略有区别，时间也略有不同，但它们实际上讲述的都是我在这里提炼出的这些内容，《库奥蒂特兰编年史》在提及这个故事时，说它发生于 1370 年代。

7. Song XXXIII, in *Cantares Mexicanos*, ed. John Bierhorst (Stanford, CA: Stanford University Press, 1985), 202–3. 这里的英文译文对该书中原本的英文译文做了修改。这句话的意思也可能是鸟飞过"一个未知的地方"。但无论是哪种意思，"未知的地方"指的都是死者之地。

8. Susan Toby Evans, *Ancient Mexico and Central America* (New York: Thames & Hudson, 2013), 464 用图表解释了最终成为大神庙（Templo Mayor）的这个建筑的建造步骤。

9. 受西方影响的资料习惯上将阿兹特克人在旧首领去世后选出下一任领袖的过程描述为"选举"。这种说法中只有极小的一部分可以算是真实的。纳瓦语编年史中提到过这样的时期，这种时期的长度可能是几天，（最糟糕的情况下）也可能是几年。人们在这段时间中通过协商和讨价还价来最终达成一致意见。不过我们必须理解的是，在旧首领去世很久之前，人们就已经对谁最可能成为继任者有大致的认识了。

10. 所有资料在提及伊斯科阿特是一个西方概念上的"私生子"这件事时都语焉不详。奇马尔帕因在 *Codex Chimalpahin*, 1:36–37 中说得很明白。纳瓦人的语言中没有一个与"非婚生"对应的词语，但表达婚姻关系和性关系的词语很多，这些词语能够指明不同关系产生的后代的不同命运。

11. 参见 Camilla Townsend, "Slavery in Pre-Columbian America," in *The Cambridge World History of Slavery,* vol. 2, ed. Craig Perry, David Eltis, et al. (Cambridge: Cambridge University Press, forthcoming 2020)。

12. 关于婚姻关系的政治复杂性，参见 Pedro Carrasco, "Royal Marriages in Ancient Mexico," in *Explorations in Ethnohistory: The Indians of*

Central Mexico in the Sixteenth Century, ed. H. R. Harvey and H. Prem (Albuquerque: University of New Mexico Press, 1984); Camilla Townsend, "'What in the World Have You Done to Me, My Lover?': Sex, Servitude, and Politics among the Pre-Conquest Nahuas as Seen in the *Cantares Mexicanos*," *Americas* 62 (2006): 349–89。

13. 此类盾牌上的核心图案之一就是出现在本书英文版封面上的那个。参见 Renée Riedler, "Materials and Technique of the Feather Shield Preserved in Vienna," in *Images Take Flight: Feather Art in Mexico and Europe, 1400–1700* (Florence, Italy: Kunsthistorisches Institut in Florenz, 2015)。大部分前哥伦布时期的艺术作品都带有一丝幽默和讽刺。

14. *Codex Chimalpahin*, 1:118–25.

15. 奇马尔帕因编年史中的其他部分，还有几乎所有编年史及西班牙语资料都提了与棉花之国库埃纳瓦卡之间的漫长战争。这场战争甚至早在维齐利维特成为统治者之前就开始了。

16. 吞下石头导致怀孕的情节也曾出现在其他美索亚美利加人的故事中。例如，可参见 *Annals of Cuauhtitlan*, ed. Rafael Tena (Mexico City: Cien de México 2011), 36–37。向南最远至秘鲁的文献中也能找到关于有魔法的果核或石头能让女孩怀孕的表述，该文件被称为 Huarochirí Manuscript。

17. 这个纳瓦语名字的实际拼法是"Moteuczoma"，意为"像首领一样皱眉"，但鉴于西班牙语拼法"Moctezuma"已经被普遍接受，所以我在这里也使用了人们熟悉的拼法。（英语后来又把西班牙语拼法调整成了"Montezuma"。）

18. 苏珊·施奈德在她的文章 "The First American Valentine: Nahua Courtship and Other Aspects of Family Structuring in Mesoamerica," *Journal of Family History* 23 (1998) 中以这种方式精彩地分析了这个故事。

19. 很多资料都能清楚证明特帕内克人城镇阿斯卡波察尔科的支配地位。最好的从特帕内克人角度讲述的故事可见于《库奥蒂特兰编年史》。

20. *Codex Chimalpahin*, 1:118–19, 122–23; 2:44–45, 82–85.

21. *Florentine Codex,* 8:64. 征服战争之后，一位贵族就任与此类似的省长职位时说的类似话语可见于《班克罗夫特对话集》（参见关于纳瓦语编年史的附注释书目索引）。

22. Townsend, "What in the World Have You Done to Me, My Lover?," 385.

23. 关于这一主题的详细研究，参见 Camilla Townsend, "Polygyny and the

239

Divided Altepetl: The Tetzcocan Key to Pre-conquest Nahua Politics," in *Texcoco: Prehispanic and Colonial Perspectives*, ed. Jongsoo Lee and Galen Brokaw (Boulder: University Press of Colorado, 2014): 93–116。

24. 所有编年史都直接或间接地提到，马斯特拉已经获得了统治科约阿坎的机会，但他还是选择返回阿斯卡波察尔科篡夺他兄弟的王位。

25. *Codex Chimalpahin*, 1:128–31. 另一个版本说，奇马尔波波卡没有上当，而且曾尝试保卫阿斯卡波察尔科的特拉科潘贵族。参见 *Annals of Cuauhtitlan*, 136–39。

26. *Codex Chimalpahin*, 1:128–29, 2:94–95.

27. 关于这个人的完整传记参见 Schroeder, *Tlacaelel Remembered*。

28. 讲纳瓦语的历史学家堂费尔南多·德·阿尔瓦·伊斯特利尔索奇特为我们提供了关于特斯科科人历史的详细叙述。伊斯特利尔索奇特用西班牙语写作，他的读者主要是西班牙人，有时他确实会把情况搞混。不过他确实参考了不少纳瓦语资料。参见 Amber Brian, *Alva Ixtlilxochitl's Native Archive and the Circulation of Knowledge in Colonial Mexico* (Nashville, TN: Vanderbilt University Press, 2016)。通过与纳瓦语编年史进行从头到尾的仔细对比，伊斯特利尔索奇特的作品对我们大有帮助。

29. Fernando de Alva Ixtlilxochitl, *Obras completas*, ed. Edmundo O'Gorman (Mexico City: Universidad Nacional Autónoma de México, 1975–77), 2:326, 371. 伊斯特利尔索奇特拥有一部名为《索洛特手抄本》的资料，该文献以图画形式表述了这一情况：代表国王韦韦·伊斯特利尔索奇特（king Huehue Ixtlilxochitl）（即此处提到的特斯科科国王——译者注）的图案下面延伸出了两条代表后代的线。 240

30. *Annals of Cuauhtitlan*, 140–43.

31. *Annals of Cuauhtitlan*, 142–43.

32. *Annals of Cuauhtitlan*, 134–35.

33. *Codex Chimalpahin,* 2:92–93.

34. Ixtlilxochitl, *Obras*, 2:332–33. 这场战斗在《索洛特手抄本》中被以图画形式描绘出来。很多图画资料以及《胡安·包蒂斯塔编年史》都提醒我们注意盾牌上展现的艺术技巧有多么重要，在此处描绘的这个场景中也是如此。

35. 伊斯特利尔索奇特作品中有关于这个故事的基本内容，但往往经过了大量渲染和修饰。在《库奥蒂特兰编年史》中找到的内容足够我们确定事件的大致情况。其中说内萨瓦尔科约特在自己的漂泊时代里一直与马斯特拉及其族人保持着联系，但只是被当作一个受嘲弄的乞求者。这段故事很可能是虚构的。

36. Ixtlilxochitl, *Obras*, 2:343. 其他文献都没有提到这个故事，所以它起初让人觉得不可信，人们忍不住猜想它是否出自学识渊博的伊斯特利尔索奇特非常熟悉的那些经典文学作品。然而，这一领域中的学者都没有找到这个来源，所以伊斯特利尔索奇特似乎就是如他所说的那样碰巧得知了这个故事。

37. *Annals of Cuauhtitlan*, 164–71. Chimalpahin, "Tercera Relación" in *Ocho relaciones y el Memorial de Colhuacan*, ed. Rafael Tena (Mexico City: Conaculta, 1998), 1:241–44.

38. 学者最近开始怀疑传统上使用"帝国"一词描述阿兹特克人国家是否恰当；他们还注意到，当时并没有任何人提及"三方联盟"这个说法。不过，我们无论如何不应否认阿兹特克人国家是一股强大的势力，也不应否认它结成的一些关键联盟。Pedro Carrasco, *Tenochca Empire of Ancient Mexico: The Triple Alliance of Tenochtitlan, Tetzcoco, and Tlacopan* (Norman: University of Oklahoma Press, 1999) 非常精彩地解释了墨西加人势力的真正本质。批判地利用了殖民地时代材料，但也没有完全抛弃存在一个主要联盟的观点的更新的讨论，参见 Jongsoo Lee, "The Aztec Triple Alliance: A Colonial Transformation of the Prehispanic Political and Tributary System," in *Texcoco: Prehispanic, and Colonial Perspectives*, ed. Jongsoo Lee and Galen Brokaw (Boulder: University Press of Colorado, 2014)。

39. 关于从殖民地时代初期追溯至远古时期的本地纳瓦人政治体系的最好概述是 James Lockhart, *The Nahuas After the Conquest* (Stanford, CA: Stanford University Press, 1992), esp. chap. 2, "Altepetl"。

40. Inga Clendinnen, *Aztecs: An Interpretation* (Cambridge: Cambridge University Press, 1992), 25. 西班牙语资料中有很多对特诺奇蒂特兰与从属政体之间关系问题的随意评价。此类作品的作者大多喜欢用罗马来隐喻特诺奇蒂特兰，因为这些接受古典教育的人对罗马非常了解。要了解真相，就必须找到纳瓦人在谈论其他问题的过程中自然而然地提到此问题时是怎么说的，另外还需要参考考古学记录。在这一时期，他们似乎没有多努力地将被征服群体纳入一个更大的国家组织；但是，正如我们将在第三章中看到的那样，随着时间的流逝，这种情况会发生变化。

41. 关于此问题的更多内容，参见 Ross Hassig, *Time, History, and Belief in Aztec and Colonial Mexico* (Austin: University of Texas Press, 2001)。

42. 几乎所有编年史都在这里或那里提到了负责任的首领要关心族人，并要避免过多死亡，这样才能让城邦传承不绝的理念；首领不能轻率鲁莽或粗心大意。关于这个主题的讨论，参见 Camilla Townsend, *Malintzin's Choices: An Indian Woman in the Conquest of Mexico* (Albuquerque: University of New Mexico Press, 2006) 102–6。明确把一位首领蔑称为"孩子"的例子可见于《特拉特洛尔科编年史》。

43. Fray Diego Durán, *History of the Indies of New Spain*, ed. Doris Heyden (Norman: University of Oklahoma Press, 1994 [1964]), 165. 杜兰直截了当地描述了这些暴力行为，其他编年史作者则不认为有这个必要，所以我在此引用了杜兰的文字，而不是编年史中的内容。对纳瓦语历史学家来说，只要使用"*polihui*"这一个动词就可以暗示彻底毁灭的意思［与斯蒂芬妮·伍德（Stephanie Wood）的私人交流］。换种说法的话，他们也只会简短地写一句"没有一个人还活着"。

44. 关于家庭构成和经济状况的概览，另见于 Lockhart, *The Nahuas*, especially chaps. 3（"Household"）and 5（"Land and Living"）。

45. 征服者的编年史告诉我们，随着他们越来越接近特诺奇蒂特兰，建成环境也越来越复杂。

46. 参见 Townsend, "Slavery"。

47. Ronald Hutton, *Blood and Mistletoe: The History of the Druids in Britain* (New Haven, CT: Yale University Press, 2009).

48. *Florentine Codex*, 2:129 and 132; and 9:67 and throughout.《佛罗伦萨手抄本》描述了人们在征服战争之前不久举行的仪式是什么样子的。尽管我认为这些仪式本质上非常古老（例如，人们世世代代都在观看这种仪式，看的时候还要严肃地举着符合仪礼的花朵）；我还认为仪式的具体情况是仪式所属时代的产物（比如，阿兹特克人在刚建立定居点之初，在他们还绝对不是谷地中最强大的群体时，就肯定不能进行这里描述的这种大规模人祭）。David Carrasco, *City of Sacrifice* (Boston: Beacon Press, 1999) 探索了阿兹特克人这一部分生活的道德影响。参见本书第三章中关于在阿兹特克全盛之时举行的人祭的论述。

49. Miguel León Portilla, ed., *Coloquios y doctrina Cristiana* (Mexico City: Universidad Nacional Autónoma de México, 1986).

242   50.   关于阿兹特克人神明本质的优秀探讨，参见 Guilhem Olivier, *Mockeries and Metamorphoses of an Aztec God: Tezcatlipoca, "Lord of the Smoking Mirror"* (Boulder: University Press of Colorado, 2003)。总体来说，我们今天要获得哪怕是一丁点关于这些神明的真正理解都会非常困难：西班牙人反对谈论神明，除非是在他们的控制下，依照他们提出的引导性问题而进行的谈论。鉴于此，关于这种古老宗教的真正理解逐渐都被封锁和压制了，而一套西方化的众神却被创造出来。参见 David Colmenares, "How the Aztecs Got a Pantheon: The Creation of Ancient Religion in New Spain," PhD diss., Columbia University, 2019。接受了西方文化教育的那些纳瓦人非常愿意参与这一行动。如今，那些想要探索阿兹特克人关于神明的概念的人最终只能将注意力主要放在考古学证据而不是文献上，因为我们几乎不可能听到那些神明本身说的话了。对想要开始进行这一研究的读者，我推荐 Rafael Tena, *La religión mexica* (Mexico City: INAH, 1993); Mary Miller and Karl Taube, *An Illustrated Dictionary of the Gods and Symbols of Ancient Mexico and the Maya* (London: Thames & Hudson, 1993); Leonardo López Luján, *The Offerings of the Templo Mayor of Tenochtitlan* (Boulder: University Press of Colorado, 1994)。要理解纳瓦人世界中的精神概念就更难了，因为相关证据非常有限。很多人提出过各种主张，但近期的作品暗示了这种猜测有多么危险。参见 Justyna Olko and Julia Madajczak, "An Animating Principle in Confrontation with Christianity? De(Re)constructing the Nahua 'Soul,'" *Ancient Mesoamerica* 30 (2019): 1–14。

51.   1 Kings 16:34 and Monmouth's *History of the Kings of Britain*, ed. Lewis Thorpe (London: Folio Society, 1969). 对这一主题的研究，参见 Paul G. Brewster, "The Foundation Sacrifice Motif in Legend, Folksong, Game, and Dance," *Zeitschrift für Ethnologie* 96 (1971): 71–89。关于蒙茅斯的杰弗里（或类似文献）似乎对伊斯特利尔索奇特产生了影响的研究，参见 Pablo García Loaeza, "Deeds to be Praised for All Time: Alva Ixtlilxochitl's *Historia de la nación chichimeca* and Geoffrey of Monmouth's *History of the Kings of Britain*," *Colonial Latin American Review* 23 (2014): 53–69。

52.   参见Salvador Guilliem Arroyo, "The Discovery of the Caja de Agua of Tlatelolco: Mural Painting from the Dawn of New Spain," *Colonial Latin American Review* 22 (2013): 19–38。诗歌选集参见 Miguel León Portilla,

ed., *Fifteen Poets of the Aztec World* (Norman: University of Oklahoma Press, 1992)。更多关于这些主题的内容，参见本书第三章。

53. Paul Veyne, *Did the Greeks Believe in Their Myths? An Essay on the Constitutive Imagination* (Chicago: University of Chicago Press, 1988).

54. *Florentine Codex*, 6:101. 我们在《班克罗夫特对话集》中发现过类似的严厉警告，它们是在征服战争后的家庭仪式上针对年轻人做出的。

55. 在纳瓦语文献中随处都能发现这样的情景。*Florentine Codex*, vol. 6 和《班克罗夫特对话集》中就有一些优秀的例子。

56. 关于这个主题的文献很多。读者应该先看看 Louise Burkhart, "Mexica Women on the Home Front: Housework and Religion in Aztec Mexico," in *Indian Women of Early Mexico*, ed. Susan Schroeder, Stephanie Wood, and Robert Haskett (Norman: University of Oklahoma Press, 1997); Clendinnen, *Aztecs*, chaps. 4–8。另一部重要著作是 Lisa Sousa, *The Woman Who Turned into a Jaguar, and Other Narratives of Native Women in Archives of Colonial Mexico* (Stanford, CA: Stanford University Press, 2017)。

57. Charles Gibson, *Tlaxcala in the Sixteenth Century* (New Haven, CT: Yale University Press, 1954). "花朵战争" 的概念早就在文献中获得了探讨（参见本书第四章注释41）。这一次它需要的可能是一种仅依赖于纳瓦语资料的讨论。这些资料中肯定提到了 "花朵战争"（xochiyaoyotl）这个概念，即当交战双方都不想给对方造成彻底毁灭时采取的一种随意的战争形式。参见，例如 *Annals of Cuauhtitlan*, 118–19 中墨西加人与查尔科人进行的小规模战斗。

58. 对美索亚美利加人的 "世界体系" 的精彩概述，参见 Robert Carmack, "The Mesoamerican World at Spanish Contact," in *The Legacy of Mesoamerica: History and Culture of a Native American Civilization*, ed. Robert Carmack et al. (Albany, NY: Institute for Mesoamerican Studies, 1996)。

59. 几乎所有编年史都提到了特拉卡埃莱尔。参见 Schroeder, *Tlacaelel Remembered*。然而在我们看到的内容中，只有奇马尔帕因转述的维齐利维特的后代特索索莫克讲的故事强调了特拉卡埃莱尔至高无上的地位。关于这些行使管理职权的男人的头衔，我们能说的还很少：不仅奇瓦科阿特这一个头衔，而且关于作为顾问的几个人的头衔的不同含义肯定都曾被广泛知晓，因为这些头衔出现的范围非常广，不仅是在墨西加人的编年史中，而且在其他纳瓦语编年史中也有。然而，关

243

于这些问题的深刻理解在今天都失传了。

60. 编年史没有明确描述这些内容。但对阿卡马皮奇特利后代的家谱的了解，加上关于随后发生的事件的知识，已经足够让我们知道我们需要知道的一切。玛丽亚·卡斯塔涅达·德·帕斯（María Castañeda de Paz）是第一个发现这种权力钟摆在两个家族分支之间摇摆的人。参见其作品 "Historia de una casa real. Origen y ocaso del linaje gobernante en MéxicoTenochtitlan," *Nuevo Mundo Mundos Nuevos* (2011): 1–20。

61. *Florentine Codex*, 6:35–36（英文译文有变动）。米歇尔·洛内（Michel Launey）最先提醒我注意迪布尔和安德森（Dibble and Anderson）对这一段纳瓦语的翻译缺失了关键元素（私人交流，1998 年）；后来，路易丝·伯克哈特（Louise Burkhart）对我的英文译文做出了重大改进，并向我说明这个段落反映的是纳瓦人关于童年早期三个阶段的一种普遍理解：只能待在摇篮里的孩子会长成可以被放在地上玩泥巴的孩子，他们后来又会长成能灵活走动的孩子（私人交流，2018 年）。

62. Chimalpahin, Third Relation in *Ocho Relaciones*. 几乎所有编年史都提到了 1450 年代的饥荒。

244 63. 这里也是奇马尔帕因的家乡，他说"查尔科"（Chalco）这个名字来自"玉石"（*chalchihuitl*）的缩写（"玉石"在这里用来形容蓝绿色的湖水）。

64. *Annals of Cuauhtitlan,* 186–87 ("onca onpeuh ynic quauhtlatolloc chalco çenpohualxihuitl ozçe yn quauhtlatolloya"). 这里实际上说的是被"鹰贵族"统治，即被不属于查尔科王族血脉的人统治。这个统治者可能是墨西加人，也可能是墨西加人安排的平民。（关于"鹰贵族"的更多内容，参见本书后续章节，尤其是第七章。）奇马尔帕因关于查尔科的编年史和故事当然会记录更多关于这些事件的细节，包括首领之间的对话、相互监视的故事，有时还会有一点魔幻情节。

第三章　湖上的城市（1470~1518 年）

1. 本章开篇这一部分内容出自奇马尔帕因的作品。可见于 "Seventh Relation," folios 175–76, in his *Ocho Relaciones*（参见本书附录中关于纳瓦语编年史的附注释书目索引）。这个故事已经被抄录和翻译为英语，可见于 Camilla Townsend, *Annals of Native America: How the Nahuas of Colonial Mexico Kept Their History Alive* (New York: Oxford

University Press, 2016), 141–43。

2. 关于与阿兹特克服饰相关的象征主义，参见 Justyna Olko, *Insignia of Rank in the Nahua World: From the Fifteenth to the Seventeenth Century* (Boulder: University Press of Colorado, 2014)。

3. Chimalpahin, "Seventh Relation," *Ocho Relaciones,* folio 176. 更多关于奇马尔帕因和堂赫罗尼莫的内容，参见本书第八章。奇马尔帕因的祖母与堂赫罗尼莫都属于贵族阶级，而且都来自查尔科的次级城邦阿梅卡梅卡。因此他们不可能不认识对方，而且奇马尔帕因作品中的细节也暗示了他能够了解到不为人知的幕后故事。

4. Fray Bernardino de Sahagún, *Florentine Codex: General History of the Things of New Spain*, ed. Arthur J. O Anderson and Charles Dibble (Salt Lake City: School of American Research and University of Utah Press, 1950–1982), 8:55.

5. 更多关于查尔科的这段历史的内容，参见 Susan Schroeder, *Chimalpahin and the Kingdoms of Chalco* (Tucson: University of Arizona Press, 1991)。

6. 在 16 世纪中期，这首歌的歌词至少被转录成了两个版本。对其中之一的转录、翻译和分析可见于 Camilla Townsend, "'What in the World Have You Done to Me, My Lover?' Sex, Servitude, and Politics among the Pre-conquest Nahuas as Seen in the *Cantares Mexicanos*," *Americas* 62 (2006): 349–89。我们知道这首歌在当时很受欢迎，后来也一直流行，因为《胡安·包蒂斯塔编年史》中提到，人们在 1560 年代的政治动荡期间也唱过这首歌。

7. Townsend, "'What in the World Have You Done to Me,'" 384.

8. Townsend, "'What in the World Have You Done to Me,'" 385.

9. 关于鼓会"说话"或"呼喊"的想法在编年史和歌曲中非常常见。关于阿兹特克音乐的更多内容，参见 Gary Tomlinson, *The Singing of the New World: Indigenous Voice in the Era of European Contact* (New York: Cambridge University Press, 2007)。

10. 这些内容出自奇马尔帕因笔下，也是非常可信的，因为《佛罗伦萨手抄本》中多处提到过，国王加入舞蹈行列是赞成和认同的标志。例如，可参见 *Florentine Codex,* 2:95 or 8:27。这一点在《墨西加人之歌》中也很明显。

11. 这部分内容依然出自奇马尔帕因笔下，但关于女性贵族在这种场合的穿着细节出自 *Florentine Codex,* 8:47。

12. 出自奇马尔帕因笔下，不过"吃土"的动作在各个编年史和几位征服者创作的编年史中都出现过，埃尔南多·科尔特斯在其书信中也提到过。

13. 关于可以追溯到接近征服战争时期的礼貌性社交反语的精彩例子，参见，Frances Karttunen and James Lockhart, eds., *The Art of Nahuatl Speech: The Bancroft Dialogues* (Los Angeles: UCLA Latin American Center Publications, 1987)。

14. Chimalpahin, "Seventh Relation," *Ocho Relaciones*, folio 175.

15. 参见 Peter Sigal, "Queer Nahuatl: Sahagún's Faggots and Sodomites, Lesbians and Hermaphrodites," *Ethnohistory* 54 (2007): 9–34; "The Cuiloni, the Patlache and the Abominable Sin: Homosexualities in Early Colonial Nahua Society": *Hispanic American Historical Review* 85 (2005): 555–94。关于征服后初期，西班牙人在莫雷利亚（Morelia）进行的调查，参见 Zeb Tortorici, "'Heran Todos Putos': Sodomitical Subcultures and Disordered Desire in Early Colonial Mexico," *Ethnohistory* 54 (2007): 35–67。

16. *Annals of Puebla*, entry for 1689, in *Here in This Year: Seventeenth-Century Nahuatl Annals of the Tlaxcala-Puebla Valley,* ed. Camilla Townsend (Stanford, CA: Stanford University Press, 2010), 144–45. 在创作于普埃布拉地区的一些编年史中，出现过类似的男子因同性恋行为而受惩罚的例子。

17. 《佛罗伦萨手抄本》说明了一些宗教仪式会以实施性行为告终的情况。关于男人之间有时会发生性行为的暗示至少出现过两次 (*Florentine Codex*, 2:14 and 103)，但《佛罗伦萨手抄本》并没有明确地论述这个主题。Sigal, "Queer Nahuatl" 中提及，作者发现即便是在受西班牙人影响的文献中，提供信息者有时也会自然而然地称某个强大的神明为"奎罗尼"（cuiloni，意为"男同性恋者"），这让他感到非常震惊。我们已经不可能知道，要是当时的人被许可自由表达自己的感受或经历，我们本可以获得多少关于纳瓦人在性方面的想象的知识。

18. *Annals of Cuauhtitlan,* ed. Rafael Tena (Mexico City: Cien de México, 2011), 146–47. 赠送礼物（尤其是由首领做出的赠送行为）的重大意义在原住民资料中随处可见。

246 19. 原文中说他们与那些原本最害怕的人吵了起来。

20. *Florentine Codex,* 8:44.

21. 关于接近征服战争时期的特诺奇蒂特兰（以及它在被征服后的演变）

的出色研究，参见 Barbara Mundy, *The Death of Aztec Tenochtitlan, the Life of Mexico City* (Austin: University of Texas Press, 2015)。

22. *Florentine Codex,* 8:44. 更多关于每位君主留下的建筑遗迹的内容，参见 Ross Hassig, *Time, History, and Belief in Aztec and Colonial Mexico* (Austin: University of Texas Press, 2001)。

23. Matthew Restall, *When Montezuma Met Cortés: The True Story of the Meeting that Changed History* (New York: Harper Collins, 2018) 有力地分析了蒙特祖马用其收集的鸟兽甚至活人来展示其政治权力的问题。

24. *Florentine Codex,* 5:151, 161–63. 与此一致的是，《墨西加人之歌》中也提到动物会在重要时刻嚎叫。

25. *Florentine Codex,* 8:37–40. 后来西班牙人也会对这些菜肴中的一部分做出评论。

26. *Florentine Codex,* 8:46 and perhaps 9:83 中提到了有鸟的花园，还说在蒙特祖马二世时代，当人们能得到更多羽毛之后，制作羽毛制品的手艺就变得更重要了。羽毛变多不仅是因为通过进贡和交易获得的羽毛变多了，还因为人们后来开始在城中养殖鸟类。Domingo Chimalpahin, *Codex Chimalpahin,* ed. Arthur J. O. Anderson and Susan Schroeder (Norman: University of Oklahoma Press, 1997), 2:54–55 提供了一个查尔科人在想象中把鸟类与魔法联系在一起的例子。"它们来到森林的边缘，四处观望，仿佛魔法师就住在那片亮光中……此时天刚破晓，鸟儿已经开始鸣叫。"关于夜空中的星星被比喻成爆米花，参见 *Florentine Codex,* 6:237。描述了这个城市给那些第一次看到它的人带来的感受的人是贝尔纳尔·迪亚斯这样的征服者。

27. 过去一直有很多夸大特诺奇蒂特兰人口数目的说法，最常见的主张是这里生活着 25 万人。考古学家苏珊·托比·埃文斯在她的作品 "How Many People Lived in Tenochtitlan?" in *Ancient Mexico and Central America* (New York: Thames & Hudson, 2014), 549 中就这一问题做出了精彩论述。该城市当时覆盖的区域是 5.4 平方英里。要容纳 25 万人意味着每平方英里中就有 4.8 万人。今天曼哈顿的人口密度大约是每平方英里 6.7 万人，所以这里提出的数据显然是不可能的。在绝大部分建筑只有一层的情况下，5.4 平方英里的面积最多能够容纳 5 万人。

28. 参见 Louise Burkhart, "Mexica Women on the Home Front: Housework and Religion in Aztec Mexico," in *Indian Women of Early Mexico,*

ed. Susan Schroeder, Stephanie Wood, and Robert Haskett (Norman: University of Oklahoma Press, 1997); Susan Kellogg, "The Woman's Room: Some Aspects of Gender Relations in Tenochtitlan in the Late Pre-Hispanic Period," *Ethnohistory* 42 (1995): 563–76。

247   29. Evans, *Ancient Mexico*, 462–65 讨论了在大神庙上体现得非常明显的这个城市的演变过程；Frances Berdan, *Aztec Archaeology and Ethnohistory* (Cambridge: Cambridge University Press, 2014), 76–80 总结了关于高架渠和其他水文项目的所有资料。

30. *Codex Chimalpahin*, 1:136–37. 当然，这些评论可能只是概括了一场造谣运动的大意，而不是援引这两个人在公开场合对话时的原话。

31. 西班牙语资料都宣称国王是由墨西加人贵族组成的大委员会选出来的，这在很大程度上可以说是真的。但被西班牙语资料忽略的是，让一位候选者当选的原因并不仅仅是他的个人魅力或政策理念。只有特定王室妻子的儿子才有机会被考虑在内（除非是在某种危急时刻，如伊斯科阿特的情况）。而且人们普遍认可，权力的钟摆应该在各支家族血脉之间摇摆，这样才能保持整体的稳定。即便只是在几个兄弟中选出一个，多年政治活动发挥的作用可能也与个人特质对结果的影响同样大。纳瓦语编年史并没有特别明确地谈到这一切。它们只讲述了人们在每次选择继位者时是否有很大分歧，以及他们花了多长时间来达成共识；编年史内容会大致解释形成紧张局势的原因。族谱则说明了权力如何有规律地在家族之间传递。这些内容都与詹姆斯·洛克哈特关于征服战争后初期的政治控制权按照一种非常传统的模式，在整个政治"有机体"的各个"细胞"中间流转的推论一致。本段中提到的具体人物的继位肯定被西班牙人完全忽略了，因为他们以为这三兄弟是同一个母亲的孩子。*Codex Chimalpahin*, 1:135–37, 2:97 和其他地方的内容都让人相信，这三个人并不是一母同胞，他们的父亲之前有过一位正室，所以年长和年幼的儿子之间关系紧张。《特拉特洛尔科编年史》中提到第一位妻子是特拉特洛尔科人，考虑到特索索莫克年轻时和后来发生的事件的政治环境，这个说法完全合理。

32. 实际上，最初双方分裂的原因可能就是统治者地位的问题；这些人可能就是"最顽固的"墨西加人，他们不愿意接受一个来自库尔瓦坎的人为他们的特拉托阿尼，但绝大多数特诺奇蒂特兰人愿意为了成为一个受认可的王国而接受这一点。另一种可能是特拉特洛尔科人想要引入的是另一位外族特拉托阿尼，一个与他们的贵族通婚的人。记录没有说明问题出在哪儿，但这些事往往是引发分裂的常见因素。

33. 《库奥蒂特兰编年史》和《特拉特洛尔科编年史》在这些问题上都是一致的。奇马尔帕因也提到了分裂的事，但因为他的资料来源是特诺奇卡人，所以他对于特拉特洛尔科的评价是负面的，说他们从一开始就是麻烦制造者。关于特拉特洛尔科与托卢卡谷地的关系，参见 René García Castro, *Indios, territorio y poder en la provincia Matlatzinca* (Toluca: Colegio Mexiquense, 1999)。关于特拉特洛尔科与库奥蒂坎的关系，参见 Luis Reyes García, *Cuauhtinchan del Siglo XII al XVI* (Wiesbaden, Germany: Franz Steiner, 1977)。

34. 特拉特洛尔科人在自己的编年史中极力避免谈及这场对他们来说完全是灾难的战争。不过，奇马尔帕因凭借他的特诺奇卡人信息来源，带着极大热情从各个角度讲述了这个故事，其中还包含不少对话内容。参见 *Codex Chimalpahin,* 1:137–39, 2:43–51 and 93–95; "Third Relation" and "Seventh Relation" in don Domingo Chimalpahin, *Ocho relaciones y el Memorial de Colhuacan*, 2 vols., ed. Rafael Tena (Mexico City: Conaculta, 1998)。 248

35. *Codex Chimalpahin,* 2:45.

36. 这些内容来自西班牙资料：Fray Diego Durán, *The History of the Indies of New Spain,* ed. Doris Heyden (Norman: University of Oklahoma Press, 1994 [1964]), 260。这个事件似乎并不典型，因此值得怀疑，直到我在《特拉特洛尔科编年史》中又发现了关于西班牙征服期间发生的类似事件的内容。Lisa Sousa, *The Woman Who Turned Into a Jaguar and Other Narratives of Native Women in Archives of Colonial Mexico* (Stanford, CA: Stanford University Press, 2017), 264–65 彻底地论述了这个主题。

37. *Codex Chimalpahin,* 2:93 中有这个说法，其他地方也有一些不怎么明确的提及。在西班牙语叙述中也有这一戏剧性事件的这个方面的内容（比如迭戈·杜兰的作品）。

38. *Codex Mendoza*, entry for 1473. 关于这份资料的讨论，参见附录中的关于纳瓦语编年史的附注释书目索引。

39. *Codex Aubin*, entry for 1473. 关于这份资料的讨论，参见附录中的关于纳瓦语编年史的附注释书目索引。

40. 传播这个故事的人是胡安·德·托克马达修士。关于这些事件的详细研究和能够帮助我们摆脱西班牙人记叙影响、厘清真相的资料，参见 Camilla Townsend, "Polygyny and the Divided Altepetl: The Tetzcocan Key to Pre-conquest Nahua Politics," in *Texcoco: Prehispanic and Colonial Perspectives*, ed. Jongsoo Lee and Galen Brokaw (Boulder: University Press of Colorado, 2014): 93–116。

41. Townsend, "Polygyny and the Divided Altepetl." 这些内容是对伊斯特利尔索奇特作品和《库奥蒂特兰编年史》进行审慎对比后得出的结果。

42. Chimalpahin, "Seventh Relation" in *Ocho Relaciones*. 奇马尔帕因似乎是从一些与他祖母同辈的人讲述的故事中获得这些信息的。

43. 所有编年史中的国王列表都认可这些事实。

44. 在 *Bancroft Dialogues,*155 中，一位老年叙述者提到了其他城邦的代表们共同居住的房子。（她说房客们曾聚集到乔卢拉人的屋顶上观看一场恐怖的处决。）这种人员交流是双向的。《托尔特克－奇奇梅克史》暗示，在 16 世纪，墨西加人也会来乔卢拉地区生活。同理，很多居住在托卢卡谷地中的人也提到了在前一个世纪中来这里生活在他们中间的墨西加人定居者，还说这些人仍然保有土地。参见 García Castro, *Matlatzinca*。此处提到的这些区域存在于托卢卡附近的特佩马斯阿尔科（Tepemaxalco）。在 17 世纪，显然是讲纳瓦语的定居者后代的人仍然生活在这里，而且一个重要家族的成员还创作了大量文献。Caterina Pizzigoni and Camilla Townsend, "Indian Life After the Conquest: The De la Cruz Family Papers from Colonial Mexico," unpublished manuscript.

45. 《佛罗伦萨手抄本》中提到了一些关于蒙特祖马在商人交易组织和军事机构中的沟通体系，以及一份留存下来的关于 16 世纪边界和统治权的详细图片说明中的大部分内容。

46. 考古学家迈克尔·史密斯（Michael Smith）通过选择调查普通的农村村镇而不是大型城市中心和庙宇而在这一领域中做出了突出贡献。参见 Michael Smith, *The Aztecs* (London: Blackwell, 1996)，以及更近期的 *At Home with the Aztecs: An Archaeologist Uncovers Their Daily Life* (New York: Routledge, 2016)。

47. 参见 Hassig, *Time, History and Belief*；关于进贡清单是什么样的例子，参见《门多萨手抄本》。

48. Inga Clendinnen, *The Aztecs: An Interpretation* (New York: Cambridge University Press, 1992) 中有大量内容是以流动商人的经历为中心的，他们向《佛罗伦萨手抄本》的创作者讲述了自己的故事（特别参见 book 9）。在以下展品目录中有对阿兹特克时代奢华艺术的精彩论述：

Joanne Pillsbury, Timothy Potts, and Kim Richter, eds., *Golden Kingdoms: Luxury Arts in the Ancient Americas* (Los Angeles: Getty Publications, 2017)。

49. 这些都是被详细研究过的问题。我们拥有一些有用的资料：对建立政府统治和税收体系感兴趣的早期西班牙征服者和探险家写过关于这些问题的内容。早期纳瓦人之间的法律协议也解释了一些传统上发挥效力的原则。

50. James Lockhart, *The Nahuas After the Conquest* (Stanford, CA: Stanford University Press, 1992).

51. *Codex Chimalpahin*, 1:134–35.

52. *Bancroft Dialogues*, 147.

53. Chimalpahin, "Eighth Relation," in *Ocho Relaciones*, 2:331–49. 迭戈·杜兰修士详细论述了一个他并不真正理解的现象，并提出了蒙特祖马曾尝试某种"贵族革命"以防止平民获得贵族特权的观点。他无疑是误解了提及那个因为潜在贵族人数激增而需要明确规定谁可以被视为贵族的时期的内容。《胡安·包蒂斯塔编年史》是由一些在西班牙人到来时还是孩子的人于 16 世纪中期创作的，这里面多次提到了贵族和平民之间的矛盾。

54. *Florentine Codex,* 8:41–43, 54–55. 这里讲述的是法院如何发挥作用，而不是法律原则为何，或怎么分辨对与错。我们可以从编年史记录的故事中得出这些结论（例如，除非一个男人与一位已婚女子发生关系，否则他就不是通奸者。）Jerome Offner, *Law and Politics in Aztec Texcoco* (New York: Cambridge University Press, 1983) 基于西班牙语资料研究了一些似乎曾被特斯科科奉行的法律原则。

55. *Florentine Codex,* 8:63–65.

56. Bernal Díaz, *The Conquest of New Spain* (London: Penguin, 1963), 232.

57. 让西班牙人印象最深刻的是食物以外的商品。贝尔纳尔·迪亚斯和埃尔南多·科尔特斯都描述过被出售的商品，他们的话得到了《佛罗伦萨手抄本》和其他原住民文献的明确证实。

58. 很多年后描述这个市场的纳瓦人最喜欢谈论可供选择的食物；*Florentine Codex,* 8:68–69。

59. 只要坚持谨慎地研究，《佛罗伦萨手抄本》就可以成为关于行医者（*ticitl*）活动的绝佳资料。其中的一些区分显然是由欧洲的修士兼编辑引入的，比如"好"医生会进行正骨或拔牙之类的"合法"行为，

250

而"坏"医生则尝试使用毒药和咒语。

60. Díaz, *Conquest*, 233.

61. *Florentine Codex,* 6:93–103, 209–18, and 8:71–77.《班克罗夫特对话集》中也包含了大量关于学生和老师之间的对话，以及学校教授了哪些科目的内容。大量关于阿兹特克教育体系的研究都主要依稀干《佛罗伦萨手抄本》和《门多萨手抄本》，还有些研究描绘了纳瓦人信息提供者乐意向西班牙人提供的那种美好且理想化的情景。对征服战争后的那段时期的研究相对更仔细一些。例如，可参见 Pilar Gonzalbo Aizpuru, *Historia de la educación en la época colonial: El mundo indígena* (Mexico City: El Colegio de México, 1990)。

62. *Florentine Codex,* 6:93–103, 209–18, and 8:71–77.

63. 我们并不十分了解这一体系是如何运作的。多份资料提到了搬运工的软弱和胆怯，但这也可能是因为这个角色与奴隶相关，是一种耻辱的身份。一个来自宝石工匠家庭的有天赋的年轻人就算不能抓获俘虏，也不太可能被安排去一辈子搬东西。让一个海藻采集者的特别笨拙的儿子去做运盐者倒是有可能。

64. 库瓦皮利的理念在编年史和歌曲中都很常见，这样形容一位勇士似乎是很高的赞美。多年后，奇马尔帕因和特拉斯卡拉的堂胡安·萨帕塔评论说，这个称谓指的是"并非贵族"但处于一个有权威的位置的人。

65. *Florentine Codex*, 7:17–18. 更多关于卡尔梅卡克的内容可见于 3:49–56。

66. 学者在讨论阿兹特克人的人祭时，主要依赖于 *Florentine Codex,* book 2（"The Ceremonies"）的内容。然而，《佛罗伦萨手抄本》的信息提供者描述的是西班牙人征服前夕，墨西加人的统治达到鼎盛时的情况。鉴于这些人的证言可能存在夸大的情况，所以把考古学证据也考虑在内是非常重要的。近期，人们在墨西哥城挖掘出一个有史以来最大的头骨架，以及与它相关的两个头骨塔。如今我们还不可能确定要填满这样两座塔需要多长时间，但很可能需要几十年。精确测定年代将很困难。目前关于这些发现的最明确的论述可见于 Lizzie Wade, "Feeding the Gods: Hundreds of Skulls Testify to the Monumental Scale of Human Sacrifice in the Aztec Capital," *Science* 360 (2018): 1288–92。关于这一问题的深刻思考，参见 Clendinnen, *The Aztecs,* and David Carrasco, *City of Sacrifice* (Boston: Beacon Press, 1999)。

67. *Florentine Codex,* 2:53.

68. *Bancroft Dialogues,* 154–55. 伊斯特利尔索奇特的作品和《库奥蒂特

兰编年史》也提到了这些事件。前者的叙述显然是严重的夸大其词，但综合考虑所有资料可以确定，确实进行过处决，而且有某个妻子及其同伴失去了权力。更多讨论，参见 Townsend, "Polygyny and the Divided Altepetl"。关于另一个相似事件中做出的处罚，参见 Sousa, *Woman Who Turned Into a Jaguar,* 158–63，作者在其作品中创作了一份非常富于启发性的图表。

69. 我不是从上下文中费力挖掘出这个说法的，梅斯蒂索人胡安·波马尔（Juan Pomar）明确地表述过这一观点。参见 "Relación de Tetzcoco," in *Relaciones de Nueva España*, ed. Germán Vázquez (Madrid: *Historia* 16), 91。

70. 伊斯特利尔索奇特就这位女士的名字和地位问题提出了自相矛盾的说法，他无法确定她是来自阿斯卡波察尔科，还是阿察夸尔科，也不确定她的名字是不是阿斯卡索奇特钦（Azcaxochitzin）。可能伊斯特利尔索奇特和他的信息提供者都读不懂象形文字，他在很多地方都显示出了这个问题［与戈丹·惠特克（Gordan Whittaker）的私人交流］，但他的信息提供者能够说出十一个孩子的名字。可能是因为信息提供者还是孩子的时候，那些人都还在世。参见 Ixtlilxochitl, *Obras Históricas*, ed. Eduardo O'Gorman (Mexico City: Universidad Nacional Autónoma de México, 1975–77), 2: 408, 449, 549。另外，这些兄弟中的一人的后代库奥蒂斯塔钦（Cuauhtliztactzin）于 1560 年代在特斯科科办理的法律文件中明确提及，这个女人是来自阿察夸尔科的特诺奇卡人，这很符合情理：一个特诺奇卡人妾室是有能力争夺权力的，尤其是在她生下了很多儿子的情况下。参见 *Codex Chimalpahin*, 2:209–17 and 235 中的胡安·德·圣安东尼奥的书信。

71. *Bancroft Dialogues,* 157; Pomar, "Relación," 58, Ixtlilxochitl in "Historia de la Nación," 186, 200. 关于女性在公共场合演讲或唱歌，参见 Katarzyna Szoblik, *Entre los papeles de ocelote entono mi canto, yo Quetzalpetlatzin: El lugar de la mujer dentro de lo oralidad nahua* (Mexico City: Centro de Estudios de Antropología de la Mujer, 2016); Stephanie Wood, "Nahua Women Writing and Speaking," (paper presented at the Northeastern Nahuatl Studies Group, Yale University, New Haven, CT, May 2016)。

72. 关于表演中的立场多样性，参见 Camilla Townsend, "Glimpsing Native American Historiography: The Cellular Principle in Sixteenth-Century

Nahuatl Annals," *Ethnohistory* 56 (2009):625–50。已知的资料都没有明确提到这两个人打破传统。然而，如果不是这个原因，后面的事就不会发生。

252 73. 奇马尔帕因在本章注释 1 引用的 "Seventh Relation" 中明确提到歌手会按自己的喜好改编歌曲。根据对留存下来的很多歌曲的转录，我们可以看出确实存在这种情况：一首歌（或一首歌中的某一段）通常会反复出现多次，只在细节上有一些变化。

74. Song XI, in *Cantares Mexicanos,* ed. John Bierhorst (Stanford, CA: Stanford University Press, 1985), 148–49.

75. Song XXXIII, in Bierhorst, *Cantares Mexicanos*, 202–3.英文译文有改动。

76. *Telleriano-Remensis,* folio 17, in *Codex Telleriano-Remensis*, ed. Eloise Quiñones Keber (Austin: University of Texas Press, 1995), 37.

77. *Bancroft Dialogues,* 157. 关于这些事件留下的怨恨，参见 Texcoco Accounts of Conquest, in *Codex Chimalpahin*, 2:209–17 and 235 中的胡安·德·圣安东尼奥的书信。应该是一个名叫伊斯特利尔索奇特的弟弟迅速选择了与西班牙人同一阵线，并筹划了卡卡马被驱逐一事。更完整的研究，参见 Townsend, "Polygyny and the Divided Altepetl"。

78. *Florentine Codex,* 8:56–57. 这些内容出自一个篇幅较长且值得注意的部分，对蒙特祖马的描绘与（接近 16 世纪末时被编造出来的）有些愚蠢和冷漠的著名形象完全相反。类似的关于一位"日夜忧思"的负责任的领袖形象还可见于《胡安·包蒂斯塔编年史》。

79. The *Florentine Codex*, book 12, 埃尔南多·科尔特斯和贝尔纳尔·迪亚斯的叙述可以相互证实这些关于最初接触的内容。关于原住民用来给欧洲引入品命名的单词和概念 [比如管"马"叫"鹿"（*mazatl*）]，参见 Lockhart, *The Nahuas*, chap. 7。

第四章　我们这里的人眼中的外来人（1519 年）

1. 这一段的内容讲述的是一个如今被我们称为玛林切（或堂娜玛丽娜）的女孩的人生片段。她是一个被送给埃尔南多·科尔特斯的奴隶，后来成了后者的翻译和情妇。因为她本人没有留下任何书信或日记，所以要拼凑出她的生平很困难，但人们已经通过同时参考她的行为、西班牙人的记录和其他纳瓦人的评论的三角定位法写出了她的传记。关于完整的故事，以及对我们掌握的有限资料的讨论，参见 Camilla

Townsend, *Malintzin's Choices: An Indian Woman in the Conquest of Mexico* (Albuquerque: University of New Mexico Press, 2006)。

2.　关于从记录征服战争后早期生活日常方面的单调资料中发现的各种人名，参见 James Lockhart, *The Nahuas After the Conquest* (Stanford, CA: Stanford University Press, 1992), 118–22。比如，"小老太太"这个称呼就是某份文件中对一个五岁女孩的称呼。这个来自夸察夸尔科斯的女孩可能还会被取一个与她出生日期相关的名字，不过这种情况在该地区并不常见。参见 France V. Scholes and Ralph L. Roys, *The Maya Chontal Indians of Acalan-Tixchel: A Contribution to the History and Ethnography of the Yucatan Peninsula* (Norman: University of Oklahoma, 1968 [1948]), 61–63。

3.　Bernardino de Sahagún, *Florentine Codex: General History of the Things of New Spain,* ed. Arthur J. O Anderson and Charles Dibble (Salt Lake City: School of American Research and University of Utah Press, 1950– 1982), 6:172. 这些内容出自一份墨西加人资料，但其中的态度代表了全体纳瓦人的典型态度。关于墨西哥中部性别建构的基本共有方面的共性，参见 Lisa Sousa, *The Woman Who Turned Into a Jaguar and Other Narratives of Native Women in Archives of Colonial Mexico* (Stanford, CA: Stanford University Press, 2017)。关于女性与家庭的比喻性联系的重要性，参见 Louise Burkhart, "Mexica Women on the Home Front: Housework and Religion in Aztec Mexico," in *Indian Women of Early Mexico*, ed. Susan Schroeder, Stephanie Wood, and Robert Haskett (Norman: University of Oklahoma Press, 1997)。

253

4.　关于女性在战争中和缓和时期受奴役的经历，参见 Camilla Townsend, "'What Have You Done to Me, My Lover?': Sex, Servitude and Politics among the Pre-conquest Nahuas," *Americas* 62 (2006): 349– 89。关于每年购买献祭给雨神特拉洛克的儿童，参见 *Florentine Codex,* 2:42。考古学成果告诉我们这些孩子本身可能是被俘的奴隶，也可能是受虐待的奴隶的孩子，因为他们的遗体显示出他们生前都营养不良。参见 Ximena Chávez Balderas, "Sacrifice at the Templo Mayor of Tenochtitlan and Its Role in Regard to Warfare," in *Embattled Bodies, Embattled Places: War in Pre-Columbian Mesoamerica and the Andes*, ed. Andrew Scherer and John Verano (Washington, DC: Dumbarton Oaks, 2014)。

5.　Scholes and Roys, *Maya Chontal Indians*, 27–35; Anne Chapman, "Port of

Trade Enclaves in Aztec and Maya Civilizations," in *Trade and Market in the Early Empires,* ed. Karl Polyani, Conrad Arensberg, and Harry Pearson (Glencoe, IL: Free Press, 1957), 129–42.

6. 《佛罗伦萨手抄本》暗示了在交战区域被俘虏的女人和孩子会被送到东边卖掉。参见 *Florentine Codex,* 9:17–18。关于这种交易的研究包括 Scholes and Roys, *Maya Chontal Indians,* 28–30, 56–59; Chapman, "Port of Trade Enclaves," 125–26; Frances Berdan, "Economic Alternatives under Imperial Rule: The Eastern Aztec Empire," in *Economies and Polities of the Aztec Realm,* ed. Mary G. Hodge and Michael E. Smith (Albany: State University of New York Press, 1994)。考古学家已经揭示纺轮的集中度自西向东越来越高，因为随着墨西加势力的增强，纺线和织布这样的劳动密集型活动也被推向了外围。参见 Elizabeth Brumfiel, "Weaving and Cooking: Women's Production in Aztec Mexico," in *Engendering Archaeology: Women and Prehistory,* ed. J. M Gero and M. W. Conkey (New York: Cambridge University Press, 1991), 232–33。

7. 关于美索亚美利加女性和纺织活动的文献很多。参见 Gabrielle Vail and Andrea Stone, "Representations of Women in Postclassic and Colonial Maya Literature and Art", Marilyn Beaudry-Corbett and Sharissse McCafferty, "Spindle Whorls: Household Specialization at Ceren," both in *Ancient Maya Women,* ed. Traci Ardren (Lanham, MD: Rowman & Littlefield, 2002)。

8. 参见船上修士胡安·迪亚斯（Juan Díaz）在 *The Conquistadors: First Person Accounts of the Conquest of Mexico,* ed. Patricia de Fuentes (Norman: University of Oklahoma Press, 1993) 中的，以及贝尔纳尔·迪亚斯在 *The Conquest of New Spain* (London: Penguin, 1963) 中的叙述。胡安·迪亚斯修士在这次远征返程之后马上写了这份报告，而贝尔纳尔·迪亚斯则是在八十多岁时才写出自己的叙述，其中包含的细节要少得多。（实际上，有些学者认为他并没有真的参与远征，而是根据自己从他人那里听到的故事写了这份记录。）西班牙编年史作者很少一致同意某种说法，每个人都有自己的特殊动机、记忆漏洞和不同理解。不过，对比阅读所有内容肯定能够让我们明白究竟发生了什么。我不认为应该一直讲述故事中的太多细节，因为那样做很有可能将叙述事实变成写小说。不过，我在这里暂且介绍一些编年史中包含的细节，好让读者体验一下他们的经历以及原住民究竟看到了什么。

254

9. 我们无法确切知道原住民是怎么想的。但是，根据西班牙人关于印第安人（依靠被俘虏的翻译表达）的明显关切和疑问的评论，以及关于印第安人当时和后来行为的评论，我认为我在这里描述的对话情景是真实发生过的。

10. 西班牙人反复提到，在他们沿海岸航行时，印第安人总是能够预先知道他们即将抵达。这种说法完全符合我们对春塔尔文化的了解——他们能够做到这一点是依靠了独木舟的高速航行。

11. Díaz, *The Conquest*, 70.

12. 埃尔南多·科尔特斯在自己的第一封信中讲述的关于这场战斗的故事和迪亚斯描述的大致相同——只不过不如后者讲述得那么生动。参见 Hernán Cortés, *Letters from Mexico*, ed. Anthony Pagden (New Haven, CT: Yale University Press, 1986), 19–23。

13. 这不只是我本人的推理。科尔特斯的秘书后来说，春塔尔人告诉科尔特斯：要确保自己的地位，就必须让自己被视为本地区中比其他人都强大的势力。Francisco López de Gómara, *Cortés: The Life of the Conqueror by His Secretary*, ed. Lesley Byrd Simpson (Berkeley: University of California Press, 1965), 50。科尔特斯起初（在自己的第一封信中）提到他们能够看到分散在战场上的原住民尸体有约二百二十具。后来他的秘书把这个数字增大了，而迪亚斯的说法则更夸张（他提到有八百具尸体）。我认为我们应当接受最初的估算，从原住民角度来说，这个数字已经足够大了。

14. 无论是原住民的还是西班牙人的资料都认同，后来成为翻译的人就是在这个时候被送到西班牙人手中的。少数一些资料称，和她一起被送去的女孩并不多，但多数证据证明当时共有二十名女孩，因为春塔尔人试图做出一种绝对臣服的表示，二十对于他们和其他纳瓦人来说都是一个具有文化意义的数字。

15. 有些当代作者喜欢说西班牙人可能是因为她的本名是"Malinalli"才给她取名"Marina"，但没有证据证明这一点。西班牙人在给俘虏取名前，从没问过他们的"真名"是什么。纳瓦人也不会给她取"Malinalli"这个名字，因为这个词预示着噩运。 255

16. 关于科尔特斯和普埃托卡雷罗之间关系的更多内容，参见 Ricardo Herren, *Doña Marina, la Malinche* (Mexico City: Planeta, 1992), 26–27, 还可见于科尔特斯的任何主要传记。

17. 弗朗西丝·卡尔图宁（Frances Karttunen）评论了女性刚刚受洗礼

就被当作小妾分配出去的内容对于当代人的情感来说十分难以接受的情况。参见她的 "Rethinking Malinche" in *Indian Women in Early Mexico*。

18. 现有的关于这个重要人物的错误信息非常多。关于赫罗尼莫·德·阿吉拉尔，以及关于能够阐明他的人生的研究材料，参见 Townsend, *Malintzin's Choices*, 37 and 239。

19. 我们没有关于阿吉拉尔对玛丽娜说了什么的确切记录，但她后来的选择和行动无疑证明，她在相对较早的时候就已经了解到了更广阔的政治背景。

20. Louise Burkhart, *Before Guadalupe: The Virgin Mary in Early Colonial Nahuatl Literature* (Albany, NY: Institute for Mesoamerican Studies, 2001), 3, 17. 伯克哈特在这里翻译了佩德罗·德·甘特的纳瓦语作品中的一部分, *Doctrina cristiana en lengua Mexicana* (1553)。

21. 迪亚斯和科尔特斯都提到特使出现的速度快得惊人，*Florentine Codex,* book 12 中说蒙特祖马对海岸边几个特定地点进行监视已经有一年，这样一来，西班牙人和原住民资料就互相佐证了。关于"不会读写的"民族的资料和欧洲殖民者留下的资料在有些时候能够相互启发这个问题的精彩研究，参见 Richard Price, *Alabi's World* (Baltimore: Johns Hopkins University Press, 1991)。

22. 科尔特斯在最初写给国王的那些书信里几乎没提到过玛丽娜，他也不愿意把这项事业的顺利进行归功于玛丽娜。直到科尔特斯的秘书开始为自己的老板写传记时，他才不得不去面对这个问题，因为人们想知道他们是如何遇到这位此时已经非常著名的翻译的。所以讲述玛丽娜故事的人是这个秘书（但他坚称玛丽娜这样做是为了获得财富），见 Gómara, *Life*, 56。

23. 詹姆斯·洛克哈特在 *We People Here: Nahuatl Accounts of the Conquest of Mexico* (Stanford, CA: Stanford University Press, 1993) 的序言中探索了这个称谓的用法。

24. 西班牙编年史作者和《佛罗伦萨手抄本》在此问题上又一次相互佐证了。

25. 关于对这个主题的完整学术研究，参见 Camilla Townsend, "Burying the White Gods: New Perspectives on the Conquest of Mexico," *American Historical Review* 108 (2003): 659–87.

26. *Florentine Codex*, book 12, in Lockhart, *We People Here*, 94.

256　27. Díaz, *Conquest*, 222.

28. 托里比奥·德·贝纳文特修士常常被称为莫托里尼亚（Motolonia）。 *Historia de los Indios de la Nueva España* (Madrid: Alianza, 1988), 107–8。

29. 详细的研究参见 Camilla Townsend, *Pocahontas and the Powhatan Dilemma* (New York: Hill & Wang, 2004)。

30. Felipe Fernández Armesto, "Aztec Auguries and Memories of the Conquest of Mexico," *Renaissance Studies* 6 (1992). 另见于 Stephen Colston, "'No Longer Will There Be a Mexico': Omens, Prophecies and the Conquest of the Aztec Empire," *American Indian Quarterly* 5 (1985)。

31. *Florentine Codex*, book 12, in Lockhart, *We People Here*, 188.

32. *Florentine Codex*, book 12, in Lockhart, *We People Here*, 59.

33. 这个问题是 Susan Gillespie, *Aztec Kings: The Construction of Rulership in Mexica History* (Tucson: University of Arizona Press, 1989) 中论述的主要方面之一。我研究过某些受欧洲人影响的原住民历史学家的作品中对这一主题的探讨是如何演变的；例如，可参见 Camilla Townsend, "The Evolution of Alva Ixtlilxochitl's Scholarly Life," *Colonial Latin American Review* 23 (2014): 1–17。

34. 这份文件已被出版：José Luis Martínez, ed., *Documentos cortesianos* (Mexico City: Fondo de Cultura Económica, 1990), 1:265–71。部分留存下来的原件被收藏在塞维利亚的西印度群岛综合档案馆（Archivo General de Indias in Seville）。

35. 更多关于这个问题的内容，参见 Lockhart, introduction to *We People Here*; Townsend, "Burying the White Gods"。

36. 佩德罗·德·圣布埃纳文图拉曾经是贝尔纳迪诺·德·萨阿贡修士在特拉特洛尔科的学校里的学生，诞生于 1570 年代的《库奥蒂特兰编年史》就是由他或深受他影响的人创作的。佩德罗在该作品中部分接受了这个故事，尽管是在加了一些限定的情况下。后来，奇马尔帕因在 17 世纪初也部分接受了这个故事，不过他似乎是在读了伊斯特利尔索奇特的作品之后才接受的，而伊斯特利尔索奇特则受到了方济各会修士胡安·德·托克马达的影响（参见本章注释 33）。参见 Camilla Townsend, *Annals of Native America: How the Nahuas of Colonial Mexico Kept Their History Alive* (New York: Oxford University Press, 2016), chaps. 3 and 4。

37. 说印第安人开始称玛丽娜为"玛林奇"或"玛林切"的人是贝尔纳尔·迪亚斯。对这个不同寻常的称呼感兴趣的纳瓦语使用者可以参考 Horacio Carochi, *Grammar of the Mexican Language*, ed. James Lockhart

(Stanford, CA: Stanford University Press, 2001 [1645]), 44–45。使用"玛林茨"这个称呼的情况在《特拉特洛尔科编年史》中有很多证据。

38. 后来一些关于其他问题的法院案件间接揭示了这些事实。对此类内容的列举和分析，参见 Townsend, *Malintzin's Choices*, 243 (n. 11)。

39. 关于科尔特斯的背景及其在此时的选择的最犀利的分析仍然是J.H. 埃利奥特（J. H. Elliott）为 Hernán Cortés, *Letters from Mexico*, ed. Anthony Pagden (New Haven, CT: Yale University Press, 1986) 写的序言。

40. 传统上，人们坚称科尔特斯实际上"烧掉了他的船只"以避免有人回去。严肃的历史学家都知道这个说法不对，但也确实相信他在海岸边故意将船凿沉了。马修·雷斯托尔最近证明，这些船实际上已经需要维修，它们不过是被拖上了岸，以便日后进行维修。参见 Matthew Restall, *When Montezuma Met Cortés* (New York: HarperCollins, 2018)。

41. 在关于征服战争的故事中，特拉斯卡拉人无比坚定地抵抗西班牙人的那部分总是不被讲述，反而是他们后来与西班牙人结盟的部分很受关注。不过，我们有必要理解的一点是，墨西加人的敌人们并不是马上就和欧洲人团结到一起的。他们是在看清了结盟是在军事层面上的最好选择之后才这样做的。所有现存的西班牙编年史中的细节都可以证实这一点。关于花朵战争，另见于本书第二章注释 57。

42. Cortés, "Second Letter" in *Letters from Mexico*, 60.（科尔特斯的报告中关于这一部分的内容非常详细，占了很多页。）

43. Díaz, *Conquest*, 149.

44. Cortés, "Second Letter," 61. 科尔特斯说他"砍掉了他们的手"。马修·雷斯托尔在 *When Montezuma Met Cortés* 中解释说，欧洲人这么说的意思其实是砍掉手指，否则受害人会立即丧命。

45. Cortés, "Second Letter," 62. 是迪亚斯说翻译也被他们带到了战场上。

46. 见于 don Juan Buenaventura Zapata y Mendoza, *Historia cronológica de la Noble Ciudad de Tlaxcala*, ed. Luis Reyes García and Andrea Martínez Baracs (Tlaxcala: Universidad Autónoma de Tlaxcala, 1995), 94–95 中的特拉斯卡拉人的编年史。对被征服前的特拉斯卡拉的最好研究仍然是 Charles Gibson, *Tlaxcala in the Sixteenth Century* (Stanford, CA: Stanford University Press, 1967 [1952]), chap. 1。

47. 关于我对特拉斯卡拉人的图画征服史的分析，参见 Townsend, *Malintzin's Choices*, 63–76；完整的研究参见 Travis Kranz, "The Tlaxcalan Conquest Pictorials," PhD diss., UCLA, Department of Art History, 2001。

48. 关于因为有原住民盟友而出现的惊人不同的研究，参见 Michel Oudijk and Matthew Restall, "Mesoamerican Conquistadors in the Sixteenth Century," in *Indian Conquistadors: Indigenous Allies in the Conquest of Mesoamerica,* ed. Laura Matthew and Michel Oudijk (Norman: University of Oklahoma Press, 2007)。

49. 更多关于这个问题的内容，参见 Townsend, "Burying the White Gods" 和 Matthew Restall, *Seven Myths of the Spanish Conquest* (New York: Oxford University Press, 2003)。英戈·克兰狄能在她的文章 "'Fierce and Unnatural Cruelty': Cortés and the Conquest of Mexico," *Representations* 33 (1991): 65–100 中提出阿兹特克人并不喜欢战斗到死的理念。茨维坦·托多洛夫（Tzvetan Todorov）在他的文章 *The Conquest of America: The Question of the Other* (New York: Harper, 1984) 中提出了原住民主要进行人与神的交流的理念。

50. 这句话是安德烈斯·德·塔皮亚（Andrés de Tapia）说的，可见于 Fuentes, *The Conquistadors*, 36。关于乔卢拉之战的最好分析，参见 Ross Hassig, "The Maid of the Myth: La Malinche and the History of Mexico," *Indiana Journal of Hispanic Literatures* 12 (1998): 101–33。

51. Díaz, *Conquest,* 214–15.

52. Cortés, "Second Letter," 84–85.

53. 科尔特斯没有多谈君主和他的侍从的衣着；迪亚斯写的则比较多，比如，他描述了华盖，提到金、银、珍珠和玉石从用绿色羽毛制作的扇子上垂下来。他狂热地写道："那是一个不可思议的景象。"(*Conquest,* 217.) 我不认为他对所有细节的描述都很准确，只能说君主确实走在一个有高度象征性的构造物下面。参见 Justyna Olko, *Insignia of Rank in the Nahua World: From the Fifteenth to the Seventeenth Century* (Boulder: University Press of Colorado, 2014)。迪亚斯处在很远的地方，可能并不能看得很清楚，也可能是记错了，他看到的实际上也许是一个挂在蒙特祖马身后的支架上，从而悬在他头顶上的头饰，这样的装饰才是非常常见的情况。

第五章 一场终结所有战争的战争（1520~1521 年）

1. *Florentine Codex,* book 12（最好的翻译版本见于 *We People Here: Nahuatl Accounts of the Conquest of Mexico,* ed. and trans. James Lockhart [Los

258

Angeles: UCLA Press, 1993], 181–82) 描述了西班牙人被赶出这个城市后不久就降临的天花疫情。讲述者们提到了躺在脏污的席子上无法动弹的经历，并强调很多人去世是因为没有足够的还健康的人来照顾他们。"挨饿的情况很普遍，没有人再去照顾别人了。"其他编年史中出现过用"*miccatzintli*"这个词指代"自己认识并喜爱的人的尸体"的情况。墨西加人亲述的关于得病经历的内容相对很少。然而，历史学家还是可以从其他天花疫情的经验角度推出此时的情况。例如，可参见 Elizabeth Fenn, *Pox Americans: The Great Smallpox Epidemic of 1775–82* (New York: Hill & Wang, 2001)。原住民和西班牙人的资料（参见本章注释 2 和注释 3）都认可蒙特祖马有三个女儿在西班牙人手中，她们都受洗并被取了教名；当西班牙人撤退时，她们留在特诺奇蒂特兰并熬过了随之而来的疫情。其中两个女儿在征服战争后嫁给了西班牙人，还有一个在战争后不久去世。（科尔特斯在 1522~1526 年不再提及那个被称作玛丽亚的女儿，原住民资料也说玛丽亚"未结婚就去世了"。）纳瓦语动词 *polihui* 是"死"或"消失"的意思。

2. 一份非常具体的关于蒙特祖马的孩子的宗谱涵盖了他们的死亡情况，其中没有任何孩子是在第一次大规模疫情中因天花而丧命的，所以王室血脉在这方面显然还算幸运。然而，宗谱中只提及了在征服战争时达到结婚年龄的孩子，好像蒙特祖马在当时没有更年幼的孩子似的。在一夫多妻制的环境下，这似乎不合情理，但考虑到疫情中儿童的死亡率会高于成人的，也就说得通了。参见 don Domingo Chimalpahin, *Codex Chimalpahin*, ed. Arthur J. O. Anderson and Susan Schroeder (Norman: University of Oklahoma Press, 1997), 1:158–65。

3. 墨西加人的记录坚称这两个儿子是在托尔特克运河（the Tolteca canal）被杀死的，因为他们当时被劫持为人质，被迫跟随西班牙人逃离。(*Codex Chimalpahin*, 158–59; *Florentine Codex,* book 12, in Lockhart, *We People Here*, 156)。科尔特斯在其最初的报告中坚称只有一个儿子被杀死。（他在写报告时认定女儿们也被杀死了，但他后来才知道，她们实际上被自己的族人成功救走了。）他显然是有意少说一些以避免惹怒西班牙国王；除了只提到一个儿子外，科尔特斯还只提到两个女儿，尽管他明知他们其实劫持了三个。（参见 "Second Letter" in Hernán Cortés, *Letters from Mexico*, ed. Anthony Pagden [New Haven, CT: Yale University Press, 1986], 138–39。）后来的法律文件解释了更多他与这三个女儿之间的交往，这些内容与原住民的记录相符。参见 Donald Chipman, *Moctezuma's Children* (Austin: University of Texas Press, 2005), 75–76。

4. 关于这个问题的原住民编年史是前后一致的；西班牙人则一致宣称当他拒绝抗击外来人时，他的族人用一块石头打死了他。原住民的说法远比西班牙人的更可信；无论真实情况如何，特奎奇波钦得知的肯定是原住民版本。

5. 我们是从西班牙人的文件里得知她的年龄的（参见 Chipman, *Moctezuma's Children*)。这些文件中的观点非常可信：如果她的年纪比这大得多，那么她应该在西班牙人抵达前就结婚了；如果她比这小得多，她就不会被视为达到适婚年龄。

6. 关于打扫，参见Louise Burkhart, "Mexica Women on the Home Front: Housework and Religion in Aztec Mexico," in *Indian Women of Early Mexico,* ed. Susan Schroeder, Stephanie Wood, and Robert Haskett (Norman: University of Oklahoma, 1997)。*Florentine Codex*, book 12 描述了这次大扫除以及人们进行的修缮工作，这些活动都是从西班牙人离开当天开始的。

7. 科尔特斯的书信和《佛罗伦萨手抄本》(以及其他许多衍生叙述）都提及了堤道上的会面。对此的分析，参见 Matthew Restall, *Seven Myths of the Spanish Conquest* (New York: Oxford University Press, 2003), 95–99。

8. 参见J. H. Elliott's introduction to Hernán Cortés, *Letters from Mexico*, ed. Pagden。

9. Cortés, "Second Letter," 107; Díaz, *Conquest*, 276.

10. Fray Francisco de Aguilar in Patricia Fuentes, ed., *The Conquistadors: First Person Accounts of the Conquest of Mexico* (Norman: University of Oklahoma Press, 1993), 148. 其他编年史作者的说法同样奇怪，他们好像是在尽量让自己的故事听起来可信。

11. Restall, *Seven Myths,* 97–98. 这里被认为出自蒙特祖马之口的话可见于 *Florentine Codex*, book 12, in Lockhart, *We People Here*, 116。雷斯托尔还在 *When Montezuma Met Cortés* (New York: HarperCollins, 2018) 中讨论了围绕这场著名会面的内容广泛的传说。

12. 弗朗西斯·布鲁克斯（Francis Brooks）就这个主题撰写了一篇很有分量的文章。参见他的 "Motecuzoma Xocoyotl, Hernán Cortés, and Bernal Díaz del Castillo: The Construction of an Arrest," *Hispanic American*

260

Historical Review 75 (1995).《特拉特洛尔科编年史》是最早涉及这一时期的编年史，它创作于西班牙人是羽蛇神以及印第安人对他们充满敬畏的故事被接受之前，这里面明确写到原住民如我们预计的那样，为客人提供了食物。

13. 西班牙人在特拉斯卡拉时也遇到过类似的情况，原住民在一份如今被称作《得克萨斯残篇》（the Texas Fragment）的图画文件中记录了这件事，该文件被收藏于得克萨斯大学奥斯汀分校妮蒂·李·本森藏品。对此的分析参见 Camilla Townsend, *Malintzin's Choices: An Indian Woman in the Conquest of Mexico* (Albuquerque: University of New Mexico Press, 2006), 68–74。

14. *Codex Chimalpahin*, 1:142–43, 162–63; 2:108–9.

15. 关于特奎奇波钦的母亲是谁，历史学家之间没有明确的结论：西班牙文件起初说她"来自 Tecalco"，名叫 Teotlalco（这个词在纳瓦语中并不是人名），后来才提到她是阿维特索特的女儿（参见 Chipman, *Moctezuma's Children*）。不过，在这一点上我们不必有疑虑，因为"*teccalco*"这个词可能只意味着她来自某个王室家族周围的定居点，即来自"王室生活的地方"之意。纳瓦语宗谱一致认为她是阿维特索特与一个特帕内克人生的女儿，这绝对可以解释她的地位（参见 *Codex Chimalpahin,* 1:52–53, 154–55, 163–63; 2:86–87）。

16. 这个女孩是埃卡特佩克的堂娜弗朗西斯卡（参见本书第八章）。对她绝口不提的可能原因是我做出的推断，但关于在当时对西班牙人隐瞒她同父异母弟弟的存在的原因，是有直接评论可查的。参见 Anastasia Kalyuta, "El arte de acomodarse a dos mundos: la vida de don Pedro de Moctezuma Tlacahuepantli según los documentos del Archivo General de la Nación (México, D.F.) y al Archivo General de Indias (Sevilla)," *Revista Española de Antropología Americana* 41, no. 2 (2010): 471–500。

17. 到 1520 年代晚期，后者实际上开始使用莱昂诺尔（Leonor）的名字。她起初嫁给了胡安·帕斯（Juan Paz），后来又嫁给了克里斯托瓦尔·德·巴尔德拉马（Cristóbal de Valderrama）。

18. Restall, *When Montezuma Met Cortes*, 286–87.

19. 科尔特斯、迪亚斯和安德烈斯·德·塔皮亚都提到了这件事。实际上，科尔特斯不可能从别的地方了解到这个消息（但在他的信中，科尔特斯宣称他也从自己的西班牙信使那里听到了相关消息，这是在暗示他的人马在乡村地区也可以自由行动并消息灵通，尽管我们知道这并不是实情）。

20. 埃尔南多·科尔特斯的传记中有大量讨论这些问题的内容。对丢勒日记的引用见于 Benjamin Keen, *The Aztec Image in Western Thought* (New Brunswick, NJ: Rutgers University Press, 1971), 69。关于新大陆原住民的消息在欧洲通过文字印刷品高速传播，参见 John Pollack, "Native American Words, Early American Texts," PhD diss., University of Pennsylvania, Department of English, 2014。

21. 几乎所有西班牙人的叙述都认可这些内容，只有科尔特斯在他的书信中提出了不同看法，他说他与支持他的蒙特祖马在私下进行了对话，并告诉了对方一些机密信息。不过在戈马拉为他写传记时，科尔特斯也承认，到那时，从蒙特祖马那里下达的一些命令显然开始变得对外来人不利了。Francisco López de Gómara, *Cortés: The Life of the Conqueror by His Secretary*, ed. Lesley Byrd Simpson (Los Angeles: University of California Press, 1965)。对比 Cortés, "Second Letter," 119 与 Gómara, *Life*, 188–89。

22. 参见 Brooks, "The Construction of an Arrest," 181。鉴于各种相互矛盾的说法，我们无法确切知道蒙特祖马究竟是从什么时候开始被软禁起来的。

23. 对征服者策略的分析，见于 James Lockhart and Stuart Schwartz, *Early Latin America* (New York: Cambridge University Press, 1983), 80–83。

24. 所有编年史作者都认可西班牙人发动了突袭并把蒙特祖马绑了起来。他们宣称自己早就软禁了国王，但如布鲁克斯分析的那样（参见注释 22），科尔特斯的人实际上是在其他西班牙人已经抵达，他们不得不采取行动之后，才终于软禁国王的。

25. Cortés, "Second Letter," 128. 历史学家们写过很多关于这一阶段的战斗的内容，有时他们太局限于编年史作者的文字，而不去挖掘这些说法中的共性，并考虑最合情合理的解释是什么。关于我对证据进行筛选的概要，参见 *Malintzin's Choices*, 99–101。

26. Cortés, "Second Letter," 128–29.

27. 那些人在当时被称作"鹌鹑山"（Zoltepec）的地方被俘虏，这里有一座献给风神埃赫卡特（Ehecatl）的古老神庙。这件事之后，那里为人所知的名字变成了特科阿奎（Tecoaque，意为"人被吃掉"），并且一直沿用至今。一场由国家人类学与历史研究所资助的考古挖掘揭示了这些俘虏是被分批献祭的，一次几个人，其中有儿童。这个位于墨西哥城和特拉斯卡拉之间的考古现场十分重要，因为它是已知唯一的能证明在征服战争期间，欧洲人、非洲人和原住民发生过直接接触的考古学记录。这里已于 2004 年被提名为联合国教科文组织世界遗产。

28. 我们可以从 1529 年进行的针对佩德罗·德·阿尔瓦拉多行为的调查的记录中获得关于这一时期的信息。该内容已被出版：Ignacio López Rayón, ed., *Proceso de residencia instruida contra Pedro de Alvarado y Nuño de Guzman* (Mexico City: Valdes y Redondas, 1847)。Book 12 of the *Florentine Codex*（in Lockhart, *We People Here*, 140–42）揭示了与西班牙人打交道的人，或哪怕只是有这种嫌疑的人也被杀了。许多宫殿中的仆人就不幸属于此类。

29. *Florentine Codex,* book 12, in Lockhart, *We People Here*, 132–34.

30. Lockhart, *We People Here*, 142.

31. Lockhart, *We People Here*, 138–39.《特拉特洛尔科编年史》也写到蒙特祖马尝试缓和事态。科尔特斯也是这么说的。

32. 参见 Townsend, *Malintzin's Choices*, 104–5。另见于本书第四章。

33. Cortés, "Second Letter," 134–35.

34. 讲述者起初说的是"踩着这些人"（çan *tlacapan*），然后又更具体地说成"踩着这些人的尸体"（çan *nacapan*）；参见 book 12 of the *Florentine Codex* in Lockhart, *We People Here*, 156。克里斯托瓦尔·德·卡斯蒂略分享了类似的记忆，他重点提及了被淹死的原住民贵族女子的尸体。

35. Cortés, "Second Letter," 139. 科尔特斯还提出了一个荒谬的说法，即只有一百五十名西班牙人丧命，但历史学家已经根据其他西班牙人的文件弄清了真正的死亡人数。我们无法用相同的办法确定印第安人的死亡人数。如果我们按照科尔特斯缩减西班牙死者数量的比例计算，那么特拉斯卡拉人死者的数量大约是八千。不过，我认为这个数目不可信。特拉斯卡拉人不可能长时间派出这么多人，特诺奇蒂特兰也不可能为这么多人提供食物长达六个月之久。

36. Díaz, *Conquest,* 299.

37. *Florentine Codex*, book 12, in Lockhart, *We People Here*, 156. 关于这个问题的更多内容，参见本章注释 3。

38. 关于征服新大陆期间的疾病问题的作品非常多。一本综述了这些文献，对待疾病问题非常严肃，但又不会尝试把它归为导致在那里发生的一切的唯一原因的优秀著作是 Suzanne Alchon, *A Pest in the Land:*

New World Epidemics in a Global Perspective (Albuquerque: University of New Mexico Press, 2003)。

39. 参见 Charles Gibson, *Tlaxcala in the Sixteenth Century* (New Haven, CT: Yale University Press, 1952)。

40. Cortés, "Second Letter," 154–58.

41. Cortés, "Third Letter," 207.

42. Cortés, "Third Letter," 207, 221, 247. *Annals of Tlatelolco*, in Lockhart, *We People Here*, 268–69.

43. Cortés, "Third Letter," 220–21. 要理解伊斯特利尔索奇特为什么这么做，参见本书第二章关于一夫多妻制导致派系之争的讨论。Bradley Benton, *The Lords of Tetzcoco: The Transformation of Indigenous Rule in Postconquest Central Mexico* (New York: Cambridge University Press, 2017) 中有一章是关于 1510 年代发生的事件的。

44. 参见don Juan Buenaventura Zapata y Mendoza, *Historia chronológica de la Noble y Leal Ciudad de Tlaxcala*, ed. Luis Reyes García and Andrea Martínez Baracs (Tlaxcala: Universidad Autónoma de Tlaxcala, 1995)。

45. 几份现存的国王列表中提到过他的短暂统治。*Codex Chimalpahin* (1:165) 和《奥班手抄本》明确提到他死于"水疱"，指的就是天花。

46. 《特拉特洛尔科编年史》中提到了这种关系，但仅凭这一点还不能证明什么，因为这个也可能是编年史作者单凭主观愿望的想法。然而，最具体的墨西加人族谱资料证明了这种说法 (*Codex Chimalpahin*, 2:79, 99)。在后来的事件中，特拉特洛尔科人确实完全支持夸乌特莫克，这也提供了进一步证明。

47. 所有原住民编年史都认可这些事情确实发生了。似乎只有特拉特洛尔科人认为夸乌特莫克毫无过错。关于特奎奇波钦被暗杀的兄弟的名字，参见 *Codex Chimalpahin*, 1:159, 167；关于夸乌特莫克杀死自己同父异母兄弟的故事，参见 *Codex Aubin* in Lockhart, *We People Here*, 277；关于需要采取行动的引文出自 *Annals of Tlatelolco* in Lockhart, *We People Here*, 261。另见于 Kalyuta, "Don Pedro"。

48. 关于女性配偶的重要象征意义使继承王位者获得合法性，参见 Susan Gillespie, *Aztec King: The Construction of Rulership in Mexica History* (Tucson: University of Arizona Press, 1989)。具体到玛林切和伊莎贝尔被理解为这种能让科尔特斯获得合法性的人，参见 Townsend, *Malintzin's Choices*, 77–78。对于在西方神话中，合法性通过母系代代相传的主题

263

的完整研究，见于 Alejandro Carrillo Castro, *The Dragon and the Unicorn* (Mexico City, 2014 [1996])。

49. 在《墨西加人之歌》中有一种这样的歌曲的次级体裁，有些此类歌曲就是专门描述与西班牙人之间的战争的。

50. *Florentine Codex, book 12, in Lockhart, We People Here*, 186.《特拉特洛尔科编年史》中讲述了一个类似的故事。

51. Lockhart, *We People Here*, 218.

52. Lockhart, *We People Here*, 222. 此类事迹也是《墨西加人之歌》的重要内容。

53. Lockhart, *We People Here*, 146.

54. Lockhart, *We People Here*, 224.

55. Cortés, "Third Letter," 257.

56. *Florentine Codex,* book 12, in Lockhart, *We People Here*, 230.

57. Lockhart, *We People Here*, 80, 90, 96, 110, and elsewhere.

58. Lockhart, *We People Here*, 74, 86, 98, 116, and elsewhere.

59. Cortés, "Third Letter," 246–47.

60. *Annals of Tlatelolco* in Lockhart, *We People Here*, 267 and 313. 这段话先是被安赫尔·加里贝，接着又被米格尔·莱昂 – 波蒂利亚在一定程度上误译了，当西班牙文被翻译成英文时，它又再次被改动，最终成了米格尔·莱昂 – 波蒂利亚作品的著名标题《折断的标枪》（"The Broken Spears"），但纳瓦语原文中其实从没有提过"标枪"这个词（实际上说的是骨头）。关于这一过程的清晰解释，可见于 John Schwaller, "Broken Spears or Broken Bones? The Evolution of the Most Famous Line in Nahuatl," *Americas* 16, 2 (2009): 241–52。

61. 科尔特斯说自己是趁其不备抓住夸乌特莫克的，但原住民编年史都说夸乌特莫克是主动投降的。西班牙人在墨西加人特拉托阿尼的城中趁其不备抓住他的说法，实在让人无法想象。

62. *Florentine Codex,* book 12, in Lockhart, *We People Here*, 246–48.

第六章　初期（1520 年代 ~1550 年代）

264 1. 这些事件被记录在一套 16 世纪库奥蒂坎的编年史中，该编年史已被出版成书：*Libro de los guardianes y gobernadores de Cuauhtinchan,* ed. Constantino Medina Lima (Mexico City: Centro de Investigaciones y

Estudios Superiores en Antropología Social [CIESAS], 1995), 50。西班牙人的记录确认，负责重新安置活动的是方济各会。

2. 关于奇马尔波波卡（堂阿隆索·德·卡斯塔涅达）的完整研究可见于 Camilla Townsend, *Annals of Native America: How the Nahuas of Colonial Mexico Kept Their History Alive* (New York: Oxford University Press, 2016), chap. 1。他和他的家人创作了两套编年史作品，还曾出现在一些法庭案件记录中，这为拼凑出一个人在征服战争之前和之后的生活提供了少有的机会。在其他 16 世纪编年史中，有时会出现引用在征服战争前出生的人说的话的情况，这份文件却恰恰是由这样一个人创作出来的，因而格外特别。

3. 奇马尔波波卡可能是现存最早也最优美的编年史《托尔特克－奇奇梅克史》的叙述者之一。关于这份资料的讨论，参见附录中关于纳瓦语编年史的附注释书目索引。本章后续内容中也有对该文献的深入分析。

4. 因为存在好几套编年史和一份重要的法庭记录，所以学者可以重构出库奥蒂坎在被征服前的历史。关于这个故事的详情，参见 Luis Reyes García, *Cuauhtinchan del Siglo XII al XVI* (Wiesbaden: Franz Steiner, 1977)。

5. *Historia Tolteca Chichimeca*, ed. Paul Kirchoff, Lina Odena Güemes, and Luis Reyes García (Mexico City: Instituto Nacional de Historia e Antropología, 1976), 228–29.

6. *Historia Tolteca Chichimeca*, 230. 记录只提到他去世。因为当时正是天花疫情暴发期间，战争也还没有蔓延到库奥蒂坎，所以认为瘟疫导致了他的死亡是相对可信的。但从理论上说，他加入了其他人与西班牙人之间的早期交战并死于战场或其他伤病也是可能的。

7. Michel Oudijk and Matthew Restall, "Mesoamerican Conquistadors in the Sixteenth Century," in *Indian Conquistadors: Indigenous Allies in the Conquest of Mexico*, ed. Laura Matthew and Michel Oudijk (Norman: University of Oklahoma Press, 2007).

8. *Historia Tolteca Chichimeca*, 230. 叙述者提到的是阿托亚克（Atoyac），那里后来完全变成了一条溪流。一位环境历史学家论证说阿托亚克当时还是一片湿地，其中有许多断断续续的小溪，这也解释了叙述者的说法。参见 Bradly Skopyk, "Undercurrents of Conquest: The Shifting Terrain of Agriculture in Colonial Tlaxala (PhD diss., York University, Department of History, 2010)。关于选择使用"*polihui*"这个词，参见

Stephanie Wood, "Nahuatl Terms Relating to Conquest," paper presented at the American Historical Association, New York City, January 2015。

265　　9.　*Historia Tolteca Chichimeca*, 230. 记录中没有明确提到协商中的讨价还价，但指标的高度具体性暗示双方就细节进行过认真讨论。

10.　*Annals of Tlatelolco* in *We People Here: Nahuatl Accounts of the Conquest of Mexico,* ed. and trans. James Lockhart (Los Angeles: UCLA Press, 1993), 272–73.

11.　Lockhart, *We People Here*, 271–73. 关于玛林切的参与程度，参见 book 12 of the *Florentine Codex* in Lockhart, *We People Here*。完整的讨论可见于 Stephanie Wood, *Transcending Conquest: Nahua Views of Spanish Colonial Mexico* (Norman: University of Oklahoma Press, 2003), chap. 3。有一幅原住民图画显示，当西班牙人放出他们的大型獒犬袭击毫无防备的原住民时，玛林切似乎正在一边看着。

12.　原住民编年史（book 12 of the *Florentine Codex* 和《特拉特洛尔科编年史》）提到了给俘虏打烙印并对其进行奴役，以及西班牙人扣押妇女的情况。然而，能够清楚体现这两种现象的规模的文件其实是西班牙人就运回西班牙的货物列出的清单，以及西班牙人与国王的通信，比如 "Instrucciones de Carlos V a Hernando Cortés sobre Tratameinto de los Indios, Valladolid, 26 junio 1523"。这些记录目前被收藏在西班牙塞维利亚的西印度群岛综合档案馆。关于它们的一些论述，参见 Camilla Townsend, *Malintzin's Choices: An Indian Woman in the Conquest of Mexico* (Albuquerque: University of New Mexico Press), 254–55 (nn. 3 and 4)。关于这个令人难过的主题的更完整论述，参见 Matthew Restall, *When Montezuma Met Cortés: The True Story of the Meeting that Changed History* (New York: HarperCollins, 2018)。

13.　关于这个城市的转变，参见 Barbara Mundy, *The Death of Aztec Tenochtitlan, The Life of Mexico City* (Austin: University of Texas Press, 2015)。

14.　*Annals of Tlatelolco*, in Lockhart, *We People Here*, 273.

15.　更多关于殖民地的政治和经济安排，参见 James Lockhart and Stuart Schwartz, *Early Latin America* (New York: Cambridge University Press, 1983)。

16.　关于胡安·佩雷斯·德·阿特亚加，参见 Townsend, *Malintzin's Choices*, 141, 184–85。关于各个征服者，参见 Robert Himmerich y Valencia, *The Encomenderos of New Spain* (Austin: University of Texas Press, 1991)。

17. 参见 Townsend, *Malintzin's Choices*, 129–32；以及 "Polygyny and the Divided Altepetl: The Tetzcocan Key to Pre-conquest Nahua Politics," in *Texcoco: Prehispanic and Colonial Perspectives,* ed. Jongsoo Lee and Galen Brokaw (Boulder: University Press of Colorado, 2014)。更多关于这一时期的特斯科科的内容，参见 Bradley Benton, *The Lords of Tetzcoco: The Transformation of Indigenous Rule in Postconquest Central Mexico* (New York: Cambridge University Press, 2017)。

18. "Ordenanzas de Buen Gobierno Dadas por Hernando Cortés," March 20, 1524, in *Colección de documentos inéditos relativos al descubrimiento, conquista y colonización de las posesiones españoles en América y Oceania,* ed. Joaquín Pacheco, 42 vols. (Madrid: Manuel Bernaldos de Quirós, 1864–1884), 26:135–45.

19. 罗贝尔·里卡尔（Robert Ricard）于 1933 年在法国出版了 *La conquête spirituelle du Mexique*；第二次世界大战后，他的观点在学术界逐渐传开，这部著作的英文版 *The Spiritual Conquest of Mexico* (Berkeley: University of California Press, 1966) 也最终出版。几十年后，路易丝·伯克哈特和詹姆斯·洛克哈特（参见本章注释 20 和注释 21）以及他们的学生发表的著作彻底推翻了原住民真的完全改变了自己的宗教观点的说法。 266

20. Louise Burkhart, *The Slippery Earth: Nahua-Christian Moral Dialogue in Sixteenth Century Mexico* (Tucson: University of Arizona Press, 1989), 40–42. 近期探索这些问题的作品包括 Elizabeth Hill Boone, Louise Burkhart, and David Tavárez, eds., *Painted Words: Nahuatl Catholicism, Politics and Memory in the Atzacualco Pictorial Catechism* (Washington, DC: Dumbarton Oaks, 2017)。

21. James Lockhart, "Some Nahua Concepts in Postconquest Guise," *History of European Ideas* 6 (1985): 465–82.

22. 这份文件被称为贝尔纳迪诺·德·萨阿贡修士的《对话》。西班牙语和纳瓦语文本均可见于 Miguel León Portilla, ed., *Coloquios y doctrina christiana* (Mexico City: Universidad Nacional Autónoma de México, 1986)。关于学者就这份文件的创作过程的辩论，参见 Lockhart, *The Nahuas*, 205–6; Jorge Klor de Alva, "La historicidad de los coloquios de Sahagún," *Estudios de Cultura Náhuatl* 15 (1982): 147–84。

23. 出自被翻译成英文的《对话》，见于 Kenneth Mills, William B.

Taylor, and Sandra Lauderdale Graham, eds., *Colonial Latin America: A Documentary History* (Wilmington, DE: Scholarly Resources, 2002), 20–22。

24. Mills, Taylor, and Graham, *Colonial Latin America*.

25. Luis Reyes García, ed., *Anales de Juan Bautista* (Mexico City: CIESAS, 2001), 280–81.

26. 当时在场的托里比奥·德·贝纳文特·莫托里尼亚修士（Fray Toribio de Benavente Motolinia）后来在 *Historia de los Indios de la Nueva España* (Madrid: Alianza, 1988), 66 中记录了这句话。

27. Townsend, *Malintzin's Choices*, especially chap. 6. 这些细节出自后来的法庭案件证词，其内容甚至具体到她在那一时期的着装风格。

28. Townsend, *Malintzin's Choices*, especially chap. 7.

29. Townsend, *Malintzin's Choices*, 150–57. 传统观点认为，科尔特斯把玛林切扔给了自己的一个助手是因为已经厌倦了她。这种解释完全说不通，因为他并不是要处理掉她才能和其他女人同床，而且当玛林切结婚时，科尔特斯依然完全离不开玛林切的帮助。*Malintzin's Choices* 分析了所有现存证据，从而断定数十名见证者后来在法庭上的宣誓证言实际上是真实的，即玛林切自愿嫁给了哈拉米略，并接受了自己的出生地奥卢特拉作为结婚礼物。

30. Bernal Díaz del Castillo, *Historia Verdadera de la conquista de la Nueva España* (Mexico City: Porrúa, 1960), 460. 迪亚斯妄自引用了玛林切与家人的对话，说她表示原谅他们，但考虑到他为她写的大部分个人经历明显是编造的，所以我不认为他真的听到了玛林切与亲属私下谈话的内容，我在这里也不会引用他写的内容。（企鹅出版集团出版的迪亚斯文字的英文版中没有包含这一部分，感兴趣的读者需要参考博路亚书店出版的西班牙文版。）

31. 纳瓦人、玛雅人和西班牙人留下的关于这些事件的叙述有很多地方相互矛盾，比如，我们无法确定最终有多少人和夸乌特莫克一起被吊死。对描述这一事件的资料的最好的比较分析，参见 Matthew Restall, *Seven Myths of the Spanish Conquest* (New York: Oxford University Press, 2003), 147–57。

32. 关于这次行程的基本信息是从科尔特斯的 "Fifth Letter.," printed in *Letters from Mexico*, ed. Anthony Grafton (New Haven, CT: Yale University Press, 1986) 中拼凑出来的。科尔特斯为了自己的私利，并没有对国

267

王提及自己强制奴役这几百个人的事。我们只能从塞维利亚的西印度群岛综合档案馆和耶鲁大学手抄本图书馆收藏的档案文件中获知这些内容。参见 Townsend, *Malintzin's Choices*, 261 (nn. 22–24); Restall, *When Montezuma Met Cortés*。

33. 很多历史学家创作过关于伊莎贝尔·德·蒙特祖马（Isabel de Moctezuma）的内容。关于她的最全面的作品是 Donald Chipman, *Moctezuma's Children: Aztec Royalty Under Spanish Rule, 1520–1700* (Austin: University of Texas Press, 2005)。

34. 科尔特斯于 1526 年 9 月 26 日写给父亲马丁·科尔特斯的书信，可见于 *Cartas y otros documentos de Hernán Cortés*, ed. Mariano Cuevas (Seville: F. Díaz, 1915), 29。

35. 科尔特斯在一份向堂娜伊莎贝尔授予封地的文件中提出了这一说法。该文件被收藏于西印度群岛综合档案馆，可见于 Amada López de Meneses, "Techuichpotzin, hija de Moteczuma," in *Estudios cortesianos* (Madrid: Consejo Superior de Investigaciones Científicas, 1948)。

36. Ordás to Francisco Verdugo, June 2, 1530, in Enrique Otte, "Nueve Cartas de Diego de Ordás," *Historia Mexicana* 14 (1964): 328.

37. 我们是根据她丈夫去世和这个孩子（莱昂诺尔）出生的时间进行推断的。我们还可以根据西班牙语文件（如科尔特斯和堂娜伊莎贝尔的遗嘱）及纳瓦语族谱确定这个孩子是科尔特斯的，族谱中将这个孩子列为特奎奇波钦的第一个孩子，并指出孩子的父亲就是这位征服者。(参见 *Codex Chimalpahin* 1:163 and 2:87。)

38. Townsend, *Malintzin's Choices*, especially chap. 9.

39. *Florentine Codex* 6:160. (See also 161–67.) 关于墨西加人的母亲身份，参见 Inga Clendinnen, *Aztecs: An Interpretation* (New York: Cambridge University Press, 1991)。

40. 莱昂诺尔·科尔特斯·蒙特祖马（Leonor Cortés Moctezuma）后来嫁给了萨卡特卡斯总督胡安·德·托洛萨（Juan de Tolosa）。这个地方有储量丰富的白银矿藏。莱昂诺尔的孩子都进入了墨西哥社会的最上层阶级。关于她的更多内容，参见 Chipman, *Moctezuma's Children*。

41. 伊莎贝尔偏爱头生子超过她和尚在人世且已经结婚二十多年的丈夫生的孩子们，这一点在她的遗嘱中显露无遗。参见 Chipman, *Moctezuma's Children*, 65–70。在她去世后，发生了漫长的法律诉讼。

42. 奇马尔帕因在对自己时代的记录中就是这么称呼她的，见 *Annals*

268

of His Time, ed. James Lockhart, Susan Schroeder, and Doris Namala (Stanford, CA: Stanford University Press, 2006)。

43. Donald Chipman, "Isabel Moctezuma," in *Struggle and Survival in Colonial America*, ed. David Sweet and Gary Nash (Berkeley: University of California Press, 1981).

44. 关于使用西班牙语档案文件确定玛林切的死亡时间，参见 Townsend, *Malintzin's Choices*, 263, n. 40。墨西哥城的市民代表议会法案提到她于 1529 年 1 月去世。奇马尔帕因在其 Seventh Relation, *Ocho relaciones* 中提到玛林切在 1530 年前后还在查尔科做翻译，但她当时已经去世。可能是给奇马尔帕因提供信息的人记错了日期。不过更可能的情况是，玛林切最晚到 1528 年还在查尔科做过翻译，所以很多年之后的人们在提到 1530 年代初的事件时，就自然地假定在场的翻译是玛林切了。玛林切去世时，她的儿子在西班牙。她的女儿由其父亲抚养长大。胡安·哈拉米略后来又娶了一位出身于"好人家"的西班牙女子。后来这位继母试图剥夺玛林切女儿的继承权，双方为此进行了漫长的诉讼。

45. *Historia Tolteca Chichimeca*, 231.

46. 关于营养不良在导致原住民更容易感染疾病方面的重要作用，参见 Suzanne Alchon, *A Pest in the Land* (Albuquerque: University of New Mexico Press, 2003)。

47. 参见Ida Altman, *The War for Mexico's West: Indians and Spaniards in New Galicia, 1524–1550* (Albuquerque: University of New Mexico Press, 2010)。

48. Benton, *Lords of Tetzcoco*, 35.

49. 一位既与奇马尔波波卡有亲属关系又是他朋友的贵族男子后来发誓说自己是在 1529 年受洗的。参见堂迭戈·塞诺斯（don Diego Ceynos）在 "Manuscrito de 1553," in *Documentos sobre tierras* y señoríos en *Cuauhtinchan*, ed. Luis Reyes García (Mexico City: Instituto Nacional de Antropología e Historia, 1978), 80 中的证言。1532 年，奇马尔波波卡已经开始用教名（堂阿隆索）称呼自己（参见 "Donación de Tierras," in *Documentos sobre tierras*, 101）。

50. *Libro de Guardianes*, 36.

51. *Libro de Guardianes*, 34 and 38. 一份留存下来的对另一地区进行的 1540 年代人口普查结果显示，主要的基督徒贵族仍会保留多个妻子。参见 S. L. Cline, ed., *The Book of Tributes: Early Sixteenth-Century Nahuatl Censuses from Morelos* (Los Angeles: UCLA Latin American Center Publications, 1993)。

52. "Donación de Tierras" in *Documentos sobre tierras*, 101–2. 这份文件上的日期是 1532 年，这是现存文件中，纳瓦人在自己的公共会议记录中使用罗马字母的一个相当早的例子。它能被留存至今完全是因为有人于 1554 年在一场于墨西哥城进行的诉讼中将它作为证物提交给了法庭。

53. *Documentos sobre tierras*, 101–2. 这位文书称自己为西蒙·布埃纳文图拉（Simón Buenaventura）。他还会出现在 1550 年代的其他文件中。1532 年，他应该还很年轻，可能刚刚成为特皮卡的修士的学生不久。

54. *Historia Tolteca Chichimeca*, 231.

55. *Libro de Guardianes*, 36. 这份原住民叙述与《特卡马查尔科编年史》中的内容一致，参见 *Los Anales de Tecamachalco, 1398–1590*, ed. Eustquio Celestino Solís and Luis Reyes García (Mexico City: CIESAS, 1992), 21–22。至于方济各会修士，尤其是赫罗尼莫·德·门迭塔（Gerónimo de Mendieta）在谈论这个主题时则关注了其他元素。

56. 关于原住民宗教信仰持续存在的文献非常丰富。例如，可参见 Patricia Lopes Don, *Bonfires of Culture: Franciscans, Indigenous Leaders, and Inquisition in Early Mexico, 1524–1540* (Norman: University of Oklahoma Press, 2010); David Tavárez, *The Invisible War: Indigenous Devotions, Discipline, and Dissent in Colonial Mexico* (Stanford, CA: Stanford University, 2011); Eleanor Wake, *Framing the Sacred: The Indian Churches of Colonial Mexico* (Norman: University of Oklahoma Press, 2010)。

57. *Historia Tolteca Chichimeca*, 232. 关于 1550 年代建造的保存了原住民样式的后续建筑的分析，参见 Pablo Escalante Gonzalbo, "El Patrocinio del arte indocristiano en el siglo XVI. La iniciativa de las autoridades indígenas en Tlaxcala y Cuauhtinchan," in *Patrocinio, colección y circulación de las artes*, ed. Gustavo Curiel (Mexico City: UNAM, 1997)。关于殖民地时期的城邦间竞争，参见 James Lockhart, *The Nahus After the Conquest* (Stanford, CA: Stanford University Press, 1992)。

58. *Libro de Guardianes*, 40.

269

59. 这是本书中我唯一使用了诗的破格①的地方。以下是我可以绝对确定的事实：（1）在 1580 年代，一位名叫克里斯托瓦尔·德·卡斯塔涅达（Cristóbal de Castañeda）的学识渊博的人作为市民代表议会的文书出现在记录中；（2）一份现存的遗嘱证明，克里斯托瓦尔是堂阿隆索的直系后代，但也可能是他的孙子或其他亲属，并不一定是儿子；（3）有压倒性的证据证明，堂阿隆索家族的一个年轻成员就读于特拉特洛尔科的学校；尽管这个人是他的儿子的可能性最大，但也有可能是他的堂弟或其他亲戚。（参见 Townsend, *Annals of Native America*, chap. 1。）鉴于此，在撰写关于去学校读书的这位卡斯塔涅达家族成员的内容时，严格按照事实地描述应该是"可能是他的儿子，可能名叫克里斯托瓦尔，但也可能是他的年轻亲属，且可能有其他教名的那个男孩"。我希望读者能够原谅我只简单地讨论"克里斯托瓦尔"的经历，并用此条注释来全面说明这个问题。

60. 关于男孩们受到的接待和他们随身携带的物品，参见 fray Juan de Torquemada, *Monarquía Indiana* (Mexico City: Porrúa, 1969), 3:113。

61. 我们对于这些年轻的原住民学生如何看待他们接受的教育及教育他们的人了解不多，因为没有人就此留下过任何评论。但这些学生肯定没有像 19 世纪和 20 世纪的北美原住民寄宿学校学生那样被强迫离家或剥夺尊严。考虑到学生之中一些人日后的活动，可以比较保险地说，他们对于自己学到的东西是充满热情的，并且希望依靠自己的读写能力帮助本族人民（他们通常也确实这么做了）。参见 Miguel León-Portilla, *Bernardino de Sahagún: First Anthropologist* (Norman: University of Oklahoma Press, 2002) 中关于"能讲三种语言的人"（西班牙语、拉丁语和纳瓦语）以及他们最伟大的老师的讨论。修士们印制的第一批字母课本的影印版可见于 Emilio Valton, ed., *El Primer Libro de alfabetización en América* (Mexico City: Robedo, 1949 [1569])。没有理由认为这些学生不能通过利用字母课本，像今天的幼儿园小朋友利用为他们准备的类似材料一样迅速地掌握这些内容。在特拉特

① 英国诗人、剧作家、文学批评家约翰·德莱顿（John Dryden）给"诗的破格"下的定义是："在所有的时代里，诗人赋予自己的那种不受散文的严谨限制、用韵文表达意思的自由。"广义上说，诗的破格可以用来表示诗人和其他任何文学作家为了取得特殊的效果，拥有从各方面违反日常话语的一般规范，以及文字、历史上的真实性的自由。——译者注

洛尔科学校图书馆中的具有启发性的课本目录可见于 Joaquín García Icazbalceta, ed., *Nueva colección de documentos para la historia de México,* vol. 3 (Liechtenstein: Kraus Reprints, 1971 [1886])，其中有西塞罗和伊拉斯谟的著作。关于教师做出的对学生的早期艺术作品的傲慢评论，以及他们为一些学生的成就感到骄傲的例子，如对他们令人愉快的歌声的赞赏，参见 Motolinia, *Historia de los Indios,* 273。

62. 萨阿贡的纳瓦语讲得很好，而且总是为年轻人在不完全了解监督自己的修士的情况下对彼此说的一些话而哀叹。*Florentine Codex: General History of the Things of New Spain,* ed. Arthur J.O. Anderson and Charles Dibble (Salt Lake City: School of American Research and University of Utah Press, 1952), vol. 1, commentary on books 2 and 5。

63. *Libro de Guardianes,* 40–42. 这本书的作者还评论了刚刚转变为新教城市的日内瓦的不服管教。他没有评论自己同样执行一夫多妻制的祖先的"差劲行为"，但修士们在他们的著作中经常提到，所以我们可以肯定他们也会和自己的学生分享这些观点。

64. 参见 *Historia Tolteca Chichimeca* 的影印版。

65. *Libro de Guardianes,* 28.

66. "Manuscrito de 1553," in *Documentos sobre tierras,* 94.

67. 有些编年史提到死亡人数多达八十万。*Libro de Guardianes* 中也重复了这个说法。其余的描述不足以说明罪魁祸首是哪一种疾病，这有可能是天花和其他疾病同时降临的结果。

68. 对这个例子的完整叙述可见于 "Cuauhtinchan contra Tepeaca por los linderos establecidos en el año de 1467, 1546–47," in *Documentos sobre tierras*。

69. *Documentos sobre tierras,* 13 and 28. 他们直接抱怨了城中食宿费用之高。

70. *Documentos sobre tierras,* 11–14. 法院书记员特别提及了堂阿隆索点头表示认可。

71. 实际上，堂阿隆索面临的难题与地中海沿岸使用楔形文字的人们在几个世纪前第一次接触腓尼基人的表音字母时的一样。他们是否应该抛弃自己的象形文字书写体系，改用这种高效的语音记录体系？随着时间的推移，很多人有意或无意地给出了肯定的答案。关于世界上的书写体系最全面的百科全书是 Peter Daniels and William Bright, eds., *The World's Writing Systems* (New York: Oxford University Press, 1996)。关

271

于古代地中海世界的文字起源问题的精彩分析，参见丹妮丝·施曼特－贝塞拉特（Denise Schmandt-Besserat）的两部作品：*How Writing Came About* (Austin: University of Texas Press, 1996); *When Writing Met Art: From Symbol to Story* (Austin: University of Texas Press, 2007)。关于在其他书写形式消亡的上下文中对楔形文字的衰落的讨论，参见 Stephen Houston, John Baines, and Jerrold Cooper, "Last Writing: Script Obsolescence in Egypt, Mesopotamia and Mesoamerica," *Comparative Studies in Society and History* 45, 3 (2003): 430–79。同美索亚美利加的所有书写体系一样，楔形文字实际上是可以部分表音的，但没有达到腓尼基人字母及其派生物能达到的程度。

72. 这份卓越的手稿如今被称为《托尔特克－奇奇梅克史》，它展现了所有这些特征。作品中明确说明是堂阿隆索策划了这个项目，而间接证据则证明他家庭中的年轻成员向他提供了帮助。完整的研究参见 Townsend, *Annals of Native America*, chap. 1。关于创作者的形象和意图的全面研究，参见 Dana Leibsohn, *Script and Glyph: Pre-Hispanic History, Colonial Bookmaking and the Historia Tolteca Chichimeca* (Washington, DC: Dumbarton Oaks, 2009)。

第七章　危机：印第安人的反抗（1560 年代）

1. 关于调查堂马丁·科尔特斯及与他同父异母的侯爵弟弟的文件被收藏于西班牙塞维利亚的西印度群岛综合档案馆。其中很多内容可见于 Manuel Orozco y Berra, ed., *Noticia histórica de la conjuración del Marqués del Valle, años 1565–1568* (Mexico City: R. Rafael, 1853)。关于酷刑部分的记录，见于 228–33。

2. 更多关于他的人生和性格的内容，参见 Ana Lanyon, *The New World of Martín Cortés* (New York: Da Capo, 2003); Townsend, *Malintzin's Choices: An Indian Woman in the Conquest of Mexico* (Albuquerque: University of New Mexico Press, 2006), especially chap. 9。

3. 多份纳瓦语历史作品中描述或暗示了这些事件，如《胡安·包蒂斯塔编年史》、《奥班手抄本》和《特卡马查尔科编年史》。

4. 克莱门特七世（Clemente VII）诏书的日期是 1529 年 4 月 16 日。当科尔特斯要求圣地亚哥骑士团（Order of the Knights of Santiago）接受这个新被认可的合法婚生子加入时，骑士团保留了一份诏书的副本。

这些记录都被收藏于马德里的国家历史档案馆（Archivo Histórico Nacional），并可见于 "Expediente de Martín Cortés, niño de siete años, hijo de Hernando Cortés y la India Marina, Toledo, 19 Julio 1529," in *Boletín de la Real Academia de Historia* 21 (1892): 199–202。

5. 埃尔南多·科尔特斯于 1533 年 6 月 20 日写给弗朗西斯科·努内斯（Francisco Nuñez）的书信，见于 Mario Hernández Sánchez Barba, ed., *Hernando Cortés: cartas y documentos* (Mexico City: Porrúa, 1963), 514–23。

6. 过去很多年里，（包括我在内的）历史学家们都相信堂马丁是在年过四十之后才返回墨西哥的。最近，玛丽亚·德尔·卡门·马丁内斯·马丁内斯（María del Carmen Martínez Martínez）通过细致研究找到了多处提及一次更早期到访的内容。她参考了王室宫廷的薪水记录，从而精确指出了堂马丁是何时暂时离开西班牙、前往新大陆的。参见 Martínez Martínez, *Martín Cortés: Pasos recuperados (1532–1562)* (León, Spain: Universidad de León, 2018), 33–40。（这是一份对婚生子马丁的生平研究，而不是对玛林切的儿子的，不过作者的研究涉及后者。）一份对后来几年情况的概述可见于堂马丁的儿子费尔南多提交的一份证明（Probanza），这份文件被收藏在西印度群岛综合档案馆，Patronato 17, R.13。

7. 关于两兄弟之间的关系，参见 Townsend, *Malintzin's Choices*, chap. 9。玛丽亚·德尔·卡门·马丁内斯·马丁内斯对继承人的态度更充满同情，她非常熟悉他的文献足迹。她坚称那些持续出现的诉讼只是这一阶层的人生活的一部分，并不一定会影响到他与其他人之间的关系。她还注意到侯爵继承人马丁承担了很多艰巨的责任，梅斯蒂索人马丁则从不掩饰自己的脾气。参见她的著作 *Martín Cortés*, 77–79, 121, 141, 167–82。真相无疑是复杂的。然而在我看来，母亲对儿子（继承人马丁）的看法足以说明他的品格，更不用说后面发生的那些事了。

8. "Por Marina, soy testigo / ganó esta tierra un hombre, / y por otra deste nombre / la perderá quien yo digo," 出自胡安·苏亚雷斯·德·拉·佩拉尔塔（Juan Suárez de la Peralta）在 1589 年写的文章：*Tratado del descubrimiento de las Indias y su conquista*, ed. Giorgio Perissinotto (Madrid: Alianza, 1990), 195。

9. 这些细节出自对堂马丁在所谓的为密谋做准备的那些年里的行为的调查报告（参见本章注释 1）。关于玛丽亚·哈拉米略（María Jaramillo）的生活和死亡的内容出自关于她和儿子为保护自己继承的财产而与她的继母对簿公堂的记录 (Archivo General de Indias, Justicia 168, Autos entre partes)。关于这个主题的更多内容，参见 Townsend, *Malintzin's Choices*, chap. 8。

10. Archivo General de Indias, Pasajeros, L.4, E 3955, Bernardina de Porres.

11. 西班牙人和原住民的记录能够互相证明。参见 Luis Reyes García, ed., *Anales de Juan Bautista* (Mexico City: CIESAS, 2001), 218–19; France Scholes and Eleanor Adams, eds., *Cartas de Valderrama* (Mexico City: Porrúa, 1961), 11, 338。

12. 对城中人反应的这种整体感觉不是来自相关调查的记录，而是来自 Suárez de la Perralta, *Tratado*。

13. 这是由五位墨西加人贵族于 1532 年在西班牙提出的一份请愿的主旨，请愿者包括蒙特祖马的儿子内萨瓦尔特科洛特和侄子瓦尼特钦。参见 "Una petición de varios principales de la Ciudad de México al emperador Carlos V," in *La Nobleza Indígena del cento de México después de la conquista,* ed. Emma Pérez-Rocha and Rafael Tena (Mexico City: Instituto Nacional de Antropología e Historia, 2000), 99–102。请愿者在请求获得封地或其他形式的财富时，当然有可能夸大自己面对的越来越糟糕的困境，但考虑到我们了解的背景情况，他们说的实际上是可信的。在请愿文件的结尾处，几位审问院法官补充说，他们认为如果不采取一些措施，这些人就无法继续作为社会中的领袖发挥作用了。请愿书没有解释什么是 "el oprobio en que estamos de nuestros naturales"（我们原住民的耻辱），但《胡安·包蒂斯塔编年史》清楚地表明了即便是在此时，谁对与西班牙人的战争负有责任依然是人们讨论的话题。

14. 关于 16 世纪在西班牙人的统治下对城邦进行的整顿，参见 James Lockhart, *The Nahuas After the Conquest* (Stanford, CA: Stanford University Press, 1992), esp. 28–44。

15. 关于蒙特祖马这个儿子的死因的传言，参见 don Domingo Chimalpahin, *Codex Chimalpahin,* ed. Arthur J. O. Anderson and Susan Schroeder (Norman: University of Oklahoma, 1997), 1:160–61。涉及内萨瓦尔特科洛特的已知文件详细列表，参见 Emma Pérez Rocha and Rafael Tena, introduction to *La Nobleza Indígena*, 38–39。佩雷斯和特纳注意到鉴于受指控的"鹰特拉托阿尼"的死亡时间，所以这个故事不可能是真的。最后一份提到内萨瓦尔特科洛特的记录是他在 1536 年接受了自己的盾徽。他很可能就是这时候去世的。

16. 这个表态是后来在 1560 年代进行的一场诉讼中提出的，而且被引用在了一篇非常深入细致且有启发性的文章中：Anastasia Kalyuta, "El arte de acomodarse a dos mundos: la vida de don Pedro de Moctezuma Tlacahuepantli" *Revista Española de Antropología Americana* 41, no. 2 (2011), 478。

17. 参见don Domingo de San Antón Muñón Chimalpahin Quauhtlehuanitzin, *Annals of His Time,* ed. James Lockhart, Susan Schroeder, and Doris Namala (Stanford, CA: Stanford University Press, 2006), 132–33 and 136–37。奇马尔帕因在撰写关于瓦尼特钦被扣押在科约阿坎镇并遭受酷刑折磨的内容时询问了瓦尼特钦的儿子特索索莫克，所以他可能是复述了这个家族中流传的故事。综合上下文来看，这个故事是可信的。在他向西班牙君主提出的请愿中（参见本章注释 13），瓦尼特钦自然没有提及后面的内容，而是只说了前往洪都拉斯的行程。

18. 关于瓦尼特钦"和其他人生的"孩子们，参见 *Codex Chimalpahin,* 2:101；关于他与堂娜弗朗西斯卡的婚姻，见 ibid, 1:165。

19. 在 1532 年向王室提出的请愿中，当时还活着的蒙特祖马之子堂马丁·内萨瓦尔特科洛特的声明出现在最前面，按将两个家族结合在一起的文化规范，其次出现的是伊斯科阿特家族的领袖，再次是瓦尼特钦，随后是一位鹰特拉托阿尼（他的父亲担任过临时统治者），最后是另一位亲属。虽然西班牙人并不知道这些，但这些声明或者说文件的排列顺序其实是非常重要的。

20. 纳瓦语记录就瓦尼特钦于 1530 年代晚期被任命为王室省长的具体时间给出了各不相同的说法。参见 María Castañeda de la Paz, "Historia de una casa real: Origen y ocaso del linage gobernante en México Tenochtitlan," *Nuevo Mundo Mundos Nuevos* (2011), http://nuevomundo. revues.org 中对王室家族进行的透彻研究。很可能的情况是，这个过程延续了数年，包含多个相互关联的步骤，就像建立一个城镇的过程一样。

274

21. 关于瓦尼特钦统治时期的最好的论述是 Barbara Mundy, *The Death of Aztec Tenochtitlan, the Life of Mexico City* (Austin: University of Texas Press, 2015), chap. 5。其中有关于这份羽毛制品礼物的精彩论述。关于欧洲人对墨西哥羽毛画日益增长的兴趣，参见 Alessandra Russo, Gerhard Wolf, and Diana Fane, eds., *Images Take Flight: Feather Art in Mexico and Europe, 1400–1700* (Florence, Italy: Kunsthistorisches Institut

in Florenz, 2015)。

22. Mundy, *Death of Aztec Tenochtitlan*, 156–60. 芒迪的作品中包括一份关于特拉托阿尼努力保护本群体和本家族资源的文献证据的细致论述。另见于 Castañeda de Paz, "Historia de una casa real," 6 中简短但重要的评论。

23. France Scholes and Eleanor Adams, eds., *Sobre el modo de tributar los indios de Nueva Espa*ña *a Su Majestad, 1561–64* (Mexico City: Porrúa, 1958) 收集了记录西班牙人就这一问题进行的辩论的文件。

24. Modesto Ulloa, *La hacienda real de Castilla en el reinado de Felipe II* (Madrid: Seminario Cisneros, 1986).

25. *Cartas de Valderrama*, 65–66.

26. "Auto proveido por el virrey," in *Sobre el modo de tributar los indios*, 116–18.

27. *Annals of Juan Bautista* in *Los Anales de Juan Bautista,* ed. Luis Reyes García (Mexico City: CIESAS, 2001), 184–85.

28. 这个案件的诉讼过程可见于 *Códice Osuna accompañado de 158 páginas inéditas encontradas in el Archivo General de la Nación*, ed. Luis Chávez Orozco (Mexico City: Instituto Indigenista Interamericano, 1947), 13–16 [hereafter *Codex Osuna*]。

29. *Annals of Juan Bautista*, 196–97, and *Codex Chimalpahin* 2:119. Castañeda de Paz, "Historia de una casa real," 6 指出我们无法知道这个年轻女人是谁，因为她在编年史中仅仅被描述为"去世的堂迭戈的女儿"；卡斯塔涅达·德·帕斯列举了两位名叫堂迭戈的贵族以证明自己的观点。然而很可能的情况是，只有一个人能够在无须进一步解释的情况下被称呼为"去世的堂迭戈"，这个人就是刚刚去世的特拉托阿尼。在《奇马尔帕因手抄本》中的堂迭戈的家谱中，我们可以找到一个年纪合适的后人，她的名字叫玛格达莱娜，是他的侄孙女，而不是女儿，不过一个家庭的所有依赖于家庭的年轻女性都可能被比喻性地统称为"女儿"。家谱中没有记录这个玛格达莱娜有任何儿女。这里说到的年轻女子也确实是结婚后不久就去世了，且没有生下孩子。

30. *Annals of Juan Bautista,* 198–99. 之前我将这段话理解为城邦付出了巨大的努力才存续下来。在此我要感谢塞尔索·门多萨对我的翻译做出的富有洞察力的改进——这句话提及的是血祭的传统。

31. Lockhart, *The Nahuas*, 118.

32. 《胡安·包蒂斯塔编年史》中的这一部分被抄录并翻译成英文后的   275
内容，可见于 Camilla Townsend, *Annals of Native America: How the Nahuas of Colonial Mexico Kept Their History Alive* (New York: Oxford University Press, 2016), chap. 2。

33. 很多地方都提到在公共场合哭泣的传统被视作一种发表有重大影响的声明的方式。例如，可参见詹姆斯·洛克哈特添加在 *The Nahuas After the Conquest* 附录中的文件 "Grant of a house site, San Miguel Tocuillen, Tetzcoco region, 1583"。Miguel Leon Portilla, *In the Languages of Kings: An Anthology of Mesoamerican Literature,* ed. Miguel Leon Portilla and Earl Shorris (New York: Norton, 2001), 366–67 中翻印了这些文件，并为之取了一个恰当的标题 "And Ana Wept"。

34. *Annals of Juan Bautista,* 214–15.

35. *Annals of Juan Bautista*, 218–19.

36. *Annals of Juan Bautista*, 220–23.

37. *Annals of Juan Bautista*, 220–21. 歌词的完整版参见 Camilla Townsend, "'What in the World Have You Done to Me, My Lover?': Sex, Servitude and Politics among the Pre-conquest Nahuas," *Americas* 62 (2006): 349–89。

38. *Cartas de Valderrama*, 160–61.

39. María Justina Sarabia Viejo, *Don Luis de Velasco, Virrey de Nueva España* (Seville: Escuela de Estudios Hispano-Americanos, 1978), 470–71.

40. *Annals of Juan Bautista,* 238–39.

41. *Annals of Juan Bautista*, 222–23.

42. *Annals of Juan Bautista*, 230–31, 278–81.

43. *Codex Osuna*, 32–38.

44. 关于与特佩亚克有关的古代精神联想，参见 Rodrigo Martínez Baracs, "De Tepeaquilla a Tepeaca, 1528–1555," *Andes* 17 (2006)。关于方济各会地方管事在 1556 年提到马科斯在特佩亚克创作的新作品，以及大主教随后发起的对可能存在偶像崇拜的调查的决定，参见 Edmundo O'Gorman, *Destierro de Sombras: Luz en el orígen de la imagen y culta de Nuestra Señora de Guadalupe* (Mexico City: Universidad Nacional Autónoma de México, 1986)。读者可以在 Ernesto de la Torre Villar and Ramiro Navarra de Anda, eds., *Testimonios Históricos Guadalupanos* (Mexico City: Fondo de Cultura Económica, 1982), 63 中看到关于马科

斯的 1556 年证词。关于创作了那幅画的马科斯是不是《胡安·包蒂斯塔编年史》中提到的马科斯，参见 Townsend, *Annals of Native America*, chap. 2。《胡安·包蒂斯塔编年史》中列出了所有在 1560 年代中期为方济各会工作的画家的姓名，其中只有一个人的名字是"马科斯"。这个人被视为画家中的领袖，也是这段文字中的主要人物，所以认为他可能就是几年前因那幅非凡的画作而为人所知的画家是合乎逻辑的。

45. 没有 16 世纪证据能证明有一个名叫胡安·迭戈的人存在过。参见 Stafford Poole, *The Guadalupan Controversies in Mexico* (Stanford, CA: Stanford University Press, 2006)。

276　46. *Annals of Juan Bautista*, 254–55, 258–59.

47. *Annals of Juan Bautista*, 238–39.

48. *Annals of Juan Bautista*, 288–89.

49. *Annals of Juan Bautista*, 262–63.

50. *Annals of Juan Bautista*, 258–59.

51. *Annals of Juan Bautista*, 250–51.

52. *Annals of Juan Bautista*, 248–49.

53. 关于这个非凡人物的完整研究，参见 Camilla Townsend, "Mutual Appraisals: The Shifting Paradigms of the English, Spanish and Powhatans in Tsenacomoco, 1560–1622," in *Early Modern Virginia: Reconsidering the Old Dominion,* ed. Douglas Bradburn and John C. Coombs (Charlottesville: University of Virginia Press, 2011), 57–89。

54. 地方管事的这封书信被收藏于 Archivo General de Indias, RG Mexico, vol. 280, Feb. 1563；书信的文字内容可见于 Camilla Townsend, ed., *American Indian History: A Documentary Reader* (London: Wiley-Blackwell, 2009), 31–33。

55. 我们是从这封信中得知他的争辩的（见于 Townsend, *American Indian History*）；修士偶尔会转述帕基内奥的回应，但我们无法直接听到他的原话。

56. 关于耶稣会策划的远征的最好论述是 Charlotte Gradie, "Spanish Jesuits in Virginia: The Mission That Failed," *Virginia Magazine of History and Biography* 96 (1988): 131–56。

57. *Cartas de Valderrama*, 187.

58. *Annals of Juan Bautista*, 148–49.

59. 参见 Ethelia Ruiz Medrano, "Fighting Destiny: Nahua Nobles and Friars in the Sixteenth-Century Revolt of the Encomenderos against the King," in *Negotiation within Domination: New Spain's Indian Pueblos Confront the Spanish State*, ed. Ethelia Ruiz Medrano and Susan Kellogg (Boulder: University Press of Colorado, 2010)。

60. *Annals of Juan Bautista*, 318–19.

61. *Codex Osuna*, 77–78.

62. 《胡安·包蒂斯塔编年史》中清晰地记录了这些现象，另见于 Townsend, *Annals of Native America*, chap. 2 中的讨论。

63. 奇马尔帕因明确地评论了历史学家也能看到的东西：王室家族本身不再统治了。然而围绕着奇马尔帕因关于王室血脉终结的说法，也存在很多复杂性，鉴于中央谷地贵族通婚传统形成的亲缘网络，16 世纪剩下时间里的一些统治者仍然与王室家族有各种亲属关系。参见 Castañeda de Paz, "Historia de una casa real"。但那些统治者的首要身份仍然是来自其他城邦的人。

64. 这份编年史就是《胡安·包蒂斯塔编年史》。更多关于在这份编年史中出现的角度变换问题，参见 Camilla Townsend, "Glimpsing Native American Historiography: The Cellular Principle in Sixteenth-Century Nahuatl Annals," *Ethnohistory* 56 (2009): 625–50。

第八章　孙辈（1570 年代 ~1620 年代）

1. 这一段中描述的事件（和细节）均出自如今被称为奇马尔帕因的原住民历史学家的作品。Don Domingo de San Antón Muñón Chimalpahin Cuauhtlehuanitzin, *Annals of His Time*, ed. and trans. James Lockhart, Susan Schroeder, and Doris Namala (Stanford, CA: Stanford University Press, 2006), 224–25。比本章内容更完整的关于他的人生的研究可见于 Camilla Townsend, *Annals of Native America* (New York: Oxford University Press, 2016), chap. 4。关于他的作品揭示了什么原住民政治理念，参见 Susan Schroeder, *Chimalpahin and the Kingdoms of Chalco* (Tucson: University of Arizona Press, 1991)。

2. 奇马尔帕因没有说"我当时在场"。但我推定他在场是因为他说"我们印第安人（*timacehualtin*）帮忙了"。在该作品中的其他地方，"我们印第安人"也被用来指代印第安人这个整体（例如，"我们印第安人必须缴税"），但他在具体说不包括他在内的某一群印第安人时不用这个说法。在那些情况中，他使用的是"印第安人"（*in macehualtin*）。因此我相信推定他在场是合理的；他提及的细节也暗示了这一点，因为只有目击者才能看到这些东西。关于我将"马塞瓦尔廷"译为"印第安人"而不是"平民"的决定，参见 Camilla Townsend, "Don Juan Buenaventura Zapata y Mendoza and the Notion of a Nahua Identity," in *The Conquest All Over Again*, ed. Susan Schroeder (Brighton: Sussex Academic Press, 2010)。我在那里只谈论了萨帕塔有时就这一问题做出的选择，但自那之后我又发现在很多纳瓦语文献中，"马塞瓦尔廷"都是被用来表示"原住民"这个概念的。

3. 带引文信息的完整故事见于本书第三章。科丘尔科瓦特钦后来改名为"堂赫罗尼莫"，这个名字中的"堂"显示他如我们预料的一样来自贵族家庭。奇马尔帕因告诉我们堂赫罗尼莫来自阿梅卡梅卡的次级城邦伊斯特尔科佐坎（Iztlacozauhcan），他自己的祖父母则来自次级城邦察库奥蒂特兰特南科（Tzacualtitlan Tenanco）。奇马尔帕因还说阿梅卡梅卡的次级城邦中的贵族家庭相互通婚，所以这些家族之间多少都有些亲属关系。

4. 他引用的关于不同大洲的内容可见于 Enrico Martínez, *El Reportorio de los tiempos* (Mexico City, 1606)。他阅读马丁内斯作品的问题将在本章后续内容中得到讨论。

5. David Eltis and David Richardson, *Voyages: The Trans-Atlantic Slave Trade Database*, http://www.slavevoyages.org. 关于我们一直对这个事实视而不见的评论，参见 Henry Louis Gates, *Black in Latin America* (New York: New York University Press, 2011), 59–60。

6. 参见Frederick Bowser, "Africans in Spanish American Colonial Society," in *The Cambridge History of Latin America,* ed. Leslie Bethell, vol. 2 (New York: Cambridge University Press, 1984); Colin Palmer, *Slaves of the White God: Blacks in Mexico, 1570–1650* (Cambridge, MA: Harvard University Press, 1976); Herman Bennett, *Africans in Colonial Mexico: Absolutism, Christianity, and Afro-Creole Consciousness, 1570–1640* (Bloomington: Indiana University Press, 2003)。最近期的作品是 Pablo Sierra Silva, *Urban Slavery in Colonial Mexico: Puebla de los Angeles, 1531–1706* (New York: Cambridge University Press, 2018)。

7. "Census de la población del Virreinato de Nueva España en el siglo XVI

[1570]," *Boletín del Centro de Estudios americanistas de Sevilla de Indias* (February/March 1919): 44–62. 八千人只是男性的数量，西班牙妇女比非洲妇女多。

8. 佩德罗·德·维加（Pedro de Vega）关于墨西哥城、普埃布拉和其他城市在 1595 年的人口状况的报告引自 María Elena Díaz, "The Black Blood of New Spain: Limpieza de Sangre, Racial Violence, and Gendered Power in Early Colonial Mexico," *William and Mary Quarterly* 61, no. 3 (2003): 503。这些人口数据是有争议的，因为当时所谓的人口普查并不符合现代标准。有些历史学家估计黑人人口的数量可能比这多得多，但大部分历史学家不这么认为。

9. Chimalpahin, *Annals of His Time*, 26–27. 很多编年史都提到了 1576 年开始的这场可怕瘟疫。最生动逼真的描述可见于《特卡马查尔科编年史》。萨阿贡描述了修士对所有原住民都会死去的恐惧。

10. 1570 年的人口普查（census de la población）（参见本章注释 7）结果称有约六万名原住民。确定这一点之后，1560 年代的一次具体进贡人口的普查将城中各区域的进贡人口定为约两万两千户。在这一时期，计算家庭成员的乘数通常会大于三，但鉴于原住民儿童死于疾病的比例极高，这个乘数可能是正确的。到 17 世纪初，进贡人口被定为约八千人 [参见 Charles Gibson, *The Aztecs Under Spanish Rule* (Stanford, CA: Stanford University Press, 1964), 142, 379, and 462。] 使用同一个乘数的话，可以得出 17 世纪初该地区的原住民人口数为两万四千人。就算我们不认可这个假设的乘数，进贡人口数的统计结果也足以说明人口几乎下降了三分之二。

11. Nicole Von Germeten, *Black Blood Brothers: Confraternities and Social Mobility for Afro-Mexicans* (Gainesville: University Press of Florida, 2006).

12. Bennett, *Africans in Colonial Mexico* 重点论述了墨西哥城中的非洲人后裔往往能够通过充分利用国家当局和教会之间存在的分歧来扩大自己权利的问题。

13. 关于邻近城镇乔卢拉的非洲人和印第安人之间的关系问题，参见 Norma Angelica Castillo Palma and Susan Kellogg, "Conflict and Cohabitation between Afro-Mexicans and Nahuas in Central Mexico," in *Beyond Black and Red: African-Native Relations in Colonial Latin America*, ed. Matthew Restall (Albuquerque: University of New Mexico

Press, 2005）；另见于 Matthew Restall, *The Black Middle: Africans, Mayas, and Spaniards in Colonial Yucatan* (Stanford, CA: Stanford University Press, 2009)。Sierra Silva, *Urban Slavery* 主要论述了人际关系网，以及非洲人与其他群体互动的问题。

14. Díaz, "The Black Blood of New Spain" 中包含了一段关于这次调查的精彩分析。更多关于在新大陆上受真正非洲政治传统影响的"加冕仪式"的内容，参见 Walter Rucker, *Gold Coast Diasporas: Identity, Culture, and Power* (Bloomington: University of Indiana Press, 2015)。

15. Díaz, "Black Blood of New Spain." Antonio Carrión, *Historia de la ciudad de Puebla de los Angeles* (Puebla: José Cajica, 1970 [1897]), 2:20–24. 关于马龙人的经典作品，参见 Richard Price, *Maroon Societies: Rebel Slave Communities in the Americas* (Baltimore: Johns Hopkins University Press, 1979)。

16. Díaz, "Black Blood of New Spain," 507–8. 另见于 Von Germeten, *Black Blood Brothers*, 77–78。

17. 奇马尔帕因描述了脓肿和清除脓肿的失败尝试。人们将总督的死归咎于无能的西班牙医生，参见 Chimalpahin, *Annals of His Time*, 200–201。

18. 由一位审问院成员提交的匿名报告的完整版可见于 Luis Querol y Roso, "Negros y mulatos de Nueva España," *Anales de la Universidad de Valencia* 12, no. 9 (1931–32): 141–53。其中提到了另一份由一个黑人女子汇报的关于一个黑人男子尝试对她使用巫术的内容。此类指控非常常见，而且通常会被移送给宗教裁判所。参见 Laura Lewis, *Power, Witchcraft and Caste in Colonial Mexico* (Durham, NC: Duke University Press, 2003)。

19. Chimalpahin, *Annals of His Time*, 212–13. 奇马尔帕因提到 "Nuestra Señora of Huitzillan"，其中 "Huitzillan" 指的是在他生活的时代，慈悲圣母医院（Hospital Nuestra Señora de la Misericordia）所在地附近的一个地方，那里仍被人们以征服战争前的名字称呼。后来那些被处决的黑人就被许可埋葬在这家医院的墓地中。西班牙人资料直接表明，慈悲圣母教堂的教友会参加了就那个黑人女奴的死而进行的抗议。参见 Von Germeten, *Black Blood* Brothers, 77。关于 Huitzillan，参见 Barbara Mundy, *The Death of Tenochtitlan, The Life of Mexico City* (Austin: University of Texas Press, 2015)。

20. Chimalpahin, *Annals of His Time*, 214–15.

21. *Annals of His Time*, 216–17.

22. *Annals of His Time*, 218–19.

23. *Annals of His Time*, 218–19.

24. 文森特·里瓦·帕拉西奥（Vicente Riva Palacio）宣称他在什么地方读到过这些。他的叙述显示出奇马尔帕因对他的影响。参见 Vicente Riva Palacio, *El Libro Rojo, 1520–1867* (Mexico City: Díaz de León, 1870)。

25. Luis Querol y Roso, "Negros y mulatos de Nueva España." 城市当局给普埃布拉市民代表议会的书面文件中提到了巫术的因素。参见 Díaz, "Black Blood of New Spain"。

26. Chimalpahin, *Annals of His Time*, 218–23. Díaz, "Black Blood of New Spain" 精彩地分析了人们在新兴的欧洲种族纯洁理念背景下说的话。然而，我们无法确定奇马尔帕因提到的原住民内部街头八卦有多少其实原本出自西班牙人之口。原住民说的大部分内容在前殖民地时期的背景下肯定比在其他背景下更讲得通。 ⟨280⟩

27. 使用西班牙资料的近现代历史学家肯定更愿意相信愤怒的黑人群体真的策划了推翻西班牙人的阴谋。然而，奇马尔帕因与黑人的关系更密切，他似乎和非洲裔墨西哥人有交往，所以我倾向于接受他对这些事件的记叙，而不是西班牙人的。西班牙资料在某种程度上是基于自称精通安哥拉语的葡萄牙奴隶贩子的声明写出的，所以我们认为这些内容不值得相信。此外，Sierra Silva, *Urban Slavery* 指出，被指控策划阴谋的黑人教友会领袖都是深深地嵌入了城市权力结构的人，他们能够接触到高级的精英集团，所以不太可能把希望寄托在暴力叛乱上。

28. Chimalpahin, *Annals of His Time*, 224–25.

29. *Annals of His Time*, 222–23.

30. *Annals of His Time*, 224–25.

31. 这个事实和许多我们知道的关于奇马尔帕因的信息一样都来自他自己的作品。参见Chimalpahin, *Las Ocho Relaciones*, ed. Rafael Tena (Mexico City: Consejo Nacional para la Cultura y las Artes, 1998), 1:249。

32. 这可以从他们 1606 年去世时的年纪推导出来：Chimalpahin, *Annals of His Time*, 90–91。关于他的家谱及其意义，参见 Schroeder, *Chimalpahin and the Kingdoms of Chalco*。

33. 参见本章注释 3，以及第三章注释 1。

34. 奇马尔帕因的几乎所有作品都采用了太阳历的形式。这样做似乎没有什么深意，但无疑反映了他最先接触的资料本身就是以这种形式呈现的。

35. Chimalpahin, *Annals of His Time*, 166–67.

36. 奇马尔帕因的《他所处时代的编年史》是用第三人称创作的。其中记录了墨西哥城历史早期的要素，但从 1590 年代前后的内容开始，它才体现出一种作者亲身经历过其描述事件的感觉，那时的奇马尔帕因十一岁。他后来还写道，他"从年幼时起"(desde muy niño) 就生活在那里，如果他是在十二岁之后来到这里的，他就不会用这个词了。

37. Chimalpahin, *Annals of His Time*, 38–39.

38. 关于这个教堂的历史，参见 Rodrigo Martínez Baracs, "El Diario de Chimalpahin," *Estudios de cultura náhuatl* 38 (2007), 288–89。在欧洲，圣安东尼奥院长修会的修士会开办医院，但在这里，这个名字只被用来命名教堂了。

39. Chimalpahin, *Annals of His Time*, 60–61.

40. Arthur J. O. Anderson and Charles Dibble, eds., *Florentine Codex: General History of the Things of New Spain* (Salt Lake City: University of Utah Press and School of American Research, 1950–1982), 6:35–36. 感谢路易丝·伯克哈特对译文做出的改进。

41. Don Juan Buenaventura Zapata y Mendoza, *Historia cronológica de la Noble Ciudad de Tlaxcala*, ed. Luis Reyes García and Andrea Martínez Baracs (Tlaxcala: Universidad Autónoma de Tlaxcala, 1995), 180–83. 这些事件在《特拉斯卡拉编年史》中也有提及。完整研究参见 Travis Jeffres, "'In Case I Die Where I Am Selected to Be Sent': Coercion and the Tlaxcalan Resettlement of 1591," *Ethnohistory* 66 (2019): 95–116。

42. Chimalpahin, *Annals of His Time*, 36–37.

43. *Annals of His Time*, 62–63.

44. *Annals of His Time*, 64–65.

45. *Annals of His Time*, 70–71. 关于"马塞瓦尔廷"这个词，参见本章注释 2。

46. 更多相关内容参见 Tatiana Seijas, *Asian Slaves in Colonial Mexico* (New York: Cambridge University Press, 2014)。关于 1601 年在圣哈辛托建立的清修之地，参见 Seijas, 125–26。

47. Saint Augustine, *Confessions*, ed. R. S. Pine-Coffin (New York: Penguin, 1961), 34. 关于奇马尔帕因在自己的作品中提及亚当和夏娃，以及引用圣奥古斯丁作品的研究，参见 Townsend, *Annals of Native America*,

281

chap. 4。

48. 学者可以通过研究遗嘱发现人们喜欢收集的各种物品。参见 James Lockhart, *The Nahuas After the Conquest* (Stanford, CA: Stanford University Press, 1992)。

49. 艺术史学家研究了墨西哥手工艺者接触到亚洲丝绸和瓷器之后创造的艺术作品。Donna Pierce and Ronald Otuska, eds., *Asia and Spanish America: Transpacific Artistic and Cultural Heritage, 1500–1850* (Denver: Denver Art Museum, 2009)。另见于 Carmen Yuste López, *El comercio de la Nueva España con Filipinas, 1590–1795* (Mexico City: Instituto Nacional de Antropología e Historia, 1984)。

50. 奇马尔帕因很了解特奎奇波钦。参见 *Annals of His Time*, 298–301。

51. *Annals of His Time*, 66–67.

52. 关于堂佩德罗·迪奥尼西奥的最完整论述可见于 María Castañeda de la Paz, "Historia de una casa real: origen y ocaso del linaje gobernante en MéxicoTenochtitlan," *Nuevo Mundo Mundos Nuevos* (2011): 8–10。

53. 1526 年，瓦尼特钦已经从洪都拉斯返回并和妻子一起生活。如果假设他们很快就有了孩子，那么他们的长女出生于 1527 年，长子堂克里斯托瓦尔（don Cristóbal）大约出生于 1528 年。这说得通，因为他是在 1550 年代中期当选省长的，如果他当时还没接近三十岁，那么就不可能当选。另外五个孩子都是在 1530 年代出生的，早于他们父亲的去世时间（1541 年）。特索索莫克是排行倒数第二的孩子。参见 Arthur J. O. Anderson and Susan Schroeder, eds., *Codex Chimalpahin* (Norman: University of Oklahoma Press, 1997), 1:173。

54. Chimalpahin, *Annals of His Time*, 66–67.

55. Chimalpahin, *Annals of His Time*, 58–59. 从字面上看，这里是说堂安东尼奥"听不见"，但这句话的意思是他不能理解一些东西（洛克哈特等人也是这么理解这句话的）。奇马尔帕因后来提到巴莱里亚诺死于 1605 年。关于这个最有意思的人物的更多内容，参见 Castañeda de la Paz, "Historia de una casa real"; Davíd Tavárez, "Nahua Intellectuals, Franciscan Scholars, and the *Devotio Moderna* in Colonial Mexico," *Americas* 70, no. 2 (2013): 203–10。关于伊莎贝尔与巴莱里亚诺的婚姻，参见 *Codex Chimalpahin,* 1:173。

56. Chimalpahin, *Annals of His Time*, 90–91.

57. *Annals of His Time*, 100–101.

58. 关于这个持续数十年的非凡项目的完整故事，参见 Vera Candiani, *Dreaming of Dry Land: Environmental Transformation in Colonial Mexico City* (Stanford, CA: Stanford University Press, 2014)。坎迪亚尼很好地解释了为什么说城市管理者继续依靠征募原住民为劳动力来完成这个项目的做法是合理且划算的。

59. Chimalpahin, *Annals of His Time*, 110–11. 奇马尔帕因使用的动词是"*mococoya*"，它可以同时表示得病和受伤。

60. 我们知道他读了这两本书，因为他在自己的作品中直接引用了其中的内容。

61. 路易丝·伯克哈特整理了一个纳瓦语教义资料目录，作为 *The Slippery Earth: Nahua-Christian Moral Dialogue in the Sixteenth Century* (Tucson: University of Arizona Press, 1989) 的附录。

62. 这一波热潮的主要组成部分是胡安·包蒂斯塔·比索修士的作品（参见本章注释 63 中的例子）。关于修士的作品，以及关于后来与他们一起工作的纳瓦人基督徒的作品都非常优秀。感兴趣的读者可以从 Burkhart, *Slippery Earth* 开头几章读起。近期的精彩文章是 Tavárez, "Nahua Intellectuals"。他的脚注是对各种文章的全面指南。

63. Preface to Juan Bautista Viseo, *Sermonario en lengua Mexicana* (Mexico City: Casa de Diego López Dávalos, 1606). 这部作品的副本，以及其他很多早期墨西哥印刷品的副本都被收藏在纽约公共图书馆。

64. 关于学者如何推断出他是从这一年开始创作其代表作的文献研究［该作品如今被称为《八份报告》（*Las Ocho Relaciones*）］，参见 Townsend, *Annals of Native America*, chap. 4。

65. "Eighth Relation" in *Las Ocho Relaciones*, 2:305–9. 关于奇马尔帕因提到的所有资料来源的完整列表（其中还包括一位老妇人），参见 Schroeder, *Chimalpahin,* 18–19。

66. *Las Ocho Relaciones*, 2:317. 在翻译问题上，我与拉斐尔·特纳之间存在一个很小但很重要的意见分歧，所以我就此对译文进行了修改。他的理解是这群人给某份古老叙述制作了一个副本，但我肯定这段文字应当被理解为，他们将所有人召集到一起，做了一次传统的口头叙述（*quicenquixtique y huehuetlahtolli*），而他们讲的内容则被转录成了文字。这一点非常重要，因为这意味着奇马尔帕因读到的是对一次内容丰富的口述表演的转录。

283 67. *Las Ocho Relaciones*, 2:309.

68. 奇马尔帕因在自己的作品中加入了多份特索索莫克的长篇声明，其中之一的日期是 1609 年。实际上，特索索莫克的声明都是通过奇马尔帕因的作品才得以留存至今的。理论上说，这两个人有可能从未谋面，这些声明也只是按照特索索莫克的要求被转交给奇马尔帕因的。但实际上，这样的情况令人难以相信。对两人来说都如此重要的事务理应当面处理，更何况是在一个所有重要事务都会被当面处理的年代。

69. 在提到特索索莫克的情况时，更多不是要说他亲自写了什么内容，而是说他认可了什么内容的真实性。因此我断定，在有些情况下，特索索莫克很可能是将象形文字声明的内容读出来或背诵出来给奇马尔帕因（或其他人）听的。

70. "Eighth Relation" in *Las Ocho Relaciones*, 2:273.

71. Tezozomoc in *Codex Chimalpahin*, 1:60–61.

72. "Eighth Relation," in *Las Ocho Relaciones*, 2:295.

73. *Las Ocho Relaciones*, 2:360–61.

74. David Tavárez, "Reclaiming the Conquest," in *Chimalpahin's Conquest*, ed. Susan Schroeder, Anne J. Cruz, Cristián Roa-de-la-Carrera, and David Tavárez (Stanford, CA: Stanford University Press, 2010), 29–30.

75. "First Relation" in *Las Ocho Relaciones*, 1:29.

76. "Second Relation" in *Las Ocho Relaciones*, 1:65; "Fourth Relation" in *Las Ocho Relaciones*, 1:307.

77. Chimalpahin, *Annals of His Time*, 194–95. 这个故事的内容很长，对它的分析是分散的，一直延续到第 201 页。

78. *Annals of His Time*, 196–97. 他写的是 "*Macama ytalhuillo*"。

79. *Annals of His Time*, 222–23.

80. 参见《启示录》20:12–13。我要感谢罗伯特·泰伯（Robert Taber）提出的这个有洞察力的观点。我本来没有意识到此处的《圣经》典故，但这里确实有这个意思。

81. 参见Martin Nesvig, "The 'Indian Question' and the Case of Tlatelolco," in *Local Religion in Colonial Mexico*, ed. Martin Nesvig (Albuquerque: University of New Mexico Press, 2006)。

82. 具体的台词似乎没有流传下来，但一位观众对这次表演做了概括描述。Antonio de Ciudad Real, *Tratado curioso y docto de las grandezas de la Nueva Espa*ña (Mexico City: Universidad Nacional Autónoma de

México, 1976 [1584]).

83. "Seventh Relation" in *Las Ocho Relaciones*, 2:230–31.

84. 参见 Gregorio Martin del Guijo, *Diario*. 2 vols. (Mexico City: Editorial Porrúa, 1952)。

85. 关于这些暴动的分析，参见 Alejandro Cañeque, *The King's Living Image: The Culture and Politics of Vice-regal Power in Colonial Mexico* (New York: Routledge, 2004)。

86. *Annals of Tlaxcala* in Camilla Townsend, ed., *Here in This Year: Seventeenth Century Nahuatl Annals of the Tlaxcala-Puebla Valley* (Stanford, CA: Stanford University Press, 2010), 176–77.

87. James Lockhart, Susan Schroeder, and Doris Namala, introduction to *Annals of His Time*, 12. 出于以下几个原因，编辑们相信奇马尔帕因很可能不再继续创作了：（1）到 1615 年时，他的写作速度已经变慢；（2）作品的结尾是在页面中间位置，如果后面还有丢失的页面，这一页也应该写满，因为奇马尔帕因从来不浪费纸；（3）得到他的文件的西贡萨－贡戈拉写了一个注释，说自己曾经特意寻找了结尾部分，但没有在这些文件中找到任何像结尾的内容。

88. Fernando de Alva Ixtlilxochitl, *Obras Históricas* ed. Edmundo O'Gorman (Mexico City: Universidad Nacional Autónoma de México, 1975–77), 1:523. 奥戈曼在伊斯特利尔索奇特作品的不同副本的不同位置都发现过这篇序言，所以他把序言放在了早期的 "Sumaria relación de la historia general" 前面。然而，安伯·布赖恩在一份有作者签名的手稿中发现，这篇序言也出现在伊斯特利尔索奇特的最后作品 "The Historia Chichimeca" 的开篇处。参见 Brian, "Don Fernando de Alva Ixtlilxochitl's Narratives of the Conquest of Mexico," in *The Conquest All Over Again*, ed. Susan Schroeder (Brighton: Sussex Academic Press, 2010); Brian, "The Original Alva Ixtlilxochitl Manuscripts at Cambridge University," *Colonial Latin American Review* 23, no. 1 (2014): 84–101。

89. Amber Brian, *Alva Ixtlilxochitl's Native Archive and the Circulation of Knowledge in Colonial Mexico* (Nashville, TN: Vanderbilt University Press, 2016). 关于基于历史文件概括的伊斯特利尔索奇特的生平细节，参见 Camilla Townsend, "The Evolution of Ixtlilxochitl's Scholarly Life," *Colonial Latin American Review* 23, no. 1 (2014): 1–17。这是该期刊发行的伊斯特利尔索奇特特刊中的第一篇文章。

284

90. Townsend, *Annals of Native America*, 154–55.

91. David Brading, *The First America: The Spanish Monarchy, Creole Patriots, and the Liberal States, 1492–1867* (Cambridge: Cambridge University Press, 1991). 关于原住民精英群体（包括但不限于奇马尔帕因和伊斯特利尔索奇特）如何参与创造了关于原住民的克里奥尔人幻想的精彩研究，参见 Peter Villella, *Indigenous Elites and Creole Identity in Colonial Mexico, 1500–1800* (Cambridge: Cambridge University Press, 2016)。关于 18 世纪的精英群体执着于从古老的印第安人传说中寻找治病方法的情况，参见 Lance Thurner, "Lizards and the Idea of Mexico," *Nursing Clio*, April 12, 2018. https://nursingclio. org/2018/04/12/lizards-and-the-idea-of-mexico。

后　记

1.　关于太阳历在特拉斯卡拉存在了更长时间，参见 Camilla Townsend, "Don Juan Buenaventura Zapata y Mendoza and the Notion of a Nahua Identity," in *The Conquest All Over Again* ed. Susan Schroeder (Brighton: Sussex Academic Press, 2010)。关于纳瓦人在殖民地时代后期制作的被称为"原始权证"（*títulos*）① 的文件，参见斯蒂芬妮·伍德的作品，包括 "Don Diego García de Mendoza Moctezuma: A Techialoyan Mastermind?" *Estudios de cultura náhuatl* 19 (1989): 245–68; *Transcending Conquest: Nahua Views of Spanish Colonial Mexico* (Norman: University of Oklahoma Press, 2003)。另见于罗伯特·哈斯克特的作品，包括 *Visions of Paradise: Primordial Titles and Mesoamerican History in Cuernavaca* (Norman: University of Oklahoma Press, 2005)。

2.　詹姆斯·洛克哈特和斯图尔特·施瓦茨（Stuart Schwartz）的经典作品 *Early Latin America* (New York: Cambridge University Press, 1983) 是一份杰出的殖民地时期社会经济模式指南。

3.　关于这些主题中的每一个的文献都非常丰富且仍在继续增多。对于入门者，我推荐以下近期作品：Pablo Sierra Silva, *Urban Slavery*

285

---

　① 西班牙语 "títulos primordiales"，原住民群体制作的一种虚假的法律文件，他们尝试将它制作成有悠久历史的样子，然后使用它在法庭上证明自己对某块土地的所有权由来已久。——译者注

in Colonial Mexico: Puebla de los Angeles, 1531–1706 (New York: Cambridge University Press, 2018); Jessica Nelson Criales, "'Women of Our Nation': Gender and Christian Indian Communities in the United States and Mexico, 1724–1850," *Early American Studies* 17, no. 4 (2019)。

4. 关于胡安娜修女和瓜达卢佩圣母的历史的文献都非常丰富。最开始可以先看 Camilla Townsend, "Sor Juana's Nahuatl," *Le Verger* 8 [Paris] (2015): 1–12; Stafford Poole, *The Guadalupan Controversies in Mexico* (Stanford, CA: Stanford University Press, 2006)。

5. 关于这一时期的一份明晰的概述是 E. Bradford Burns, *The Poverty of Progress: Latin America in the Nineteenth Century* (Berkeley: University of California Press, 1980)。

6. 关于纳瓦语使用者在当代的活动的全面研究，参见 Kelly McDonough, *The Learned Ones: Nahua Intellectuals in Postconquest Mexico* (Tucson: University of Arizona Press, 2014)。用纳瓦语解释纳瓦语的词典是 John Sullivan, Eduardo de la Cruz Cruz, Abelardo de la Cruz de la Cruz et al., *Tlahtolxitlauhcayotl* (Chicontepec, Veracruz: IDIEZ, 2016)。纳瓦语学者和作家维多利亚诺·德·拉克鲁斯·克鲁斯（Victoriano de la Cruz Cruz）与雷富吉奥·纳瓦（Refugio Nava）向 2012 年在耶鲁大学召开的纳瓦研究东北部群体研讨会提交了论文，其中提到了隐喻性的第六太阳纪的概念。世界范围内的其他一些作者也深受纳瓦语作品的影响，比如，邓肯·托纳蒂乌（Duncan Tonatiuh）就用英语出版了基于纳瓦人主题创作的儿童故事。

附录 学者如何研究阿兹特克人？

1. 大多数考古学家挖掘和分析了各个壮观的遗址。在墨西哥的纳瓦人领地中，最大的遗址之一是位于今天的墨西哥城中的阿兹特克大神庙，该遗址于 1978~1982 年被挖掘出来。挖掘活动的首席考古学家是爱德华多·马托斯·蒙特祖马（Eduardo Matos Moctezuma），他出版过大量西班牙语著作。关于英语介绍，参见 *Life and Death in the Templo Mayor* (Boulder: University Press of Colorado, 1995)。其他考古学家致力于在规模略小一些的遗迹中研究普通人的生活。他们的作品同样能给人极大启发。参见 Michael E. Smith, *The Aztecs* (London: Blackwell, 1996)。

2. 我认为最有帮助的英文版哥伦布日志残篇（巴托洛梅·德·拉斯·卡萨斯抄写版）是 Oliver Dunn, ed., *The Diario of Christopher Columbus's First Voyage to America* (Norman: University of Oklahoma Press, 1989)。唯一留存下来的创作于征服墨西哥时期的文稿是埃尔南多·科尔特斯本人写给国王的一系列书信。参见 Hernán Cortés, *Letters from Mexico*, ed. Anthony Pagden (New Haven, CT: Yale University Press, 1986)。其他参与者后来也记录了自己的经历，其中最著名的是伯尔纳尔·迪亚斯·德·卡斯蒂略（Bernal Díaz de Castillo），其作品的优秀英文译本之一是 *The Conquest of New Spain*, ed. J. M. Cohen (New York: Penguin Books, 1963)。征服战争之后不久，劝诱改宗的修士们开始记录自己的思想，此类作品之一是 Dominican Fray Diego Duran, *The History of the Indies of New Spain*, ed. Doris Heyden (Norman: University of Oklahoma Press, 1994 [1964])。

3. 参见Michael Coe, *Breaking the Maya Code* (New York: Thames & Hudson, 1992)。最早发现这一点的学者是戴维·斯图尔特（David Stuart），他还是个孩子的时候，就经常跟随身为人类学家的父母前往墨西哥，所以对这种语言足够精通到能够最先发现这一点。

4. 这是被刻在危地马拉彼德拉斯内格拉斯（Piedras Negras, Guatemala）的一段相对较长的描述人生经历的文字的一部分。参见 Coe, *Breaking the Maya Code*, 266–67 中由琳达·谢勒（Linda Schele）所做的翻译。

5. 伊丽莎白·希尔·布恩（Elizabeth Hill Boone）是图画历史领域中的重要学者。参见她的两本基础性作品：*Stories in Red and Black: Pictorial Histories of the Aztecs and Mixtecs* (Austin: University of Texas Press, 2000); *Cycles of Time and Meaning in the Mexican Books of Fate* (Austin: University of Texas Press, 2007)。如今，很多年轻的艺术史学家追随了她的脚步，包括 Lori Boornazian Diel, *The Tira de Tepechpan: Negotiating Place Under Aztec and Spanish Rule* (Austin: University of Texas Press, 2008); *The Codex Mexicanus: A Guide to Life in Late Sixteenth-Century New Spain* (Austin: University of Texas Press, 2018)。

6. 这些章节的标题均出自被深入研究且广受好评的《佛罗伦萨手抄本》。

7. 关于玛雅人的经典著作有 Linda Schele and David Freidel, *A Forest of Kings: The Untold Story of the Ancient Maya* (New York: William Morrow, 1990)。关于阿兹特克人的经典著作有：Alfredo López Austin, *Hombre-Dios: Religión y política en el mundo náhuatl* (Mexico

City: Universidad Nacional Autónoma de México, 1973), 此作品已由拉斯·戴维森（Russ Davidson）和吉莱姆·奥利维尔（Guilhem Olivier）翻译成英文版 *The Myth of Quetzalcoatl: Religion, Rulership, and History in the Nahua World* (Boulder: University Press of Colorado, 2015); Inga Clendinnen, *Aztecs: An Interpretation* (New York: Cambridge University Press, 1991); Davíd Carrasco, *City of Sacrifice: The Aztec Empire and the Role of Violence in Civilization* (Boston: Beacon Press, 1999)。弗朗西丝·伯丹（Frances Berdan）将她丰富的考古知识与对受西班牙人影响的资料的深入了解结合起来，写出了现存的最简洁而全面的纲要性著作 *Aztec Archaeology and Ethnohistory* (New York: Cambridge University Press, 2014)。

287 8. 在墨西哥，安赫尔·玛丽亚·加里贝很久之前就开始研究纳瓦语，他的学生米格尔·莱昂－波蒂利亚将一些精选资料摘要出版为 *Visión de los Vencidos* (Mexico City: Universidad Nacional Autónoma de México, 1959)，该作品后来不仅由莱桑德·肯普（Lysander Kemp）翻译成英文版 *The Broken Spears: The Aztec Account of the Conquest of Mexico* (Boston: Beacon Press, 1962)，还被翻译成其他许多语言出版。与此同时，著名的美国历史学家查尔斯·吉布森（Charles Gibson）越来越意识到纳瓦语资料的重要性，并在其著作 *The Aztecs Under Spanish Rule* (Stanford, CA: Stanford University Press, 1964) 中指出了这一点；同时期的查尔斯·迪布尔（Charles Dibble）和阿瑟·安德森（Arthur Anderson）一直在进行将《佛罗伦萨手抄本》翻译成英文的伟大工作，他们翻译的就是纳瓦语原版，而不是被西班牙人阐释后的版本。参见本书附录末尾的关于纳瓦语编年史的附注释书目索引。

9. 路易丝·伯克哈特用自己的作品 *The Slippery Earth: Nahua-Christian Moral Dialogue in Sixteenth-Century Mexico* (Tucson: University of Arizona Press, 1989) 开创了一个研究领域。关于她的学生之一近期发表的杰出作品，参见 Ben Leeming, "Micropoetics: The Poetry of Hypertrophic Words in Early Colonial Nahuatl," *Colonial Latin American Review* 24 (2015): 168–89。

10. 詹姆斯·洛克哈特同样用他的杰作 *The Nahuas After the Conquest* (Stanford, CA: Stanford University Press, 1992) 开创了一个研究领域。他的学生的贡献也贯穿于该作品中。他们之中的一人接替了洛克哈特在加利福尼亚大学洛杉矶分校的职位，并将他的方法论进一步适用于对米斯特克人（Mixtecs）的研究。参见 Kevin Terraciano, *The Mixtecs of Colonial Oaxaca: Ñudzahui History, Sixteenth through Eighteenth Centuries* (Stanford, CA: Stanford University Press, 2001)。

11. 法国语言学家米歇尔·洛内得出的领悟可能是最重要的一个，见 "The Features of Omnipredicativity in Classical Nahuatl," *STUF: Journal of Linguistic Typology and Universals* [Berlin] 57 (2002): 1–13。

12. 在研究编年史方面取得了有益成果的人包括：费德里科·纳瓦雷特·利纳雷斯（Federico Navarrete Linares），他对比了关于纳瓦人起源传说的编年史叙述；已故的路易斯·雷耶斯·加西亚，他研究了普埃布拉－特拉斯卡拉谷地的编年史；苏珊·施奈德，她研究了奇马尔帕因的文本；以及拉斐尔·特纳，他对几套编年史进行的翻译非常有价值。

13. 沃尔特·米尼奥洛（Walter Mignolo）提出，因为现存的文本只是死文本的一些片段，并不能公正地体现那种曾经生动鲜活、生机勃勃的口述传统，所以研究文本是一种帝国主义行径。米格尔·莱昂－波蒂利亚则驳斥了这种说法。参见他的 "Have We Really Translated the Mesoamerican 'Ancient Word'?" in *On the Translation of Native American Literatures*, ed. Brian Swann (Washington, DC: Smithsonian Institution Press, 1992)。关于米尼奥洛观点的完整论述，包括某些特别有价值的方面，参见他的 *Darker Side of the Renaissance: Literacy, Territoriality, and Colonization* (Ann Arbor: University of Michigan Press, 1995)。

14. David Lowenthal, *The Past is a Foreign Country* (New York: Cambridge University Press, 1985).

15. Sam Wineburg, *Historical Thinking and Other Unnatural Acts: Charting the Future of Teaching the Past* (Philadelphia: Temple University Press, 2001) 是一份由心理学家做出的深思熟虑的研究，它讨论了历史学家和历史教师应当遵守的界限，以及他们在教导他人这样做时面临的固有困难。

16. 有例为证：格雷格·安德森（Greg Anderson）近期写的一篇文章，"Retrieving the Lost Worlds of the Past: The Case for an Ontological Turn," *American Historical Review* 120 (2015): 787–810, 有效地质疑了我们在研究古典时期时普遍使用"民主"和"专制"之类的词语的做法。他阐述了当时的人对自己的政体及为神明奉献的行为的看法与今天的人有多么不同。我认为这篇文章非常有说服力，但我也很清楚，

288

如果他是在论述古代美洲人和我们之间存在多大差异，那么我会认为他的观点非常不负责任。简单来说，我们在观察问题时总会无意识地使用自己的文化棱镜，所以每当面对一个具体情况时，我们都需要专门的解释来帮助我们意识到文化棱镜如何影响了我们对这个具体情况的理解。

17. 这场辩论目前产生的一个成果，参见 Joyce Marcus, *Mesoamerican Writing Systems: Propaganda, Myth, and History in Four Ancient Civilizations* (Princeton, NJ: Princeton University Press, 1992)。

18. 詹姆斯·洛克哈特属于这个思想流派，我也是。近期一份聚焦于我们依靠现有资料能或不能获得关于某一个特定群体的哪些认识的大部头著作是 Jongsoo Lee and Galen Brokaw, eds., *Texcoco: Prehispanic and Colonial Perspectives* (Boulder: University Press of Colorado, 2014)。

19. 例如，学者热爱 "*yolia*" 这个概念，他们对该词的理解是它与欧洲人关于灵魂的概念相似。然而，谨慎的学者现在已经证明，今天的人对 "*yolia*" 这个词的理解其实是西班牙统治时期的产物。参见 Justyna Olko and Julia Madajczak, "An Animating Principle in Confrontation with Christianity? De(Re)Constructing the Nahua 'Soul,'" *Ancient Mesoamérica* 30 (2019): 1–14。

20. 这些编年史包括《特拉特洛尔科编年史》、《库奥蒂特兰编年史》、《奥班手抄本》的开头、由特索索莫克和奇马尔帕因撰写的编年史、《班克罗夫特对话集》，以及堂胡安·萨帕塔作品的早期片段。我还审慎地吸收了堂费尔南多·德·阿尔瓦·伊斯特利尔索奇特作品的内容。他用西班牙语写作，而且似乎越来越自由地加入自己的想法，不过他最早的作品显然是参考了他掌握的更早期的资料。同样，《佛罗伦萨手抄本》中也包括了由在征服战争前已经成年的人提供的混合了各种精彩细节的内容，还有显然是为回答西班牙人提出的问题而做出的声明，这部分内容带有一种想要迎合提问者的意图。读者会看到，当手抄本传达的不是一个欧洲人想要的，甚至是并不与欧洲人相关的信息时，我会相信手抄本是真正的原住民资料；在其他时候，我则不这样看待这些资料。更多关于这个问题的内容，参见附录中的附注释书目索引的相关条目。

参考书目

Adorno, Rolena. *Colonial Latin American Literature: A Very Short Introduction.* New York: Oxford University Press, 2011.

Adorno, Rolena, ed. *From Oral to Written Expression: Native Andean Chronicles of the Early Colonial Period.* Syracuse, NY: Maxwell School of Citizenship and Public Affairs, 1982.

Alchon, Suzanne. *A Pest in the Land: New World Epidemics in Global Perspective.* Albuquerque: University of New Mexico Press, 2003.

Altman, Ida. *The War for Mexico's West: Indians and Spaniards in New Galicia, 1524–1550.* Albuquerque: University of New Mexico Press, 2010.

Alva, Jorge Klor de. "La historicidad de los coloquios de Sahagún." *Estudios de cultura náhuatl* 15 (1982): 147–84.

Anderson, Greg. "Retrieving the Lost Worlds of the Past: The Case for an Ontological Turn." *American Historical Review* 120 (2015): 787–810.

Andrews, Richard. *Introduction to Classical Nahuatl.* Norman: University of Oklahoma Press, 2003 [1975].

Ardren, Traci, ed. *Ancient Maya Women.* Lanham, MD: Rowman & Littlefield, 2002.

Arroyo, Salvador. "The Discovery of the Caja de Agua of Tlatelolco: Mural Painting from the Dawn of New Spain." *Colonial Latin American Review* 22 (2013): 19–38.

Augustine, Saint. *Confessions.* Edited by R. S. Pine-Coffin. New York: Penguin Books, 1961.

Barlow, Robert. "Anales de Tula, Hidalgo, 1361–1521." *Tlalocan* 3 (1949): 2–13.

Bennett, Herman. *Africans in Colonial Mexico: Absolutism, Christianity, and Afro-Creole Consciousness, 1570–1640.* Bloomington: Indiana University Press, 2003.

Benton, Bradley. *The Lords of Tetzcoco: The Transformation of Indigenous Rule in Post-conquest Central Mexico.* New York: Cambridge University Press, 2017.

Berdan, Frances. *Aztec Archaeology and Ethnohistory.* New York: Cambridge University Press, 2014.

Berdan, Frances. "Economic Alternatives under Imperial Rule: The Eastern Aztec Empire." In *Economies and Polities of the Aztec Realm,* edited by Mary G. Hodge and Michael E. Smith. Albany: State University of New York Press, 1994.

Bierhorst, John, ed. *Ballads of the Lords of New Spain*. Austin: University of Texas Press, 2009.

Bierhorst, John, ed. *Cantares Mexicanos*. Stanford, CA: Stanford University Press, 1985.

Bierhorst, John, ed. *History and Mythology of the Aztecs: The Codex Chimalpopoca*. Tucson: University of Arizona Press, 1992.

Bleichmar, Daniela. "History in Pictures: Translating the Codex Mendoza." *Art History* 38 (2015): 682–701.

Bleichmar, Daniela. "Painting the Aztec Past in Early Colonial Mexico: Translation and Knowledge Production in the Codex Mendoza." *Renaissance Quarterly* 72, no. 4 (Fall 2019).

Blitz, John. "Adoption of the Bow in Prehistoric North America." *North American Archaeologist* 9 (1988): 123–45.

Boone, Elizabeth Hill. *Cycles of Time and Meaning in the Mexican Books of Fate*. Austin: University of Texas Pres, 2007.

Boone, Elizabeth Hill. *Stories in Red and Black: Pictorial Histories of the Aztecs and Mixtecs*. Austin: University of Texas Press, 2000.

Boone, Elizabeth Hill, and Gary Urton, eds. *Their Way of Writing: Scripts, Signs and Pictographies in Pre-Columbian America*. Washington, DC: Dumbarton Oaks, 2011.

Boone, Elizabeth, Louise Burkhart, and David Tavárez, eds. *Painted Words: Nahuatl Catholicism, Politics, and Memory in the Atzacualco Pictorial Catechism*. Washington, DC: Dumbarton Oaks, 2017.

Borucki, Alex, David Eltis, and David Wheat. "Atlantic History and the Slave Trade to Spanish America." *American Historical Review* 120 (2015): 433–61.

Bowser, Frederick. "Africans in Spanish American Colonial Society." In *The Cambridge History of Latin America*, vol. 2, edited by Leslie Bethell. New York: Cambridge University Press, 1984.

Brading, David. *The First America: The Spanish Monarchy, Creole Patriots, and the Liberal State, 1492–1867*. New York: Cambridge University Press, 1991.

Braswell, Geoffrey. *The Maya and Teotihuacan: Reinterpreting Early Classic Interaction*. Austin: University of Texas Press, 2003.

Brewster, Paul G. "The Foundation Sacrifice Motif in Legend, Folksong, Game and Dance." *Zeitschrift für Ethnologie* 96 (1971): 71–89.

Brian, Amber. *Alva Ixtlilxochitl's Native Archive and the Circulation of Knowledge in Colonial Mexico*. Nashville, TN: Vanderbilt University Press, 2016.

Brian, Amber. "Don Fernando de Alva Ixtlilxochitl's Narratives of the Conquest of Mexico." In *The Conquest All Over Again*, edited by Susan Schroeder. Brighton, England: Sussex Academic Press, 2010.

Brian, Amber. "The Original Alva Ixtlilxochitl Manuscripts at Cambridge University." *Colonial Latin American Review* 23 (2014): 84–101.

Brian, Amber, Bradley Benton, and Pablo García Loaza, eds. *The Native Conquistador: Alva Ixtlilxochitl's Account of the Conquest of New Spain*. College Park: Pennsylvania State University Press, 2015.

Brokaw, Galen, and Jongsoo Lee, eds. *Fernando de Alva Ixtlilxochitl and His Legacy*. Tucson: University of Arizona Press, 2016.

Brooks, Francis. "Moteuczoma Xocoyotl, Hernán Cortés, and Bernal Díaz del Castillo: The Construction of an Arrest." *Hispanic American Historical Review* 75 (1995): 149–83.

Bruhns, Karen Olsen, and Karen Stothert. *Women in Ancient America*. Norman: University of Oklahoma Press, 1999.

Brumfiel, Elizabeth. "Weaving and Cooking: Women's Production in Aztec Mexico." In *Engendering Archaeology: Women and Prehistory*, edited by J. M. Gero and M. W. Conkey. New York: Cambridge University Press, 1991.

Burkhart, Louise. *Before Guadalupe: The Virgin Mary in Early Colonial Nahuatl Literature*. Albany, NY: Institute for Mesoamerican Studies, 2001.

Burkhart, Louise. "Mexica Women on the Home Front: Housework and Religion in Aztec Mexico." In *Indian Women of Early Mexico*, edited by Susan Shroeder, Stephanie Wood, and Robert Haskett. Norman: University of Oklahoma Press, 1997.

Burkhart, Louise. *The Slippery Earth: Nahua-Christian Moral Dialogue in Sixteenth-Century Mexico*. Tucson: University of Arizona Press, 1989.

Burns, E. Bradford. *The Poverty of Progress: Latin America in the Nineteenth Century*. Los Angeles: University of California Press, 1980.

Candiani, Vera. *Dreaming of Dry Land: Environmental Transformation in Colonial Mexico City*. Stanford, CA: Stanford University Press, 2014.

Cañeque, Alejandro. *The King's Living Image: The Culture and Politics of Vice-regal Power in Colonial Mexico*. New York: Routledge, 2004.

Carillo Castro, Alejandro. *The Dragon and the Unicorn*. Mexico City, 2014 [1996].

Carmack, Robert, ed. *The Legacy of Mesoamerica: History and Culture of a Native American Civilization* Albany, NY: Institute for Mesoamerican Studies, 1996.

Carochi, Horacio, S.J. *Grammar of the Mexican Language*. Edited by James Lockhart. Stanford, CA: Stanford University Press, 2001 [1645].

Carrasco, David. *City of Sacrifice: The Aztec Empire and the Role of Violence in Civilization*. Boston: Beacon Press, 1999.

Carrasco, David, and Scott Sessions, eds. *Cave, City, and Eagle's Nest: An Interpretive Journey through the Mapa de Cuauhtinchan No. 2*. Albuquerque: University of New Mexico Press, 2007.

Carrasco, David, Lindsay Jones, and Scott Sessions, eds. *Mesoamerica's Classic Heritage: From Teotihuacan to the Aztecs*. Boulder: University of Colorado Press, 2000.

Carrasco, Pedro. "Royal Marriages in Ancient Mexico." In *Explorations in Ethnohistory: The Indians of Central Mexico in the Sixteenth Century*, edited by H. R. Harvey and H. Premm. Albuquerque: University of New Mexico Press, 1984.

Carrasco, Pedro. *The Tenochca Empire of Ancient Mexico: The Triple Alliance of Tenochtitlan, Tetzcoco, and Tlacopan*. Norman: University of Oklahoma Press, 1999.

Carrión, Antonio. *Historia de la Ciudad de Puebla de los Angeles*. Puebla, Mexico: José Cajica, 1970 [1897].

Castañeda de Paz, María. "Historia de una casa real: Origen y ocaso del linaje gobernante en México-Tenochtitlan." *Nuevo Mundo, Mundos Nuevos* (2011): 1–20.

Castillo Palma, Norma Angelica, and Susan Kellogg. "Conflict and Cohabitation between Afro-Mexicans and Nahuas in Central Mexico." In *Beyond Black and Red: African-Native Relations in Colonial Latin America*, edited by Matthew Restall. Albuquerque: University of New Mexico Press, 2005.

Celestino Solis, Eustaquio, and Luis Reyes García, eds. *Anales de Tecamachalco, 1398–1590*. Mexico City: Centro de Investigaciones y Estudios Superiores en Antropología Social, 1992.

Chang Rodríguez, Raquel. *La apropiación del signo: tres cronistas indígenas del Perú.* Tempe: Arizona State University Press, 1988.

Chapman, Anne. "Port of Trade Enclaves in Aztec and Maya Civilizations." In *Trade and Market in the Early Empires*, edited by Karl Polyani, Conrad Arensberg, and Harry Pearson. Glencoe, IL: Free Press, 1957.

Chávez Baldera, Ximena. "Sacrifice at the Templo Mayor of Tenochtitlan and Its Role in Regard to Warfare." In *Embattled Bodies, Embattled Places: War in Pre-Columbian Mesoamerica and the Andes*, edited by Andrew Scherer and John Verano. Washington, DC: Dumbarton Oaks, 2014.

Chávez Orozco, Luis, ed. *Códice Osuna accompañado de 158 páginas inéditas encontradas en el Archivo General de la Nación.* Mexico City: Instituto Indigenista Interamericano, 1947.

Chimalpahin Quauhtlehuanitzin, don Domingo de San Antón. *Annals of His Time.* Edited by James Lockhart, Susan Schroeder and Doris Namala. Stanford, CA: Stanford University Press, 2006.

Chimalpahin Quauhtlehuanitzin, don Domingo de San Antón. *Chimalpahin's Conquest.* Edited by Susan Schroeder, Anna J. Cruz, Cristián Roa-de-la-Carrera, and David Tavárez. Stanford, CA: Stanford University Press, 2010.

Chimalpahin Quauhtlehuanitzin, don Domingo de San Antón. *Codex Chimalpahin.* Edited by Arthur J. O. Anderson and Susan Schroeder. 2 vols. Norman: University of Oklahoma Press, 1997.

Chimalpahin Quauhtlehuanitzin, don Domingo de San Antón. *Las Ocho relaciones y el Memorial de Colhuacan.* Edited by Rafael Tena. 2 vols. Mexico City: Conaculta, 1998.

Chipman, Donald. "Isabel Moctezuma." In *Struggle and Survival in Colonial Latin America*, edited by David Sweet and Gary Nash. Los Angeles: University of California Press, 1981.

Chipman, Donald. *Moctezuma's Children: Aztec Royalty under Spanish Rule.* Austin: University of Texas Press, 2005.

Ciudad Real, Antonio de. *Tratado curioso y docto de la grandeza de la Nueva España.* Mexico City: Universidad Nacional Autónoma de México, 1976 [1584].

Clendinnen, Inga. *Aztecs: An Interpretation.* New York: Cambridge University Press, 1991.

Clendinnen, Inga. "'Fierce and Unnatural Cruelty': Cortés and the Conquest of Mexico," *Representations* 33 (1991): 65–100.

Cline, S. L., ed. *The Book of Tributes: Early Sixteenth-Century Nahuatl Censuses from Morelos.* Los Angeles: UCLA Latin American Center Publications, 1993.

Coe, Michael. *Breaking the Maya Code.* New York: Thames & Hudson, 1992.

Colmenares, David. "How the Aztecs Got a Pantheon: The Creation of Ancient Religion in New Spain." PhD diss., Department of Spanish, Columbia University, 2019.

Colston, Stephen. "'No Longer Will There Be a Mexico': Omens, Prophecies and the Conquest of the Aztec Empire." *American Indian Quarterly* 5 (1985): 239–58.

Cope, R. Douglas. *The Limits of Racial Domination: Plebeian Society in Colonial Mexico City, 1660–1720.* Madison: University of Wisconsin Press, 1994.

Cortés, Hernán. *Letters from Mexico.* Edited by Anthony Pagden. New Haven, CT: Yale University Press, 1986.

Crapo, Richley, and Bonnie Glass-Coffin, eds. *Anónimo Mexicano.* Logan: Utah State University Press, 2005.

Criales, Jessica Nelson. "'Women of Our Nation': Gender and Christian Indian Communities in the United States and Mexico, 1725-1850." *Early American Studies* 17, no. 4 (fall 2019).

Cuevas, Mariano, ed. *Cartas y otros documentos de Hernán Cortés.* Seville: F. Díaz, 1915.

Curcio-Nagy, Linda. *The Great Festivals of Colonial Mexico City.* Albuquerque: University of New Mexico Press, 2004.

Daniels, Peter, and William Bright, eds. *The World's Writing Systems.* New York: Oxford University Press, 1996.

De la Torre Villar, Ernesto, and Ramiro Navarra de Anda, eds. *Testimonios Históricos Guadalupanos.* Mexico City: Fondo de Cultura Económica, 1982.

Diamond, Jared. *Guns, Germs, and Steel.* New York: Norton, 1997.

Díaz, Bernal. *The Conquest of New Spain.* Edited by J. M. Cohen. New York: Penguin Books, 1963.

Díaz, Bernal. *Historia verdadera de la conquista de la Nueva España.* Mexico City: Porrúa, 1960.

Díaz, María Elena. "The Black Blood of New Spain: Limpieza de Sangre, Racial Violence, and Gendered Power in Early Colonial Mexico." *William & Mary Quarterly* 61 (2003): 479–520.

Díaz Balsera, Viviana. *The Pyramid under the Cross: Franciscan Discourses of Evangelization and the Nahua Christian Subject in Sixteenth-Century Mexico.* Tucson: University of Arizona Press, 2005.

Dibble, Charles, ed. *Historia de la Nación Mexicana.* Madrid: Porrúa, 1963.

Diehl, Richard. *The Olmecs: America's First Civilization.* New York: Thames & Hudson, 2004.

Diel, Lori Boornazian. *The Codex Mexicanus: A Guide to Life in Late Sixteenth-Century New Spain.* Austin: University of Texas Press, 2018.

Diel, Lori Boornazian. *The Tira de Tepechpan: Negotiating Place Under Aztec and Spanish Rule*. Austin: University of Texas Press, 2008.

Don, Patricia Lopes. *Bonfires of Culture: Franciscans, Indigenous Leaders, and Inquisition in Early Mexico, 1524–1540*. Norman: University of Oklahoma Press, 2010.

Dunn, Oliver, ed. *The Diario of Christopher Columbus's First Voyage to America*. Norman: University of Oklahoma Press, 1989.

Durán, fray Diego. *The History of the Indies of New Spain*. Edited by Doris Heyden. Norman: University of Oklahoma Press, 1994 [1964].

Durston, Alan, and Bruce Mannheim, eds. *Indigenous Languages, Politics, and Authority in Latin America: Historical and Ethnographic Perspectives*. Notre Dame, IN: University of Notre Dame Press, 2018.

Edmonson, Munro. *The Book of the Year: Middle American Calendrical Systems*. Salt Lake City: University of Utah Press, 1988.

Elliott, John. "Introductory Essay" to Hernando Cortés, *Letters from Mexico*, edited by Anthony Pagden. New Haven, CT: Yale University Press, 1986.

Eltis, David, and Allen Tullos. *Voyages: The Trans-Atlantic Slave Trade Database*. http://www.slavevoyages.org.

Escalante Gonzalbo, Pablo. "El Patrocinio del arte indocristiano en el siglo XVI. La iniciativa de las autoridades indígenas en Tlaxcala y Cuauhtinchan." In *Patrocinio, colección y circulación de las artes*, edited by Gustavo Curiel. Mexico City: UNAM, 1997.

Evans, Susan Toby. *Ancient Mexico and Central America*. New York: Thames & Hudson, 2013 [2004].

Farris, Nancy. *Tongues of Fire: Language and Evangelization in Colonial Mexico*. New York: Oxford University Press, 2018.

Fenn, Elizabeth. *Pox Americana: The Great Smallpox Epidemic of 1775–82*. New York: Hill & Wang, 2001.

Fernández Armesto, Felipe. "Aztec Auguries and Memories of the Conquest of Mexico." *Renaissance Studies* 6 (1992): 287–305.

Foster, Michael, and Shirley Gorenstein, eds. *Greater Mesoamerica: The Archaeology of West and Northwest Mexico*. Salt Lake City: University of Utah Press, 2000.

Fuentes, Patricia, ed. *The Conquistadors: First Person Accounts of the Conquest of Mexico*. Norman: University of Oklahoma Press, 1993.

García Castro, René. *Indios, territorio y poder en la provincia Matlatzinca: La negociación del espacio politico de los pueblos otomianos, siglos XV-XVII*. Toluca: Colejio Mexiquense, 1999.

García Icazbalceta, Joaquín, ed. *Nueva colección de documentos para la historia de México*. Liechtenstein: Kraus Reprints, 1971 [1886].

García Loaeza, Pablo. "Deeds to be Praised for All Time: Alva Ixtlilxochitl's *Historia de la nación chichimeca* and Geoffrey of Monmouth's *History of the Kings of Britain*." *Colonial Latin American Review* 23 (2014): 53–69.

Gates, Henry Lewis. *Black in Latin America*. New York: New York University Press, 2011.

Gero, J. M., and M. W. Conkey, eds. *Engendering Archaeology: Women and Prehistory*. New York: Cambridge University Press, 1991.

Gibson, Charles. *The Aztecs Under Spanish Rule*. Stanford, CA: Stanford University Press, 1964.

Gibson, Charles. *Tlaxcala in the Sixteenth Century*. New Haven, CT: Yale University Press, 1952.

Gillespie, Susan. *Aztec Kings: The Construction of Rulership in Mexica History*. Tucson: University of Arizona Press, 1989.

Gómara, Francisco López de. *Cortés: The Life of the Conqueror by His Secretary*. Edited by Leslie Byrd Simpson. Los Angeles: University of California Press, 1965.

Gómez García, Lidia. *Los anales nahuas de la ciudad de Puebla de los Angeles, siglos XVI y XVII*. Puebla, Mexico: Ayuntamiento de Puebla, 2018.

Gómez García, Lidia, Celia Salazar Exaire, and María Elena Stefanón, eds. *Anales del Barrio de San Juan del Rio*. Puebla, Mexico: Benemérita Universidad Autónoma de Puebla, 2000.

Gonzalbo Aizpuru, Pilar. *Historia de la educación en la época colonial: El mundo indígena*. Mexico City: El Colegio de México, 1990.

Gradie, Charlotte. "Spanish Jesuits in Virginia: The Mission that Failed." *Virginia Magazine of History and Biography* 96 (1988): 131–56.

Graulich, Michel. *Moctezuma: Apogeo y Caída del Imperio Azteca*. Mexico City: Ediciones Era, 2014 [1994].

Gruzinski, Serge. *Conquest of Mexico: The Incorporation of Indian Societies into the Western World, 16th–18th Centuries*. London: Blackwell, 1995.

Guijo, Gregorio Martín del. *Diario*. 2 vols. Mexico City: Porrúa, 1952.

Haskett, Robert. *Indigenous Rulers: An Ethnohistory of Town Government in Colonial Cuernavaca*. Albuquerque: University of New Mexico Press, 1991.

Haskett, Robert. *Visions of Paradise: Primordial Titles and Mesoamerican History in Cuernavaca*. Norman: University of Oklahoma Press, 2005.

Hassig, Ross. "The Maid of the Myth: La Malinche and the History of Mexico." *Indiana Journal of Hispanic Literatures* 12 (1998): 101–33.

Hassig, Ross. *Polygamy and the Rise and Demise of the Aztec Empire*. Albuquerque: University of New Mexico Press, 2016.

Hassig, Ross. *Time, History and Belief in Aztec and Colonial Mexico*. Austin: University of Texas Press, 2001.

Heitman, Carrie, and Stephen Plog. *Chaco Revisited: New Research on the Prehistory of Chaco Canyon, New Mexico*. Tucson: University of Arizona Press, 2015.

Hernández Sánchez-Barba, Mario, ed. *Hernando Cortés: cartas y documentos*. Mexico City: Porrúa, 1963.

Herren, Ricardo. *Doña Marina, la Malinche*. Mexico City: Planeta, 1992.

Himmerich y Valencia, Robert. *The Encomenderos of New Spain*. Austin: University of Texas Press, 1991.

Hodge, Mary G., and Michael E. Smith, eds. *Economies and Polities of the Aztec Realm*. Albany: State University of New York Press, 1994.

Horn, Rebecca. *Postconquest Coyoacan: Nahua-Spanish Relations in Central Mexico, 1519–1650*. Stanford, CA: Stanford University Press, 1997.

Houston, Stephen, John Baines, and Jerrold Cooper. "Last Writing: Script Obsolescence in Egypt, Mesopotamia and Mesoamerica." *Comparative Studies in Society and History* 45 (2003): 430–79.

Hutton, Ronald. *Blood and Mistletoe: The History of the Druids in Britain*. New Haven, CT: Yale University Press, 2009.

Ixtlilxochitl, Fernando de Alva. *Obras Completas*. 2 vols. Edited by Edmundo O'Gorman. Mexico City: Universidad Nacional Autónoma de México, 1975–77.

Jeffres, Travis. " 'In Case I Die Where I Am Selected To Be Sent': Coercion and the Tlaxcalan Resettlement of 1591." *Ethnohistory* 66 (2019): 95–116.

Justeson, John, and Terrence Kaufman. "A Decipherment of Epi-Olmec Hieroglyphic Writing." *Science* 259 (1993): 1703–11.

Kalyuta, Anastasia. "El arte de acomodarse a dos mundos: la vida de don Pedro de Moctezuma Tlacahuepantli segun los documentos del Archivo General de la Nación (México) y el Archivo General de Indias (Sevilla)." *Revista Española de Antropología Americana* 41 (2010): 471–500.

Karttunen, Frances. *An Analytical Dictionary of Nahuatl*. Norman: University of Oklahoma Press, 1992 [1983].

Karttunen, Frances. "Rethinking Malinche." In *Indian Women of Early Mexico*, edited by Susan Schroeder, Stephanie Wood, and Robert Haskett. Norman: University of Oklahoma Press, 1997.

Karttunen, Frances, and James Lockhart, eds. *The Art of Nahuatl Speech: The Bancroft Dialogues*. Los Angeles: UCLA Latin American Center Publications, 1987.

Kauffmann, Leisa. *The Legacy of Rulership in Fernando de Alva Ixtlilxochitl's Historia de la nación chichimeca*. Albuquerque: University of New Mexico Press, 2019.

Kaufman, Terrence. "Native Languages of Mesoamerica." In *Atlas of the World's Languages*. New York: Routledge, 1994.

Keen, Benjamin. *The Aztec Image in Western Thought*. New Brunswick, NJ: Rutgers University Press, 1971.

Kellogg, Susan. "The Women's Room: Some Aspects of Gender Relations in Tenochtitlan in the Late Pre-Hispanic Period." *Ethnohistory* 42 (1995): 563–76.

Kicza, John, and Rebecca Horn. *Resilient Cultures: America's Native Peoples Confront European Colonization, 1500–1800*. Boston: Pearson, 2013.

Kirchoff, Paul, Lina Odena Güemes, and Luis Reyes García, eds. *Historia Tolteca Chichimeca*. Mexico City: Instituto Nacional de Antropología e Historia, 1976.

Kranz, Travis. "The Tlaxcalan Conquest Pictorials." PhD diss., UCLA, Department of Art History, 2001.

Lanyon, Anna. Malinche's *Conquest*. St Leonards, Australia: Allen & Unwin, 1999.

Lanyon, Anna. *The New World of Martín Cortés*. New York: DaCapo, 2003.

Launey, Michel. "The Features of Omnipredicativity in Classical Nahuatl." *STUF: Journal of Linguistic Typology and Universals* [Berlin] 57 (2002): 1–13.

Launey, Michel. *An Introduction to Classical Nahuatl*. New York: Cambridge University Press, 2011 [1979].

Lee, Jongsoo. *The Allure of Nezahualcoyotl: Pre-Hispanic History, Religion, and Nahua Poetics*. Albuquerque: University of New Mexico Press, 2008.

Lee, Jongsoo. "The Aztec Triple Alliance: A Colonial Transformation of the Prehispanic Political and Tributary System." In *Texcoco: Prehispanic and Colonial Perspectives*, edited by Jongsoo Lee and Galen Brokaw. Boulder: University of Colorado Press, 2014.

Lee, Jongsoo, and Galen Brokaw, eds. *Texcoco: Prehispanic and Colonial Perspectives*. Boulder: University of Colorado Press, 2014.

Leeming, Ben. "Micropoetics: The Poetry of Hypertrophic Words in Early Colonial Nahuatl." *Colonial Latin American Review* 24 (2025): 168–89.

Lehmann, Walter, and Gerdt Kutscher, eds. *Geschichte der Aztekan: Codex Aubin und verwandte Documente*. Berlin: Gebr. Mann, 1981.

Leibsohn, Dana. *Script and Glyph: Pre-Hispanic History, Colonial Bookmaking, and the Historia Tolteca Chichimeca*. Washington, DC: Dumbarton Oaks, 2009.

Lekson, Stephen, ed. *The Archaeology of Chaco Canyon: An Eleventh-Century Pueblo Regional Center*. Santa Fe, NM: School of American Research, 2006.

León-Portilla, Miguel. *Bernardino de Sahagún: First Anthropologist*. Norman: University of Oklahoma Press, 2002.

León-Portilla, Miguel. *The Broken Spears*. Boston: Beacon Press, 1962 [1959].

León-Portilla, Miguel, ed. *Cantares Mexicanos*. 3 vols. Mexico City: Universidad Nacional Autónoma de México, 2011.

León-Portilla, Miguel, ed. *Coloquios y doctrina cristiana*. Mexico City: Universidad Nacional Autónoma de México, 1986.

León-Portilla, Miguel. *Fifteen Poets of the Aztec World*. Norman: University of Oklahoma Press, 1992.

León-Portilla, Miguel. "Have We Really Translated the Mesoamerican Ancient Word"? In *On the Translation of Native American Literatures*, edited by Brian Swann. Washington, DC: Smithsonian Institution Press, 1992.

León-Portilla, Miguel, and Earl Shorris, eds. *In the Language of Kings: An Anthology of Mesoamerican Literature*. New York: Norton, 2001.

Lewis, Laura. *Power, Witchcraft and Caste in Colonial Mexico*. Durham, NC: Duke University Press, 2003.

Lockhart, James. *The Nahuas After the Conquest*. Stanford, CA: Stanford University Press, 1992.

Lockhart, James. *Nahuas and Spaniards: Postconquest Central Mexican History and Philology*. Stanford, CA: Stanford University Press, 1991.

Lockhart, James. *Nahuatl as Written*. Stanford, CA: Stanford University Press, 2001.

Lockhart, James. "Some Nahua Concepts in Postconquest Guise." *History of European Ideas* 6 (1985): 465–82.

Lockhart, James, ed. *We People Here: Nahuatl Accounts of the Conquest of Mexico*. Los Angeles: University of California Press, 1993.

Lockhart, James, and Stuart Schwartz. *Early Latin America*. New York: Cambridge University Press, 1983.

López Austin, Alfredo. *The Myth of Quetzalcoatl: Religion, Rulership, and History in the Nahua World*. Translated by Russ Davidson with Guilhem Olivier from the Spanish *Hombre-Dios: Religión y política en el mundo náhuatl*. Boulder: University Press of Colorado, 2015 [1973].

López Austin, Alfredo. "The Research Method of Fray Bernardino de Sahagún." In *Sixteenth-Century Mexico: The Work of Sahagún*, edited by Munro Edmonson. Albuquerque: University of New Mexico Press, 1974.

López Luján, Leonardo. *The Offerings of the Templo Mayor of Tenochtitlan*. Boulder: University Press of Colorado, 1994.

López de Meneses, Amada. "Tecuichpotzin, hija de Moctezuma." In *Estudios cortesanos: recopilados con motive del IV centenario de la muerte de Hernán Cortés*. Madrid: Consejo Superior de Investigaciones Científicas, 1948.

López Rayón, Ignacio, ed. *Proceso de residencia instruido contra Pedro de Alvarado y Nuño de Guzman*. Mexico City: Valdes y Redondas, 1847.

Lowenthal, David. *The Past Is a Foreign Country*. New York: Cambridge University Press, 1995.

Madajczak, Julia. "Nahuatl Kinship Terminology as Reflected in Colonial Written Sources from Central Mexico: A System of Classification." PhD diss., University of Warsaw, Poland, 2014.

Malanga, Tara. "'Earth Is No One's Home': Nahuatl Perceptions of Illness, Death, and Dying in the Early Colonial Period, 1520–1650." PhD diss., Rutgers University, Department of History, 2020.

Marcus, Joyce. *Mesoamerican Writing Systems: Propaganda, Myth, and History in Four Ancient Civilizations*. Princeton, NJ: Princeton University Press, 1992.

Martínez, Enrico. *El Reportorio de los tiempos e historia natural de Nueva España*. Mexico City: Novum, 1991 [1606].

Martínez, José Luis, ed. *Documentos Cortesianos*. Mexico City: Fondo de la Cultura Económica, 1990.

Martínez Baracs, Andrea. *Un Gobierno de indios: Tlaxcala, 1519–1750*. Mexico City: Centro de Investigaciones y Estudios Superiores en Antropología Social, 2008.

Martínez Baracs, Rodrigo. *Convivencia y utopia: El gobierno indio y español de la "ciudad de Mechuacan," 1521–1580*. Mexico City: Científica, 2017 [2005].

Martínez Baracs, Rodrigo. "De Tepeaquilla a Tepeaca, 1528–1555." *Andes* 17 (2006).

Martínez Baracs, Rodrigo. "El Diario de Chimalpahin." *Estudios de cultura náhuatl* 38 (2007).

Martínez Martínez, María del Carmen. *Martín Cortés: pasos recuperados (1532–1562)*. León, Spain: Universidad de León, 2018.

Matos Moctezuma, Eduardo. *Life and Death in the Templo Mayor*. Boulder: University Press of Colorado, 1995.

McDonough, Kelly. *The Learned Ones: Nahua Intellectuals in Postconquest Mexico*. Tucson: University of Arizona Press, 2014.

Medina Lima, Constantino, ed. *Libro de los guardianes y gobernadores de Cuauhtinchan*. Mexico City: Centro de Investigaciones y Estudios Superiores en Antropología Social, 1995.

Megged, Amos. *Social Memory in Ancient and Colonial Mesoamerica*. New York: Cambridge University Press, 2010.

Mendoza, Celso. "Scribal Culture, Indigenous Modes and Nahuatl-Language Sources, 16th through 18th Centuries." In *Oxford Research Encyclopedia of Latin American History*, edited by William Beezley. New York: Oxford University Press, 2020.

Mengin, Ernst, ed. *Unos annales de la nación Mexicana*. Copenhagen: Einar Munksgaard, 1945.

Metzer, David. *First Peoples in a New World: Colonizing Ice Age America*. Los Angeles: University of California Press, 2009.

Mignolo, Walter. *The Darker Side of the Renaissance: Literacy, Territoriality and Colonization*. Ann Arbor: University of Michigan Press, 1995.

Miller, Mary, and Karl Taube. *An Illustrated Dictionary of the Gods and Symbols of Ancient Mexico and the Maya*. London: Thames & Hudson, 1993.

Mills, Kenneth, William B. Taylor, and Sandra Lauderdale Graham, eds., *Colonial Latin America: A Documentary History*. Wilmington, DE: Scholarly Resources, 2002.

Molina, fray Alonso. *Vocabulario en Lengua Castellana y Mexicana y Mexicana y Castellana*. Mexico City: Porrúa, 1992.

Monmouth, Geoffrey of. *History of the Kings of Britain*. Edited by Lewis Thorpe. London: Folio Society, 1969.

Motolinía, fray Toribio de Benavente. *Historia de los Indios de la Nueva España*. Madrid: Alianza, 1988 [1555].

Mundy, Barbara. *The Death of Tenochtitlan, the Life of Mexico City*. Austin: University of Texas Press, 2015.

Nava Nava, Refugio. *Malintzin Itlahtol*. Warsaw, Poland: Faculty of Liberal Arts, 2013.

Navarrete Linares, Federico, ed. *Historia de la venida de los mexicanos y otros pueblos*. Mexico City: Instituto Nacional de Antropología e Historia, 1991.

Navarrete Linares, Federico. *Los orígenes de los pueblos indígenas del valle de México: Los altepetl y sus historias*. Mexico City: Universidad Autónoma de México, 2015.

Nelson, Ben. "Mesoamerican Objects and Symbols in Chaco Canyon Contexts." In *The Archaeology of Chaco Canyon: An Eleventh-Century Pueblo Regional Center*, edited by Stephen Lekson. Santa Fe, NM: School of American Research, 2006.

Nesvig, Martin. "The 'Indian Question' and the Case of Tlatelolco." In *Local Religion in Colonial Mexico,* edited by Martin Nesvig. Albuquerque: University of New Mexico Press, 2006.

Nesvig, Martin. *Promiscuous Power: An Unorthodox History of New Spain.* Austin: University of Texas Press, 2018.

Nesvig, Martin. "Spanish Men, Indigenous Language, and Informal Interpreters in Postcontact Mexico." *Ethnohistory* 19 (2012): 739–64.

Offner, Jerome. "Ixtlilxochitl's Ethnographic Encounter: Understanding the Codex Xolotl and Its Dependent Alphabetic Texts." In *Fernando de Alva Ixtlilxochitl and His Legacy,* edited by Galen Brokaw and Jongsoo Lee. Tucson: University of Arizona Press, 2016.

Offner, Jerome. *Law and Politics in Aztec Texcoco.* New York: Cambridge University Press, 1983.

O'Gorman, Edmundo. *Destierro de Sombras: Luz en el orígen de la imagen y culta de Nuestra Señora de Guadalupe.* Mexico City: Universidad Nacional Autónoma de México, 1986.

Olivier, Guilhem. *Mockeries and Metamorphoses of an Aztec God: Tezcatlipoca, "Lord of the Smoking Mirror."* Boulder: University Press of Colorado, 2003.

Olko, Justyna. *Insignia of Rank in the Nahua World: From the Fifteenth to the Seventeenth Century.* Boulder: University Press of Colorado, 2014.

Olko, Justyna, and Agnieska Brylak. "Defending Local Autonomy and Facing Cultural Trauma: A Nahua Order Against Idolatry, Tlaxcala 1543." *Hispanic American Historical Review* 94 (2018): 573–604.

Olko, Justyna, and Julia Madajczak. "An Animating Principle in Confrontation with Christianity? De(Re)constructing the Nahua 'Soul.'" *Ancient Mesoamerica* 30 (2019): 1–14.

Orozco y Berra, Manuel, ed. *Noticia histórica de la conjuración del Marqués del Valle, 1565–1568.* Mexico City: R. Rafael, 1853.

Otte, Enrique. "Nueve Cartas de Diego de Ordás." *Historia Mexicana* 14, no. 1 (1964): 102–30 and 14, no. 2 (1964): 321–38.

Oudijk, Michel, and Laura Matthew, eds. *Indian Conquistadors: Indigenous Allies in the Conquest of Mesoamerica.* Norman: University of Oklahoma Press, 2007.

Oudijk, Michel, and Matthew Restall. "Mesoamerican Conquistadors in the Sixteenth Century." In *Indian Conquistadors: Indigenous Allies in the Conquest of Mesoamerica,* edited by Michel Oudijk and Laura Matthew. Norman: University of Oklahoma Press, 2007.

Pacheco, Joaquín, ed. *Colección de documentos inéditos relativos al descubrimiento, conquista y colonización de las posesiones españolas en América y Oceania.* 42 vols. Madrid: Manuel Bernaldos de Quirós, 1864–84.

Palmer, Colin. *Slaves of the White God: Blacks in Mexico, 1570–1650.* Cambridge, MA: Harvard University Press, 1976.

Paso y Troncoso, Francisco del, ed. *Historia de las Cosas de Nueva España: Códices matritenses.* 3 vols. Madrid: Hauser y Menet, 1906–7.

Pasztory, Esther. *Teotihuacan: An Experiment in Living*. Norman: University of Oklahoma Press, 1997.

Pennock, Caroline Dodds. *Bonds of Blood: Gender, Lifestyle and Sacrifice in Aztec Culture*. London: Palgrave Macmillan, 2008.

Pérez Rocha, Emma, and Rafael Tena, eds. *La nobleza indígena del centro de México después de la conquista*. Mexico City: Instituto Nacional de Antropología e Historia, 2000.

Pierce, Donna, and Ronald Otuska, eds. *Asia and Spanish America: Transpacific Artistic and Cultural Heritage, 1500–1850*. Denver, CO: Denver Art Museum, 2009.

Pillsbury, Joanne, Patricia Sarro, James Doyle, and Juliet Wiersema. *Design for Eternity: Architectural Models from the Ancient Americas*. New York: Metropolitan Museum of Art, 2015.

Pillsbury, Joanne, Timothy Potts, and Kim Richter, eds. *Golden Kingdoms: Luxury Arts in the Ancient Americas*. Los Angeles: Getty Publications, 2017.

Pizzigoni, Caterina. *The Life Within: Local Indigenous Society in Mexico's Toluca Valley*. Stanford, CA: Stanford University Press, 2012.

Pizzigoni, Caterina. *Testaments of Toluca*. Los Angeles: UCLA Latin American Center Publications. Stanford, CA: Stanford University Press, 2007.

Pizzigoni, Caterina, and Camilla Townsend, eds. *Indian Life After the Conquest: The De la Cruz Family Papers of Colonial Mexico*. Unpublished manuscript.

Pollack, John H. "Native American Words, Early American Texts." PhD diss., Department of English, University of Pennsylvania, 2014.

Polyani, Karl, Conrad Arensberg, and Harry Pearson, eds., *Trade and Market in the Early Empires*. Glencoe, IL: Free Press, 1957.

Pomar, Juan. "Relación de Tetzcoco." In *Relaciones de Nueva España*, edited by Germán Vázquez. Madrid: *Historia* 16, 1991.

Poole, Stafford. *The Guadalupan Controversies in Mexico*. Stanford, CA: Stanford University Press, 2006.

Prem, Hanns. *The Ancient Americas: A Brief History and Guide to Research*. Salt Lake City: University of Utah Press, 1997 [1989].

Price, Richard. *Alabi's World*. Baltimore, MD: Johns Hopkins University Press, 1991.

Price, Richard. *Maroon Societies: Rebel Slave Communities in the Americas*. Baltimore, MD: Johns Hopkins University Press, 1979.

Querol y Roso, Luis. "Negros y mulatos de Nueva España." *Anales de la Universidad de Valencia* 12 (1931–32): 141–53.

Quiñones Keber, Eloise, ed. *Codex Telleriano-Remensis*. Austin: University of Texas Press, 1995.

Restall, Matthew. *The Black Middle: Africans, Mayas, and Spaniards in Colonial Yucatan*. Stanford, CA: Stanford University Press, 2009.

Restall, Matthew. *Seven Myths of the Spanish Conquest*. New York: Oxford University Press, 2003.

Restall, Matthew. *When Montezuma Met Cortés: The True Story of the Meeting that Changed History*. New York: HarperCollins, 2018.

Restall, Matthew, and Amanda Solari. *2012 and the End of the World: The Western Roots of the Maya Apocalypse*. Lanham, MD: Rowman & Littlefield, 2011.

Reyes García, Luis, ed. *¿Como te confundes? ¿Acaso no somos conquistados? Los anales de Juan Bautista*. Mexico City: Centro de Investigaciones y Estudios Superiores en Antropología Social, 2001.

Reyes García, Luis. *Cuauhtinchan del Siglo XII a XVI*. Wiesbaden, Germany: Franz Steiner, 1977.

Reyes García, Luis, ed. *Documentos sobre tierras y señorios en Cuauhtinchan*. Mexico City: Instituto Nacional de Antropología e Historia, 1978.

Riedler, Renée. "Materials and Technique of the Feather Shield Preserved in Vienna." In *Images Take Flight: Feather Art in Mexico and Europe, 1400-1700*, edited by Alessandra Russo, Gerhard Wolf and Diana Fane. Florence, Italy: Kunsthistorisches Institut in Florenz, 2015.

Robertson, Donald. *Mexican Manuscript Painting of the Early Colonial Period: The Metropolitan Schools*. New Haven, CT: Yale University Press, 1959.

Ricard, Robert. *The Spiritual Conquest of Mexico*. Los Angeles: University of California Press, 1966 [1933].

Riva Palacio, Vicente. *El Libro Rojo, 1520–1567*. Mexico City: Díaz de León, 1870.

Ross, Kurt. *Codex Mendoza: Aztec Manuscript*. Fribourg: Miller Graphics, 1978.

Rucker, Walter. *Gold Coast Diasporas: Identity, Culture, and Power*. Bloomington: University of Indiana Press, 2015.

Ruiz Medrano, Ethelia. "Fighting Destiny: Nahua Nobles and Friars in the Sixteenth-Century Revolt of the Encomenderos against the King." In *Negotiation within Domination: New Spain's Indian Pueblos Confront the Spanish State*, edited by Ethelia Ruiz Medrano and Susan Kellogg. Boulder: University Press of Colorado, 2010.

Ruiz Medrano, Ethelia. *Mexico's Indigenous Communities: Their Lands and Histories, 1500–2010*. Boulder: University Press of Colorado, 2010.

Ruiz Medrano, Ethelia, and Susan Kellogg, eds. *Negotiation within Domination: New Spain's Indian Pueblos Confront the Spanish State*. Boulder: University Press of Colorado, 2010.

Russo, Alessandra, Gerhard Wolf and Diana Fane, eds. *Images Take Flight: Feather Art in Mexico and Europe, 1400–1700*. Florence, Italy: Kunsthistorisches Institut in Florenz, 2015.

Sahagún, Fray Bernardino de, ed. *The Florentine Codex: General History of the Things of New Spain*. Edited by Arthur J. O. Anderson and Charles Dibble. Santa Fe and Salt Lake City: School of American Research and University of Utah, 1950–1982.

Salomon, Frank, and Jorge Urioste, eds. *The Huarochirí Manuscript: A Testament of Ancient and Colonial Andean Religion*. Austin: University of Texas Press, 1991.

Sampeck, Kathryn. "Pipil Writing: An Archaeology of Prototypes and a Political Economy of Literacy." *Ethnohistory* 62 (2015): 469–94.

Sanders, William, Jeffrey Parsons, and Robert Santley. *The Basin of Mexico: Ecological Processes in the Evolution of a Civilization*. New York: Academic Press, 1979.

Sarabia Viejo, María Justina. *Don Luis de Velasco, Virrey de Nueva España*. Seville: Escuela de Estudios Hispano-Americanos, 1978.

Schele, Linda, and David Freidel. *A Forest of Kings: The Untold Story of the Ancient Maya*. New York: William Morrow, 1990.

Scherer, Andrew, and John Verano, eds. *Embattled Bodies, Embattled Places: War in Pre-Columbian Mesoamerica and the Andes*. Washington, DC: Dumbarton Oaks, 2014.

Schmandt-Besserat, Denise. *How Writing Came About*. Austin: University of Texas Press, 1996.

Schmandt-Besserat, Denise. *When Writing Met Art: From Symbol to Story*. Austin: University of Texas Press, 2007.

Scholes, France, and Ralph Roys. *The Maya Chontal Indians of Acalan-Tixchel: A Contribution to the History and Ethnography of the Yucatan Peninsula*. Norman: University of Oklahoma Press, 1968 [1948]

Scholes, France, and Eleanor Adams, eds. *Cartas de Valderrama*. Mexico City: Porrúa, 1961.

Scholes, France, and Eleanor Adams, eds. *Sobre el modo de tributar los indios de Nueva España a Su Majestad, 1561–64*. Mexico City: Porrúa, 1958.

Schroeder, Susan. *Chimalpahin and the Kingdoms of Chalco*. Tucson: University of Arizona Press, 1991.

Schroeder, Susan. "The First American Valentine: Nahua Courtship and Other Aspects of Family Structuring in Mesoamerica." *Journal of Family History* 23 (1998): 341–54.

Schroeder, Susan. *Tlacaelel Remembered: Mastermind of the Aztec Empire*. Norman: University of Oklahoma Press, 2016.

Schroeder, Susan. "The Truth about the Crónica Mexicayotl." *Colonial Latin American Review* 20 (2011): 233–47.

Schroeder, Susan, Stephanie Wood, and Robert Haskett, eds. *Indian Women of Early Mexico*. Norman: University of Oklahoma Press, 1997.

Schwaller, John. "Broken Spears or Broken Bones? The Evolution of the Most Famous Line in Nahuatl." *Americas* 16 (2009): 241–52.

Seijas, Tatiana. *Asian Slaves in Colonial Mexico*. New York: Cambridge University Press, 2014.

Sierra Silva, Pablo. *Urban Slavery in Colonial Mexico: Puebla de los Angeles, 1531–1706*. New York: Cambridge University Press, 2018.

Sigal, Pete. "The Cuiloni, the Patlache and the Abominable Sin: Homosexualities in Early Colonial Nahua Society." *Hispanic American Historical Review* 85 (2005): 555–94.

Sigal, Pete. "Queer Nahuatl: Sahagún's Faggots and Sodomites, Lesbians and Hermaphrodites." *Ethnohistory* 54 (2007): 9–34.

Siméon, Rémi. *Dictionnaire de la Langue Nahuatl*. Paris: Imprimerie Nationale, 1885.

Simpson, Leslie Byrd. *Many Mexicos*. Berkeley: University of California Press, 1963 [1941].

Skopyk, Bradley. "Undercurrents of Conquest: The Shifting Terrain of Agriculture in Colonial Tlaxcala." PhD diss., York University, Department of History, 2010.

Smith, Michael. *The Aztecs*. London: Blackwell, 1996.

Smith, Michael. *At Home with the Aztecs: An Archaeologist Uncovers Their Daily Life.* New York: Routledge, 2016.

Sousa, Lisa. *The Woman Who Turned into a Jaguar, and Other Narratives of Native Women in Archives of Colonial Mexico*. Stanford, CA: Stanford University Press, 2017.

Spence, Michael. "From Tzintzuntzan to Paquime: Peers or Peripheries in Greater Mesoamerica?" In *Greater Mesoamerica: The Archaeology of West and Northwest Mexico*, edited by Michael Foster and Shirley Gorenstein. Salt Lake City: University of Utah Press, 2000

Suárez de la Peralta, Juan. *Tratado del descubrimiento de las Indias y su conquista*. Edited by Giorgio Perissinotto. Madrid: Alianza, 1990.

Sullivan, John, Eduardo de la Cruz Cruz, Abelardo de la Cruz de la Cruz, Delfina de la Cruz de la Cruz, Victoriano de la Cruz Cruz, Sabina Cruz de la Cruz, Ofelia Cruz Morales, Catalina Cruz de la Cruz, Manuel de la Cruz Cruz. *Tlahtolxitlauhcayotl*. Chicontepec, Veracruz: IDIEZ, 2016.

Sullivan, Thelma, ed. *The Primeros Memoriales*. Norman: University of Oklahoma Press, 1997.

Szoblik, Katarzyna. *Entre los papeles de ocelote entono mi canto, yo Quetzalpetlatzin: El lugar de la mujer dentro de la oralidad nahua*. Mexico City: Centro de Estudios de Antropología de la Mujer, 2016.

Tavárez, David. *The Invisible War: Indigenous Devotions, Discipline, and Dissent in Colonial Mexico*. Stanford, CA: Stanford University Press, 2011.

Tavárez, David. "Nahua Intellectuals, Franciscan Scholars, and the *Devotio Moderno* in Colonial Mexico." *Americas* 70 (2013): 203–10.

Tedlock, Dennis. *2000 Years of Mayan Literature*. Los Angeles: University of California Press, 2010.

Tena, Rafael, ed. *Anales de Cuauhtitlan*. Mexico City: Cien de México, 2011.

Tena, Rafael, ed. *Anales de Tlatelolco*. Mexico City: Conaculta, 2004.

Tena, Rafael. *La religión Mexica*. Mexico City: Instituto Nacional de Antropología e Historia, 1993.

Tena, Rafael, ed. *Tres crónicas mexicanas: Textos recopilados por Domingo Chimalpahin*. Mexico City: Conaculta, 2012.

Terraciano, Kevin. *The Mixtecs of Colonial Oaxaca: Ñudzahui History, Sixteenth through Eighteenth Centuries*. Stanford, CA: Stanford University Press, 2011.

Terraciano, Kevin. "Three Texts in One: Book XII of the Florentine Codex." *Ethnohistory* 57 (2010): 51–72.

Thomas, Hugh. *Conquest: Montezuma, Cortés and the Fall of Old Mexico*. New York: Simon & Schuster, 1993.

Thurner, Lance. "Lizards and the Idea of Mexico." *Nursing Clio*, April 12, 2018. https://nursingclio.org.

Todorov, Tzvetan. *The Conquest of America: The Question of the Other.* New York: Harper, 1984.

Tomlinson, Gary. *The Singing of the New World: Indigenous Voice in the Era of European Contact.* New York: Cambridge University Press, 2007.

Tortorici, Zeb. "'Heran Todos Putos': Sodomitical Subcultures and Disordered Desire in Early Colonial Mexico." *Ethnohistory* 54 (2007): 35–67.

Tortorici, Zeb. *Sins Against Nature: Sex and Archives in Colonial New Spain.* Durham, NC: Duke University Press, 2018.

Townsend, Camilla, ed. *American Indian History: A Documentary Reader.* London: Wiley-Blackwell, 2009.

Townsend, Camilla. *Annals of Native America: How the Nahuas of Colonial Mexico Kept Their History Alive.* New York: Oxford University Press, 2016.

Townsend, Camilla. "Burying the White Gods: New Perspectives on the Conquest of Mexico." *American Historical Review* 108 (2003): 659–87.

Townsend, Camilla. "Don Juan Buenaventura Zapata y Mendoza and the Notion of a Nahua Identity." In *The Conquest All Over Again,* edited by Susan Schroeder. Brighton: Sussex Academic Press, 2010.

Townsend, Camilla. "The Evolution of Alva Ixtlilxochitl's Scholarly Life." *Colonial Latin American Review* 23 (2014): 1–17.

Townsend, Camilla. "Glimpsing Native American Historiography: The Cellular Principle in Sixteenth-Century Nahuatl Annals." *Ethnohistory* 56 (2009): 625–50.

Townsend, Camilla, ed. *Here in This Year: Seventeenth-Century Nahuatl Annals of the Tlaxcala-Puebla Valley.* Stanford, CA: Stanford University Press, 2010.

Townsend, Camilla. *Malintzin's Choices: An Indian Woman in the Conquest of Mexico.* Albuquerque: University of New Mexico Press, 2006.

Townsend, Camilla. "Mutual Appraisals: The Shifting Paradigms of the English, Spanish and Powhatans in Tsenacomoco, 1560–1622." In *Early Modern Virginia: Reconsidering the Old Dominion,* edited by Douglas Bradburn and John C. Coombs. Charlottesville: University of Virginia Press, 2011.

Townsend, Camilla. *Pocahontas and the Powhatan Dilemma.* New York: Hill & Wang, 2004.

Townsend, Camilla. "Polygyny and the Divided Altepetl: The Tetzcocan Key to Pre-conquest Nahuatl Politics." In *Texcoco: Prehispanic and Colonial Perspectives,* edited by Jongsoo Lee and Galen Brokaw. Boulder: University Press of Colorado, 2014.

Townsend, Camilla. "Slavery in Pre-Columbian America." In *The Cambridge World History of Slavery,* vol. 2, edited by Craig Perry, David Eltis et al. New York: Cambridge University Press, forthcoming 2020.

Townsend, Camilla. "Sor Juana's Nahuatl." *Le Verger* 8 (2015): 1–12.

Townsend, Camilla. "'What in the World Have You Done to Me, My Lover?': Sex. Servitude, and Politics among the Pre-Conquest Nahuas as Seen in the *Cantares Mexicanos.*" *Americas* 62 (2006): 349–89.

Townsend, Richard. *State and Cosmos in the Art of Tenochtitlan*. Washington, D.C.: Dumbarton Oaks, 1979.

Ulloa, Modesto. *La hacienda real de Castilla en el reinado de Felipe II*. Madrid: Seminario Cisneros, 1986.

Urton, Gary. *Inka History in Knots: Reading Khipus as Primary Sources*. Austin: University of Texas Press, 2017.

Vail, Gabrielle, and Andrea Stone. "Representations of Women in Postclassic and Colonial Maya Literature and Art." In *Ancient Maya Women,* edited by Traci Ardren. Lanham, MD: Rowman & Littlefield, 2002.

Valton, Emilio, ed. *El Primer Libro de alfabetización en América*. Mexico City: Robedo, 1949 [1569].

Van Deusen, Nancy. *Global Indios: The Indigenous Struggle for Justice in Sixteenth-Century Spain*. Durham, NC: Duke University Press, 2015.

Velázquez, Primo Feliciano, ed. *Códice Chimalpopoca: Anales de Cuauhtitlan y Leyenda de los soles*. Mexico City: Imprenta Universitaria, 1945.

Veyne, Paul. *Did the Greeks Believe in Their Myths? An Essay on the Constitutive Imagination*. Chicago: University of Chicago Press, 1988.

Villella Peter. *Indigenous Elites and Creole Identity in Colonial Mexico, 1500–1800*. New York: Cambridge University Press, 2016.

Viseo, fray Juan Bautista. *Sermonario en lengua Mexicana*. Mexico City: Casa de Diego López Dávalos, 1606.

Von Germeten, Nicole. *Black Blood Brothers: Confraternities and Social Mobility for Afro-Mexicans*. Gainesville: University Press of Florida, 2006.

Wade, Lizzie. "Feeding the Gods: Hundreds of Skulls Testify to the Monumental Scale of Human Sacrifice in the Aztec Capital." *Science* 360 (2018): 1288–92.

Wake, Eleanor. *Framing the Sacred: The Indian Churches of Colonial Mexico*. Norman: University of Oklahoma Press, 2010.

Watson, Kelly. *Insatiable Appetites: Imperial Encounters with Cannibals in the North Atlantic World*. New York: New York University Press, 2015.

West, Robert, and John Augelli. *Middle America: Its Land and Peoples*. New Jersey: Prentice-Hall, 1989 [1966].

Whittaker, Gordon. "The Principles of Nahuatl Writing." *Göttinger Beiträge zur Sprachwissenschaft* 16 (2009): 47–81.

Wineburg, Sam. *Historical Thinking and Other Unnatural Acts: Charting the Future of Teaching the Past*. Philadelphia: Temple University Press, 2001.

Wood, Stephanie. "Don Diego García de Mendoza Moctezuma: A Techialoyan Mastermind?" *Estudios de Cultura Náhuatl* 19 (1989): 245–68.

Wood, Stephanie. "Nahuatl Terms Relating to Conquest." Paper presented at the Conference of the American Historical Association, New York City, January 2015.

Wood, Stephanie. "Nahua Women Writing and Speaking." Paper presented at the Northeastern Nahuatl Studies Group, Yale University, May 2016.

Wood, Stephanie. *Transcending Conquest: Nahua View of Spanish Colonial Mexico*. Norman: University of Oklahoma Press, 2003.

Yannakakis, Yanna. "How Did They Talk to One Another? Language Use and Communication in Multilingual New Spain." *Ethnohistory* 59 (2012): 667–75.

Yuste López, Carmen. *El comercio de la Nueva España con Filipinas, 1590–1795*. Mexico City: Instituto Nacional de Antropología e Historia, 1984.

Zapata y Mendoza, don Juan Buenaventura. *Historia cronológica de la noble ciudad de Tlaxcala*. Edited by Luis Reyes García and Andrea Martínez Baracs. Tlaxcala: Universidad Autónoma de Tlaxcala, 1995.

索　引

关于索引的说明：电子版使用者请注意，当被编入索引的术语对应的页码跨页时，该术语可能只出现在其中一页上。

图书在版编目（CIP）数据

第五太阳纪：阿兹特克人新史／（美）卡米拉·汤
森（Camilla Townsend）著；冯璇译 . -- 北京：社会
科学文献出版社，2024.1
　　书名原文：Fifth Sun：A New History of the
Aztecs
　　ISBN 978-7-5228-2380-5

　　Ⅰ.①第… 　Ⅱ.①卡… ②冯… 　Ⅲ.①阿兹蒂克人-
民族文化-文化史　Ⅳ.①K731.8

中国国家版本馆 CIP 数据核字（2023）第 232319 号

第五太阳纪
——阿兹特克人新史

著　　者／〔美〕卡米拉·汤森（Camilla Townsend）
译　　者／冯　璇

出 版 人／冀祥德
责任编辑／沈　艺
责任印制／王京美

出　　版／社会科学文献出版社·甲骨文工作室（分社）（010）59366527
　　　　　　地址：北京市北三环中路甲 29 号院华龙大厦　邮编：100029
　　　　　　网址：www. ssap. com. cn
发　　行／社会科学文献出版社（010）59367028
印　　装／三河市东方印刷有限公司

规　　格／开本：889mm×1194mm　1/32
　　　　　　印张：14.125　字数：328 千字
版　　次／2024 年 1 月第 1 版　2024 年 1 月第 1 次印刷
书　　号／ISBN 978-7-5228-2380-5
著作权合同
登 记 号／图字 01-2021-4373 号
定　　价／89.00 元

读者服务电话：4008918866